普通高等教育"十一五"国家级规划教材

曾宪通 林志强 著

漢字源流

陈初生 题

中山大学出版社
·广州·

版权所有　翻印必究

图书在版编目（CIP）数据

汉字源流/曾宪通，林志强著. —广州：中山大学出版社，2011.3
（普通高等教育"十一五"国家级规划教材）
ISBN 978-7-306-03794-7

Ⅰ. 汉… Ⅱ. ①曾… ②林… Ⅲ. 汉字—字源 Ⅳ. H12

中国版本图书馆 CIP 数据核字（2010）第 217530 号

出 版 人：	王天琪
策划编辑：	裴大泉
责任编辑：	裴大泉
封面设计：	方楚涓
责任校对：	刘丽丽
责任技编：	黄少伟
出版发行：	中山大学出版社
电　　话：	编辑部 020-84111996，84113349
	发行部 020-84111998，84111981，84111160
地　　址：	广州市新港西路 135 号
邮　　编：	510275　传　真：020-84036565
网　　址：	http://www.zsup.com.cn　E-mail: zdcbs@mail.sysu.edu.cn
印 刷 者：	广东虎彩云印刷有限公司
规　　格：	787mm×1092mm　1/16　18.25 印张　430 千字
版次印次：	2011 年 3 月第 1 版　2024 年 8 月第 5 次印刷
印　　数：	9001-10000 册　定　价：59.00 元

如发现本书因印装质量影响阅读，请与出版社发行部联系调换

前　　言

20世纪80年代初，随着高校恢复高考招生和学位制之后，我国高等教育便像雨后春笋般地蓬勃发展起来。1980年春，中山大学容庚、商承祚两位老教授受教育部的委托，举办了一期古文字学师资培训班。随后，学校为了发挥学科优势，满足年轻学子对传统学科相关知识的渴望和追求，要求古文字研究室多为本科生开设选修课，作为本校培养人才的一个特色。为此，中山大学古文字研究室特地为中文系的本科生开设了"文字学系列课程"，除以往开过的"文字学"和"说文研究"两门传统课之外，还增设了"古文字学"和"汉字源流"两门新课，由本人担任"汉字源流"课的主讲。

本人开设"汉字源流"选修课主要有如下几个原因：

首先是受到容希白老师的影响。记得希白师为我们讲授《说文研究》时讲过这样一段开场白，大意是说，他研究古文字是从读《说文》开始的，他研究《说文》是从拿《说文》小篆同甲骨文和金文作对比开始的，而他的教学生涯则是从东莞中学教《文字源流》开始的。接着他用许多甲骨文和金文的材料来证明许慎的哪些说法是对的，哪些说法有所不足甚至是错误的。这些有关汉字历史的常识让我们印象十分深刻，终身受用。

其次是受到饶选堂先生的启示。上世纪70年代末至80年代初，本人有幸追随选堂先生从事楚地出土文献的研究工作。选堂先生研究出土文献的特点是既要释文字，又要明义理，更强调从文化史的高度，明因果，溯源流，窥探人类文明发展的轨迹。在研究方法上，他主张把研究对象的相关事物尽可能汇集起来，从时间方面探讨其产生、衔接的先后层次，从空间方面考察其交流、传播和互相抱注的历史事实，进而从错综交叉的关系中寻找其说明种种现象的内部规律。饶先生的这些论述，在不知不觉中植下自己对探讨汉字的因果和源流的强烈意识。

再次是战国秦汉时期的简帛资料大量涌现，填补了汉字发展史上的许多缺环，为汉字源流的研究带来难得的机缘。特别是20世纪70年代以来发现的篆隶资料，是古今汉字发展的重要桥梁。汉字从古文字发展到今文字，中间经历过激烈的变化，文字学家称之为"隶变"；但"隶变"的具体情况如何，过去无法讲得清楚。现在有了这批处于过渡阶段的篆隶资料，许多字形演变的来龙去脉便一目了然了。这可说是研究汉字源流的天赐良机。

还有是有鉴于部分年轻人对汉字理据认识的缺失。当今处于信息时代的青年人已经习惯于使用键盘交流文字信息。一旦脱离键盘需要执笔手书，笔下的汉字就往往会出现缺胳膊或缺腿，甚至面目全非，错别字俯拾即是。现在能写一手工整规范汉字的年轻人已经是凤毛麟角了。究其原因，是人们对汉字这一交流思想的辅助工具缺乏理性的认识，不知汉字的形体和音义是一个整体，不懂得一点一画都有它的内涵和功能。没有从根本上掌握汉字的字理，就不可能正确认识和使用汉字。

基于以上这些原因和认识，我开始着手为"汉字源流"这门课程收集相关资料，草拟讲授提纲，把它定位为一门理论与实际相结合的汉字本体基础课，即把汉字这一客观事物置于人类文明发展的大背景下加以考察，通过大量传世和出土的文字资料，阐明汉字的起源和演进的轨迹，并从实际出发，厘清常用汉字的造字理据和流变过程，尽可能使学习者能从中了解汉字的历史和现状，为进一步学习和使用汉字打下较为坚实的基础。

1987年初夏，中国语言学会在广州举行学术年会。我将"汉字源流"中有关汉字起源的部分讲义整理成《汉字起源的探索》一文，提交大会参加讨论。此文扼要概述文献学、民俗学、考古学和语言学各个领域探索文字起源的基本途径和主要成果，发现四个方面的材料不但可以互相印证，而且可以互为补充。尤其值得注意的是，从各个领域所揭示的汉字发生史的进程是大体相同或相近的，它们从多角度、多层次证明了一个事实：作为中华文明重要标志的汉字，是在中国本土上土生土长的。汉字无可争议地是一种自源的文字。这篇文章得到文字组同仁的重视，王伯熙组长还特地在大会上加以推介。会后拙文在《中国语言学报》第四期上刊发（商务印书馆1991年10月出版）。这给我从事此项工作以极大的鼓舞与鞭策。

通过"汉字源流"的教学，我深深体会到汉字既是中华文化的载体，也是中华文化的精髓。汉字文化与中华文化的关系，犹如人体的皮肤与血肉的关系，是互为表里且互相渗透的。它与拼音制度的字母文化不同，拼音字母同一个民族自身的文化没有必然的联系。一种非自源的文字更换一种字母犹如更换一件外衣，是不会伤及自身的皮肉的。自源文字和非自源文字有着本质的不同，两者不可相提并论。

从1986年开始，本人一直为中山大学中文系高年级本科生和部分研究生讲授"汉字源流"选修课，期间还曾到过佛山大学为中文系学生讲过一个学期。90年代中期起，因本人担任院系行政工作而中断过一段较长的时间，最后一次"汉字源流"课是于2000年上学期在台湾清华大学（新竹）为该校人文学院的中国文学系学生讲的。此后讲稿一直闲置箧中，从未有过"公之于世"的打算。2006年中山大学出版社裘大泉博士建议将本讲义向教育部申报，蒙教育界同仁厚爱，有幸列入教育部普通高等教育"十一五"国家级规划教材。本人对此一则以喜，一则以忧。"喜"的是"汉字源流"这个少人问津的领域终于得到教育界的重视，自己在这一领域所做的努力也获得学术界同仁的认同。"忧"的是从"汉字源流"讲义到"汉字源流"教材还有大量工作要做，而自己已年逾古稀，退居以来淡出学坛，孤陋而寡闻，偶有述作，常感力不从心，深怕有负学界的厚望。正在左右为难之际，我想起了不久前在中山大学古文字研究室获得博士学位的林志强君可助一臂之力。

林君志强是福建古田人。1986年毕业于福建师范大学中文系并留校任教，1988年考进中山大学古文字研究室师从陈炜湛教授学古文字，1991年获硕士学位。2000年重返中山大学攻读博士学位，本人是其博士学位论文《古本〈尚书〉文字研究》的指导老师。志强君精研古本《尚书》中的古文、奇字和俗体，善于从众多文本中究极原委，穷本溯源，时有创获。尤擅长用写字板在电脑上作书，古篆隶楷皆操纵自如，达到形神兼备，自然逼真。特别是他的著作《汉字的阐释》，对汉字的起源和发展有深入浅出的阐明。这些正是完成"汉字源流"教材修订工作的必要条件。于是本人诚邀志强君担任本教材的增订工作。蒙志强君欣然接受邀请，并共同商定：①先由他试用本讲义在学生中授课，以便从中发现问题，增补新的材料和新的成果；②将修订后的讲义输入电脑，作为本教材的初稿；③在此基础上再逐章逐节讨论修改；④最后由本人审订定稿。数年来志强君在本已十分繁忙的教务和行政工作之余，倾力相助，念兹在兹，昕夕耕耘。我们还得益于现代新科技之赐，可以经常在电脑上切磋交流，邮件、附件月数往返，个别章节数易其稿，反复推敲，终于能在规定的时间内，按计划完成编撰任务。现在奉献在读者面前的这部《汉字源流》教科书，便是我们共同努力的结晶。

鉴于汉字历史悠久，传世汉字资料浩如烟海，地下古文字资料层出不穷，汉字研究的成果日新月异，这些都是汉字教学取之不竭的源泉。然而，《汉字源流》作为一门新编的教材，对于上述丰富的汉字资源如何充分利用，取舍得当，目前尚无前例可循；本教材所包涵的内容和体例是否周延可行，还必须经过更充分的实践加以验证。值此教材付梓之际，我们衷心希望使用本教材的师生和广大读者多提宝贵意见，使之能够更臻完善。这就是本书编著者最热切的期盼！

曾宪通
2010年3月25日

目　　录

前　言 ··· I

第一章　叙说 ··· 1
　第一节　关于"汉字源流"的"源"和"流" ··································· 1
　第二节　"汉字源流"的研究概况 ·· 2
　第三节　探索"汉字源流"的目的 ·· 6
　第四节　学习"汉字源流"的方法和步骤 ······································ 7

第二章　通论 ··· 11
　第一节　汉字起源的探索 ·· 11
　第二节　汉字造字法 ·· 24
　第三节　汉字形体的变迁 ·· 38

第三章　汉字初文 ··· 49
　第一节　与人体有关的初文 ·· 49
　第二节　与自然物有关的初文 ··· 59
　第三节　与人类创造物有关的初文 ··· 67
　第四节　与其他语词有关的初文 ·· 79

第四章　汉字偏旁分析 ··· 87
　第一节　偏旁的演进和流变 ·· 87
　第二节　隶变对汉字偏旁的影响（上） ·· 94
　第三节　隶变对汉字偏旁的影响（下） ·· 103
　第四节　现代汉字形近偏旁辨析 ·· 108

第五章　特殊结构的合体字辨析 ·· 115
第一节　特殊结构的会意字辨析 ·· 115
第二节　特殊结构的形声字辨析 ·· 124

第六章　汉字源流释例 ·· 144
第一节　单字释例（上） ·· 146
第二节　单字释例（中） ·· 169
第三节　单字释例（下） ·· 190

第七章　汉字源流研究的拓展 ·· 210
第一节　关于字组研究 ·· 210
第二节　关于字族研究 ·· 220
第三节　关于汉字的行废现象 ·· 226

附　图 ·· 235

字例索引 ·· 271

后　记 ·· 279

第一章 叙 说

汉字学是传统"小学"的一项重要内容，乃国学之根基，凡学习和研究中国的语言文字、历史文化，不可须臾离之。随着新材料的不断发现，汉字从古到今的源流演变的轨迹越来越清晰，对汉字起源和流变的研究也越来越受到重视。"汉字源流"作为一门课程，可以说是汉字学在新的历史条件下形成的、具有新内涵和新特点的课程。这门课对文史学科的学习者和研究者来说，都具有重要的作用和价值。现在把有关本课程的一些基本问题分四节作一简单介绍，作为这门课的"叙说"部分。

第一节 关于"汉字源流"的"源"和"流"

"汉字源流"是关于汉字起源和流变的学问。众所周知，汉字的历史源远而流长：从时间来说，汉字具有五六千年的历史[①]；从空间来讲，汉字使用的区域大大超过中国本土。它是世界上几种最古老的文字中唯一能够流传下来，绵延不断，直至今天仍具有强大生命力的一种文字，也是当今世界上使用人口最多的一种文字，可说是世界文字中"源"最远、"流"最长的一种文字了。对于这样一种源远流长的文字，世界上许多国家都有专门的学术机构在研究，我们作为高等学府里的学生，是不能不具备这方面的知识的。"汉字源流"这门课，就是通过讲述我国传世和考古的大量文字资料，来阐明汉字产生和发展的历史。其内容包括两个方面：一是"源"的方面，一是"流"的方面。每个方面又可以分为若干个层次。从总体来说，汉字作为记录汉语的一套完整的书面符号体系，有它发生、发展和演变的历史，例如汉字起源于图画、契刻，汉字发展过程中有简化、声化和规范化等内部规律，都是关于汉字发生发展的总的理论探讨，是属于"源"和"流"的第一个层面。"源"和"流"的第二个层面，是讲这套书面符号体系中个别的书写符号，也有它创造和演变的历史。在这一层面中，我们不可能把所有的汉字作个通盘的清理，而是立足于古今习见的基本字汇和当今常用的部分汉字，并且以这一部分为基点，触类旁通，追源溯流，看它们是如何创造、演化而成为今天这个样子

[①] 巴比伦钉头字（即楔形文字）距今5000多年，埃及圣书字距今5000年，甲骨文距今3500年，其源头可能达5000—6000年。

的。例如，我们现在管记录语言的书面符号叫字或文字，它可以指总体记录汉语的符号体系，包括现在常用的数千汉字，甚至五六万字，这个总体意义上的字或文字，有它自身的发生和演变的历史，也即源和流。另一方面，作为这个体系中的个别符号，如"文"和"字"这两个符号，也有它们的源和流。也就是说，"文"和"字"都有自己的创造和演变的历史。当然，这两方面的历史是互相影响和互相制约的，都是我们必须学习的内容。我们一定要把这两个方面和两个层次有机地结合起来，才能收到更好的效果。

第二节 "汉字源流"的研究概况

《荀子》、《韩非子》、《淮南子》、《论衡》、《说文解字》等古书中都有关于"仓颉造字"的说法，这是古人对汉字起源的思考。《说文·叙》从庖牺氏讲到史籀大篆、孔氏古文、秦之小篆与隶书，就是叙述汉字的流变过程；其所批评的俗儒鄙夫关于"秦之隶书为仓颉时书，云父子相传何得改易"的说法，也是对汉字流变的思考，只不过这样的思考并不符合历史事实而已。这些例子说明，对于汉字源流的问题，古人早已有所关注，只是还没有形成系统，没有把它作为专题来研究。从专题研究的角度看，唐代以后才有相关的著作出现，大体可以分为以下几个方面的工作：

第一是"《说文》字原"的研究。

唐以前还没有发现研究文字源流的书。唐以后才开始出现利用《说文》部首研究偏旁、字原一类的著作。第一个做《说文字原》的是李阳冰的侄子李腾。大家知道，《说文》一书盛行于汉魏之间，自晋吕忱著《字林》，南北朝顾野王作《玉篇》之后，由于社会上已流行楷书，《说文》之学渐渐湮没，不为人们所熟知，《说文解字系传·祛妄篇》称"能省读者，不能二三"。唐李阳冰善篆书，在当时颇有些名气。他喜欢用自己的意见解释《说文》，甚至擅自改动《说文》，徐锴《说文解字系传·祛妄篇》所辩驳的五十余字，就是针对李阳冰而作的。李阳冰的侄子李腾也善篆法，阳冰即令其书《说文》部首540文刊于石上，为世人效法，名为《说文字原》。此外还有林罕的《字原偏旁小说》、宋代释梦英的《说文偏旁字原》、元代周伯琦的《说文字原》等。这些虽然名为"字原"，其实并不能算是对字源的研究。明代赵宧（yí）光《说文长笺》前面所附的《说文表》，从540部中分析出独体初文192文，在"《说文》字原学"上具有一定的影响。清乾隆时蒋和作《说文字原集注》十五卷，据540部分出正义、别义及辨正三类，并为之注解。书后附有《说文字原表》，将《说文》部首分为天地人三纲，分别说其"据形系联"之故。王筠又将蒋和的《说文字原表》改为谱牒式，附刊于《说文句读》之后，第一次改《说文字原》为《说文部首》，这便是"部首"一名的由来。日本高田忠周氏又据540部首，大体按照蒋氏、王氏的办法，作《说文原谱》，从中归纳得母文147个。这类"字原学"只就《说文》540个部首进行分类研究，或者从其中再析出独体的初文，仍用《说文》说解，实际上只能称为"《说文》字原学"，没有太多发明。这是第一种工作。

这期间值得一提的是，宋代郑樵《六书略》提出"子母相生说"，把偏旁分为子、母。戴侗《六书故》的分类更为细致精密。他们按照文字形体来源和偏旁功用，分出若干子、母，并且开始引证某些金石铭刻纠正《说文》的误解，突破了《说文》字原的框框，具有进步意义。

第二种工作是自河南殷墟发现甲骨文之后，开始利用甲骨文、金文等先秦古文字资料来进行字原的探究。首先从事这项工作的是清末著名学者孙诒让。孙氏于1904年写成《契文举例》一书，是研究甲骨文的第一部著作。第二年即1905年又写成《名原》共二卷七篇。他在叙中写道："余少耆读金文，近又获见龟甲文，咸有讒录。每惜仓沮旧文，不可复覩。窃思以商周文字展转变易之迹，上推书契之初轨，沉思博览，时获确证。最括论之，书契初兴，形必至简，逮其后物品众而情伪滋，简将不周于用，则增益分析而渐繁，其最后文极而敝，苟趣急就，则弥务滑多，故复减损而反诸简，其更迭嬗易之为，率本于自然。"孙氏这段话的意思是，文字从简到繁，又从繁到简，完全出乎自然。他的意图，是要根据商周甲骨金文，上推仓颉造字的轨迹，并且时有创获，于是写成《名原》这部著作。这里的"名"就是字（郑玄注《周礼》："古曰名，今曰字。"），"名原"的意思是指文字的原始。在这部书里，孙诒让利用甲骨卜辞等新材料来阐明汉字构成的理论，全书综合甲骨文、金文、石鼓文及《说文》中的古文、籀文等资料，加以比证考释，推究字的本原及其演变，为汉字研究开辟了一条"偏旁分析法"的新路径，对文字学的研究，尤其是对古文字的考释影响甚大。后来从事字源研究的还有林义光的《文源》和约斋的《字原》。林义光认为《说文》只就篆书说解，不足以探文字制作之源。《文源》主要采集钟鼎文字，审察六书，以定文字的所谓本形本义。但不及甲骨文字。其中虽然因材料不足仍存在一些臆说，但书中有不少精辟的见解，是目前研究造字本义的一本比较有价值的参考书，在各家考释文字时多见称引，其中有些见解已被新材料所证明。约斋《字原》是东方书店于1953年出版的一本通俗性读物①，全书用溯源法解释现行汉字的字形。书中将一千多个常用汉字按人体、自然、器用、语词分类，每字分别列出在各个时期的不同形体，尽可能追溯到它们的图形阶段，令人视而可识，并且从中可以看到它们在演变中的动态，以及一点一画的意义，对掌握汉字字形的特点很有帮助。但好些古字出于摹写，难免有以意为之的痕迹，为求通俗易懂固然可以，如作为研究则不足为据。还有一本是1979年荣宝斋出版的《文字源流浅说》，作者康殷本人是个画家，有过一段很坎坷的经历，他的这部书是在农村劳动时写成的，初稿曾将晒蓝本寄给容庚先生。这部书的长处是用绘画的手法来再现汉字发生时的情景，对初学者有一定的帮助，但他不受文字理论和考释规律的制约，以今代古，主观猜测甚多，他的许多说法，学术界多不敢苟同。此书只能作为一般的参考读物。近年以源流、图解名书者屡见于坊间，良莠不齐。我们必须秉持科学的态度养成分析的习惯，不能过分信从，这是阅读时应该注意的。

---

① 此书于1986年由上海书店重印出版，据倪海曙《重印〈字源〉后记》，《字源》的编者约斋，即复旦大学教授傅东华先生。

第三种工作是从语言学的角度研究汉字的字源,可以章太炎的《文始》和王力的《同源字典》为代表。《文始》大体根据《说文》部首析出初文,即分独体之文为初文,其他为准初文,共510字,合并为457条,分隶23个韵部,每条都以语音同意义相联系,将五六千个单字系联起来。这是企图通过语音联系考察字义联系的一大尝试,其方向是正确的,但方法上仍存在缺点:一是甲骨文出土后,他所根据的《说文》"初文"便从根本上发生了动摇;二是有些地方靠语音的旁转对转、近转远转来解释文字的孳乳和变易,说得十分勉强,不能令人信服。王力《同源字典》实际上是关于语源的研究,他把音义皆近、音近义同或义近音同的字集中起来,按古韵二十九部分列,根据同一韵中双声、准双声、邻纽、准邻纽的关系,大量引证古书、古训来证明某一组字属于同源,在训诂学上很有意义,他自己也认为本书是一部新训诂学的著作。实际上,这部字典在我们查考某字的源流,特别是阐述某一组字的同源关系时,的确很有参考价值。但是他也和章太炎一样,都认为研究文字应该依附声音而"不拘形体",所以他们都忽略了字形的作用。加上他们都忽视出土文献,在研究字源时只依靠传世的文献和古训,不采用地下出土的古文字资料,也使他们的成就受到了很大局限,这是我们参考这些著作时必须注意的。令人高兴的是,近年来这方面的情况已经有所改变①。

以上三个方面的研究,大体上均重于"源"而忽略于"流"。比较重视汉字"流变"的研究,当以梁东汉的《汉字的结构及其流变》和蒋善国的《汉字形体学》论述较为详实,特别是蒋书,除了分别讲述汉字古今演变的经过之外,还着重分析了从篆书到隶书之间汉字所发生的变化,即"隶变"给汉字带来的影响,尤其在书体结构上所引起的流变,对了解现行楷书的结构及其来源,颇有正本清源的作用。不过,此书写于上个世纪50年代,真正的秦隶还没有发现,不根据秦隶来谈"隶变",便令人有隔靴搔痒的感觉。这是历史的局限。今天我们来谈"隶变",是不能将睡虎地等处出土的真正秦隶置之不顾的。

首先对西汉前期的古隶进行研究的是裘锡圭先生,他认为马王堆"遣册"的古隶来源于秦汉篆文的简率写法②。云梦睡虎地秦简出土后,他又进一步指出,秦简所代表的字体是由篆文俗体演变而成的,秦隶形成的年代应早至战国晚期③。这就改变了隶书是由秦始皇时的程邈所造的传统说法。1993年,赵平安的《隶变研究》④出版,由于作者系统整理和分析了各类出土的秦文字资料和汉武帝以前的简帛资料,将隶变过程置于整个文字的发展系列中加以考察和研究,深入揭示隶变在汉字形体上所产生的种种现象与规律,并具体运用于考释前人尚未认识的若干篆隶难字,是隶变研究一次新的突破。书中所举之例皆能环环相扣,衔接自然,生动地展示了隶变过程的串串足迹,让我们看到古汉字走向今汉字的成长过程。此书体现了隶变研究的最新进展⑤。2008年"国家社

---

① 1999年商务印书馆出版了刘钧杰所著的《同源字典补》,作者在有关文字后附上有定论的甲骨文、金文资料,也参考了古文字学的有关论著,在方法和参考资料上比前贤有进步。参见《同源字典补·序》。
② 《从马王堆一号汉墓"遣册"谈关于古隶的一些问题》,《考古》1974年第1期。
③ 《文字学概要》第67—72页,商务印书馆1988年。
④ 《隶变研究》,河北大学1993年初版,2009年再版。
⑤ 参见林志强《实证创新 超乎前人——评赵平安博士〈隶变研究〉》,载《河北科技图苑》1996年第3期。

科基金成果文库"推出黄文杰著《秦至汉初简帛文字研究》① 一书,此书作者在对数十种简帛文本进行字形普查的基础上,具体而微地描述和分析秦至汉初简帛文字的形体特点与变异规律,并从错综复杂的形体变化中通过三百多个字(组)层层剖析,归纳通例,辨析特例,令人印象深刻,是篆隶字形研究的一项标志性成果。

随着新材料的不断发现,汉字源流的研究,在新的形势下发生了新的变化。由于新材料的不断补充,汉字的发展已经构成了一条完整的链条。在这个链条中,单个汉字发展的足迹和整个汉字系统发展沿革的谱系都已变得更加清晰,汉字的主流支脉亦已逐步理清,这为我们描述并揭示汉字的演化轨迹和发展规律准备了成熟的条件。学界关于汉字源流演变、汉字构形描写和汉字谱系建构等方面的学术讨论都更加活跃,使得20世纪以来的汉字源流研究,呈现出了新的态势:既有构形演变的研究,又有汉字谱系的建构。在构形研究方面,不仅有基本材料的梳理和汉字构形的分析,更有构形规律的探讨和构形理论的建构,成果十分丰富②。关于汉字谱系的建构方面,清人戴震最早提出将汉字"以声相统,条贯而下如谱系"的思想(《答段若膺论韵》)③,蒋善国在《汉字形体学·自序》中也说:"尽管现行简体字在形式上不像金、甲文的面貌,实际它是金、甲文的嫡孙。虽然年代久远,演变复杂,可是每字都有来源,每笔都有根据,我们应根据现行的字体,上溯它的古体,依次而下,作谱系式的研究,才能明源知流。"④ 可见谱系研究也早有酝酿。1999—2000年间,由李学勤先生任主编的《字源》编纂委员会开始运作,拟选6000个常用和较常用的汉字,进行历时的渊源变化的考察。这项工作最突出的特点,就是进行汉字字形演变谱系的拟构,每个字头列出从古到今的演变踪迹梗概图谱,使人直观该字的历史变化。可惜这项成果的问世尚需一些时日。在已面世的成果中,由黄德宽教授主编的《古文字谱系疏证》⑤,可以说是20世纪以来汉字谱系研究具有代表性的作品。该书是黄德宽教授主持的国家社科基金重点项目"商周秦汉汉字发展沿革谱系研究"的结项成果。该书《前言》说:"汉字作为一个系统,其发展沿革不仅表现为个体汉字的历时态演进,而且也表现为汉字体系的整体性发展变更。汉字体系内部因孳乳派生而形成的若干同谱系的汉字组群,就是汉字体系整体发展的重要现象。"⑥ 这是我国第一部全面系统的汉字谱系整理与研究的大型学术专著。该成果全面梳理了先秦时期的地下出土资料和研究文献,从汉字形音义的内在联系入手,构建了广义的古文字发展谱系,有助于科学认识汉字形体结构及其发展演变的若干规律和特点,为汉字发展史的全面研究奠定了坚实的基础。我们相信,在这样的背景下,今后对汉字源流的研究一定会更加深入、更加完善的。

---

① 《秦至汉初简帛文字研究》,商务印书馆2008年。
② 古文字阶段的成果可参看叶玉英《二十世纪以来古文字构形研究概述》,载《出土文献与古文字研究》第二辑,复旦大学出版社2008年。
③ 《戴震文集》第77页,中华书局1980年。又见《戴震全书》第3册,第357—388页,黄山书社1995年。
④ 《汉字形体学·自序》第1页,文字改革出版社1959年。
⑤ 商务印书馆2007年。
⑥ 《古文字谱系疏证·前言》第1页,商务印书馆2007年。

第三节　探索"汉字源流"的目的

探索汉字源流的目的主要有两个：

第一，汉字是中华传统文化的主要载体，通过学习汉字的历史，可以具体而真切地了解中华文化，增强我们对民族传统的认识，从总体上提高我们的文化修养和文化素质。

要提高我们的传统文化修养和素质，需要从原典中汲取营养，因此阅读经典古书是必不可少的。但是，在我们的青年同学中，读古书碰到的一个最现实的问题，就是不认识繁体字。繁体字是古书印刷和抄写的正规字体，是我们进入古书世界必须跨入的一道门槛；同时，由于许多字从简化字无法了解其源流变化，所以繁体字也是我们向前追溯更古老的汉字及其形音义之间关系、探讨古老汉字所反映的社会情状的桥梁。因此，如果不认识繁体字，对学习和研究原典都是一道不小的障碍。不越过这道障碍，就无法真正进入古代文化的宝库。汉字源流的知识，可以有效地帮助我们掌握基本字汇中相应的繁体字，并且学会根据汉字结构的原理，去推知尚未认识的繁体字。如此举一反三，积少成多，我们才能够直接地同古代作品接触，真正读懂古书，从而更加深入地了解古代社会的方方面面，从古代经典中汲取精华，真正达到以知识浸润人格，有效提高文化修养的目的。

第二，汉字源流的知识可以帮助我们了解汉字的来龙去脉，做到不但"知其然"，而且"知其所以然"，从根本上提高运用文字的能力和水平。

从培养目标看，综合性大学文科（尤其是中文系）的学生毕业后，无论从事哪一方面的工作，从广义来说，都是在做"文字工作"。不管你是做宣传的，当秘书的，或者教书的，搞研究的，都离不开"文字工作"。文字工作者有一个最基本的要求，就是力求避免乃至完全不写错别字。可是，一个缺乏文字知识的人，是往往会不知不觉地写错别字的。有了汉字源流的知识，我们就可以从理论到实践两个方面，弄清一个字怎样写才正确，怎样写就不正确乃至错误。换句话说，就是写对了，知道为什么对；写错了，知道为什么错，错在哪里？只有这样，才可以从根本上提高我们运用文字的能力和水平。

在做"文字工作"的人中间，有一部分人是专门做"咬文嚼字"工作的。比如报刊杂志社和出版社的编辑要审理稿件，语文教师要批改作文，他们对于文字的使用，都是要再三推敲和斟酌的，没有"咬文嚼字"的功夫是做不好的。举例来说，报社在报纸印出样张到正式付印之前，还有一道叫"吹毛求疵"的工序，是专门找报纸用字的毛病的，要让报纸上的文字错误消灭在报社门槛之内，以向读者和作者负责。这是一项把关性的重要工作，需要有很好的语言文字的修养和功底。从事这项工作的人，不但要求自己不写错别字，还要帮助别人纠正错别字，而要做到这一点，有文字学的知识和没有文字学的知识是大不一样的。汉字的一点一画，都有它的来历和理据，不能随意增减或更改，否则就会违反规范的要求，妨碍人们正常的理解和交际。我们学习"汉字源流",就是要弄清汉字点画的来历和理据,只有自己明白一个字应该怎样写、怎样用,才能有效地帮助别人,为祖国语言文字的纯洁和健康作出自己的贡献。这是对文字工作者更进一步的要求。

在做"文字工作"的人中间,还有一部分人是专门从事古代语言文字的教学和研究工作的,他们除了要阅读常见的古代典籍之外,还有机会接触到那些未经翻印的线装古书和地下出土的古代文献,如果没有汉字源流的知识,是做不好教学和研究工作的。对他们而言,具备汉字源流的知识,懂得汉字形音义之间的复杂关系,更是一种专业上的需要。否则,想做到"知其然"而且"知其所以然",根本就无从谈起。

第四节 学习"汉字源流"的方法和步骤

如何学好"汉字源流"?一要端正学习态度,二要讲究学习方法。

所谓端正学习态度,就是要字字认真,追求甚解。"汉字源流"是一门比较偏重于应用型的课程。为什么要偏重于应用呢?因为有过这样的情况,有的人学了文字学、《说文》研究、古文字学等课程,可以写出一手古字,也可以撰写理论性的文章,但对于日常应用的文字,却无法进行科学分析。另外,大学阶段虽然早已过了识字教育的阶段,但是我们童蒙时期的识字教育,绝大多数是靠机械记忆、囫囵吞枣式习得的,很多字其实只是知其然,很少能够知其所以然。这说明我们的文字教学还存在缺陷,我们必须联系实际、注重实用,同时还要深究汉字的来龙去脉,真正做到知其所以然。因此,学习"汉字源流"的态度应该是"字字认真,不厌其烦",哪怕是最普通的文字,也要"咬文嚼字",追求甚解,要有"打破沙锅璺(问)到底"的精神,尽可能弄清每个字的来历。只有这样,才能够真正提高我们运用文字的能力。

当然,文字学发展到今天,并不是每个字都能够知道它确切的来历;有些文字的来龙去脉虽然有所了解,但也未必完全正确,还有待于今后新材料的证明和修正。总之,我们要抱着求知的态度,养成分析的习惯,做一个有心人,说不定哪一天就会有新的发现和收获。

至于学习方法,有许多是与做其他学问相通的,比如说循序渐进、刻苦用功、全面掌握材料、辩证地看问题等等,这些都是共通的。下面只谈几点与探讨汉字源流有关的具体方法和要求。

第一,要把传统"六书"原理作为探索汉字源流的理论武器。

传统"六书"就是象形、指事、会意、形声、转注、假借。西汉的班固说"六书"是"造字之本",这话是有来历的。"六书"虽然是后人归纳的六种造字条例,用今天的眼光来看还不很完善,但它在揭示汉字的构造规律方面,仍不失为一种有效的方法,是我们探讨汉字源流不可缺少的理论武器。

第二,要学会"析字"和"拼字"。

"析字"和"拼字",就像小孩玩积木、工人修机器那样,要有整体和部分以及整体和部分之关系的观念。所谓"析字",就是知道如何把组成汉字的各个部件分割开来进行分析;所谓"拼字",就是知道如何根据偏旁组合的规则,把部件拼合起来组成一个汉字。学会"析字"和"拼字",知道什么是偏旁部件,什么是独体字,什么是合体字,知道一个汉字是由哪些部件组成,各个部件又是如何组合的,相互之间是什么关系,这些知识是学习汉字的一种"执简御繁"的好办法。清代著名的文字学家王筠在《文字蒙求·自序》中说过:"人之不识字也,病于不能分。苟能分一字为数字,则点画必不可以增减,且易记而难忘矣。"又说:"苟于童蒙时先令知某为象形,某为指事,而会意字即合此二者以成之,形声字即合此三者以成之,岂非执简御繁之法乎?"他的话是很有道理的。

第三,要着重学好独体字,尤其是古今习用、具有孳乳能力的偏旁或部件。

零部件可以组合成各种各样的机器,化学元素可以组合成千千万万的化合物,具有孳乳能力的独体字可以组合为成千上万个汉字。可见独体字在汉字世界里占有重要的地位。那些古今习见的、常用的、且具有孳乳生成能力的独体字,应是我们学习的重点。

第四,要了解常用偏旁部首的流变。

独体字除了独立成字以外,还往往充当合体字的偏旁或部件,而偏旁部件又是不断发展和演变的。据不完全统计,组成现行汉字的偏旁部件共五百多个,其中不少是现行的独体汉字,但多数却是现行独体汉字的简省或变体,省变就是发展变化的结果。所以,我们在学会把现行汉字分解成若干部件之后,还要进一步了解每个部件前后的流变,认清它们的所谓正体和变体,只有这样,才能从最基础的底层了解汉字的结构。一般而言,偏旁部件的源流变化,追溯到《说文》所收的小篆就可以了,但有些字的结构,《说文》也没有搞清楚,甚至有错误,那就还要上推到更古老的先秦文字。这里需要指出的是,我们所强调的"六书"理论,是从小篆系统归纳出来的汉字结构类型理论,用"六书"理论分析秦汉时期的小篆结构,当然是适用的,但汉字在小篆之前还有更古老的形体,小篆之后则一变而为隶书,再变而为魏晋以来的楷书,三变而为今天包括简化字在内的现代通行体,因此用"六书"理论进行汉字分析,还需要有历史发展的观点。从历史流变的角度认识问题,自然要比在一个平面内认识问题更为清楚和深刻。

第五,要进行"字族"的探索。

汉字是个大系统,这个大系统又是由许多小系统组成的,就像一个大家族是由许多小家庭组成的一样。一个字或者一个偏旁,往往不是孤立的,它们与一定数量的其他的字或偏旁具有这样或那样的联系,它们可以类聚成大大小小的具有亲缘关系的"字族"。《说文》能把9000多个汉字按照540部首进行分类,就包含着这个道理。我们在进行汉字源流学习和研究的时候,要有系联和类聚的观念,注意同源字或"字族"的探索,探明文字符号之间的亲缘关系,也就是要把汉字看成有机的体系,而不是一盘散沙。这样的观念可以使我们触类旁通,举一反三,反过来,对个别汉字的源流研究又具有指导的作用。如前所述,"汉字源流"的第一个层面是整个汉字体系的源流演化,第二个层面是个体汉字的源流演变,同源字或"字族"的探索可以看作其中间的环节,既关乎个体汉字,又关乎汉字体系,有关这方面的探索,应该成为我们研究汉字源流的一项重要任务。当然，这是更高层次的要求了。

根据上面的叙述，我们学习汉字源流大体上可以分为下面四个步骤：

第一，学习与汉字源流有关的基本理论和基础知识，包括叙说、汉字的起源、汉字造字法和汉字形体的变迁等四个专题。

第二，学习汉字的初文，这是有关汉字"源"的部分，分别学习与人体有关的初文、与自然物有关的初文、与人类创造物有关的初文以及属于其他词语的初文等。

第三，学习汉字偏旁的流变和辨析，这是有关汉字"流"的部分。主要学习汉字偏旁的形成及其演变的趋势、隶变对汉字偏旁的影响、现行汉字形近偏旁的辨析等。

第四，综合运用上面学过的知识，用来分析汉字源流演变的各种现象，包括特殊结构合体字的辨析，个体汉字流变谱系的梳理和建构，以及字组、字族研究等其他一些拓展性的问题。这是本课程的重要内容，也是提高阶段的学习。总之，本课程力求结合字形的孳乳、字义的引申和字音的转移等几个方面，着重从综合的角度来揭示汉字形音义诸方面在发展过程中的复杂关系。

通过这门课的学习，希望能进一步举一反三，要求做到：

（1）掌握 150 个偏旁部首的古今写法及其意义。

（2）了解 1000 个基本汉字形体的来历。

（3）学会分析 3000 个常用字的构成方式。

如果能够达到这些目标，我们从事语言文字工作就可以基本上做到"得心应手、左右逢源"了。

最后谈谈有关参考书的问题。"汉字源流"这门课以前未曾开过，所以不但没有现成的教科书，甚至连参考书也不容易找到。随着国学的升温和汉字研究的深入，现在寻找有关的参考书并不困难；但目前市面上流行的书有的并非专业学者所著，书中对于汉字源流的梳理和形义关系的解释往往比较随意，初学者还需仔细甄别。由于汉字源流的涉及面比较复杂，即便是专业书籍，其中的是非曲直也需要学习者自己判断。这里所列的参考书仅供参考而已！相信它们可以丰富我们的知识，扩大我们的视野；但要形成自己的判断，还需要刻苦学习和深入钻研。下面罗列若干种，不一定全面，其中有些是本课程必读的，如《说文解字》；有些则是供选读的，可根据个人的情况自定。

（1）许慎《说文解字》，中华书局 1963 年。

（2）王筠《文字蒙求》，中华书局 1962 年。

（3）孙诒让《名原》，齐鲁书社 1993 年。

（4）章炳麟《文始》，上海右文社 1915 年。

（5）林义光《文源》，石印本，1920 年。

（6）蒋善国《汉字形体学》，文字改革出版社 1959 年。

（7）约斋《字原》，东方书店 1953 年。

（8）易熙吾《简体字原》，中华书局 1955 年。

（9）王力《同源字典》，商务印书馆 1982 年。

（10）刘钧杰《同源字典补》，商务印书馆 1999 年。

（11）高明《古文字类编》，中华书局 1980 年；上海古籍出版社 2008 年增订本。

(12) 赵平安《隶变研究》，河北大学出版社 1993 年初版，2009 年再版。
(13) 李乐毅《汉字演变五百例》，北京语言学院出版社 1993 年。
(14) 李乐毅《汉字演变五百例续编》，北京语言文化大学出版社 2000 年。
(15) 李乐毅《简化字源》，华语教学出版社 1996 年。
(16) 张书岩等《简化字溯源》，语文出版社 1997 年。
(17) 董琨《中国汉字源流》，商务印书馆 1998 年。
(18) 谢光辉主编《汉字字源字典》，北京大学出版社 2003 年。
(19) [日] 阿辻哲次著，高文汉译《图说汉字的历史》，山东画报出版社 2005 年。
(20) 季旭昇《说文新证》，台北，艺文印书馆 2002 年、2004 年；福建人民出版社 2010 年。
(21) 邹晓丽《基础汉字形义释源》（修订本），中华书局 2007 年。
(22) 黄德宽主编《古文字谱系疏证》，商务印书馆 2007 年。
(23) 谷衍奎《汉字源流字典》，语文出版社 2008 年。
(24) 施正宇《原原本本说汉字：汉字溯源六百例》，北京大学出版社 2009 年。

第二章 通 论

　　本章主要就汉字的起源、汉字的结构理论和汉字形体的变迁等问题作具体的探讨，作为后面学习汉字源流知识的总的铺垫。汉字起源问题从文献学、民俗学、考古学和语言学等角度进行阐述，是因为汉字起源问题是一个综合的复杂问题，必须从多角度进行多元的探索。随着考古工作的进一步发展，考古资料的进一步丰富，将会为汉字起源问题的研究提供新的证据，我们必须充分重视。关于汉字的结构理论，传统有"六书"的说法。虽然20世纪以来也产生过不少新的关于汉字结构的理论，但基本上仍以传统"六书"为基础，"六书"理论仍然是影响最为深远的汉字结构理论。我们在本章第二节对汉字结构理论进行了概述，用具体例子说明了"六书"的义例与类别，使大家对汉字结构理论有一个基本的了解。第三节就汉字从古到今的形体演变过程作了简要的概述，分为古文字时期、今文字时期和介于古今文字之间的过渡时期三个方面，既有相关出土资料和传世文献的介绍，也有各个时期文字特点的概括，目的是使大家对汉字流变的过程有一个总体的印象。下面分节论述。

第一节　汉字起源的探索

　　汉字起源不仅是汉语文字学的一个重要课题，也是中国文明史、乃至世界文化史上的一个重要课题。20世纪以来，在中外学者间曾一度流行过汉字西来的说法，他们认为中国文字包括甲骨文在内，时代比巴比伦的楔形文字要晚，某些符号又存在彼此类似之处，而甲骨文本身既然是一种相当成熟的文字体系，却找不到它的前身阶段，因而认为中国文字不是在中国本土上生长出来的，而是从近东两河流域成熟了的文明传播过来的[①]。中国文字西来说者企图用最简单的办法来解决中国文字起源这个复杂的问题。

　　另一方面，主张中国文字从本土生长起来的虽大有人在，但苦于历史资料的匮缺，特别是缺乏正确的理论和途径去获取令人信服的可靠证据，以致这个问题长期以来仍然得不到合理的解释。新中国成立后，广大社会科学工作者在历史唯物辩证法的指导下，

---

① 主张汉字西来的学者有法国的波提埃和卢内尔曼，美国的格尔勒和詹森，前苏联的瓦西里耶夫等；中国学者有认为汉字中的十二辰和数目字受到西方影响的，如郭沫若、陆懋德等。

从各个领域进行了有益的探索,有不少重要的发现。这些新的发现不仅只是补充过去已有的知识,有的甚至完全改变原来的看法,促使人们去重新考虑问题,形成新的认识。现在,对汉字起源问题作出系统的描述和科学的结论虽然为时尚早,但有关汉字起源的奥秘正在日益明显地被揭示出来。

综观多年来对汉字起源问题的探讨,大体上可以分为四个方面。

一、文献学的探索

古文献上有关汉字起源的记载尽管零星且不成系统,时代也较晚出,但它仍是探索者最早涉足的一个领域。古籍中较有代表性的是下面三种传说。

(一)"上古结绳而治"

"上古结绳而治"见于《周易》的《系辞传》,有关记载还散见于《史记·三皇本纪》、《庄子》、《老子》和《说文叙》。其中《周易·系辞传》只提到"上古",没有说明具体的时间,《庄子·胠箧篇》提到十二氏,从容成氏一直到伏羲氏和神农氏,可概括为伏羲神农以前民皆结绳而治。伏羲、神农都是传说中的人物,相当于原始社会末期的氏族首领。当时结绳的方法,今已不知其详。从文献上看,以《周易正义》引郑康成说为最早。郑注:"事大大结其绳,事小小结其绳。"仅十二字而已。李鼎祚《周易集解》引《九家易》说:"古者无文字,其有约誓之事,事大大其绳,事小小其绳,结之多少,随物众寡,各执以相考,亦足以治矣。"这些习俗,在后世的少数民族地区还一直流传着,如苗族、独龙族、藏族等。但结绳只是没有文字的民族作为帮助记忆的工具,它本身还不是文字,甲骨文里有些符号比较特别,如 ᛃ、ᛜ、ᛘ,还有比这复杂得多的符号(见《甲》2418、《甲》2307),类似秘鲁的结绳架,有人认为可能与结绳有关①。

金文里有几个十的倍数的数目字,如十作 丨,廿作 ᴗ,卅作 ᴗᴗ,卌作 ‖‖(战国骰文),则可能是古代结绳的孑遗②。但卜辞只作竖笔。由此观之,中国古代有结绳记事的习俗是大体可信的,却未必定是文字。印第安人有用绳穿各色珠来记本部族的先老史的。

(二)"后世圣人易之以书契"

《周易·系辞传》于"结绳而治"后接着说,"后世圣人易之以书契。"这里的书契一般都以为指文字。但继结绳而起的书契是否即是文字,值得怀疑。考"书契"二字,其初当指书与契二事而言。许慎《说文叙》云:"书者,如也。"段注:"谓如其事物之状也。聿部:书者箸也,谓昭明其事。此云如也,谓每一字皆如其状。"许书训"箸"的书当指"著作"的书;训"如"的书乃"书写"之书,犹今之言"依样画葫芦",实与绘画无别;甲骨文未见"书"字(《说文》"书"是个从聿者声的后起形声字),

---

① 陈炜湛《读契杂记》"五、结绳记事之遗迹",收入《于省吾教授百年诞辰纪念文集》第51页,吉林大学出版社1996年。
② 徐中舒《结绳遗俗考》,《说文月刊》第4卷,第185页,1944年。又见《徐中舒历史论文选辑》(上,下)第708页,中华书局1998年。

但有个婁字，作㦰或㦰，王国维疑是古"画"字，谓"㡭象错画之形"①。金文下或从周，郭沫若说"殆谓以规画圆也"②，并以为古规字③。丁山据《说文》肄字训习，谓"婁即肄之初文，字正象人执笔习画形，所以又读如画"，金文画字多从此④。以上三家对婁字是后来的哪个字虽然看法不尽相同，但他们认为此字与绘画密切相关却毫无异议。书与画自古同源，依样画葫芦（如也）的"书"，与像人执笔习画的"婁"，形既相近，义亦相属，古为一字或有可能。书契之契，字当作栔，《说文》："栔，刻也。"戴侗《六书故》谓丯（音介）为栔的初文，盖以丯像所刻之齿形，后复加刀及木以足义。一字古文作弌，吴承仕《说文讲疏》云："弋者物之株橜，初民记数以刀刻识于株橜之上，视一之数与识一于弋之事若同体而不可分，故连二事而合作一文。"⑤是则古文之作弌、弍、弎者亦古人刻数之遗制。由此推测，结绳之后的书契当指绘画与契刻二事。从结绳记事到真正文字的创造，中间必然经过一个相当长的过渡阶段。在这个时期里，人们以绘画和契刻作为记事的主要手段。绘画和契刻已经比结绳大为进步了，但还不是真正的文字。随着记录语言的需要，绘画的图形和契刻的记号不断转化为书面符号。这时书和契才具有文字的性质，书、契二字才合起来指称文字。现在我们看到的许多古文字形体，就是直接、间接从绘画和契刻脱胎、演化而成的。

（三）"仓颉作书"

古籍有关仓颉作书的记载颇多，但多出战国秦汉时人的著作，如《荀子·解蔽篇》、《吕氏春秋·君守篇》、《韩非子·五蠹篇》、《世本·作篇》、李斯《仓颉篇》、《淮南子·修务训》、许慎《说文解字》等。

秦代以前，关于仓颉作书的说法大都比较平实。《韩非子》举自环为"私"、背私为"公"二字，以明仓颉作书固知"公私之相背"，《吕氏春秋》与李斯也未加任何夸饰，《荀子》更以为仓颉只不过是众多"好书者"中惟一能够流传下来的一人而已。到了汉代，有关仓颉的传说便越来越多，愈传愈离奇，如王充在《论衡》里说什么"仓颉四目"（《骨相篇》），《淮南子》说仓颉"产而能书"（《修务训》）、作书时"天雨粟，鬼夜哭"（《本经训》），简直是感天地而动鬼神了。王充还说"仓颉以丙日死"（《讥日篇》）、《皇览冢墓记》竟有仓颉的葬所云云，皆不足信。仓颉其人，一般都以为是黄帝的史官，黄帝时代据文献记载大约在公元前二千五六百年，距今约4500年左右。

至于仓颉如何作书，也有种种的说法。《鹖冠子》说"仓颉作书，法从甲子"，《易纬·乾凿度》说"起于八卦"，《法苑珠林》云"取法于净天"，《竹书纪年》和《水经注》则说是仿效"河图洛书"而作。按甲子、八卦、以至河图洛书，都是属于数术一类的学问，就其思想发生的程序而言，是断不可能在文字发明以前出现的。许慎说"黄

---

① 王国维《戬寿堂所藏殷墟文字考释》第24页，上海仓圣明智大学印行，1917年。
② 郭沫若《甲骨文字研究·释寇》第2页，上海，大东书局1931年。
③ 郭沫若《甲骨文字研究》"后记"，上海，大东书局1931年。
④ 丁山《殷商氏族方国志》第78—80页，北京，科学出版社1956年。又见《甲骨文所见氏族及其制度》，中华书局1988年4月新一版。
⑤ 吴承仕《说文讲疏》，《制言》半月刊第18期，第1—2页，苏州，1936年6月。

帝之史仓颉，见鸟兽蹄迒之迹，知分理之可相别异也，初造书契。"又说"其初作书，盖依类象形，故谓之文，其后形声相益，即谓之字"。仓颉从鸟兽蹄迒之迹得到启示而造出象形之文是完全可能的。

大抵上古时候，许多新事物都是集体创造的。创造者究竟是谁，事实上并不大清楚，也没法子流传下来。到了战国，由于封建生产关系的确立，私名也随之而逐渐出现，青铜器上的"物勒工名"，成为战国题铭的风尚。在这一背景下，人们对前代留传下来的物质产品和精神产品，都要安上个创造者的名号，反映在《世本·作篇》中，便有许许多多的发明家。《世本》今已不传，不少仍保留在《说文》的注释中，如伯益作井，奚仲造车，昆吾制陶，共鼓货狄剡木为舟、剡木为楫等。仓颉作书的传说，应与奚仲造车、昆吾制陶等属同类性质。剔去其伪饰的成份，并不是完全无稽的。最早提到仓颉的《荀子》说："好书者众矣，而仓颉独传者一也。"是比较客观的。历史上如果真有仓颉其人，其时代应在原始社会解体，出现了阶级和国家的时期，他可能是一位巫史之类的职官。其所以独传者，大概是在创制文字制度方面有过某种贡献的缘故。

二、民俗学的探索

从民俗方面探讨汉字的起源，是出于这样的一种考虑：与其从只鳞片爪的古文献中了解先民创造文字的意识和活动，不如直接从现在还没有文字（或文字尚不发达）的民族那里去考察他们的意识和活动对文字的产生究竟起了什么样的作用。汪宁生《从原始记事到文字发明》[①] 一文是从事这项研究的有代表性的成果。

汪文从我国少数民族中搜集到大量关于实物记事、符号记事和图画记事的材料，把这些材料同文字的创造发明联系起来加以考察，结果，不但证实我国古籍中关于结绳、绘画、契刻的记载并非子虚，并且补充了许多有关的细节，增强人们对这些记事手法的感性认识。更加重要的是，汪文发现大量的实物记事中已经孕育着造字的基本原则，从而揭示了实物记事在文字发生史上的重要意义。

实物记事中属于表形法的，如景颇族刻一枪形木片代表真枪；用小条红绸代表整匹的红绸；很多民族在计数时用动物的头或尾代表猎物的整体等。这些整体表形法和以部分代表全体的表形法在汉字造字法中都有所反映，例如画一把立戈形代表真戈，说不定它的前身就有过刻一戈形的木片来表示的。甲骨文中画一个牛头或羊头分别代表牛或羊，就是以局部代表整体的象形（从汉到现代牲畜计量仍论"头"，可能出自此源）。又如取字，《说文》："捕取也，从又从耳。周礼'获者取左耳'，司马法曰'载献聝'，聝者耳也。"古兵法规定以左耳代表战获物，与少数民族以兽的头或尾代表猎获物用意相同。"取"的造字本义正是从此取象的。

实物记事中属于表义法的，如古代南诏送唐朝棉花表示"柔服"，送朱砂表示"丹心"，都是以实物表义的先例。现代各少数民族普遍用槟榔、草烟表示"友好"；景颇族以占卜用的蒲射树叶表示"神机妙算"，用开并蒂花的拔业树叶表示"永在一起"；有的少数民族在诉讼中用箭表示"理直"，用金表示"坚定"。这些都是以物品的质地、

[①] 汪宁生《从原始记事到文字发明》，载《考古学报》1981年第1期。

色泽、形状、属性来表意的。还可将几件表意的实物同时使用，以表达较为复杂的意思，如用鸡毛和火炭相结合表示"火急"，则有类于汉字造字法中的会意。

最有趣的是实物记事中的表音法。上面提到南诏送唐王朝的礼品中，还有一种"当归"，就是借用表音法来表示"应当归附"的意思。景颇族中流行的"树叶信"，更广泛运用谐音法来表情达意，青年男女凭着数十片树叶的信，可以表达缠绵细腻的感情。其基本方法是借用树叶的名称来表示同音的语词，例如"德滥"树的"滥"与"玩耍"同音，就用德滥树叶来表示"一起玩"的意思。"豆门"树与"打扮"同音，就用豆门树叶来表示"打扮"的意思。植物的"浪诺"和一种毒蛇同名，就用浪诺叶表示"恶毒"的意思，"额芒"树与"老"同音，就用额芒叶来表示"白头到老"的意思。他们按照谐音的办法赋予树叶和其他物件以某种比较固定的意义，通信时按说话的先后，把树叶等物依次排列起来，收信人按着顺序"读"信，就可以了解对方的意思了。这种借用同音实物来表达语词的办法，类似于汉字的假借造字法。我们相信，历史上实物表音法对于假借造字法肯定会有所启迪的。

从以上表形、表义、表音三方面来看，汉字造字的基本原则早在先民使用实物记事的过程中就已经初露端倪了。汉字造字法应来源于各种原始的记事方法，包括实物记事、图画记事和符号记事在内。不过，实物记事不可能留下任何图形和记号作为文字的前身，它只在方法上对造字法产生积极的影响；图画记事的图形和符号记事的记号则发展为大量的象形指事字和会意字，构成了原始汉字的基础。这是我们从民俗学的探讨中所得到的启示。

三、考古学的探索

民俗学方面所提供的材料虽然比古文献较为丰富，但在时代上毕竟相隔太远，它的作用，就像通过解剖一只现代的猴子去了解古猿一样，虽然很有参考价值，却受到很多条件的限制。所以，历史和考古工作者从寻找古人群的遗物方面去探求汉字的起源。

1994年，三秦出版社出版了徐锡台编著的《汉字探源》，该书收集了大量的远古和上古时期的陶文，对汉字起源问题的研究颇有助益。

从该书收集的情况来看，远古时期（新石器时代）的陶文有20处，主要属于仰韶文化、大汶口文化、良渚文化和龙山文化等各个时期，仰韶文化有半坡遗址、临潼姜寨遗址等，大汶口文化有山东莒县陵阳河遗址等，良渚文化有浙江杭州出土的陶文，龙山文化有轰动一时的山东邹平县丁公村的刻字陶片等。

上古时期的陶文，属于夏代的有河南伊河苗湾遗址、洛阳偃师二里头文化遗址和陕西商县紫荆遗址等，属于商代的有江西清江县吴城商代遗址的陶文、郑州二里岗商代遗址的陶文、河北藁城台西村遗址的陶文、小屯殷墟陶文等多处。这些陶文分布空间较广，时间延续连贯，互相之间颇有相似之处，其相似性明显大于差异性，可以构成发展演变的链条，对探讨汉字的起源和发展有着积极的作用[①]。

[①] 黄德宽《殷墟甲骨文之前的商代文字》，对商代前期陶文资料进行了全面分析，阐明了商代陶文对探索当时文字体系发展水平的价值。载《中国文字学报》第1辑，商务印书馆2006年。

另据新华社报道，经考古专家20多年发掘、整理和研究，甘肃秦安大地湾遗址考古获得一系列重大成果，被学术界评定为20世纪百项考古大发现之一，据考证，此遗址大致可分为五期文化：前仰韶文化、仰韶文化早、中、晚期和常山下层文化，其历史年代从距今8000年一直延续到距今5000年。其中一期文化距今约8000年，是我国西北地区迄今为止考古发现的最早的新石器文化，对研究我国黄河流域新石器时代乃至华夏文明的起源等都具有重要意义。

大地湾一期出土的陶器上共发现了十几种彩绘符号，这些符号比过去国内发现最早的西安半坡陶器刻划符号的时间早了1000多年，且有一些符号与半坡符号基本一样。虽然这些神秘符号的意义至今未能破解，但专家们认为，它们可能就是中国文字最早的雏形①。

又据有关报道，1977年发现于河南新郑的裴李岗文化大约出现于距今8000－7000年左右，其遗址保存有远古的村落遗迹，从建筑遗存、埋葬习俗、农业生产，特别是陶器形制和纹饰考察，可看出它与后来的仰韶文化存在更加密切的关系。在属于裴李岗类型的河南舞阳贾湖遗址中，发现了16例由刻划而成的符号，其形状具有多笔组成的结构，承载着刻划者一定的意图。在贾湖出土七千年前的龟甲上，契刻有三个符号，一个作◯，分明是"目"字，一个是"日"字，与青海柳湾之"日"相同，另一个作乂，有点像举手人形。这三个字，都与殷代甲骨文形构非常接近②。

李学勤先生最近指出：以甲骨文为代表的殷商文字业已是成熟的文字系统，表明在其前面应该存在相当长的文字形成演进的过程。从裴李岗文化、大地湾文化算起，在许多早于商代的文化遗存中发现了大量符号，有的确实称得上"原始文字"（pre-writing），但目前尚难对文字的起源和发展给出适当系统的表述③。

此外，据宁夏西北第二民族学院岩画研究中心披露，在宁夏中卫县大麦地发现的大量独立岩画群中，发现了比甲骨文还要早几千年的我国最古老的图画文字。报道说，近十多年来，文物考古专家学者在宁夏中卫县通过大量实地调查，发现中卫北山岩画数量惊人、规模宏大。在东西长约2公里、南北宽约3公里的范围内，山梁沟壑石壁嶙峋，排列有序，1000多幅古代岩画就错落有致地凿刻在这些山沟的岩面上，如同一个天然画廊。这1000多幅岩画中，展现个体形象达到4210个，其中有不少是非常相似的具有符号性质的图形④。

从考古学上获得的与汉字起源有关的材料，主要有以下三种。下面略加说明。

---

① 《大地湾考古刷新中国六项考古之最——华夏文明史到底几千年?》，《海峡都市报》2002年10月22日。有关陶文可参看《甘肃秦安大地湾遗址1978年—1982年发掘的主要收获》，载《文物》1983年第11期，亦见徐锡台《汉字探源》第9—15页，三秦出版社1994年。
② 饶宗颐《符号·初文与字母——汉字树》第24—25页，商务印书馆香港有限公司1998年；又《论贾湖刻符及相关问题》，收入《饶宗颐二十世纪学术文集》卷一，第30页，台北，新文丰出版股份有限公司2003年。
③ 《古文字学的现状与发展》，收入《清华历史讲堂续编》第86页，生活·读书·新知三联书店2008年。
④ 据"中国文字研究与应用中心网站"和《海峡都市报》2005年11月5日A16版《争议宁夏大麦地岩画》。《海峡都市报》2007年A10版复有《考古专家宣布惊人消息 大麦地岩画疑为最早文字》的报道，称"这一研究成果如果成立，意味着人类文字的历史将提前到距今7000年至8000年左右。"

（一）刻划记号

刻划记号主要发现于黄河上游，以西安半坡和临潼姜寨为中心，远及青海乐都的柳湾和甘肃的马厂，都是发现这些刻划记号的地区，而以半坡和姜寨最为典型。是距今六七千年的新石器时代晚期的遗存，其渊源可追溯到甘肃秦安大地湾的早期新石器文化。在200多件标本中，可以归纳出不重复的刻符五六十个。下面就是西安半坡遗址仰韶文化的陶文①：

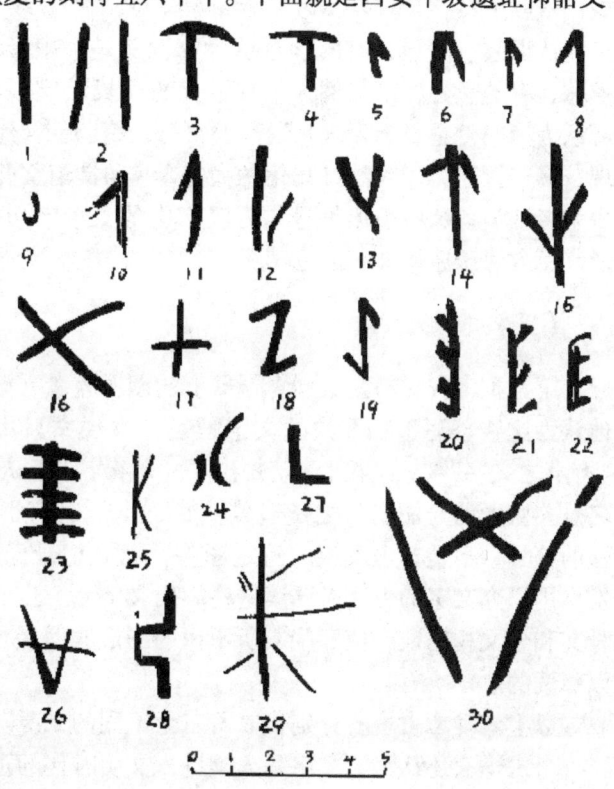

对于这些刻符的性质，目前主要有三种不同的意见：第一种意见认为这些刻符只是陶工随意的刻划，当时人们并未赋予一定的含意，今天也无从解释，根本不是文字②。第二种意见认为这些刻符已经是文字，有的还可以在后来的甲骨文和金文中找到，大体可以释读③。第三种意见是上面两种意见的折衷，认为这些刻符既非随意，也不同于后来的文字，但它们同文字的关系非常密切，是一种具有文字性质的符号④。目前以持第三种意见的人较多，但也有不少人倾向于第一种意见。

这些符号往往刻在一定部位上，如仰韶文化半坡遗址的陶器符号，几乎全都刻在直口钵的外口缘上。从这种情况来看，它们显然不是随意的刻划，而是具有一定意义的记号。有人推测，这种符号一部分跟古汉字里的数目字十分相似，商周古文字里从一到八几乎都可从这些刻符中找到相似的形状。前面谈到汉字与契刻有关，主要就是指这种情况。这种符号另一部分可能代表陶工或器物主人的标记，也跟"族徽"有关。此外，一部分天干字如甲乙丁癸等也可能是从这类刻符中吸取过来的⑤。这些情况表明，原始社会晚期的陶器刻符也许本身并不是真正意义上的文字，但它们与汉字的关系很密切，对部分汉字的形成有比较大的影响，似乎可以视为汉字的萌芽。

---

① 徐锡台《汉字探源》第20页，三秦出版社1994年。
② 汪宁生《从原始记事到文字发明》，载《考古学报》1981年第1期。
③ 于省吾《关于古文字研究的若干问题》，载《文物》1973年第2期；陈炜湛《汉字起源试论》，载《中山大学学报》1981年第1期。
④ 郭沫若《中国文字之辩证的发展》，载《考古学报》1972年第3期。
⑤ 以上参见裘锡圭《汉字形成问题的初步探索》，载《中国语文》1978年第3期。

（二）象形符号

发现于黄河中、下游的象形符号，可以河南舞阳贾湖文化和大汶口文化为代表，几乎在整个新石器文化的广大范围内流行。除上面提到贾湖龟甲上的三个符号外，在属于大汶口文化晚期的莒县陵阳河遗址的陶器上发现了四个象形符号：第一例作钺形；第二例作，像斤（斧）形，第三例作，第四例作。学术界对第三例和第四例的认识颇有歧异，有的学者认为第四例是个很形象的"旦"字，第三例是第四例的省体；有的学者释第三例为上日下火的"炅"字，释第四例为"炅山"二字；也有学者认为第四例是个远古日月崇拜的符号。第四例曾经在大汶口文化的不同遗址中重复出现，第三例还见于大汶口文化的大玉琮①和良渚文化的玉璧上②，可见传播较广。有不少学者认为，这些象形符号与古汉字中的象形字形体非常接近，已经不是非文字的图形，而应属于原始文字的范畴③。

（三）图形族徽

第三种考古材料是殷周青铜器上的图形族徽（附图5）。过去沈兼士称之为文字画。他认为这些摹写事物图象的文字画是"《说文》中象形、指事字的祖先"，但还不是"有声之文字"④。后来郭沫若提出了"族徽说"，认为"此等图形文字，乃古代国族之名号，盖所谓'图腾'之孑遗或转变"⑤。近时有学者指出，早期铜器上这类图画性很强的符号，不是标志氏族的特定图像，而是记录氏名的文字。主张从文字学的观点出发，用研究文字的方法来释读这些族氏文字⑥。还有不少学者将族氏文字与同时期的甲骨文和金文相比证，使好些旧所不识的图形族徽获得了新解⑦，证明这些族氏文字是可以释读的。

以上三种考古资料分别代表着三个不同的来源。

考古学家还认为，文字是人类进入文明时代的重要标志，探讨文字的起源，不能仅仅局限于文字符号的本身，因为文字萌芽时代即使有文字记载，也不一定能够保存下来，所以必须联系中国文明起源的若干要素进行综合考察，依靠考古学所提供的实物来作证，才能得到正确的结论⑧。半个多世纪以来，考古工作者从出土甲骨文的殷墟文化

---

① 石志廉《最大最古的纹碧玉琮》，载《中国文物报》第57期，1981年10月1日。
② 李学勤《古文字学初阶》第20—21页，中华书局1985年。
③ 裘锡圭《汉字形成问题的初步探索》，载《中国语文》1978年第3期。又收入《古代文史研究新探》第257页，江苏古籍出版社，1992年。或以为是远古日月崇拜之符号，详饶宗颐《大汶口"明神"记号与后代礼制》，载《中国文化》第2期。
④ 沈兼士《从古器款识上推寻六书以前之文字画》，收入《殷砚斋杂文》，1947年。又收入《沈兼士学术论文集》，中华书局1986年。
⑤ 郭沫若《殷周青铜器铭文研究·殷彝中图形文字之一解》，第14页，北京，科学出版社1961年。
⑥ 林沄《对早期青铜器铭文的几点看法》，载《古文字研究》第5辑，中华书局1981年。
⑦ 于省吾《释𦣞》，载《考古》1979年第4期；张亚初、刘雨《商周族氏铭文考释举例》，载《古文字研究》第7辑，中华书局1982年。
⑧ 参夏鼐《中国文明的起源》第81—82页，文物出版社1985年。

向上追溯，基本上排出一个关于中国文明起源发展的考古系列，即殷墟文化—郑州二里岗文化—偃师二里头文化。这三种文化之间有着直接或间接的前后承传关系，具备都市（城垣或宫殿）和青铜冶铸两大特点。至于文字，除殷墟出土了大量甲骨文和青铜器铭文之外，郑州二里岗也发现有字的骨片，证明当时已有文字制度，偃师二里头文化发现了不少陶器刻划符号，形体很像殷墟的甲骨文字。二里头文化的晚期相当于历史传说中的夏代。目前虽然没有直接的证据证明二里头文化的晚期即是夏代，但从同一文化出土类似甲骨文的符号来看，上世纪30年代唐兰先生根据文献记载和出土资料列举七条理由论证夏朝是有历史记载的时代[1]，应当是可信的。从以上考古的层次判断，铜器铭文中的图形族徽属于殷墟文化期，是保存在成体系文字中的族氏文字；大汶口文化的象形符号时代在二里头文化之前，当是处于文字萌芽时期的原始文字；属于仰韶文化的西安半坡和姜寨的刻划记号时代更早，则有可能是前文字阶段的助忆符号。

最后还值得一提的是邹平丁公村陶书和高邮龙虬庄陶书。丁公村陶书是1992年山东大学考古实习队在山东省邹平县丁公村发现的，经鉴定属龙山文化时期，距今约4300年。高邮龙虬庄陶书是属于南荡文化遗存的陶书资料，1999年江淮考古学者在江苏高邮龙虬庄遗址考古报告中刊布，也属于龙山文化时期，距今约4000年。下面是两件陶片的拓片、摹本和照片[2]：

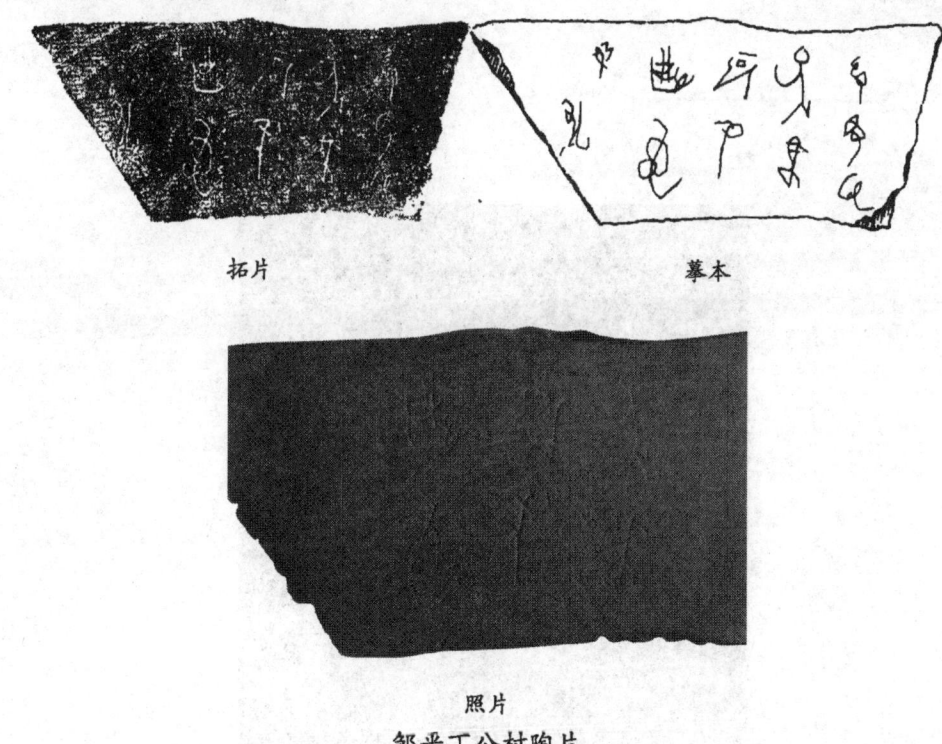

拓片　　　　　　　　　　摹本

照片

邹平丁公村陶片

---

[1] 唐兰《古文字学导论》（增订本）第80页下，齐鲁书社1981年。
[2] 邹平丁公村陶文拓片和照片见《考古》1993年第4期第296页图三、图版壹。高邮龙虬庄陶片见《龙虬庄——江淮东部新石器时代遗址发掘报告》彩版九，第205—206页图323之1、图324，科学出版社1999年。

20 汉字源流

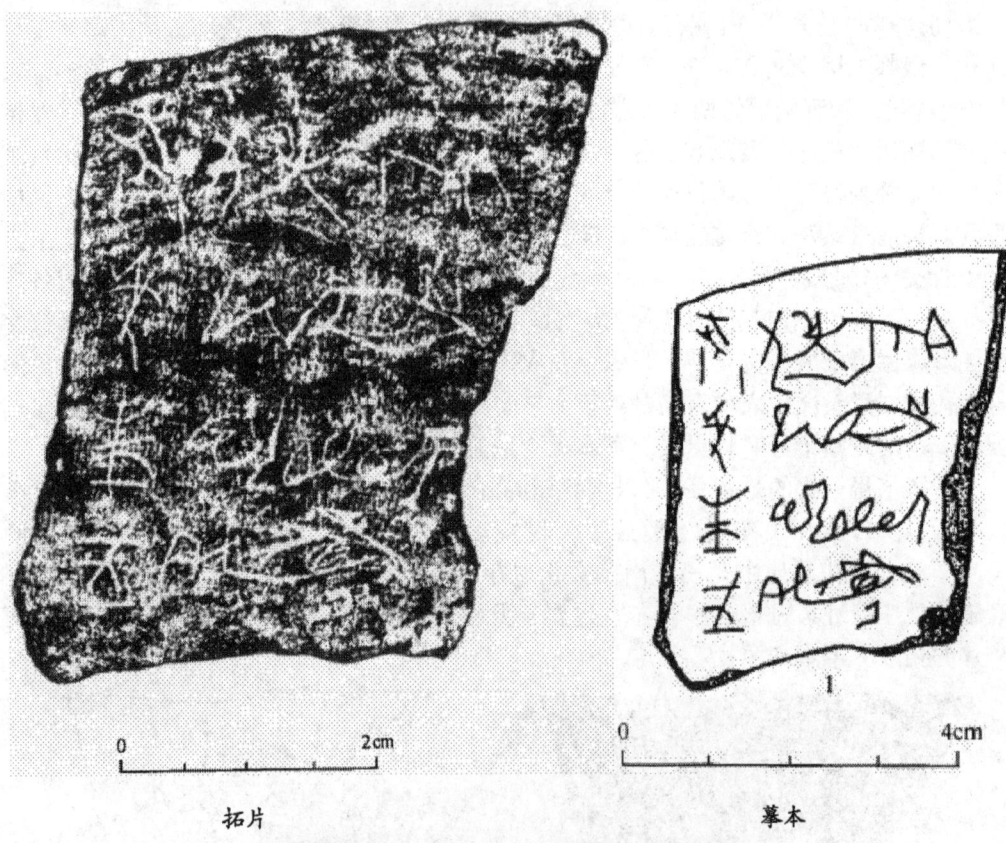

拓片　　　　　　　　　　摹本

照片
高邮龙虬庄陶片

这两件陶片的发现对探讨中国文字的产生和发展，提供了新的线索和新的思考。丁公村陶片上共有11个刻画符号，龙虬庄陶片共有8个刻画符号，二者风格似乎比较接近，其明显的特点是圆弧形笔画较多，直线形笔画较少；多数笔画连绵流畅，好像一笔写成，颇有线条动感；图画形倾向较小，符号化程度较高。

丁公村陶片的发现在学术界引起了热烈反响和广泛兴趣。有人曾经认为丁公村陶片上的11个符号组成了词句或辞章，说明它已经被用来记录语言，因此陶片符号可以确定为一种文字。这种文字比甲骨文早800年，亦即说，中国有文字的历史又提前了800年。它是甲骨文之外的一种独立的文字体系。邹平陶片文字的发现，可以明确断定大汶口文化陶器象形符号等不是文字[①]。日本学者对丁公村陶片也颇为关注。日本《读卖周刊》AERA1993年第8期、第21期分别发表了《中国四千年前的谜"文字"》和《使学术界分为二派的中国古文字——山东出土的丁公陶片》，报道了部分日本学者对陶片的看法[②]。龙虬庄陶片也被认为与丁公村陶片一样，可能是汉字体系正式形成前后，于一定区域范围内流行的特殊字体和特有书风，都属于原始文字的范畴[③]。

由于这两件陶片的研究难度较大，关于它们的各方面问题至今还不能有一个定论。丁公村陶片出自一个废弃灰坑中，由一协助工作的民工发现，其真伪问题尚有不同看法。龙虬庄陶片也是采集品。关于丁公村陶文的释读，各人说法不一，基本上均属推测，未有共识，龙虬庄陶文的某些符号更加复杂，释读更加困难。因此两件陶片上的刻符是否已用于记录语言，也有待于深入研究。如果它们确是一种文字，基本上可以肯定它们是一种与甲骨文不同的文字，因为它们与甲骨文的风格确实存在着比较大的区别。有人认为它们是具有地域性特征的原始文字，丁公村陶文似应属于东夷文化系统的文字，也有人认为它们是已被人们淘汰了的古汉字，或者与古汉字存在着亲缘关系[④]。如果后者的解释成立，则说明在汉字起源阶段，可能存在不同风格的文字，而后来汉字的发展，则选择了与这种文字风格不一样的方向。两件陶片字符如果确是古汉字，当然也可以判定大汶口文化陶器上的象形符号在当时并不是文字，但不排除这种象形符号后来逐渐发展为文字的可能。从后来汉字发展的实际说明，汉字没有选择陶片上此类字符的风格，而选择了大汶口文化陶器上的象形符号的风格，因而像大汶口文化陶器上的象形符号一类的古老字符，就成了我们汉字的祖先[⑤]。

四、语言学的探索

文字是记录语言的书面符号。从语言学的角度探讨汉字的起源，相对来说工作还做得不多，好些问题还研究得不够充分。例如造字法与表词的关系是个有待解决的问题，书面符号记录有声语言的过程也值得加以探究。从汉字和汉语的关系来看，汉字记录汉

---

① 参见钱玉趾《中国最早的文字》，载《福建日报》1993年6月12日第7版。
② 参见冯良珍《日本部分学者关于丁公陶片的见解》，载《语文建设》1993年第9期。
③ 参见王蕴智《字学论集·从远古刻画符号谈汉字的起源》第37页，河南美术出版社2004年。
④ 参见肖武《丁公村陶文集说》，载《语文建设》1993年第9期；另参王蕴智《字学论集·从远古刻画符号谈汉字的起源》第37—38页，河南美术出版社2004年。
⑤ 参见林志强《汉字的阐释》第20页，福州，海峡文艺出版社2000年。

语主要是通过各种造字手段来记录语词的。造字的过程也是表词的过程，大体上经历了三次大的飞跃。

第一是从间接表词到直接表词。间接表词以各种原始记事为基本特征，包括实物记事、图画记事和符号记事等。原始记事本身虽然不能产生直接表词的文字符号，但在长期记事的过程中，已经多少同语词发生不固定的、若即若离的联系。而原始记事的发达形式，不但可以起到间接表词的作用，而且为直接表词的文字符号的产生准备了必要的条件。表现在：①在长期的实物记事中，以某种实物表示某种意义，从最初只帮助个人的记忆，进而为当事者双方所理解，最后为部分乃至全体社会成员所公认，实际上已起到约定俗成的作用；②部分记事实物已有表形、表义和表音的倾向，从中孕育着造字法的胚胎；③经过长时间图画记事和符号记事经验的积累，人们已初步具有用线条描绘客观实物的能力。因此，原始记事中经过约定俗成的记事实物越丰富，绘画和契刻的技术越高明，由原始记事向文字符号过渡的条件便越成熟。只要把图画记事的图形和符号记事的记号同语言联系起来，让书面符号同语词全部或局部挂上钩而有固定的读音，便可以实现从原始记事到文字符号的飞跃，间接表词也就转化为直接表词了。

问题是符号怎样同语词挂钩？最自然而又便捷的办法是，用象形、表意的手法，把通常用于表意的实物描绘下来，成为书面符号，用符号来代表某一实物（义）及其名称（音），使之具有固定的音义。由于这类记事实物已长期在社会上广泛流传，在人群中植根，具有约定俗成的社会属性。人们一见到这个图像（或简化为符号）就能自然而然地联系该实物而叫出它的名称来。于是，这个符号所代表的意义和读音就同语言里的词挂上了钩。符号的音义同词的音义相重合，符号就起了直接表词的作用，这是书面符号记录语言的第一次飞跃。

第二是从象形表词到以音表词。文字是在口语已经相当发达、词汇也比较丰富的条件下产生的。以象形表意手法创造的少量原始文字同口语的词汇相比，最多只能记录词汇总体中的基本词，口语中还有大量的词没法造出相应的符号来。人们凭着这有限的原始文字，必须掺合其他非文字的手段，才能进行有限度的交际活动。为了适应交际和交流思想的需要，必须采用更有效的表词法来记录语言，而最自然和便捷的办法，就是使现有符号摆脱意义的束缚，作为一个纯粹的声符来使用，以记录无法象形表意的同音词。这就是造字法中本无其字的假借法。

假借法借用现成的书面符号来表音以记录新词，是表词史上的一大突破。此例一开，一些无形可象的抽象性语词便可以借用同音字来顶替，尤其是表示语法关系的各类虚词，更可凭着同音的关系随时借用。由于纯粹的声符为表词大开了方便之门，语言里的各种语言成分都很快有相应的符号来记录，用完整的句子表述较为复杂的思想遂成为可能。这就是汉字记录汉语的又一次飞跃。

第三是形兼声的表词法。以音表词固然可济象形表词之技穷，但以音表词也不尽符合上古汉语的实际。由于上古词汇的单音节特点，以音表词的结果不可避免地出现了大量的同音字。一个符号过多地被借用来记录别的语词，兼职过多，反过来倒妨碍了表词的作用，甚至影响了交际。因而不得不采用附加形旁的办法来分化同音字，于是乎形兼声的表词法便应运而生。

形声表词法既有表意作用，又有表声功能，兼具象形表词法和以音表词法的优点。形声表词法大大地加强了符号表词的功能，它不但迅速地改造和更替了旧有的符号，而且大量地增加了新的符号，汉字表词的矛盾遂得到合理的解决，而方块汉字也终于走上形声发展的道路。

造字法表词的第一次飞跃大概发生在公元前二千五六百年或稍前的时间，相当于大汶口文化的晚期，约与黄帝之史官仓颉同时。相传仓颉根据鸟兽的足迹造象形之文，正可与大汶口的象形符号相印证。第二次飞跃可能发生在孔孟所称述的尧舜时代，可惜还没有地下的材料可资佐证。第三次飞跃应是成体系文字制度建立和发展的时期，相当于历史传说中的禹、启及其后。夏代文字是甲骨文的前身，在偃师二里头文化层出土类似甲骨文的陶文符号，看来并非偶然，但仍有待于地下材料的证明。

五、几点初步的认识

以上四个方面的探讨，既互相证明，又互为补充，从中可以得到几点初步的认识。

（1）在汉字产生以前，汉族的祖先经历过长时间用实物记事的时期。民俗学的材料不但印证了古籍关于结绳、书契的记载，更补充了文献记载所未逮。在长期的原始记事中，实物记事已孕育着造字法的基本法则，图画记事的图形和符号记事的记号则是后来文字的前身，这些都对文字制度的发明产生积极的影响。汉字起源于原始记事是无庸置疑的。

（2）从考古发现的古老文字资料来看，汉字大体上来源于两个系统：一是刻划系统，一是图画系统。刻划系统是结绳、契刻的演进，为数虽然不多，汉字中某些纯指事字的初文可能与此有关；图画系统是原始绘画向语言符号方面的发展，大汶口的象形符号已具备原始汉字的性质，甲骨文和金文中保存着大量图画性很强的族氏文字，可能就是这个系统的孑遗。与绘画和契刻一脉相承的象形符号和刻划记号，则是象形字和指事字的先驱。由象形字和指事字构成了独体汉字的初文，成千成万的汉字，就是由独体的初文进一步组合、演化而成的。

（3）从现有的材料看，汉字体系大概形成于奴隶制国家建立的时期，相当于历史传说的夏代。国家为了进行管理工作，需要比较有条理的档案文书，加上商业的发展，产生了对文字体系的客观需求；同时，也只有出现了体力劳动和脑力劳动的分工，才有一批脱离生产的巫史之类的专业人员从事文字的搜集、整理和规范、统一的工作。这样，文字体系的产生才有可能。

（4）根据考古学上的证据，早在新石器时代的文化层中已具有一些带中国特色的文化因素，中国文明就是在这些因素的基础上形成并发展成为独特风格的。新中国建立以来在东起山东，西播青海，南及广东，北达甘肃、宁夏的广阔范围内，发现了大量的陶文和岩画。其中的陶文材料从仰韶文化到商代前期，分布空间较广，时间延续连贯，互相之间相似性明显大于差异性，构成从简单到复杂的发展序列，形成发展演变的链条。这些陶文与其他大量古文字材料一样，都具有中国文字自身的特点和个性。这便有力地说明，作为中国文明重要标志的汉字，是在中国的土地上土生土长的①。

汉字的起源是一项十分复杂的文化现象，对这个问题的探索不可能是简单的短暂的过程。虽然我们现在对汉字起源的情况有所了解，但要真正揭开谜底，还有很多工作要做。今后的路子，一要依靠更加丰富的考古发现，希望更多的远古和上古时期的考古资料能够形成更加明晰的早期文字的发展序列和演变链条，最终能够与商代后期的甲骨文衔接起来，这样，汉字起源的事实就比较清楚了。二是可以从更多的角度进行探索。本章所论的文献学的角度、民俗学的角度、考古学的角度和语言学的角度，都可以继续作进一步的深入探讨。还可以从其他的有关方面和角度展开研究，比如符号学的、心理学的、比较文字学的，都可以进行新的探索。我们觉得，既然汉字的起源不是单元的现象，那么探讨汉字的起源也需要多元的思维。随着有关材料的不断增加和多角度的深入研究，汉字起源的神秘面纱必将会逐层被揭开来的。

第二节 汉字造字法

一、造字法的产生

造字法是指构造汉字的法则。前已论及，大量的民俗学的资料说明，在先民造字之前，已广泛应用实物记事、刻划记事和图画记事来帮助记忆。在实物记事中，已孕育着表形、表意和表音的造字法则。但实物记事不能产生符号，而刻划记事和图画记事的发达形式，则可以转化为文字符号。比如黄河上游发现的刻划符号和黄河中、下游发现的象形符号，这些符号一旦与语言里的词挂上钩，具有该词的读音和意义，就成为原始的汉字。原始汉字的产生，必须具备以下三个条件：

一是约定俗成的记事实物越来越多，越来越普遍；

二是能用简单的线条把客观事物描绘下来，成为代表某一事物的符号；

三是这种符号同语言里的词挂上了钩，成为具有固定的读音和意义的文字。

随着生产的发展、人们交际范围的扩大和交流的频繁，需要更加完善地记录语言，也就需要更多的文字符号。文字符号越来越多，成体系的文字便应运而生了。在这个过程中，孕育于原始记事方法中的原始造字法则也在不断发展和完善。因此，造字法的产生和发展与造字的行为和过程是相辅相成的。

先民的造字法具体有哪些，我们不得而知。后来所说的"六书"理论，可能发端于战国，完成于秦汉，是那时的人们根据大量的文字资料（尤其是小篆的资料），归纳总结出来的六种汉字构造规则。"六书"是否全是先民造字的方法，我们也不能肯定。

---

① 德国著名学者白瑞斯（Berthold Riese）在《当代西方文字学研究》一文中也认为汉字是一种自源文字，他说："一些西方学者曾经猜测，这一文字系统（引按，指汉字）从起源上也应受到了来自近东地区的影响（Hiene-Geldern 1994）。然而这只是猜测，而没有确凿的证据。"参见黄亚平、白瑞斯、王宵冰主编《广义文字学研究》第9页，齐鲁书社2009年。

但这种理论既然来源于汉字材料的实际分析，它与古人的造字过程应该是可以逆推的，因此我们也可以从中了解到古人造字的思维方式和具体的方法。班固在《汉书·艺文志》里说"六书"是"造字之本"，这是有道理的。

就"六书"的本身来说，其实也有一个不断发展和完善的过程。郑樵在《六书序》中说："六书也者，象形为本。形不可象，则属诸事；事不可指，则属诸意；意不可会，则属诸声。声则无不谐矣。五不足而后假借生焉。"他所论述的，就是"六书"造字法的发展逻辑。

总之，造字法则孕育于原始记事方法，在创造文字的过程中不断发展和完善。后人对汉字的实际进行分析归纳，最终形成了我们称之为"六书"的造字法，即象形、指事、会意、形声、转注、假借。

二、传统"六书"

传统"六书"之名最早见于《周礼·地官·保氏》："保氏掌谏王恶，而养国子以道。乃教之六艺：一曰五礼，二曰六乐，三曰五射，四曰五驭，五曰六书，六曰九数。"这就是说，周代小学学习的"六艺"为六门课程，即礼、乐、射、驭、书、数，其中第五门就是"六书"。但是《周礼》只有"六书"的名称而没有具体的细目和解释。到了汉代，先后出现了三家之说，"六书"才有了细目和具体的阐释：

（1）班固在《汉书·艺文志》里首次提到"六书"的细目："古者八岁入小学，故周官保氏掌养国子，教之六书，谓象形、象事、象意、象声、转注、假借，造字之本也。"

（2）郑众在《周礼解诂》中说："六书，象形、会意、转注、处事、假借、谐声也。"

（3）许慎在《说文解字·叙》中首次给"六书"下了定义，并举了例子，作了比较详细的解说："周礼：八岁入小学，保氏教国子，先以六书。一曰指事。指事者，视而可识，察而见意，'上'、'下'是也。二曰象形。象形者，画成其物，随体诘诎，'日'、'月'是也。三曰形声。形声者，以事为名，取譬相成，'江'、'河'是也。四曰会意。会意者，比类合谊，以见指㧑，'武'、'信'是也。五曰转注。转注者，建类一首，同意相受，'考'、'老'是也。六曰假借。假借者，本无其字，依声託事，'令'、'长'是也。"

三家"六书"之说的名称、顺序各有不同，但三家之说都来源于古文学家刘歆。因为班固的父亲班彪是刘歆的学生，班固的《汉书·艺文志》就是根据刘氏的《七略》编成的。班氏自称："歆于是总群书而奏其《七略》……今删其要，以备篇籍。"所以，可以把《艺文志》看作是《七略》的删节本。郑众之学来源于他的父亲郑兴，而郑兴则是刘歆的弟子。同时，郑众又受业于杜子春，而杜子春也是刘歆的学生。许慎是贾逵的学生，许冲在《说文后叙》中说："慎博问通人，考之于逵，作《说文解字》。"贾逵的父亲贾徽也是刘歆的学生。三家之说渊源如此，因此大同小异是极为自然的。

后人讲"六书"时，名称及定义大多采纳许慎之说，顺序则依班固之说，所谓"名称以许为优，次第以班为胜"。因为班固的顺序大致反映了文字发展的逻辑程序，而许慎的名称则名实相副，富于哲理。

三、"六书说"的发展

"六书说"是汉代完成的一种文字理论,它的基础,是建立在小篆之上的。由于汉字的演变是有序的渐变过程,古今字体之间大体上依然有着对应性和继承性,因此,"六书"在分析小篆之前和小篆之后的汉字形体时,仍然有它广阔的用武之地,基本规则还是不变的。但是,汉字的演变又是纷繁复杂的,小篆作为汉字的一种字体,不能代表所有的汉字,因而以小篆为分析对象的"六书说"的适用范围也会受到一定的限制,它不能用来衡量所有的古今汉字。因此,随着文字研究的深入,"六书"理论在汉代以后也在不断发展。其中有代表性的学说,首先是明代杨慎在《六书索隐》中把"六书"中的前四书视为经,后二书视为纬。他说:"六书,象形居其一,象事居其二,象意居其三,象声居其四。假借者,借此四者也;转注者,注此四者也。四象以为经,假借、转注以为纬。"这应该是清代"四体二用说"的前奏。清代明确提倡"四体二用"说的学者是戴震,他认为象形、指事、会意、形声是造字之法,转注和假借是用字之法。他在《答江慎修先生论小学书》中说:

> 大致造字之始,无所冯依,宇宙间事与形两大端而已。指其事之实曰指事,一、二、上、下是也;象其形之大体曰象形,日、月、水、火是也。文字既立,则声寄于字,而字有可调之声;意寄于字,而字有可通之意,是又文字之两大端也。因而博衍之,取乎声谐,曰谐声;声不谐而会合其意,曰会意。四者,书之体止于此矣。由是之于用,数字共一用者,如初、哉、首、基之皆为始,印、吾、台、予之皆为我,其义转相为注,曰转注。一字具数用者,依于义以引伸,依于声而旁寄,假此以施于彼,曰假借。所以用文字者,斯其两大端也。六者之次第出于自然,立法归于易简。①

此说一出,深受推崇,如段玉裁说:"戴先生曰:'指事、象形、形声、会意四者,字之体也;转注、假借二者,字之用也。'圣人复起,不易斯言矣。"②

到了20世纪,文字学家又做了许多改造"六书"的尝试。30年代,唐兰提出"三书说",后来陈梦家、裘锡圭也提出"三书说",詹鄞鑫提出"新六书说",这些新说之间互有联系又各不相同,比较清楚地体现了前后学者之间的继承和创新的关系,从中可以看出20世纪汉字结构类型理论的发展态势。此外张世禄于40年代在《中国文字学概要》中提出用"写实法"、"象征法"和"标音法"来概括中国文字的构造;于省吾在甲骨文中发现了"具有部分表音的独体象形字"和"附划因声指事字"两种条例③,突破了传统"六书"的范围;林沄在80年代出版的《古文字研究简论》中,认为汉字在形成体系时,使用了"以形表义"、"借形记音"和"兼及音义"三种基本结构方法;

---

① 《戴震集》第75页,上海古籍出版社1980年。
② 《说文解字·叙》"保氏教国子先以六书"下注。
③ 于省吾《甲骨文字释林》第435—463页,中华书局1979年。

台湾学者龙宇纯在《中国文字学》中也提出了新的分类，有纯粹表形、纯粹表意、纯粹表音、兼表形意、兼表形音、兼表音意、纯粹约定等七种，等等，整个研究呈现出丰富多形的局面。

总的说来，各种新说虽然在某些方面都有其优点，但还不能完全代替传统的"六书说"。由于语言学的发展，文字学被纳入语言学的范畴，不再单纯从形体结构去看待文字，而是把它作为记录语言的符号体系，把符号的创造同语词的记录联系起来，因此"六书"是造字之本的观点也得到认同，包括转注、假借在内，都是具有产生记录语言符号的功能，都应该是造字法。比如说，转注是派生同义词的造字法，假借是利用现成符号记录特殊同音词的造字法等等。所以，我们把传统"六书"都作为造字法来看待。

下面，我们按照班固的顺序和许慎的名称、定义举例说明"六书"造字法。

四、造字法释例

（一）象形的义例与类别

象形字起源于图画，但图画并不等于象形字。唐兰先生说："文字本于图画，最初的文字是可以读出来的图画，但图画却不一定能读。"① 所谓"可以读出来的图画"，是指这种图画已经具有固定的读音，和语言中的具体的词挂上了钩，也就是说，它成为记录语言的符号了，这时，图画才转化为文字，否则，图画还是图画。可见，图画和象形字是既有联系又有区别的。

象形字的义例：

许慎《说文解字·叙》："象形者，画成其物，随体诘诎，日、月是也。""诘诎"即弯曲。大意是说，按照客观物体的形状，用弯曲的线条把轮廓钩划出来，这种方法叫做象形。比如说，日，实也，便画一个圆形，写作⊙；月，缺也，画一个月牙形，写作☽。它的特点是用简单的轮廓去表现事物的特征，所表现的事物，近则取诸身，远则取诸物，一般都是有形可象的常见的事物。

象形字是构成指事字、会意字和形声字的基础，所以研究汉字的源流，象形字便成为我们学习的立足点和出发点。

象形字的类别：

象形字可以从不同的角度进行分类，比如可以根据取象的不同分为象身、象物、象工等类别，根据取象的角度可以分为正视、仰视、俯视、侧视等类别。这里根据象形字构形的特点进行分类，可分为全体象形、局部象形、连体象形、变体象形和部分表音的象形五类，下面分别举出一些例子：

(1) 全体象形，如：人（𠁶）、大（大）、子（𢀖）、首（𩠐）、目（𤯔）、自（𦣹）、山（⛰）、川（巛）、户（戶）、门（門）、壶（壺）、燕（燕）、鸟（鳥）等。

(2) 局部象形，如：牛（半）、羊（羊）等。

(3) 连体象形，如：身（𠂤）、尾（尾）、须（須）、眉（眉）、瓜（瓜）、果

---

① 《中国文字学》第 62 页，上海古籍出版社 1979 年。

（果）等。

(4) 变体象形，如：龍（龖）、琴（琴）、叕（叕）等。

(5) 部分表音的象形，如：羌（羌）、麋（麋）、天（天）等。

象形字是描摹客观事物而形成的文字，这是一种比较原始的造字方法，必然存在它的局限，主要表现在以下几个方面：

(1) 客观事物有的形体相近，用象形的办法无法一一加以区别。

(2) 表示抽象的概念和意念、感觉的词语，如痛痒爱恨等，无法用象形的办法来表示。

(3) 表示语法关系的各种虚词，更是象形之法所无能为力的。

因此，在汉字造字方面，除了象形，还必须有其他的造字法来加以补救，这样，指事、会意、形声等方法便应运而生了。

（二）指事的义例与类别

指事与结绳、契刻等先民的原始记事方法有一定的联系，所以许慎把指事列为"六书"之首。郭沫若也主张指事应早于象形。指事和象形的先后问题，学术界还有不同的看法。我们觉得，作为创造独体字的方法，指事和象形取向不同，思维方式有异，但不必强分先后，亦无法分出先后。它们都是早期创造汉字的方法。

指事字的义例：

许慎《说文解字·叙》："指事者，视而可识，察而见意，上、下是也。"意思是说，指事字的形体一看就明白，但它所包含的意思则需仔细考察。按甲骨文"上"作二、二，"下"作二、二。长线表示水平线。短线在上者，表示位置在上，故为"上"；短线在下者，表示位置在下，故为"下"。所以段玉裁在"上、下是也"之下解释说："有在一之上者，有在一之下者，视之而可识为上下，察之而见上下之意。"

指事字的类别：

指事字可分为三类：纯符号指事字、象征性指事字和附画因声指事字，下面各举一些例子：

(1) 纯符号指事字就是纯粹用抽象符号构成的指事字，除了上举的上、下两字之外，最典型的要数一、二、三、亖等数目字了。

(2) 象征性指事字是指在象形字的基础上附加象征性符号来指事，如亦（亦）、寸（寸）、刃（刃）、本（本）、末（末）、朱（朱）、甘（甘）等。

(3) 附画因声指事字，是指在某个独体字上，附加一种极简单的点划作为标志，赋予它以新的含意，但还因原来的独体字以为音符，而其音读又略有转变。如"吏"字写作，甲骨文字形是把"史"字竖画上端分为两叉形，作为指事字的标志，但它仍以"史"字为声（古音"史"、"事"相通，而"事"、"吏"同字）。又如"尤"字甲骨文作，"系于字上部附加一个横划或邪划，作为指事字的标志，以别于又，而仍因又字以为声。"[①] 这类例子还有因"束"而造的"朿"、因"月"而造的"夕"，因

---

① 参见于省吾《甲骨文字释林·释古文字中附划因声指事字的一例》，中华书局1979年。

"言"而造的"音",因"白"而造的"百"、因"人"而造的"千",因"大"而造的"太"等等。

指事字数量不多,这主要是因为指事字比较抽象,与以象形为基本特色的汉字有所区别,同时它又是介于象形和会意之间的一种造字法,在类别上不具完全独立的特性。

(三) 会意字的义例与类别

会意是利用独体字来创造合体字的办法,是造字思维和造字法的进一步发展。会意法的发展说明汉字从表形走向表意,是汉字作为表意体系文字的方法论基础。会意的思维非常灵活,构建组合方式的不同,观察问题角度的变化,都可以带来不同的会意结果,因此用会意造字法所创造的文字数量也比较多。

会意字的义例:

许慎《说文解字·叙》:"比类合谊,以见指㧑,武、信是也。""比"即"并",亦即"合",意思是合并、会合;"类"指字类,"谊"同"义";"指㧑"即"指挥",意为指向。按照这个定义,所谓会意,就是比合意义相关的字类,以体现新字所指的意义,也就是利用相关符号意义的配合来表示新的概念。

会意字与指事字、形声字是有区别的。会意字是比类合义而形成的,因此会意字是合体字,其组成会意字的"类",都是独立成字的,而指事字是在独体字的基础上加上标志性符号,其标志符号不能独立成字。形声字有形有声,有表音成分,会意字除了意兼声者之外,则无表音的成分。

会意字的类别:

会意字也可从不同的角度进行分类。比如从会意字产生的时间先后来分类,可以分为比形会意和比意会意;从部件多少的角度来分类,可以分为两体会意、三体会意等;从构成会意字之偏旁的相同与否来分类,可以分为同体会意和异体会意;从偏旁是否兼表读音的角度来分类,可以分为纯粹会意和会意兼声。根据会意字产生的时间来分类,涉及到具体汉字产生时代的判断,可能受到材料的限制,问题比较复杂。因此我们采取比较直观的角度进行综合分类,即先根据会意字部件的多少进行分类,在这个基础上再根据部件的异同以及部件是否兼声再进行类别说明。

根据部件多少进行分类,可分为两体会意、三体会意和多体会意,下面各举一些例子:

(1) 两体会意,如田中长草为"苗",以手遮目为"看",以斧破木为"析",以手持贝为"㝵(得)",以手持隹为"隻(获)",以手逮人为"及",以手持肉为"有",两手持玉为"弄",两手持斤为"兵",两手持戈为"戒",爪在树上摘取为"采",步水为"涉",少力为"劣",不正为"歪"等等。

(2) 三体会意,如从廾①持杵临臼为"舂"(𦥑),从示以手持肉为"祭"(祭),以刀判牛角为"解",从臼水临皿为"盥",从廾从莘(音 bān,箕类农具)从𠫓(倒子)为"弃"(棄),等等。

(3) 多体会意,如"从人在宀下,以脚荐覆之,下有仌(冰)"为"寒"(𡪄);

---

① "廾"同"𢪙",皆为"𦥑"符之隶定,本书不作区别。

从𠃊持甑置于灶台，从廾持"林"点火燃烧为"爨"（爨），本义为"烧火做饭"；从日从出从奴从米为"暴"（曓），等等。

根据部件的异同可以分为异体会意和同体会意，上举之例多为异体会意，下面举一些同体会意的例子，如：

林，《说文·林部》："平土有丛木曰林。从二木。"

友，甲骨文作𠂇，小篆写作𠬺，《说文·又部》："同志为友，从二又相交。"

多，徐中舒主编《汉语古文字字形表》："多象两块肉形，古时祭祀分胙肉，分两块则多义自见，说文以为从二夕实误。"

炎，《说文·炎部》："火光上也。从重火。"

轟，《说文·车部》："群车声也。从三车。"

从，《说文·从部》："相听也。从二人。"

步，甲骨文作𦥘，小篆作步，字从二"止"（趾）相承。

北，甲骨文作𠬪，小篆作𠘧，字从两人相背，为"背"之本字。

此外还有三人为"众"，三日为"晶"，三力为"劦"，三毛为"毳"，三火为"焱"，三木为"森"等等。

根据会意字偏旁是否兼表字音的情况，又可分为纯粹会意和会意兼声，上举之例多为纯粹会意字，会意兼声也叫"亦声字"，具体可参看第五章第一节"特殊结构的会意字辨析"，这里先简单举一些例子：

娶，从女从取，取亦声。

酒，从水从酉，酉亦声。

從，从辵从从，从亦声。

字，从宀从子，子亦声。

溢，从水从益，益亦声。

（四）形声字的义例与类别

形声造字法是汉字造字法中最具优点的造字法，因为从文字符号与其所记录的语词的关系来看，形声字既能表意，又能表音，是一种最完美的符号形式。形声造字法的产生，表明汉字在记录汉语的"表词"方面，走上了音义兼表的科学路子。正因为形声字具有这样的优点，汉字中的形声字比例才越来越多，最终在汉字的总量中占绝对优势。

形声字的义例：

许慎《说文解字·叙》："以事为名，取譬相成，江、河是也。"段玉裁注："事兼指事之事，象形之物，言物亦事也。名即'古曰名今曰字'之名。譬者，谕也，谕者，告也。以事为名，谓半义也；取譬相成，谓半声也。江河之字，以水为名，譬其声如工、可，因取工、可成其名。"用通俗的话来说，形声字就是以事类作为字的形旁，"江"、"河"属水，故二字以水为形旁。比况该事物的名称作为声旁，"江"、"河"音读如工、可，故以工、可为其声旁。形旁、声旁二者相成，形成形声字。

形声字的类别：

形声字也可从不同的角度进行分类。比如从形符和声符的位置关系，可分为左形右声、右形左声、上形下声、下形上声、外形内声、内形外声、形占一角、声占一角等类别；根据形符声符是否完整，可分为全形形声字、省形形声字和省声形声字等类别；根据形声字的不同来源可分为增加声符、增加形符、改换声符、改换形符、讹变声化、直接形声等类别。最后一种分类可以看出汉字里的形声字，特别是早期的形声字，往往并不是以直接取形取声的方式创造出来的，而是通过某种特殊的途径和方式演化而来的。这种分类与汉字源流的关系密切，我们即从这个角度举一些例子加以说明。

1. **增加声符**

象形字和会意字是不表音的，为了使表意字能够表音，就以原字为形符，通过增加声符形成形声字。这种情况也叫"注音字"。加注声符反映了古人在运用汉字的过程中已经具有明确的表音观念和以字记音的追求，在表意汉字的系统里是一个具有重要意义的变化。如：

凤，本作🦅，象凤鸟高冠修尾之形，后加注声符"凡"而写成🦅。因凤属鸟类，凤形遂简化为鸟，声符"凡"移到上方，就成了"鳳"。"鸡"的演变过程与"凤"字相似。鸡本作🐓，象鸡之形，后加注声符"奚"，再后来鸡形也类化为"鸟"，就成了"鷄"。

齿，本作🦷，象牙齿之形，后加声符"止"变成形声字"齒"。

虹，本作🌈，象长虹横空，其形如虫。后加声符"工"，成了形声字。

星，甲骨文本作"晶"，为象形字，后加"生"为声符，成为形声字。《说文·晶部》："曐，万物之精，上为列星。从晶生声。"

宝，本作🏠、🏠，表示房子内有玉、贝，本是会意字，周代金文开始加声符"缶"作"寶（寶）"，变成形声字。"寶"字今简化作"宝"，又变成了会意字。

网，本作🕸，象鱼网之形，后加声符"亡"形成形声字"罔（罔）"。此字后又累增糸旁作"網"，今又简化作"网"，恢复了古体。

2. **增加形符**

这种情况是在象形、会意字的基础上增加形符，而以原字为声符形成形声字。如：

暮，本作莫，是个会意字，表示太阳落到草莽中，意思是黄昏。此字被借作否定性无定代词，为了保留本义，增加形符"日"，成为形声字。

背，本作北，也是会意字，表示两人背靠背。后被借为"南北"之"北"，为保留本义，增加形符"肉"，成为形声字。

溢，本作益，是会意字，表示水从皿中满出来。引申为"增加"、"利益"等，为明确其本义，增加形符"水"而成形声字。

娶，本作取，以手取耳会意，引申为"拿取"、"获取"、"娶妻"等。为明确"娶妻"这个引申义，后加形符"女"，成为形声字。

懈，本作解，以刀判牛角会意，引申为"解散"、"松懈"等。后为其引申义"松懈"增加形符"心"，形成形声字。

贞，甲骨文借"鼎"为之，字作🦴，周原甲骨字上又加卜形作🦴（11：1），成为形声字，后来字形中的"貝"，乃"鼎"之省讹。《说文·卜部》："贞，卜问也。从卜，贝以为赘。一曰，鼎省声，京房所说。"按，从古文字情况看，京房所说的"鼎省声"更符合实际。

避，古书多借"辟"为之。如《左传·隐公元年》："姜氏欲之，焉辟害？"后增加形符"辵"，成为形声字。

此类增加形符而成的形声字，大致又可以分为以下几种情况：

一是为了明确本义。由于某些字常被借作他用，或者本字的引申义比较通行，为明确其本义，就为本义再造了形声字。上举"暮"、"背"二字就是因为其本字分别被借为否定性无定代词和方位名词之后，为明确本义而造的后起形声字；上举"溢"字就是因本字"益"的引申义比较通行，为明确本义而造的形声字。

二是为了明确引申义。某些字的引申义需要通过增加形符使表意更加明确，就为这个引申义造了形声字。上举"娶"、"懈"二字，就是分别为明确"取"、"解"的一个引申义而造的形声字。

三是为了明确假借义。有些字的假借义流行之后，就为它的这个假借义造了形声字。上举"贞"、"避"就是分别为"鼎"和"辟"的假借义而造的形声字。

上述为了明确引申义和假借义而加注形符分化为后起形声字的现象很常见，它们是产生形声字的两个主要方法和途径。

3. 改换声符

改换声符可分为两种情况：

一是把表意字的偏旁改换成声符，如"囿"字甲骨文作▨或▨，本为会意字，表示供田猎用的园子内草木葱茏。金文写作▨，改为从"囗"、"有"声的形声字。又如"圄"本作"圉"，从囗从幸（羍），也是一个会意字，表示监狱内以手铐拘禁犯人。后来把"幸"换成了"吾"作为声符，"圄"也就成了从"囗"、"吾"声的形声字了。这种情况一般被视为汉字表音化的表现。

二是把原有形声字的声符改换成另一声符。就是说，有一些字本身就是形声字，随着时间的推移，语音的变化，其声符变得不能准确表音或完全丧失表音作用，于是就以改换声符的方式恢复声符的表音作用。如"裤"本作"袴"，从"夸"得声，后改为从"库"得声，表音就更准确了。这种情况在繁简变化的过程中多有出现，如"護"，从言蒦声，改为"护"，从"户"声；"態"，从心能声①，改为"态"，从"太"声；"驚"，从马敬声，改为"惊"，从"京"声，等等。

4. 改换形符

改换形符也可分为两种情况：

一是通过改换形符形成异体字。如"虹"，本从"虫"、"工"声，马王堆帛书《天文气象杂占》有一异构作"霓"，从"雨"、"工"声，把形符"虫"改换成了"雨"。从"虫"是着眼于其形象，从"雨"是着眼于其成因。又如歌咏之"咏"又作"詠"，一从"口"，一从"言"，那是因为从"言"和从"口"在表意上是相通的。这

---

① 《说文·心部》："態，意也。从心从能。"钮树玉校录："当是从心能声。后人疑声不近，改为会意。"见《说文解字校录》卷十下第二十六页，收入《续修四库全书》0212"经部·小学类"第 564 页，上海古籍出版社 2002 年。

些都造成了形声结构的异体字。

二是通过改换形符形成分化字。由于词义的引申，某些形声字有了新的意义，就通过改换其原有的形符，形成新的分化形声字。如振起的"振"引申为赈济的"赈"，而赈济是需要钱财的，所以后来就把"振"的"手"旁改为"贝"旁，形成分化字。又如表示快走的"赴"，引申出奔赴告丧之义，后来把"赴"字的"走"旁改换成"言"旁，分化出"讣"字来专门表示告丧之义。

5. 讹变声化

讹变声化也称变形音化①，指的是有些字本来不是形声字，但在字形的发展过程中，由于各种原因，使用者把某字的构件偏旁写成了另一个与之相似的其他偏旁，而这个有所讹变的偏旁，恰好又与这个字的读音相同或相近，就充当了这个字的声符，从而变成了形声字。如：

饮，甲骨文作⿰，象人俯首张口吐舌捧尊就饮之形，本为会意字。后口形分属人形与口舌之形而分离，人形和口形变为"欠"，口舌之形讹为"今"。如善夫山鼎作⿰，中山王方壶作⿰，"今"与其下之"酉"构成"酓"，故《说文》说饮字从欠，酓声（《说文解字系传》认为酓从酉今声，故饮也可分析为从欠，从酉，今声）。

疑，甲骨文作⿰、⿰，象人扶杖旁顾犹疑不前之形，金文作⿰、⿰，加声符"牛"，秦简作⿰，小篆作⿰，右上所从之"子"当是"牛"形之讹，故《说文》入子部，左下所从之"矢"则为人之身手足所变，故《说文》以为从"矢"得声。

冑，金文作⿰，象古代战士戴在头上的帽子（头盔），中山王壶作⿰，下部更缀加人形。小篆作⿰，《说文》云："兜鍪也，从冃，由声。"其所从之"由"声，显然是兜形所变。

猵，《金文编》附录有一⿰形，当是猵的象形字，因其头形似贝，音亦近贝，故误以贝为声符。甲骨文有⿰字，即从犬贝声的形声字。

良，甲骨文作⿰，本为古人穴居之两侧有廊道或台阶上出之形，为"廊"之本字。金文作⿰，小篆作⿰，下部讹为"亡"声。《说文》云："良，善也。从畗省，亡声。"

何，甲骨文作⿰，象人肩上荷物之形，是负荷之"荷"的本字，金文作⿰②，加一"口"符，所荷之物与口符结合起来，便与"可"字相近，后遂改为从"人"、"可"声的形声字。

此外，"年"字《说文》解为"从禾，千声"，"奔"字《说文》解为"从夭，贲省声"，也都是讹变造成的形声字。

6. 直接形声

直接形声是指人们有了清晰的形声概念后创造出来的形声字，这种形声字是在造字的时候就用半形半声的方式直接组合，比如钠、钾、氢、氧、氖等化学元素的文字，都

---

① 学术界对汉字变形声化的研究，可参看唐兰《中国文字学》（上海古籍出版社1979年）、裘锡圭《文字学概要》（商务印书馆1988年）和刘钊《古文字构形学》（福建人民出版社2006年）等相关章节。
② 严志斌《四版〈金文编〉校补》第96页，吉林大学出版社2001年。

是用"直接形声"创造出来的新字。

从前述偏旁位置和形符声符是否完全的角度，可以发现还有一些结构不易辨认的形声字，如偏旁移位或变异、省形或省声等特殊现象，请参看第五章第二节"特殊结构的形声字辨析"。

（五）转注的义例与类别

转注的问题在历史上有很多争议，"四体二用说"把"转注"看成用字之法。我们前已论及，由于文字学被纳入语言学的范畴，就需要把符号的创造同语词的记录联系起来。从这个角度看，可以把转注作为派生同义词的造字法来看待。

转注字的义例：

许慎《说文解字·叙》："建类一首，同意相受，考、老是也。"这个定义和字例，历来争议最多，有形转、义转和声转等不同主张。目前比较被认同的意见是，"建类一首"指原字和新字具有同一个部首，"同意相受"指两者的意义相同，可以互相注释。如"考"和"老"同属"老"部，《说文·老部》："考，老也。""老，考也。"考可以注老，老也可以注考，因此考、老就是一对转注字。

所以，转注是按照语言里的同义词派生同义词的造字法，即由一个已有的字，孳乳出另一个（组）义同形近的新字。

转注字是由于语音在历史发展的过程中出现古今音和地区方言的差别，为了记录同义词而产生的。如父—奢①—爺②—爹—爸五字即是一组转注字，后四字都是"父"的同义词。建类一首是父，同意相受也是父，与考老的情形相若。同义字的派生扩大了汉字孳乳的范围，也使得汉语表达更加丰富和精密。

转注字的类别：

《说文》中同部同训、同部互训和同部递训的字都可以看成转注字。下面就以此作为分类的标准，列举一些例子：

1. 同部同训之例

①老、考、耆、耋、耄。

《说文·老部》："老，考也。七十曰老。"《说文·老部》："考，老也。"段注："凡言寿考者，此字之本义也。"《说文·老部》："耆，老也。"《释名·释长幼》："六十曰耆。"耋，《尔雅·释言》："耋，老也。"郭璞注："八十为耋。"字亦省作"耊"，《说文·老部》："年八十曰耊。"耄，《释名·释长幼》："七十曰耄。头发白，耄耄然也。"这些字都从"老"部，其共有的义项都是"年老"，故谓之同部同训。

②豕、豬、豨。

《说文·豕部》："豕，彘也……读与豨同。"《玉篇·豕部》："豕，猪豨之揔名。"《说文·豕部》："豬，豕而三毛丛居者。"《方言·卷八》："豬，关东西或谓之彘，或

---

① 奢音 zhē，《广雅·释亲》："奢，父也。"《广韵·麻韵》："奢，吴人呼父。"
② 《玉篇·父部》："爺，俗为父爺字。"《篇海类编·父部》："爺，俗呼父为爺。通作耶。"《乐府诗集·木兰辞》："军书十二卷，卷卷有爺名。"

谓之豕。""豬……南楚谓之豨。"《说文·豕部》:"豨,豕走豨豨。"段注:"豨豨,走皃。"可见豕、豬、豨三字形同属"豕"部,义亦相同,可以互训。

③至、到、臻。

《说文·至部》:"鸟飞从高下至地也。"《玉篇·至部》:"至,到也。"《说文·至部》:"到,至也。"《说文·至部》:"臻,至也。"三字同属"至"部,皆为"到"义。

④舟、船、舸。

《说文·舟部》:"舟,船也。古者共鼓、货狄刳(音 kū,挖空)木为舟,剡(音 yǎn,削尖)木为楫,以济不通。"《段注》:"《邶风》:'方之舟之。'传曰:'舟,船也。'古人言舟,汉人言船。毛以今语释古,故云舟即今之船也。"又《说文·舟部》:"船,舟也。"《段注》:"二篆为转注,古言舟,今言船,如古言屦,今言鞋。"可见舟、船为古今转注字。《方言》卷九:"舟,自关而西谓之船,自关而东或谓之舟。"那么舟、船也可算是方言转注字。《说文·舟部》新附:"舸,舟也。"《方言·卷九》:"南楚江、湘,凡船大者谓之舸。"

⑤火、烜(huǐ)、燬(huǐ)。

《说文·火部》:"火,燬也。"《玉篇·火部》:"火,烜也。"《说文·火部》:"烜,火也。"《说文·火部》:"燬,火也。"段注:"燬、烜实一字。《方言》:'齐曰烜'即《尔雅》郭注之'齐曰燬'也。俗乃强分为二字二音。"陆德明《经典释文·毛诗音义上》:"或云:楚人名火曰燥,齐人曰燬,吴人曰烜。此方俗讹语也。"

2. 同部互训之例

上举《说文·老部》以"老"释"考",以"考"释"老",也属同部互训之例。因《说文》释"老"又有"七十曰老",故归为同部同训。下面再举几个同部互训的例子:

①诵、讽。

《说文·言部》:"诵,讽也。"《说文·言部》:"讽,诵也。"讽、诵同属言部,以讽释诵,以诵释讽,同部而互相解释,此之谓同部互训。以下各例可以类推。

②顶、颠。

《说文·页部》:"顶,颠也。"《说文·页部》:"颠,顶也。"《玉篇·页部》:"颠,顶也。山顶谓之颠。"

③疾、病。

《说文·疒部》:"疾,病也。"《说文·疒部》:"病,疾加也。"段注:"析言之则病为疾加,浑言之则疾亦病矣。"

④桥、梁。

《说文·木部》:"桥,水梁也。"《说文·木部》:"梁,水桥也。"段注:"梁之字,用木跨水,则今之桥也。"

⑤驚、駭。

《说文·马部》:"驚,馬駭也。"《说文·马部》:"駭,驚也。"唐·慧琳《一切经音义》引《古今正字》:"駭,馬驚也。"按"驚"字后简化为"惊",从心,与骇就不能算是同部了。

3. 同部递训之例

所谓同部递训，是指各字同属一部，但甲用乙来解释，乙用丙来解释，丙又用甲来解释，递相为训也。如《说文·言部》："论，议也。"《说文·言部》："议，语也。"《说文·言部》："语，论也。"这类的例子相对较少。

（六）假借的义例与类别

假借是否是造字法，也是颇有争议的。"四体二用说"认为假借只是用字之法，信从的人也比较多。我们从语言学的角度来考虑，假借应是利用现成符号去记录某些特殊同音词的方法，是一种不造新字的造字法。

假借字的义例：

许慎《说文解字·叙》："假借者，本无其字，依声託事，令、长是也。"意思是说，语言里某些词还没有（或没法）造出字来，就借用现成音同或音近的字来兼代。不过许慎所举"令"、"长"二例与意义有关，并不是典型的依声托事。

假借字的类别：

假借字的类别有二：一是本无其字的假借，称造字假借，即不造新字的造字法。这类字多是表示比较抽象的词，如人称代词、指示代词等，或是表示语法关系的词，如副词、连词、介词等，这类词用假借法来创制记录符号，可济象形、指事、会意、形声之不足，是古人想出的聪明的办法。二是本有其字的"通假"，实即古人写同音或音近之别字。假借和通假不同，前者记录了新的语词，有时还促进了形声字的产生，后者只是一种习惯性的别字。下面先举本无其字的例子：

我 甲骨文作𢦏，金文作𢦒，小篆作我，字形原象刃部有齿的兵器。《说文·我部》："我，施身自谓也。"王国维认为"我"字疑象兵器之形，作为第一人称代词乃借义，是可信的。可能在上古时期，兵器"我"的读音与第一人称代词的读音是相同或相近的，故可借为表示第一人称。此字后来借义成了常用义，本义倒废弃不用了。

你 古代汉语第二人称代词的一种形式写作"爾"，省作"尒"，"尒"也写作"尔"。"爾"字见于甲骨文，作𠂤、𠂤，金文作𠂤、𠂤，"尒"当是从金文字形简省而来，已见于中山王鼎及战国玺印，作尒、尒。由甲骨文而来的"爾"，《说文》释为"丽爾，犹靡丽也。"林义光《文源》认为"实櫺（nǐ）之古文，络丝架也。象形。"马叙伦、高鸿缙看法亦同①。徐中舒主编之《甲骨文字典》认为所象之形不明。不管"爾"之本形本义如何，它和它的省体"尒（尔）"作为第二人称代词和指示代词、语气词等，都是"因声托事"假借而来，这一点是没有问题的。作为第二人称代词的"尒（尔）"，通过增加偏旁"人"孳乳为"伱（你）"，就是现代汉语第二人称代词"你"字的由来。历史上使用"你"字的时间也不晚，《隋书·五行志上》载童谣云："狐截尾，你欲除我我除你。"就是一个例子。

他 与"你"字是由"尔"孳乳增繁而成的一样，"他"字也是由"它"孳乳增繁而成的。"它"原是"蛇"的本字，甲骨文作𠃊，西周春秋演变为𠂎、𠂎，小篆作

---

① 参见《古文字诂林》第三册第772页，上海世纪出版集团、上海教育出版社2001年。

𠃠。《说文·它部》:"它,虫也……上古艸居患它,故相问无它乎……蛇,它或从虫。""蛇"字也作"虵",是因为"它"、"也"本为一字分化。"它"在古籍中常被借为代词,如《诗·小雅·鹤鸣》:"它山之石,可以为错。"孳乳出"佗",也写作"他"。《集韵·戈韵》:"佗,彼之称,或从也。"《正字通·人部》:"佗,与他、它通。"均可为证。需要注意的是,先秦时期的"他",作为指示代词,主要是表示旁指,意即别的、其他的,如《左传·隐公元年》:"制,严邑也,虢叔死焉,佗邑唯命。""他"作为第三人称使用,大约要到中古时期。如高适《渔父词》:"世人欲得知姓名,良久问他不开口。"作为第三人称代词,"五四"以前,"他"兼称男性、女性。"五四"时期刘半农提倡用"她"来指女性,使得"他"在现代书面语里,一般只用来专指男性。总而言之,尔、它表人称代词属假借用法;你、他是由尔、它增形孳乳而成的形声字,则可视作人称代词的专用字。

而 甲骨文作𦥑,金文作𠄐,小篆作而,本象颊毛之形。《说文·而部》:"而,颊毛也。象毛之形。《周礼》曰:'作其鳞之而。'""而"字经典常借为第二人称代词,如《论语·微子》:"且而与其从辟人之士也,岂若从辟世之士哉?"《史记·越王句践世家》:"我令而父霸,我又立若。"又常借为连词,使用频率很高,如《左传·宣公二年》:"人谁无过,过而能改,善莫大焉。"为保留其本义,又曾另造"髵"字,但不常用。

何 《金文编》附录有一图形𠆢,殆即甲骨文𠂤字的原始形象,象人肩上荷物之形,乃负荷之"荷"的本字,《说文》云:"何,儋也。"被借为疑问代词,如《论语·颜渊》:"内省不疚,夫何忧何惧?"

易 "易"字本作𤋠,省为𥃩、𠃲,小篆作易。易是截取"匜"字的一部分形成的,易是匜的分化字。易、匜古音相通,易的"赐予"义是从匜引申出来的。"匜为注水器,故有'给予'之义……易的本义当为'给予',引申为'赐予'。"① 也有人认为"易"是"赐"的本字,原字表示器皿中盛有鬯酒(古代祭祀用的香酒)用来赏赐人②。《说文·易部》:"易,蜥易。"以"易"之本义为蜥易(后来写作"蜴"),这显然是错的。经典常借易为难易之"易",如《孟子·滕文公上》:"是故以天下与人易,为天下得人难。"

自 甲骨文作𦣹,金文作𦣹,本象鼻子之形。《说文·自部》:"自,鼻也。象鼻形。""自"之本义在典籍中未见,卜辞有"疾自"的记载,谓鼻子有毛病,用的正是本义。此字在古籍中常被借为代词,表示自己,如《易·乾》:"天行健,君子以自强不息。"又被借为介词,表示自从,如《孟子·滕文公上》:"有为神农之言者许行,自楚之滕,踵门而告文公。"

本有其字的通假在古代文献中很常见,也举一些例子:

《易·系辞》:"尺蠖之屈,以求信也。""信"通"伸"。

《仪礼》:"百名以上书于策。""策"通"册"。

---

① 参见赵平安《〈说文〉小篆研究》第157—161页,广西教育出版社1999年。
② 参见杨五铭《文字学》第82页,湖南人民出版社1986年。

《左传·隐公元年》:"庄公寤生,惊姜氏。""寤"通"牾",逆也。
《荀子·非相》:"伊尹之状,而无须麋。""麋"通"眉"。
《诗经·鄘风·柏舟》:"之死矢靡它。""矢"通"誓"。
《诗经·豳风·七月》:"七月食瓜,八月断壶。""壶"通"瓠",即葫芦。
《史记·鸿门宴》:(项伯)谓沛公曰:"旦日不可不蚤自来谢项王。""蚤"通"早"。

第三节 汉字形体的变迁

目前我们所看到的成体系的汉字,以甲骨文为最早。从甲骨文到现代通行的汉字,中间经过了3000多年的变迁。虽然汉字作为表意体系的文字的性质并未发生根本的改变,但在形体上却产生了很大的变化。大体说来,可以分为古文字时期、今文字时期和介于古今文字之间的过渡时期。现在我们把历代的文字形体作一扼要的介绍,作为大家进一步学习的参考。

一、古文字时期

古文字时期应该发生很早,但以目前所见的资料而言,是从商王盘庚迁殷到秦始皇统一六国(前221年),前后大约1100年的时间。

(一)商代的甲骨文

商代甲骨文是我们目前见到的成体系文字中最古老的一种,它是写刻在龟甲或者兽骨上的一种文字(附图1、2、3)。其时代自盘庚迁都小屯至商纣的灭亡,大约273年的时间。由于商王遇事必卜,因此甲骨文所记内容几乎无所不包,上自天文星象,下至人间琐事,极为丰富。也因为甲骨文大部分是占卜记录,所以也称卜辞。因为出土的地点历史上称为殷墟,所以甲骨文也叫殷墟文字或殷墟卜辞。这批资料在地下埋藏了3000多年,直到1899年才被重新发现,是一种没有经过后人篡改和加工的珍贵的原始资料。

殷墟甲骨文总共出土了十多万片,计有不同符号4600多个,其中能够用楷书形式写定的字形约有1700字,而能够从后世字书中找到、具有确切形音义的约1000字左右,不认识的符号还有三分之二以上,但大多是专名,对于通读卜辞没有太大的障碍。

甲骨文还保留着不少早期文字的特征,其特点主要表现在以下几个方面:

1. **图画意味很浓**

如"龟"、"鹿"、"车"、"鼎"等象实物之形的字,分别作:

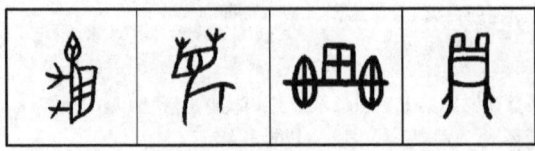

又如甲骨文"毓（育）"字，是靠图画式的组合来表意的，写作：

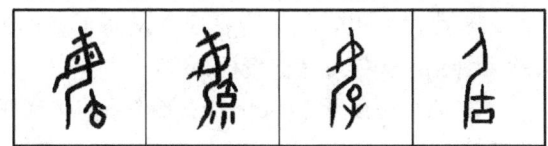

此字以"子"在"母"的臀部之下来表示生育的意思，其主要特征是"子"的位置一定在"母"的臀部之下，只要这一组合不改变，则"母"、"女"、"人"互作不拘，"子"可倒写，也可正写。如果这一图画式的组合位置发生了变化，其字则变成"仔"或"好"了。这种现象说明甲骨文的图画意识还比较浓厚，偏旁观念还比较薄弱。

2. 构字方式自由多样，字形很不固定

甲骨文的象形字或正侧无别（如"龟"字作 、 ），或左右不分（如"臣"字作 、 ），或正倒互作（如"帝"字作 、 ），此外还有或繁或简（如"车"字作 ，亦作 ；"田"字作 田 ，亦作 ），或分书或合书（如"上帝"合书作 ）等等，这些都是书写自由的表现。

会意字的偏旁也不固定，上举"毓"字即是一例。又如"逐"字既可从豕作 ，又可从犬作 ，还可从鹿作 ；"莫"字可从二艸作 ，也可从二林作 ，还可从隹作 ，以会日暮鸟投林之意。

3. 假借字大量使用，形声字已经产生

甲骨文中象形、会意占比重最大，但假借字也很普遍，比如所有的干支用字都是假借，形声字约占百分之二十六。

但从总的来说，甲骨文已从多变走向相对的稳定，从独体走向合体，从衍形走向衍音，而且有一定规律，书法非常熟练且讲究技法，已是成熟的文字体系。

商代文字除甲骨文外，还有金文、陶文和石刻文。商代金文有的甚至比甲骨文还要早，目前著录的一万多件有铭铜器铭文中大约有四分之一是商器，文字比较规整，应是当时的正体字。商代铭文多记族氏徽号及以日记名，铭文以一到五、六字为多，最多也不过50字，字多肥笔填实，与甲骨文的虚廓不同。相对于商代的金文，甲骨文当属于当时的俗体字。但我们研究商代文字，仍应以甲骨文为主，因为甲骨文的数量多，材料十分丰富。

记录甲骨文材料的专书，有郭沫若主编、胡厚宣总编辑的13巨册《甲骨文合集》，中国社会科学院考古研究所编的《小屯南地甲骨》，李学勤等整理、中国社会科学院历史研究所与伦敦大学亚非学院共同编辑的《英国所藏甲骨集》，胡厚宣的《苏德美日所见甲骨集》和《甲骨续存补编》等俱为《合集》的有益补充。此外，1999年7月语文出版社出版了由中国社科院历史所甲骨学专家编著的《甲骨文合集补编》，收《合集》未及收入以及新见藏片13000余片，有万余片是第一次著录。此书吸收海内外学者缀合和整理的新成果，纠正《合集》误缀，完善充实《合集》内容，释文精审严谨，附录殷墟以外甲骨、缀合表、资料来源等，也是甲骨学上的一个里程碑。

经过持续不断的考古发掘，殷墟甲骨文还有不少新发现。除了1973年小屯南地一批甲骨外，1991年还在安阳花园庄东地发现了刻辞甲骨579片（附图4），在花园庄南地发现了有字卜骨5片。另据报道，2002年在小屯村南续又发现了600余片，其中无字甲骨近400片，刻辞甲骨228片，为甲骨文与商史研究增添了新的资料。花东甲骨已著录，详《殷墟花园庄东地甲骨》，云南人民出版社2003年。

甲骨文字的工具书主要有孙海波所编的《甲骨文编》、四川大学徐中舒主编的《甲骨文字典》、日本学者岛邦男的《殷墟卜辞综类》、松丸道雄、高岛谦一编的《甲骨文字字释综览》、姚孝遂和肖丁主编的《殷墟甲骨刻辞摹释总集》和《殷墟甲骨刻辞类纂》、李孝定的《甲骨文字集释》、于省吾主编的《甲骨文诂林》以及由饶宗颐主编、沈建华编辑的《甲骨文通检》等。2009年，福建人民出版社出版了刘钊等人的《新甲骨文编》，可谓后出转精。

（二）西周至春秋的金文

金文是吉金文字的省称，过去也叫钟鼎文，现在一般称为青铜器铭文，但比较常用的还是叫金文，包括铸刻于钟、鼎、簋、盘上的文字（附图6、7、8、9）。金文通行于商末至战国，时间很长，但以西周和春秋的有铭铜器最多，且篇幅较长（毛公鼎铭长497字，附图10），具有很高的史料价值，历来为学术界所重视。周初至春秋都是周王朝统治的时代，其时自前11世纪至前5世纪，前后约600年。

西周初期金文继承商代遗风，仍以记名为主（古人以日为名，如祖辛、父丁、兄戊、妣己、母庚等），图形文字较多，字体端庄，多在器内。西周中期以后，器铭渐长，字体工整严肃，庄重浑厚，内容多记征伐、赏赐、册命、祀典、约剂之类，春秋开始刻款渐多，铭带韵语，且著于器表的显著位置，字体整齐流丽，故意求工。吴、越、楚、宋、蔡等国出现鸟虫书一类的美术字，文字富有装饰作用，几乎与花纹相同。

汉代以来，青铜古器时有出土，但真正引起对金文重视的是到了宋代，特别是清代乾嘉以后。目前出土的有铭铜器在16000件以上①，从中整理出认识和不认识的单字近四千个，以第四版《金文编》而言，正编收已识单字2420个，附录收族氏文字和未识金文1352个，已识与未识单字分别占三分之二和三分之一，与甲骨文相反，已识之字比未识之字多。

著录金文的著作，自宋至今专书多达一二百种。近现代较著名的著录书有：①1937年罗振玉编辑出版的《三代吉金文存》，共收录4000多器；②1983年严一萍的《金文总集》，收青铜器铭文拓本8000多件；③1984年四川大学历史所编的《殷周金文集录》，共收新见铭文计900余器；④中国社会科学院考古研究所编的《殷周金文集成》，总共18册，收录11983器②。张桂光、秦晓华主编的《商周金文摹释总集》收录商周青铜器铭文达16166号，是迄今为止最完整的金文资料专书③。

金文的单字集录工具书，最著名的是容庚先生编纂的《金文编》。此书在1925年初

---

① 参张桂光、秦晓华主编《商周金文摹释总集》1—8册，中华书局2010年。
② 《殷周金文集成》成书于1984—1994年，其后新出的殷周青铜器铭文，见刘雨、卢岩《近出殷周金文集》，中华书局2002年。锺柏生、陈昭容、黄铭崇、袁国华《新收殷周青铜器铭文暨器影汇编》，台北，艺文印书馆2006年。刘雨、严志斌摹《近出殷周金文集录二编》，中华书局2010年。
③ 同①。

版，1939年增修再版，1959年再次修订出了第三版，1985年又出了由张振林、马国权摹补的增订新版，由中华书局出版。《金文编》是目前最权威、最完备的金文字典。除《金文编》外，还有陈初生编纂、曾宪通审校的《金文常用字典》①，比较方便实用。戴家祥主编的《金文大字典》② 所收金文全部选自拓片，字形很准确。当新世纪来临之际，在一年之内即有中国社会科学院考古研究所编的《殷周金文集成释文》，张亚初编的《殷周金文集成引得》和华东师大中国文字研究与应用中心编的《金文引得》（殷商西周卷）相继问世，为金文研究提供了极大的方便。③

近时又有《集成增度修补本》（全8册），新附释文，可参考。

与甲骨文一样，金文也有不断的新发现。比如2002年春，保利艺术博物馆专家在海外文物市场上偶然发现了一件青铜器，即遂公盨④。其铭文开头即说"天命禹敷土，随山浚川"，乃记载大禹治水的传说事迹，是大禹治水传说最早的文物例证。铭文还记载了"为政以德"的内容，也是"德治"思想的最早记录。2003年初，陕西眉县杨家村发现青铜器窖藏，共清理出土青铜器27件，为西周晚期周宣王时代的标准青铜器，全属"单"氏家族。这批青铜器组合完整，器物形体硕大，造型精美且均有铭文，铭文总字数达4千多字，其中三足附耳盘铭文多达372字，比著名的284字的《史墙盘》铭文还要长，是新中国成立以来出土铭文最长的西周青铜重器。该项考古发现被评为当年全国十大考古发现之一。

同甲骨文相比，金文在书体上有明显的进步，表现在：

1. 象形成分减弱，偏旁意识加强

如"马"字作 ，颈上的鬃毛移到了眼睛；"若"字作 ，已看不出跪着的人形。前期的图画式表意字，也往往为偏旁结构所取代。如"保"字由 变为 ，"旅"字由 变为 。前者托子的手已从人体分离，后者也不一定要举旗行进，图画组合已为偏旁结构所代替了。

2. 构字方式趋向规范，字形日益整齐、固定

如"逐"字已固定从豕作 ，"田"字基本定型作 ，"莫"字也基本从 。金文还废除了左右内外结合的合文，仅剩下上下兼体式，如"三千"作 、"五月"作 等。

3. 形声字大增，开始占有优势

仅从辵旁的字而言，金文比甲骨文增加的21个单字中就有19个是形声字（据高明《古文字类编》），可见其增加的速度。

西周至春秋的文字资料以金文为大宗，同时也还有其他类型的文字。比如周原等地也发现了甲骨文，时代自商末至周初，大体经历了文、武、成、康、昭、穆六王。有字

---

① 陕西人民出版社1987年第1版，2004年第2版。
② 学林出版社1995年。
③ 中国社会科学院考古研究所编《殷周金文集成释文》，香港中文大学中国文化研究所出版2001年；张亚初编《殷周金文集成引得》，中华书局2001年；华东师范大学中国文字研究与应用中心编《金文引得》（殷商西周卷），广西教育出版社2001年。
④ "遂"字原铭作" "，或隶定为" "，读为" "。尚未有定论。参看周宝宏《近出西周金文集释》，天津古籍出版社2005年。

甲骨约300多片，加上其他地方发现的少量甲骨文，总计西周甲骨文约在1000字以上。字形小如微雕，有一片指甲大的甲骨片上居然刻了30多字，颇有特色。其内容多是卜辞，与殷墟甲骨文大同小异，是研究周初历史及商周关系的重要资料。

（三）战国期间的各种文字

上面我们把甲骨文作为殷商文字的代表，金文作为西周至春秋时期文字的代表，可是一到战国，就再也找不到一种占绝对优势的文字资料可作为代表了。子思著的《中庸》里引孔子的话说："今天下车同轨、书同文、行同伦"，可以看出，春秋晚期的文字尚能维持大体上的一致；但到了战国，由于"诸侯力政，不统于王"，各方面的歧异便日益显著地表现出来。《说文解字·叙》描述当时的情况是："分为七国，田畴异亩，车涂异轨，律令异法，衣冠异制，言语异声，文字异形。"这个时期就字体而言，既包括了笔画圆转的篆书，也出现笔画方折的古隶；就书写材料而言，既存在从前阶段延续下来的金文、玉石文字，又有盛行于这个阶段的陶玺文、货币文、竹帛文等。这些不同书写材料上的文字，由于书写工具和用途的不同，彼此间存在种种的区别，所以本节以各种品类上的题铭来统称战国时期的文字。

战国金文——前阶段大量流行的礼乐器已大为减少，新增加的是见于量器、符节和兵器上的文字，刻款、铸款并行，铭文以简短的"物勒工名"为主，偶尔也有数百字的长铭（如中山王器及曾侯钟等，附图11），但很少见。

玉石文——在山西侯马和河南温县发现了大量写在玉石片上的春秋晚期盟书，是春秋末期三晋之物（附图12）。唐宋时期发现的石鼓文和诅楚文，则是春秋战国的秦系刻石（附图13）。秦系石刻文字还有上世纪80年代出土的秦公大墓石磬和新发现的秦骃祷神玉铭（附图16）。

陶玺文——指战国作为官私信物的印章以及钤印或刻写在瓦器上的文字，这两者常常密切相关，有许多战国印文和陶文可以互相印证。

货币文——是刻铸在铜质货币上的文字，由于地区不同，使用的货币也不一样，主要有四种形式：①铜贝，流行于楚国，俗称蚁鼻钱；②布币，布是镈的假借字，是模仿农具的铲而作的，流行于三晋；③刀币，是模仿工具刀制成的，流行于齐燕；④钱币，钱是古代一种叫铫（yáo）的农具，钱币有方孔、圆孔两种，流行于西周、东周和秦国。此外还有一种金版，是以黄金为称量单位的币制，流行于楚国，通常叫做郢爰或陈爰。

竹帛文——就是写在竹简和缣帛上的文字。竹帛是真正的书写材料，目前发现的竹简多是秦简和楚简，战国中期的帛书，只有楚帛书，是一幅图文并茂的珍贵实物，上书文字900多文，并有12图像，是目前所见最早的帛书（附图14）。帛书文字的纂集有曾宪通的《长沙楚帛书文字编》，既录字形，又有集释，以便学者。

已发现的秦国简牍中，重要的有1975年在湖北云梦睡虎地秦墓出土的秦简（附图19）和2002年在湖南龙山县里耶镇的战国秦代古城一号井中发现的里耶秦简。此外还有1979至1980年间在四川青川县发现的两块木牍（附图18）、1986年在甘肃天水放马滩发现的竹简、1989年在湖北云梦龙岗发现的简牍、1993年在湖北江陵县荆州镇郢北村王家台发现的竹简等。秦简文字的工具书有张世超、张玉春的《秦简文字编》，陈振裕、刘信芳的《睡虎地秦简文字编》，张守中的《睡虎地秦简文字编》等。

楚简自上世纪50年代以来先后在湖南长沙、河南信阳、湖北江陵、湖北随县、湖北荆门和河南新蔡葛陵等地多有出土。楚简的新发现要特别提到郭店楚简、上海博物馆所藏战国楚竹书和清华大学所藏楚竹书。郭店楚简1993年冬出土于湖北荆门市郭店一号楚墓，有字简共700余枚，年代属战国中期偏晚，字体典雅秀丽，是当时的书法精品。1994年春，在香港的古玩市场上陆续出现了竹简，共计1200余支，后又发现了一批竹简，共计497支，这些竹简被称为"楚竹书"，为上海博物馆所收藏，并以《上海博物馆藏战国楚竹书》为名陆续出版（附图15）。2008年7月，清华大学接受校友捐赠，入藏了一批战国时期竹简，也是楚简，共有2300多枚，已知最重要的内容之一是《尚书》。这些新发现的楚简数量都很多，内容十分丰富，它们对先秦的历史文化的研究，具有极其重要的学术价值。

楚简文字编主要有郭若愚的《战国楚简文字编》，滕壬生的《楚系简帛文字编》，商承祚的《战国楚竹简汇编·字表》，张守中的《包山楚简文字编》，葛英会、彭浩的《楚国简帛文字编》，张光裕、黄锡全、滕壬生的《曾侯乙墓竹简文字编》，张守中、张小沧、郝建文的《郭店楚简文字编》，张光裕、袁国华的《包山楚简文字编》、《郭店楚简研究——第一卷：文字编》和《望山楚简校录——附文字编》，李守奎的《楚文字编》，以及李守奎、曲冰、孙伟龙的《上海博物馆藏战国楚竹书（一—五）文字编》等。

集战国各种品类题铭成编的有汤馀惠主编的《战国文字编》。

战国文字的特点主要是：

1. **简化、草率的字体大量流行，例如**

其：𤰇——兀　　马：𩡧——𢒉　　为：𧰼——𧲪

目前通行的某些简体字，已经在这时出现，如"無"作"无"，"禮"作"礼"，"膚"作"肤"，"麗"作"丽"等。

2. **地区性的文字异形非常突出，以"皇"、"马"二字为例**

皇	秦	楚	中山	蔡	晋

马	秦	楚	齐	燕	晋

3. **书写随意，结构很不稳定**

同一地区的不同书手，或者同一书手的不同题铭，都有所差异，如：

齐陶文的"区"字作 、 、 、 。

楚简的"黄"字作 ᰀ、᰿、᰾。
盟书的"则"字作 ᯀ、᯿、᯾。

4. 讹变现象十分激烈，例如

奔：ᴀ —— ᴁ   饮：ᴂ —— ᴃ   贞：ᴄ —— ᴅ —— ᴆ

"奔"字本从三"止"，讹变为从三"屮"。"饮"字本是会意字，会人张口吐舌捧尊饮酒之意，变形声化为从"今"声。"贞"字本从"鼎"，或讹变为从"贝"，甚至再讹为从"目"。

5. 形声字大增

仅从《古文字类编》所录辵旁的字来看，此期所增的 34 字，除两字会意、两字结构未明外，余 30 个都是形声字，可见其比例是相当高的了。

二、古今文字过渡时期

秦代及其前后是古今文字的过渡时期。由于秦代过短（秦代享祚最短，从前221—前207年——始皇26年统一，经二世与子婴总共才14年），这个过渡时期可以上下浮动，从目前的材料来看，可以上推至秦武王时的青川木牍（前309年），下延及汉武帝元光元年（前134年），大约165年的时间，也就是战国末年到西汉前期。这一时期的标志是秦的小篆和秦的隶书。

（一）小篆

小篆是秦始皇用来统一六国的标准字体，即所谓"罢其不与秦文合者"的"书同文字"。当时由丞相李斯作《仓颉篇》，中车府令赵高作《爰历篇》，太史令胡毋敬作《博学篇》，作为教学儿童的识字课本，用的都是小篆。秦始皇27—37年十年间到全国各地去"封禅"刻石，用的也是小篆。可见小篆是秦国规范的字体。但在秦始皇统一六国之前，已有很整齐的小篆出现，如地下出土的新郪虎符与杜虎符，上面的文字几与小篆毫无二致，可见小篆在战国末已经形成并在秦国通行了（附图16、17）。小篆仍具有古文字的特征，但已是古文字的终结了。它的主要特点是：

1. 简化

小篆与秦国原先的文字如籀文、石鼓文等相比，已经大大地削减了重复的部分，结构简单得多。如：

ᴇ —— ᴈ   ᴉ —— ᴊ   ᴋ —— ᴌ

2. 线条化

小篆把以前随体诘诎的象形符号完全线条化，变成圆转均衡、粗细如一的"铁线篆"，文字的符号性更强了。

3. 定型化

先秦文字或正或反、或左或右，可以随意布置；小篆把每个字的写法和上下左右的位置都固定下来，成为整齐划一的书体。

偏旁形体的定型以"心"旁为例：小篆之前，"心"旁作❍、❍、❍、❍、❍等形，小篆定型为❍。

偏旁构成的定型以"造"字为例：小篆之前，"造"字作❍、❍、❍、❍、❍等形，小篆定型为❍。

偏旁位置的定型以"宝"字为例：小篆之前，"宝"作❍、❍、❍等形，小篆定型作❍。

小篆的制定，实际上是对长期以来自然发展的汉字进行有计划、有领导的整理规范工作，在汉字发展史上具有重大的意义。小篆所确定的规范化原则，在后来的汉字改革中也有其重要作用。

（二）篆隶

篆隶也叫秦隶或古隶，就是带有篆意的隶书，和汉代已经成熟的八分隶书有所不同。秦隶的出现，为汉隶的产生打下了基础。可以这样说，篆隶之交，是古今文字的分水岭，而古文字向今文字过渡，则是通过篆隶来实现的。

篆隶是秦代简牍和西汉前期的竹简和帛书发现后带给人们的新认识。目前发现的最早的属于篆隶的材料，可以追溯到秦武王二年的青川木牍（附图18），下距秦始皇统一六国有88年。由此可知，旧以为秦始皇时期的狱吏程邈去大篆之繁复，初造隶书，"谓施之于徒隶也"（徐锴引班固语）的说法是不足信据的。从出土材料来看，篆隶这种字体一直沿用到西汉前期。

截至目前，已发现的秦至汉武帝时期的篆隶文本有六十余种（附图20），字数超过30万。这些材料是研究古今汉字发展演变的重要桥梁。众所周知，汉字从古文字发展为今文字，中间经过激烈的变化，文字学家称之为"隶变"。但隶变的具体表现如何，过去无法说得清楚。现在有了这批处于过渡阶段的篆隶资料，许多字形演变的来龙去脉便一目了然了。所以，篆隶不仅填补了古今文字发展史上的一段空白，也是研究汉字"隶变"的绝好素材。它对于理清每个汉字发展的轨迹是必不可少的[1]。我们研究汉字源流，一定要充分利用这些材料。

卫恒《四体书势》说："隶者，篆之捷也。"也就是说，篆隶是把篆书快写而造成的一种新字体，它是化篆书的圆转匀整之笔为方折之势，并在形体上加以简化变革而成的。篆隶既存古形，又寓新变，是一种故质要素犹存，新质要素尚未定型的过渡性文字，它的主要特点是：

（1）有些篆隶字的写法并不见于小篆，而是直接从古文大篆中来的，如"非"作❍、"大"作❍、"也"作❍、"其"作❍等。这说明有的篆隶写法比小篆更接近于西周和战国文字，保留着较早的结构形态，因而好些古文字构形上的问题，可以从篆隶中得到合理的解释。例如"徙"字《说文》以为从辵止声，段玉裁因止声与徙声不合，故删去"声"字，改为"从辵止会意"。段注云："各本有声字，非也。止在一部，徙在十六部。"按"徙"字睡虎地秦简作"❍"（《效律》19），其实是"从辵少声"，与

---

[1] 参见曾宪通《秦至汉初简帛篆隶的整理和研究》，载《中国文字研究》第3辑，广西教育出版社2002年。

包山楚简"徙"字作"𨑭",从辵从尾少声,正相吻合,可以互证。可见小篆的"止"是"少"字讹变而成的。又如"局"字,《说文》解释其构形为"从口在尺下",训为"促也"。但"口在尺下"何以会"局促"呢?历来《说文》学家不得其解。"局"字睡虎地秦简作"局"(《为吏之道》1),汉印作"局"(《汉印文字征补遗》8/5),可知"局"的构形应该是"从尸从句,句亦声"。句有屈曲之意,屈曲与局促义正相涵;古音句在见纽侯部,局在群纽屋部,见群同属牙音,侯屋阴入对转;句局二字古音极近,故局字从句,应该是会意兼声的亦声字①。可见篆隶不但可正《说文》之误,而且也是考察古文字构形及其意义的重要参照。

(2) 有些篆隶字形既保留了相当数量的篆书结构,如"郭"作𩫖、"表"作𧘝、"索"作𣘻;同时又出现了不少草书式的写法,如"定"作宅、"庐"作廬、"绮"作綺。可见部分篆隶来自某些篆书的草率写法,写得草写得快正是导致古文字发生隶变的主要原因。

(3) 篆隶改变篆书的笔画体势,或改圆为方,或变连为断,即所谓"解散篆体"是也。以偏旁形体为例,如:

氺—三   彡—彡   艸—艹
言—言   目—日

这些偏旁已开汉隶偏旁的先河。

(4) 开始出现波势和挑法。波、挑写法是八分汉隶的主要特征,不过这时的波、挑一般多以竖向舒伸表现气势,与汉隶的横展还有区别,如"蒋"作蒋、"莞"作莞、"两"作兩等。

三、今文字时期

从西汉中晚期出现八分汉隶起直到现在的通行文字,为今文字时期,前后约经历 2000 年的时间。

(一) 汉代的隶书和章草

西汉初年仍继续使用秦隶,真正的汉隶是从西汉中晚期以后才在秦隶的基础上逐渐发展和成熟起来的。从出土材料看,汉武帝以后的书体逐渐失去篆意,形体与小篆完全不同。由秦隶向汉隶飞跃的重要标志是:①篆书结构归于消失;②波磔开张由竖伸变为横展。篆书形体的消失,宣布了古文字阶段的彻底终结;而波磔的横展,使字的体势扁平,结构左右对称、体势左右相分的汉隶风格得以形成。这是完成"隶变"的两个重要方面。隶变是汉字发展史上的重要变革,隶变的完成,使汉字形体发生了根本的转变,使汉字从古文字蜕变为今文字(附图21、22、23、24),主要表现在:

(1) 变篆书的圆转线条为方折笔画,使字形显得平直方正,再也看不出原来的象

---

① 参陈初生《说"句"》,载《广东民族学院学报》1989 年第 3 期。

形面貌了。如：

⊘——月　　⌒——衣　　大——犬

（2）合并与简化繁复的笔画和部件，如：

雷——雷　　書——書　　屈——屈

辵——辶　　邑——阝（在右）　　阜——阝（在左）

（3）部分偏旁因位置不同而异化成若干不同的形体，使字形结构难以从字面上作出解释，如"然"、"票"、"光"、"赤"皆从"火"，写法不同；"冰"、"沼"、"泰"、"益"皆从"水"，结体有别。

（4）部分偏旁因变形、省略与归并而趋于混同，如"春"、"秦"、"泰"、"奏"、"奉"五字上部都写作"𡗗"，就是混同的结果。请看下表：

隶书写法	春	秦	泰	奏	奉
小篆写法	𣅀	𥜽	𠗂	𡙻	𡘋

从商代的甲骨文一直到秦代的小篆，尽管中间经历了许多变化，但总的来说，仍然是一脉相承的，多少看得出象形的意味，同属于古文字的范畴；从隶书开始，才打破这一局面，汉字因而变得面目全非，使象形字不再象形，会意字、形声字的一些偏旁也看不出其为声为义了。隶书结束了千余年的古文字时代，为楷书的发展奠定了基础，形成近两千年来的今文字格局，这在汉字演变过程中是有极重要意义的。

章草是隶书的快写，实际上是从秦隶中的草书因素发展起来的。它既有隶书形体扁平、波磔精妙的特点，又有笔画的牵带和连绵借让的特色，字形简化，书写快捷，为后来草书的产生奠定了基础。《急就章》（附图25）的文字，即章草。

（二）汉代以后的草书、楷书和行书

1. 草书

草书名称是从"草稿"得名的，故又叫"稿书"。大凡每种字体都有草率急就的写法，篆书的草率急就写法可称"篆草"，隶书的草率急就写法叫"章草"，楷书的草率急就写法叫"今草"。

汉以后的草书是从章草变化而成的。一方面，它承袭了章草牵丝引带的写法，并进一步发展到字字连属；另一方面，它又尽去章草的波磔，变章草的横势为纵势，使章草由隶书的体势转变到楷书的范畴，因此把今草称作楷书的草写也是很恰当的。王羲之的《十七帖》（附图26）就是今草。

草书的主要特点是：

（1）改变笔画、笔顺，方便连笔引带，如"年"作𠂉，"成"作𢦏等。

（2）从多方面进行结体的简化，有省略，有变异，有混同。如"林"作𣎳，"叶"作𠮙，"声"作𠱞，"过"作辻，"得"作㝵等。

2. 楷书

楷书就是通常应用的正体字，又名"真书"或"正书"，含有楷模规范的意思。

楷书是直接从汉隶发展而成的。隶法波挑的收敛就意味着楷化的开始。出于赴速急就的目的而加强提按，就会出现波磔不甚明显、甚至折角近楷的现象了，久而久之，人们慢慢发现，将隶书的卷波改为斜撇，雁尾改为平收，会更利于书写的连贯、快捷，楷书也就由此产生了。

楷书与汉隶的主要差别是：①改隶书的横笔为收锋，不再上挑；②改隶书的卷波为尖斜向下的撇；③改隶书的慢钩为硬钩；④改隶书的扁方为长方。总之，楷隶的主要区别是笔形的变化，在结体方面几乎没有什么差别。

楷书萌芽于汉末魏初，成熟于晋唐（附图27、28）。早期楷书仍带有隶书笔意，捺笔很重，保留隶书的遗风；有些结体和用笔保留隶法，如《爨宝子碑》（附图29）就带有早期楷书的特点。唐代以后，楷书完全定型，隶意尽失，如欧阳询的《九成宫醴泉铭》（附图30）的楷书结构非常严谨，可为楷模。

3. 行书

草书一度发展到狂草，已经丧失了交际的作用。狂草创始于张旭，其特点是恣意连写，一笔到底。到了怀素越狂（附图31），而且一时蔚然成风。北宋惠洪在《冷斋夜话》中记载了一个有趣的故事："张丞相好草书……一日得句，索笔疾书，满纸龙蛇飞动。使侄录之，当波险处，侄罔然而止。执所书问曰：'此何字也？'丞相熟视久之，亦不自识。诟其侄曰：'汝胡不早问，致余忘之！'"这个故事说明，草书为了急就快速，走了极端，就会丧失文字的交际功能，甚至连自己也无法认识了。所以在魏晋之际，出现了一种介乎楷书和草书之间的书体——行书，这是自然发展的趋势。王羲之的《丧乱帖》（附图32）就是行书的名作。

行书是楷书的快写，它的特点是把楷书连笔书写，偶尔加入一些草书的字形，但又不失楷体的原形，不但易于书写，也易于辨认，是应用最广泛的一种书体。有人说，行书如行，楷书如立，草书如跑，是颇能反映这三种书体的联系与区别的。

由于行书是今草和楷书之间的一种形式，今草成分多的，便叫"草行"或"行草"（附图33）；楷书成分多的，便叫"真行"或"行楷"。

第三章　汉字初文

"初文"是汉字源流中关于"源"的部分。这里所谓的"初文",一般具备以下几个条件:

（1）在时间上,它是较早出现的形体。
（2）在结构上,它往往是一些无法再加分析的独体字。
（3）在功能上,它具有孳乳繁衍的作用,能产生更多的新字。

总之,初文是汉字中一批资格最老、繁衍能力最强的早期文字,所以有的书里把初文叫做"字原"。

初文或字原一般都是记录汉语的基本词汇的,所以我们要结合汉语基本词汇来研究初文。古人是怎样创造初文的?许慎《说文解字·叙》里有几句很有名的话,叫做"仰则观象于天,俯则观法于地,视鸟兽之文与地之宜,近取诸身,远取诸物。"《周易·系辞下》也有同样的话①,孔颖达解释说:"仰则观象于天,俯则观法于地者,言取象大也;观鸟兽之文与地之宜者,言取象细也。大之与细,则无所不包也。地之宜者,若《周礼》五土动物植物,各有所宜是也。""近取诸身者,若耳目鼻口之属是也;远取诸物者,若雷风山泽之类是也,举远近则万事在其中矣。"②

大抵初造文字,都是由近及远,从小至大,从简单到复杂,从具体到抽象,所以本单元讲初文,也大致按照这个次第,分为四个方面来论述:一、与人体有关的初文;二、与自然物（包括动植物）有关的初文;三、与人类创造物（器用等）有关的初文;四、与其他语词有关的初文。

第一节　与人体有关的初文

一、与人体有关的初文举例

与人体有关的初文比较多,可以从不同的角度分类。比如可以是正面的人形,可以

---

① 《说文》"视鸟兽之文与地之宜"之"视",《周易·系辞下》作"观"。
② 见《周易正义》,阮元校刻《十三经注疏》上册第86页,中华书局1980年。

是侧面的人形；可以是站着的人，可以是跪着的人；等等。下面大体以侧面和正面进行分类说明。除了初文的说明外，有时也顺带说说由这些初文孳乳而成的文字①，从中可以看出初文的繁衍作用。

（一）侧面人形

人——ጓ（左向人）

除独立为"人"字外，还常作偏旁用，写作"亻"。其变体作"ጓ"，一般写在字的下部，如允、兒、充、兑等字所从。《说文·儿部》："古文奇字人也。象形。"《六书故·人一》："人、儿非二字，特因所合而稍变其势。合于左者，若'伯'若'仲'，则不变其本文而为人；合于下者，若'兒'若'见'，则微变其本文而为儿。"现用为"兒"的简化字。人的倒写作 ，隶定为 ，如化、真字所从。"人"下加一横表示人侧立于地之形，字作 ，后加点作 ，再变而为 ，表示挺立之意，廷、挺、庭等字从之。

匕——ጓ（右向人）

现用为匕首的"匕"字，牝、匙等字从之。
由"人"、"匕"两个初文可以构成其他汉字，如"比"、"从"、"北"、"众"、"并"等字皆是，说明如下：

比，小篆作 ，二人相近，义取亲近。《说文·比部》："比，密也。"

从，小篆作 ，二人相从，义取跟随。《说文·人部》："从，相听也。"

需要注意的是，古文字有时正反无别，"从"、"比"所从之"人"，或同向左，或同向右，是"比"是"从"，需要根据具体语境区分。后来才逐渐以方向不同分化为"从"、"比"二字。

北，小篆作 ，二人相背，就是"背"字，后借为南北之"北"，加肉为"背"。用背驮东西叫"揹"，现亦省为"背"。

众，小篆作 ，音 yín，三人并排。《说文》：" ，众立也。从三人。"变体作"乑"，只作偏旁用，眾、聚、臮等字从之。亦隶定为"众"，《篇海类编·人部》："众，与乑同，众立也。"现作为"眾"的简化字。

并，甲骨文作 、 ，二人并列，用一二横画相连。小篆作 ，微有讹误。《说文·从部》："并，相从也。"

侧面的人形还有：

尸——ጓ

象人屈膝蹲踞之形，《说文》以为象卧形者误。孔子曰："寝不尸。"是指睡觉不要屈膝，如释"卧"则不通。《说文》"居"（踞之异文）下云"蹲也"，"屋"下云：

---

① 这些字也是早期的文字，具有一定的孳乳能力，只不过它们不是独体字而已。也可以把这些字看作"准初文"。

"居也",所从之尸皆与 ⺈ 有关。另"尺"字所从之尸为人之变形,中山王兆域图尺字作 ⺈ 可证。"屋"字有另解谓"尸象屋形",下隶屏、層、屢等,又都与居室有关,其与人形之"尸"当为同形字。

卩 —— ⺈

古人席地而坐,此象人跪踞之形。古文字左向右向无别,如"卿"字作 🅇,会两人相向而食之意,是"向"的古字。中间是盛食物的食器。隶变后左右写法有异。

下面几个侧面的人形比较特殊,它们不仅表现了人的侧面之形,还顺带显示出其他的特征,与上面泛指的人形有所不同:"女"形显示出女性的形体特征,有区分性别的作用;"身"字突出肚子之大,表示有身孕;"长"字有长者的形体特征,"子"字有小孩的形体特征,分别表示人的长幼;"尾"字突出了下层人的特征,"鬼"则突出了与人有异的面貌。下面分别说明:

女 —— ⺈

古作 ⺈,象一人两手交于胸前作跪踞状,表示古代妇女温顺安详的情态。后来用加上两点的 ⺈ 字来表示成年女性,即"母"字,或将两点相连读为"毋"字,作否定词用,或于母字头部加首饰成为"每"字。

身 —— ⺈

甲骨文作 ⺈,象大肚子之人,本义是怀孕。金文或作 ⺈,象大肚子之人站在地上,若底下的一画上移作 ⺈,就是"身"字古文常见的写法了。"身"字向左向右本没有区别,后来却分化出反身的"㐆"字,《说文》:"㐆,归也。从反身。"徐锴曰:"古人所谓反身修道,故曰归也。""殷"字从此。

长 —— ⺈

古作 ⺈ 或 ⺈,象长发扶杖的长者之形。

子 —— ⺈

这是婴儿的象形,头大,两臂高举,一足者,表示尚在襁褓之中,十分形象。与"子"字有关的还有"巳"字,古文作 ⺈,实是胎儿尚未生出手来的样子,"巳"就是"包"即胞胎的初文。⺈ 字左向右向本无区别,后来向右的作为"巳"字,向左的则为"了"字。又分化出无右臂的"孑"和无左臂的"孓",用来指青蛙及蚊子一类的幼虫。此外还有一个倒子的 ⺈,隶变作 㐬,古文作 ⺈,就是"育"和"毓"字所从的 㐬 和 㐬。

尾 —— ⺈

甲骨文作 ⺈,象人的臀部拖着一条尾巴,当是古代奴隶的形象。《说文》"尾"部所属之"屬（屬）"（连也）、"屆（屈）"（无尾也）、"屎（尿）"（小便也）等字均与尾有关。还有一个"隶"字，即"逮"本字，《说文》云："及也。从又从尾省。又持尾者，从后及之也。"其实就是逮住尾巴的意思，构形十分形象。

鬼 —— 鬼

甲骨文作🀄，亦有从示作🀄者，与《说文》所录古文结构相同。金文或作🀄。《说文》："鬼，人所归为鬼。从人，象鬼头。鬼阴气贼害，从厶。"或以为鬼原象类人怪兽，用以形容人死后之灵魂。执杖之鬼，可畏之象，古作🀄、🀄，即后世之"畏"字。

（二）正面人形

立 —— 立

古作🀄，从大从一，象一人正立于地面的形象。一代表地面。（对比上举之🀄字，下一横也表示地面）由"立"字构成的字有"並"字，小篆作🀄，古作🀄，从二立，象二人并立于地上。后隶变作🀄，再变为"並"，今省作"并"。

大 —— 大

这个字从字形看，象一个人伸张四肢，正面站立的形象，表示是个大人，但这个字在语言中则用作大小的"大"。《说文·大部》："天大地大人亦大，故大象人形。"说出了大小之"大"与大人之"大"的关系。

夹、乘、夷等字皆从"大"，与人形之"大"有关。"夾"字小篆作🀄，《说文·大部》："持也，从大人夾二人。"①"乘"字古作🀄、🀄，从"大"在"木"上，表示一人乘树登高。后突出两足作🀄，小篆两足与"大"脱离而与"木"相连，作🀄，隶定为"乘"，即"乘"字。若只留两足在树上之形，即为🀄（桀）字。"夷"字从大从弓，小篆作🀄。"夷"与"尸"本同字。尸作🀄，象人屈膝蹲踞之形，侧面取象；夷为正面取象，并加弓为意符。古代地处中原的统治者对边远地区的少数民族称"夷"，盖谓其曲身称臣之意，乃蔑称。

"爽"字、"夸"字也从"大"，则与大小之"大"有关。"爽"字《说文》分析为从𤕸（lì）大，隙缝大，通透也。"夸"字从大，于声，《说文》："奢也。"

下面几个字可以认为是以"大"字为基础，通过改变方向或改变某一部分的笔势而形成的初文：

屰 —— 屰

这是"大"字的倒转形，表示一个人倒逆之意。甲骨文有写作🀄者（《合》21627），更加形象。甲骨文又有加𢆉之🀄，就是现在的"逆"字。

---

① 注意此字本与"陝"字所从偏旁不同，今二者皆混作"夹"，无别。

夨 —— 𠆢

甲骨文作𠆢，原是一个人走路，头部倾侧，两臂摆动的姿态，后来变成"夨"，隶变后又与"土"、"大"等偏旁相混，如"走"字所从之"夨"变为"土"，"奔"字所从之"夨"变为"大"。

矢 —— 大

这是一个人头部倾斜，表示身体不正的姿势，繁体"吳"字从矢。《说文》："吳，大言也。从矢口"徐锴曰："大言故矢口以出声，《诗》曰'不吳不扬'。"今"吳"省作从"天"，俗谓口天吳。

交 —— 交

象人两腿相互交叉的形状。隶变下体从"父"，两腿交叉的原形全失。

尢 —— 尢

音 wāng，也写作尣，即"尫"字初文，象人曲其一腿的样子。常用字中，"尴尬"二字从之。大概人感尴尬，两腿不知如何措置也。

下面几个字可以认为是以"大"字为基础，通过突出某一部分或增加附件而形成的初文：

天 —— 天

正面而立之人，突出其头部，亦作夨。《说文》："天，颠也。"颠的意思是指人头，后来引申为头顶上的天空。人头的圆点或方框，小篆变作一横。

夫 —— 夫

"夫"是在大的头上加一横，代表插发的簪子，束发加冠，即为丈夫（成年男子）。（一说大人达到一定高度为夫，字从大上加一，指事）。两"夫"并排之"夫夫"字，甲骨文作夫夫（《明》2149），会二人相伴之意，即伴侣之"伴"的初文。《说文》："夫夫，并行也。从二夫。辇字从此。读若伴侣之伴。"①

央 —— 央

甲骨文亦作央，大字上方加上有关表示范围的标志，表明"大"在范围中央的意思。

亦 —— 亦

大字的两边各加上一点，指示腋窝所在的地方，其实就是"腋"的本字。

---

① 参何琳仪《战国古文字典》第1069页"赞"字条下，中华书局1998年。

叕 —— [字形]

秦简作[字形]，象人四肢受缚之形，字义引申则有连缀之义，是"缀"的本字。

無 —— [字形]

象人两手拿着饰物在跳舞，是舞的本字，后来借为有无之无，复加舛作"舞"。

二、与头部有关的初文举例

与头部有关的初文，大致可以分为三个部分：一是表示头部总体的，有"首"、"面"等字；二是表示头部五官的，有"耳"、"目"、"口"、"鼻"等字；三是表示头部须毛的，有"眉"、"须"、"而"等字。这些初文都是以象形之法创造出来的，下面加以说明：

首 —— [字形]

甲骨文作[字形]，金文作[字形]，象人头之形。花东甲骨文作[字形]（304）、[字形]（446）等形①，象人首正面之形，耳目口发毕具，更加形象。小篆和隶书就变样了。和首有关的字，一个是没有头发的"百"，仍读作首，如"夏"、"面"、"夏"等字所从，作为独立的部首，现在基本上不用了。用得较多的是"百"下加人的"页"字，甲骨文作[字形]。从页的字，如頭、顶、颠、颜、额、题、领、项、颊、硕、颗等都与头义有关。此外还有把首字倒过来的"[字形]"字、表示头盖骨的"囟"字以及头盖骨上长着头发的"[字形]"字。从囟的字如"思"，现在写成从"田"，使我们对其形义关系的理解偏于"心"，又有"心之官则思"的古话，遂有人指责中国古人对人类思维的认识不科学。其实从文字构形的角度来说，古人也认识到了"思"与"脑"的关系。《说文》谓思"从心，囟声"，段玉裁据《韵会》改为"从心，从囟"。徐灏笺云："人之精髓在脑，脑主记识，故思从囟。"所言甚是。杨树达在《文字形义学》中把"思"字的形义关系解释得很清楚，他说："古人谓心主思虑。孟子云：'心之官则思'，是也，故字从心。今人谓脑主思虑，造字者亦早知之，故字又从囟。囟训头会脑盖也。于此可见吾先民文化之卓越。"从[字形]的字如"腦"，现在写成"脑"；玛瑙的"瑙"又没有简化，不统一，这是简化字的一个问题。还有一个容貌的貌字，小篆作[字形]，也与头部有关。此字当是页的省变，更不能与"兒"字相混。现在通行的"貌"是籀文的写法。

面 —— [字形]

花东甲骨文作[字形]或[字形]，从首，并以曲线示其框廓。小篆作[字形]，曲线拉长并包围了首（百）。

---

① 参见刘钊等《新甲骨文编》第502页，福建人民出版社2009年。

目 —— 目

甲骨文作𝌀，金文作𝌀，象眼睛之形。本为横写，后改为竖写。原也有竖写的"目"，甲骨文作𝌀，金文作𝌀，隶变作臣（如卧、临、监、望等字所从的臣，都是竖看的眼睛）。和"目"有关的是"眉"字，甲骨文作𝌀，金文作𝌀，小篆作𝌀，是一个连体的象形字，也称复体象形。至于"見"和"艮"字，则是由眼睛的向前看和向后看分化出来的。

耳 —— 耳

甲骨文作𝌀，金文作𝌀，象人耳轮廓之形。后来把耳窿也画出，写作𝌀，小篆作𝌀，隶变后遂成现在的形状。

自 —— 自

甲骨文作𝌀，金文作𝌀，象鼻子之形，有鼻翅、鼻梁，梁上有皱纹。小篆作𝌀。"自"指鼻子在甲骨文中还有用例，如"贞有疾自"。"自"在"臭"字的构形中也保存着鼻子的意义，犬鼻最灵，故以自犬组成"臭"即"嗅"字，《说文》："臭，禽走臭而知其迹者，犬也。"《说文》又有齅（xiù）字，"以鼻就臭也"。自字借用作"自己"、"自从"之"自"，借义盛行，表本义之字遂写作"鼻"，变成形声字。

口 —— 口

口象张口之形。齿字甲骨文作𝌀，象张口而见上下牙齿。与"口"有关的字形还有倒口形的𝌀，后来写作"亼"，音集，作偏旁用，如"令"字所从；还有口里含着食物的"甘"，"旨"和"甜"从之；还有"舌"，甲骨文作𝌀，小篆作𝌀，象张口吐舌之形。《说文》以为从千从口，千亦声，非是。此外还有"司"字，古作𝌀，从又省，从口，表示挥手发号施令之意。司或作𝌀，向左向右本无区别，后来分化为君后的"后"字。君后也有发号施令的意思。但文字里的口形不一定都代表口嘴的口，有时口形代表器物，如"向"字中的"口"代表的是窗户，龠字中的"口"则代表管口等等，不备举。

牙 —— 牙

金文作𝌀，汉印作𝌀，象上下交错之形。牙即大牙，臼齿。《说文》牙字古文作𝌀，正从臼。牙和齿的区别，前面看到的是齿，里面看不到的是牙。《说文》云："牙，牡齿也。"钮树玉校录："《九经字样》作'壮齿也。'"当以"壮齿"为是。

𦣞 —— 𦣞

金文作𝌀，象脸颊透视之形，两点表示上下牙床及牙齿。小篆作𝌀，王筠《说文释例》卷二谓此字当作𝌀，"左之圆者，顒也；右之突者，颊旁之高起者也；中一笔则颐上之纹，状如新月，俗呼为酒窝。"此字后作"颐"，指脸颊到下巴的全部。

须 —— 須

甲骨文作ℳ、𝒩，金文作𝒪，小篆作須，象胡须之形。"页"是为了衬托胡须而连带画出的。"须"字假借为"必须"等义，后又造"鬚"表示须毛，今又省作"须"。

而 —— 而

《合集》412 正有字作𝒜，象胡须之形。《说文·而部》："颊毛也，象毛之形。"字的上层是两腮的胡子，下层是颔下的胡子。此字借为虚词用，后另造"髵"字表示其本义。

三、与上肢有关的初文举例

与上肢有关的初文，可以分为单手的初文和双手的初文。表示双手的初文在结构上一般可以再分析，因此可称为"准初文"。

（一）表示单手的初文

手 —— 𐠂

这是手的象形字，五指俱全。

又 —— 𐠃

这是右手的象形，五指省为三指，显出握持的样子。与"又"有关的字，还有"ナ"和"爪"：

（1）ナ，本作𐠄，后作"左"。
（2）爪，本作𐠅，象一只手向下抓取之形。

下面几个字可以认为是以"又"为基础，通过强调某种笔势或增加指事符号而形成的初文：

（1）丑，古字作𐠆，象手指使劲掐扭东西，是扭的本字。
（2）叉，小篆作𐠇，表示手指交错。《说文》："叉，手指相错也。"
（3）尤，本作𐠈，是在"又"字三指中较长的一指上加一个记号，表示特异、突出的意思。小篆作𐠉，隶变楷化后作尤；厷，音 gōng，为"肱"的本字，指从肘至肩一段手臂。甲骨文作𐠊或𐠋，字在"又"上加指事符号表示臂上之肉（陈汉平说），后加肉旁作"肱"；寸，本作𐠌，短横表示寸脉之所在，亦指事字。

（二）表示双手的准初文

収 —— 𐠍

这是两只手向内拱起的样子，就是现在拱手的"拱"字。这个字在"弄"字里变作"廾",在"奠"字里变作"大",在"共"字里变作"廾"。还有两只手向外的非字，就是现在的"攀"字。廾、非、𠬞不能相混，来源不同。

丮 —— 𢎿

古作𢎿、𢎿，取象侧面之人伸出两手有所操作之形。双手扶着树木作种植状，写作埶，就是后来的"埶"（藝、艺）字。双手被刑具扣住作𡘂，即是后来的"執"（执）字。丮字左右相向作𦥑，小篆作鬥，就是表示二人徒手殴斗的"鬥"字，或加声符作"鬭"，现借升斗之"斗"为之，殴鬥的形象就看不出来了。

臼 —— 𦥑

此字读掬，象双手自上向下取物之状，只作偏旁用，如"學"字所从。
以上的双手是同一个人的双手，下面的双手可以是同一个人的，也可以是不同人的双手，要根据具体情况分析。如：

友 —— 𦫶

甲骨文作𦫶，一只手拉着另一只手，表示友爱相助之意，故为朋友的"友"。

受 —— 𤓽

这是上下两只不同的手，上手表示赋予，下手表示承接，为"受"字、"爱"字所从。但有时也表示两手同时动作，如乿字本作𤔔，表示上下两手在整理丝线，这样的双手也可以理解成是同一个人的。

共 —— 𠔏

甲骨文作𠔏，金文类似，象两手同举一物，表示共同之意。

舁 —— 舁

音 yú,《说文》："共举也，从臼从廾。"字形象四手共举物形，为"舉（举）"字初文。與、興等字从之。

四、与下肢有关的初文举例

足 —— 足

甲骨文作𧿹（《甲》2878），本是"足"的象形字，上端表示膝盖的髌骨，后变成"口"符，字形变为从口从止了。由"足"字分化出"疋"字。《说文》："疋,足也……《弟子职》曰：'问疋何止？'古文……亦以为足字。"胥"、"疏"等字从疋得声。

止 —— 止

古作 止，是左脚的象形，脚趾的意思。后作为停止之"止"，另造"趾"作为本字。与止字相反的是 𣥂，《说文》："从反止，读若挞。"止、𣥂两个合为一字，表示两脚一前一后，就是"步"字。若两脚一左一右，就是"癶"，小篆作 癶，读若拨。登、癹（音 bá）等字从之。

夂 —— 夂

音 zhǐ，是向下的"止"。此可与"ㄓ（音 kuà，古作 ㄓ）"字合观。止、𣥂是表示左右两脚前去的，夂、ㄓ则是表示左右两脚的到来。作为偏旁，夂用在字头，ㄓ用在字脚。由二者上下组成的"夅"字，就是"降"的初文。"步"是由此至彼，或由低到高；"夅"是由彼至此，或由上到下。"步"和"夅"各加阜旁即成"陟"、"降"，"陟"即升高之义。由二者左右并列组成的就是"舛"字，会相背之意。舞字、舜字、桀字皆从之。

由表示脚趾的上述各种"止"形，形成了许多准初文，例如：

正，古作 正，上"口"表示城邑，下"止"表示行进，字形表示向着城邑前进，其实就是征伐的"征"本字。后"正"字借作他用，另造"征"字表示本义。由"正"字分化出"乏"字，古人说"反正为乏"，小篆作 乏，是把"正"字反写而成的。但中山王器上的"乏"字作 乏，是把正字的横画改为斜笔，这种字形与隶书、楷书的写法在笔画上更加对应，从字形演变源流来看，更有理据。因此古人所说的"反正为乏"的"反"，可能并不是指"正字反写"，而只是说明把某些笔画作些改变（"反"有"翻转"、"掉转"的意思）。《说文》收录的字形可能有误。

韋，小篆作 韋，甲骨文或作 韋、韋，表示很多脚围住城堡的意思，是"圍（围）"的本字，后省作"韋"，又加口作"圍"，今分别简化为"韦"和"围"。

各，小篆作 各，甲骨文作 各、各，字的下部是"坎"的本字，古代穴居，"坎"在此代表家的门口。字形表示有人从外地到来，所以有到来的意思，经典常借"格"字为之。"各"加"宀"就是"客"字了。

出，小篆作 出，甲骨文作 出、出，构形与"各"正相反，表示从家门口外出。《说文》以小篆为"象艸木益滋，上出达也"，实误。

五、与身体有关的其他初文

心 —— 心

甲骨文作 心，金文或作 心，是心脏的象形。

胃 —— 胃

古作 胃，象胃囊里有米粒之形，后加"肉"作 胃。隶楷字上部省变为"田"。

肉 —— ⦗figure⦘

这是一段牲体的斩肉，也用来代表人体的肌肉。中间的"仌"代表肌肉的纹理，隶变后作偏旁用时常与"月"字混同。

吕 —— ⦗figure⦘

甲骨文作吕，是脊梁骨的象形字。《说文》："吕，脊骨也，象形。"借为姓氏之吕，另造"膂"字以表本义。

凶 —— ⦗figure⦘

吉凶之"凶"原是胸部的象形，后加人形（勹）为"匈"，又加"肉"旁为"胸"。

冎 —— ⦗figure⦘

古作⦗figure⦘，象牛胛骨之形，小篆加"肉"作"骨"。作动词用，即是后来的"剐"字。《说文》："冎，剔人肉置其骨也。象形。"

歺 —— ⦗figure⦘

《说文》："列骨之残也。从半冎……读若櫱岸之櫱。"① 字形即"冎"字去掉上部之冂，乃残骨之意。其右边加"戈"即为"残"字，加"人"即为"死"字。"死"的造字本义是人对残骨而拜。现在"歺"省变作"歹"，与好歹之"歹"混同。

第二节　与自然物有关的初文

古人创造初文的方法是"近取诸身，远取诸物"，上节所列者皆"近取诸身"的初文，本节将论列"远取诸物"的初文。其所取之"物"，相当于《说文解字·叙》和《周易·系辞下》里提及的四个方面，即：

（1）"观象于天"——天象也，日月星辰属之。
（2）"观法②于地"——地象也，山川土石属之。
（3）"鸟兽之文"——指从动物取象，鸟兽虫鱼属之。
（4）"地之宜"——指从植物取象，"地之宜"者，土地适宜栽种之植物也，草木

---

① 按大徐本注"五割切"，《广韵》同，《汉语大字典》音è。
② 这里的"法"与上句的"象"相对，"法"也是"象"的意思。《易·系辞上》"成象之谓乾，效法之谓坤"，《周髀算经·卷上》"天象盖笠，地法覆槃"，也是"法"、"象"对举，《易·系辞上》"法象莫大乎天地"，则是"法"、"象"连言，均可证明"法"、"象"词义相当。又"效法之谓坤"句，焦循章句曰："法即象也。"

禾苗属之。

天象、地象、动物、植物，都是自然界的物质，是"远取诸物"之"物"的四大类别。

一、与天象有关的初文举例

日 —— 日

古作⊙，象太阳之形。从日之"旦"，金文或作 ，象一轮红日冉冉升起。

月 —— 月

古作 ）,象缺月之形。月在晚上，也表示"夕"的意思。甲骨文"月"、"夕"不别，后分化为二字。

星 —— 星

古作 ，象多个星体之形，后加"生"声作"曐"，再省为"星"。

云 —— 云

甲骨文作 ，《说文》古文作 ，象云气缭绕舒卷之形。后借为云曰之"云"，遂加"雨"而成"雲"。"雲"又简化为"云"，算是恢复了古体。

气 —— 气

《说文》："气，云气也。象形。"段注："象云起之皃。"甲骨文作 ，与三易混，变上下二画为曲笔作 。后作"氣"，今又简化为"气"。

雨 —— 雨

甲骨文作 、 ，象雨从天上下落之形。

彗 —— 彗

甲骨文作 ，象扫帚之形，小篆作 ，从甡，徐灏《说文解字注笺》："甡盖象竹彗之形，非甡字。犹鸟足从匕而非匕，鱼尾似火而非火也。"《说文》："彗，扫竹也。"彗星拖有长光如扫帚然，俗称"扫帚星"，马王堆帛书《天文气象杂占》所绘彗星有作 形者，与甲骨文"彗"形近，故扫帚之"彗"又为彗星之"彗"。

由"雨"和"彗"合成的形声字"䨮"，小篆作 ，《说文》："凝雨，说物者。从雨彗声。"彗、雪皆月部字。甲骨文作 ，从雨从羽。唐兰谓"羽"为"彗"之本字，其说可从。"䨮"字后简省为"雪"，行用至今。

电 —— 電

"电"的初文是"申"，古作 、 ，象闪电屈伸闪烁之形。后加"雨"为"電"，现省为"电",就是"申"的变体。

雷 —— 雷

"雷"的初文是在 ઠ 的基础上加上数个"田"形表示雷声,作 ⚡、⚡ 等形,又加"雨"作 ☷,小篆作三"田"之"靁",后省为一"田"之"雷"。

二、与地象有关的初文举例

土 —— 土

本作 ▲、Ω,象地面上突起的土堆,后线条化为"土",土堆之形不见了。

丘 —— 丘

古作 ⋈,象平地上面两个对峙的小山丘,小篆讹为两个相背的人形,《说文》析为从北从一,就不得其解了。

山 —— 山

古作 ⋈⋈,象峰峦叠起之形,空廓填实皆同。

石 —— 石

古作 厂,象山崖下的大石块。

阜 —— 阜

古作 彐,横置是小土山的象形,后演变为左边之"阝","陟"、"降"等字从之。

谷 —— 谷

古作 谷,象水流出山口之形。《说文》:"泉出通川为谷,从水半见,出于口。"所谓"从水半见",当指未成水脉的细水,"泉出通川"是指从山口流出的泉水流向大川。

川 —— 川

古作 巛、⫽,《说文》:"贯穿通流水也。《虞书》曰:'濬〵 (音 quǎn)《《 (音 kuài) 距川。'言深之水会为川也。"由水流的大小,可分为 〵 (小水流也,深尺广尺为〵,同"畎")、《《(较大的水流,广二寻深二仞为《《,同"浍")和 巛(川)。

州 —— 州

古作 巛,是在川的中央突出一块陆地,象水中可居之地。

水 —— 水

古作 ⫽、巛,象河川水流之形。

与水有关的"泉",古作㪉、㪉,小篆作㪉,象水流出山洞之形,表泉水之义。在"泉"上加表示山崖的"厂"(音 hǎn),古作㪉、㪉,即是"原(原)"字,《说文》正体作"厵",或体作"原",云:"厵,水泉本也……原,篆文从泉。"段玉裁注:"厵乃古文、籀文也。后人以原(原)代'高平曰邍'之'邍',而别制'源'字为本原(原)之'原(原)',积非成是久矣。"就是说,"原"本来就是本源之"源",只因"原"字被用为平原之"原",后人又加"水"旁造出"源"字来表示本源的意思。所以我们讲汉字源流,如果用本字的话,其实可以写成"汉字原流"。

与水有关的"渊"字,甲骨文作㪉,金文作㪉,都象水边有潭之形,《说文》古文作㪉,则直接象围岸中有水之形。小篆作㪉,围岸之形已失。《说文》云:"渊,回水也。从水,象形,左右岸也,中象水皃。"

与水有关的"永"字,古作㪉、㪉,象人在水中游泳。小篆作㪉,人形也讹为曲折之水流形,故《说文》以"永长"为之解,云:"永,长也,象水巠理之长。"高鸿缙《中国字例》云:"此'永'字,即潜行水中之'泳'字初文。原从人在水中行……后人借用为长永,久而为借意所专,乃加水旁作'泳'以还其原。"《六书故·地理三》:"永,潜行水中谓之永。《诗》云:'汉之广矣,不可永思。'别作'泳'。"其字又作"㪉",本左右无别,后把人朝右者作为"㪉"字,就是表示水支流之"派"的初文。

仌 —— 㪉

古作㪉,象水凝结成冰时的纹理之形。"冬"、"寒"皆从仌。"冰"字古作㪉,小篆作㪉,从仌从水,本是凝结之"凝"的本字。后以"冰"代"仌",又别造"凝"字表示凝结之义。

三、与动物有关的初文举例

虫 —— 㪉

古作㪉、㪉、㪉,象形字,即古"它(蛇)"字,隶变后写成"虫"字。其本义是毒蛇。这个意义后来写作"虺",读 huǐ。《说文·虫部》:"虫,一名蝮,博三寸,首大如擘指。""虫"又同"蟲",读 chóng,泛指动物。现为"蟲"的简化字。《说文》又有"䖝"字,从二虫,是"蜫"的初文,即昆虫之"昆"的本字。"䖝"是虫类的总称。《说文·虫部》:"䖝,虫之总名也。"段玉裁注:"虫之总名称䖝。凡经传言昆虫即䖝虫也。"

萬 —— 㪉

古作㪉、㪉,象蝎子之形,突出其利钳、长尾,为"蠆(音 chài)"之本字。"萬"字借为表数目的专字,本义湮没,字亦与"蠆"分而为二。

禹 —— 㪉

古作㪉、㪉,本应只作㪉,所从之㪉为饰笔,与萬字下部所从同。《说文》:"禹,虫也。"

豸 —— 𤉢

音 zhì，古作 𤉢，象野兽之形，《说文》解为"兽长脊"，徐灏笺："豸，自是猛兽，故貔、貙（音 chū，虎属猛兽）、豺、豹等字从之。""豸"的另一种意思是无脚的虫，如蚯蚓之类。《尔雅·释虫》："有足谓之虫，无足谓之豸。"郝懿行义疏："凡虫无足者，身恒椭长，行而穹隆其脊，如……蚯蚓之类是也。"另外，"豸"还同"廌"，指传说中一种能辨曲直的独角兽。

蜀 —— 𧍙

古作 𧍙、𧍙，象爬虫的目、身之形，本义指蛾蝶类的幼虫，后作"蠋"。《说文·虫部》："蜀，葵中蚕也。从虫。上目象蜀头形，中象其身蜎蜎。《诗》曰：'蜎蜎者蜀'。"又作为古族名、国名、朝代名等。

黾 —— 黽

古作 黽，象大腹、四足之蛙形。从黾的字有鼋、鼍等。

龟 —— 龜

古作 龜、龜，前者为正面形，后者为侧面形。后代之龟字是从侧面之形演变而来的。

鱼 —— 魚

古作 魚、魚，象鱼之形。

鸟 —— 鳥

古作 鳥、鳥，象鸟的侧视之形。另有"隹"字，古作 隹、隹，也是鸟的侧视之形。"鸟"和"隹"在用作表意偏旁时往往可以通用。

燕 —— 燕

古作 燕，象张口布翼分尾之燕子形。

雚 —— 雚

音 guàn，古作 雚、雚，象鸟儿睁目之形。《说文》："雚，小爵也。""小"当为"水"之误，"爵"即"雀"，所以《玉篇》说："雚，水鸟也。""雚"为"鹳"的古字，《诗经》"雚鸣于垤"，又作"鹳鸣于垤"。"雚"作为偏旁，"觀"（观）、"權"（权）、"歡"（欢）等字从之，作声符。

牛 —— 半

《金文编》附录有鼎文作㗊，为牛头之象形。古字作半，是牛头形象线条化的结果。

羊 —— 羊

古作羊，本象羊头，与牛的构形思维相同，但特征有别。牛角向上，羊角俯下。

马 —— 象

古作马、馬，象马形，头身脚尾鬃毛俱有。

犬 —— 犬

古作犬、犬，横写作㣇，象犬之形。孔子说："视犬之字如画狗也。"

豕 —— 豕

古作豕，猪的象形。《方言》卷八："豬，关东西或谓之彘，或谓之豕。"

兔 —— 兔

古作兔、兔，象长耳短尾之兔子形。兔子善跑，从辵，便是逸字。另有"㲋"字，音chuò，似兔而大。兔、㲋二字又组成"毚"字，音chán，意为狡兔，兔之骏者。常用作声符，"讒"、"攙"、"饞"等字从之。

象 —— 象

古作象、象、象、象，皆大象之形，突出其长鼻的特点。古时用大象助劳，故以手牵象表示有所作为，此即"爲"字的造字本义，甲骨文作爲，金文作爲，皆从爪从象。小篆作爲，《说文》以为母猴，非是。

鹿 —— 鹿

古作鹿、鹿，象鹿之形，线条简洁，形象传神。小篆字形尚存鹿之头、角及双足，楷书就看不出鹿角了。

虎 —— 虎

《金文编》附录有篆文作虎，乃虎之象形，以张口斑纹为特征。古亦作虎等形，突出其张口的特点。楷化的字形已看不出虎的主要特征了。

能 —— 能

古作能、能，象熊之形。后变作能，首足分离而并列，小篆进一步把并列的两足变为上下排列，象形意味已完全丧失。"熊"从火，本是烈火熊熊之意，因"能"借为能耐之"能"，便以火光之"熊"为兽名。徐灏注笺："能，古熊字……假借为贤能之'能'，后为借义所专，遂以火光之'熊'为兽名之'能'，久而昧其本义矣。"

龙 —— 龍

古作 ᔥ、ᔤ、ᔥ，是古人想象的一种神兽，头上有角，张口，屈身表示翻腾之状。本是象形，身首相连，小篆字形发生了变化，故《说文·龙部》解为"从肉飞之形，童省声。"所说非其本形。

鼠 —— 鼠

《说文》："鼠，穴虫之总名也，象形。"徐锴《说文解字系传》："上象齿，下象腹爪尾。"

四、与植物有关的初文举例

屮 —— 屮

古作 屮，草木初生为"屮"，古亦以为"草"字。由屮组成的"艸"、"芔"、"茻"，均与草木有关。二屮为"艸"，即草木之"草"字①，百草之总称；三屮为"芔"，即花卉之"卉"字，（楚简芔亦作艸）；四屮为"茻"，即草莽之"莽"字，莫、葬等字从之。

生 —— 生

古作 生，象植物生长于地面之形。

屯 —— 屯

古作 屯、屯 等形，象草木初生。音 zhūn，表示草木初生艰难上出。《说文》云："屯，难也。象草木初生，屯然而难。从屮贯一，一，地也，尾曲。《易》曰：'屯，刚柔始交而难生。'"又音 tún，表示聚集、驻守等意思。

才 —— 才

古作 才、才，象地下种子上发芽下生根之形。《说文》："才，艸木之初也。从丨上贯一，将生枝叶。一，地也。"段注："才，引申为凡始之称。"徐灏《说文解字注笺》引李阳冰曰："凡木阴阳、刚柔、长短、曲直，其才不同而用各有宜，谓之才。其不中用者谓之不才。引之则凡人物之才质皆谓之才。"

---

① 按"草"字原音 zào，即后来的"皂"字。"草"原指栎实，栎实可以染帛为黑色，故亦指黑色。徐铉曰："今俗以此为艸木之艸，别作皂字为黑色之皂。"从出土资料看，秦武王时期的青川木牍就以"草"为"艸"了，徐铉所说，与实际情况不符。

屮 —— 帀

古作屮、帀，象草木初出枝叶之形。《说文》："屮，物初生之题也。上象生形，下象其根也。"徐锴《说文解字系传》："题犹额也，端也，古发端之屮直如此而已。"段注："古发端字作此，今则端行而屮废，乃多用屮为专矣。"

木 —— 米

古作木、米，象树木之形，上象枝干，下象树根。森、林是由木组成的会意字，本、末、朱是由木加指事符号形成的指事字。

未 —— 米

古作米，是树木枝叶扶疏重叠的象形，原是"昧"的本字，有幽昧、暗昧的意思。作为"午未"或"未有"之未，乃其假借用法。

竹 —— 竹

简牍文字作竹，象竹叶并生之形。

𠂹 —— 𠂹

古作𠂹，后变作𠂹，为"垂"的初文。"垂"是"𠂹"加"土"而成的。《说文》："𠂹，草木华叶𠂹，象形。"段注："引伸为凡下𠂹之称。今字垂行而𠂹废矣。""華"字、"素"字皆从𠂹作。

朮（术）—— 朮

这是"秫"（音 shú，黏谷子）字初文，秫性黏手，古作朮，是一只手沾满秫米的象形。術、述等字皆以"朮"为声。现"術"简化作"术"。又音 zhú，菊科术属植物的泛称，多年生草本，有白术、苍术等。

禾 —— 禾

古作禾、禾，象稻穗下垂，上象穗与叶，下象茎与根。并禾为秝，音 lì，指田中禾苗整齐均匀之状，引申为分明、清晰。"历历可数"、"历历在目"的"历"字，本字即此"秝"。以手持一禾，即是"秉"字；以手持二禾，即是"兼"字。另有"稽"字所从之禾，本作禾，从木上曲，指树梢因受阻弯曲不能上长，[1]后也写作"禾"，是隶变楷化造成的混同。

---

[1] 赵平安认为稽本作𥝌（本义种），禾旁倾左倾右本无别，后固定而为𥝌，非木上曲。见《释花东甲骨中的"瘁"和"稽"》（中国文字学会第五届年会论文，2009 年）。

米 —— 米

古作 艸、米，《说文》："米，粟实也，象禾实之形。"

黍 —— 黍

古作 黍、秫，从禾从水，《说文》："禾属而黏者也……从禾，雨省声。孔子曰：黍可为酒，禾入水也。""香"字本从黍从甘，后省从"禾"。甲骨文黍字于禾周布满黑点或小圈，裘锡圭谓黍初为象形文。禾穗下垂，麦穗上举、黍穗散开。故字象其形以为区别[①]。

来 —— 来

古作 来，下根中叶上穗，象麦之形。假借为"来往"之"来"，假借义成为常用义（《说文》以为瑞麦乃是"天所来也，故为行来之来"）。"麦"字甲骨文作 麦，是个形声字，从夊，来声。从夊之字与脚的动作有关，故朱骏声《说文通训定声》认为"往来之来正字是麦，菽麦之麦正字是来"。花园庄东地甲骨 34.5："甲辰卜：于麦乙又（侑）于且（祖）乙宰。用。""麦乙"即"来乙"，指下一个乙日，可见"麦"也确有用作"来"的例子，保留了其本来的意义。

齐 —— 齐

古作 齐、齐，《说文》："齐，禾麦吐穗上平也，象形。"段注："禾麦随地之高下为高下，似不齐而实齐，参差其上者，盖明其不齐而齐也。引申为凡齐等之义。"

第三节　与人类创造物有关的初文

人类自从脱离动物界而组成原始人群之后，数十万年来，创造了许许多多的东西，而且越来越丰富，尤其是现代，原先是自然的物质，也可以由人工制造出来，例如人造卫星之类。当代的仿生学，是模仿生物的各种器官和功能来发明创造的。从人类历史上看，人类的创造物可谓包罗万象，应有尽有。但是反映到文字中来的，只是文字发生阶段人类所达到的物质文明的情况，换句话说，我们从汉字的某些初文可以看到汉字萌芽、创始阶段我们祖先所创造的某些物质和器具，近代和当代的科技进步是不可能在初文中得到显现的。

由于人类创造物的类别多样，功能丰富，在分类叙述时，有的类别难免交叉，比如田猎类的工具，有的也可归属于武器类，所以下面的分类只是为了叙述的方便。我们举狩猎田垦、居室建筑、衣饰穿戴、日用器具四个方面加以介绍。

[①] 参裘锡圭《文字学概要》第113页，商务印书馆1988年。

一、狩猎田垦类初文举例

火 —— 火

古作𢖩、火，象火焰之形。

自然界有自然之火，但"火"的利用和火种的开发，却是人类文明发展进程中的重要发明。据说燧人氏发明了钻木取火。《韩非子·五蠹》云："有圣人作，钻燧取火，以化腥臊，而民悦之，使王天下，号之曰燧人氏。"班固《白虎通·号》曰："钻木燧取火，教民熟食，养人利性，避臭去毒，谓之燧人也。"

"火"的作用很多，在上古社会，除了用于照明、熟食，原始的耕种也用火（即所谓"刀耕火种"），驱赶禽兽也用火。如《孟子·滕文公上》记载："当尧之时，天下犹未平。洪水横流，泛滥于天下。草木畅茂，禽兽繁殖，五谷不登，禽兽偪人。兽蹄鸟迹之道，交于中国。尧独忧之，举舜而敷治焉。舜使益掌火，益烈山泽而焚之，禽兽逃匿。"

从火之字很多，如赤、炎、燎、光、叜（叟、搜初文）、煮、烟等。

禽 —— 禽

甲骨文作𢆉，象带柄的捕鸟之网，后加"今"声并有所讹变，小篆作禽。作名词，除"捕鸟之网"外，又指"禽兽"；作动词，为"擒拿"、"擒获"之义。"禽"字后为"禽兽"义所专，"擒拿"、"擒获"之"擒"，遂由原字加"手"旁构成。

單 —— 單

甲骨文作𠂤、𠂤、單，其繁体为后世所继承，其简体即后世干戈之"干"。"干"或"單"都是古代狩猎的工具。丁山《说文阙义笺》："窃疑古谓之單，后世谓之干，單、干盖古今字也。"

"獸"字小篆作獸，甲骨文作𤞞、𤞞，从"單"或从"干"，可证"單"、"干"乃一字之繁简。"獸"字从"犬"，从"干（單）"。"干（單）"为猎具，"犬"为猎犬，皆狩猎所必需，故会"狩猎"之意。田猎为"獸"，田猎所获亦为"獸"。獸字用作名词"走兽"义后，动词之獸则另造"狩"字为之。罗振玉《增订殷虚书契考释》云："獸即狩之本字。征戰之戰从單，与獸同意。"

畢 —— 畢

周原甲骨文作𤰇，金文作畢，为小篆所本。"畢"是古时田猎用的一种长柄网。《说文》："田网也。"段注："谓田猎之网也。"

网 —— 网

本作𠕁，象鱼网之形，《说文》："网，庖牺所结绳以渔。从冂，下象网交文。"后加声符"亡"形成形声字"罔（罔）"，又累增糸旁作"網"，今又简化作"网"，恢复了古体。

田 —— 田

古作田、甶等，象地有阡陌之形，其最简者与小篆同。

与田有关的初文有"畺"、"畴"、"周"、"甫"、"囿"等。

"畺"即"畕"，古作畕、畺，都是古"疆"字。《说文·田部》："畕，比田也。从二田。"《正字通·田部》："畕，畺本字……《正讹》：'畕，田界也。从二田会意。'或作畺，俗作疆。"徐灏《说文解字注笺》："畺、疆古今字。"

"畴"，古作弖，表示已耕治的田，曲线表示田间沟壑。又益"田"旁作𭥍。后"寿"字以弖为声符作𭥍，后起的"畴"字又以寿为声符。

"周"，古作田、𭃂，即"稠"之本字，象阡陌纵横，中有植物繁密之形，加"口"为繁构。后"田"形变为"用"，遂作"周"，《说文》以为从用、口，本义为密。

"甫"，古作甶，是"圃"的本字，象田中有所种植的样子，后屮讹为𠂇，田变为"用"，《说文》遂以为字从用、父，父亦声，并把其本义解释为男子之美称。

"囿"，古作囿、𡈽，象供田猎用的园子内草木葱茏，后变为从口、有声。

井 —— 井

古作井，象水井有横栏之形，中之小方象井口。金文或作丼，中间之点无义，然为小篆及一些古隶写法所本。

与井有关的文字，有"录"、"丹"等。

"录"，小篆作录，《说文》解作"刻木录录"，实与刻木无关。此字甲骨文作𢍰，象桔槔（音 jié gào）① 汲水之形，为"渌"（又作"漉"）之初文。一说因字象井上辘轳打水之形，当为辘轳之"辘"的初文。

"丹"，小篆作丹，古作𠁿，象采丹井（此为矿井，非水井），中一点或一横象丹石之形。《说文》："丹，巴越之赤石也。"段玉裁注："巴郡、南越皆出丹沙。"丹沙即朱砂。"青"字从丹、生，生亦声。"青"就是绘画用的石青，意谓由石青生出的颜色就是青。

辰 —— 辰

古文字作𨑒、𨑑，象蜃之形，乃"蜃"之初文。"蜃"在古代用为耕器，《淮南子》："古时剡（音 yǎn，削）耜而耕，摩蜃而耨（音 nòu，除草）"可证。

"辰"为耕器，故有关农事之字如"农"、"耨"等皆从辰。"农"字小篆作𦦥，全

---

① 桔槔是井上汲水的工具。在井旁架上设一杠杆，一端系汲器，一端悬、绑石块等重物，用不大的力量即可将灌满水的汲器提起。而利用旋转动力提水的装置又称辘轳，北魏·贾思勰《齐民要术·种葵》："井别作桔槔、辘轳。"原注："井深用辘轳，井浅用桔槔。"详参缪启愉校释《齐民要术校释》（第 2 版）第 181—183 页，北京，中国农业出版社 1998 年。

形作𦦵，象手持辰（蜃）器，在田间除草，"田"旁到了后来讹为"囟"，为小篆所本。字亦简作𦰢、𦱺，从艸或林，示田之所在必有草木也。与"农"字构形密切相关的是"晨"，古作🄐，从曰从辰，意思是农民双手持蜃往田，为时甚早，故以为早晨之"晨"。后代则以星名之"晨"的简体"晨"作为早晨之"晨"，"晨"行而"晨"废。

耒 —— 耒

《说文》："手耕曲木也。从木推丯。"金文作🄐、🄑等，前者上部之手形省变为小篆的"丯"①，《说文》所谓"曲木"，即指下部歧出的部分，小篆变为"木"。从耒的字比较多，较常见的有"耕"、"耦"、"耤"、"耨"等。

古代耒耜连言，"耒"为"耜"上部的曲木柄，"耜"为"耒"下端铲土的部分，装在犁上，用以翻土。古以木为之，后来改用金属。其字本作🄐，即"耜"字右边所从。

与耒形有关的还有"耤"字，小篆作𦓞，甲骨文作🄐，金文作🄐，加"昔"为声符，字当从丮持耒昔声，小篆省掉"丮"，变为从耒昔声。

力 —— 力

古作🄐，象形字，也象耒之形，长的一笔象其柄，短的一笔象其铲（即"耜"）。耒耕须用力，故引申为气力之"力"，"男"字从力从田，言男人用力于田也。

方 —— 方

甲骨文作🄐、🄑，《说文》谓"象两舟省总头形"，殆非。从其形象看，当亦耒形农具。古者秉耒而耕，起土曰方。《汉书·张汤传》"治方中"颜师古注："古谓掘地为阬曰方。"

𠦪 —— 𠦪

音 bān，《说文》云："𠦪，箕属，所以推弃之器也。象形。"段注："此物有柄，中直象柄，上象其有所盛。"《说文》所收的从𠦪之字可分两种：一是田网，"禽"、"毕"所从者是（已见上）；一是竹器，"弃"、"糞"所从者是。

"弃"字《说文》籀文作𢽤，从廾推𠦪弃𠫓（倒子），表示丢弃之意。按"弃"字甲骨文作🄐，从其（箕），籀文之𠦪即其（箕）形所变。

"糞"字小篆作𥹥，《说文》："糞，弃除也。从廾推𠦪糞采也。官溥说，似米而非米者，矢字。"段注："古谓除秽曰糞，今人直谓秽曰糞，此古义今义之别也。"按"糞"字甲骨文作🄐（《后》下 8.14），小篆之𠦪亦其（箕）形所变，小篆之"采"，乃由表示秽物之小点讹变而来，非必为矢（屎）。字今简化为"粪"。

---

① 《说文》将"耒"部次于训为艸芥的"丯"部之下，并以"从木推丯"解释"耒"字，是误将由手形省变而来的"丯"混同于艸芥之"丯"。参见曾宪通《"作"字探源》，载《古文字研究》第 19 辑，中华书局 1992 年；又收入《古文字与出土文献丛考》，中山大学出版社 2005 年。

二、居室建筑类初文举例

我国古代黄河流域的先民普遍过着穴居或半穴居的生活。周人居邠（今陕西彬县）时还是"陶复陶穴"而居。穴是窑洞，复是半穴居，反映穴居和半穴居生活的古文字有：

穴 —— 冗

《说文》："穴，土室也。"《诗·大雅·緜》"陶复陶穴"郑玄笺："凿地曰穴。"

復 —— 復

甲骨文作 𩓣 （即复），象穴居之两侧有台阶上出之形，从夂，象足趾从门道外出之形，故又会往返出入之意。金文作 復、復，增加了彳旁。

良 —— 㿝

甲骨文作 㿝，金文作 㿝，本为古人穴居之两侧有廊道或台阶上出之形。

周人迁居周原后，才开始经营地面建筑，常见的初文如宀（音 mián）、广（因山崖建造的房屋，音 yǎn）等。与屋宇居室有关的例子还有：

高 —— 髙

是人工筑成的高台建筑，甲骨文作 髙，象台观之上复有高耸的建筑物。《说文》："高，崇也，象台观高之形。"孔广居说："象楼台层叠形。"

京 —— 京

甲金文作 京、京，是高台基的建筑物。郭沫若《两周金文辞大系考释》："在古素朴之世非王者所居莫属。王者所居高大，故京有大义，有高义。"

享 —— 亯

字本作亯，古作 亯，《说文》以为从高省，吴大澂认为象宗庙之形，其实亦当是穴居之形。居室除了居住，又为烹制食物饗食之所，引申为享献鬼神。后分化出亨、享、烹三字，古籍多通用。

章 —— 𩫖

古作 𩫖，省为 𩫖、𩫖，其中之方形为古代穴居住室，上下两部分则象台阶、垣墙并有覆盖之形。《说文》以为城郭之"郭"字，又为"墉"（本义为墙）字古文。其实二字初本一字，住室旁之垣墉，犹城区之外郭也。后世分化，表外城者造"郭"字，表垣墙者造"墉"字，后起字行而本字皆废。

宫 —— 宫

甲骨文作 ⌂、⌂，两方框表示宫室相连，又加宀以为屋宇的类别。后相连的宫室讹为吕，《说文》以为字从宀，躳省声。

门 —— 門

古作 門，是门框和门扇的象形，后省去门框，只剩两扇门。其中一边即是"户"字，一扇叫户，两扇曰门。《说文·门部》："从二户，象形。"

向 —— 向

古作 向，象屋子的窗口，特指向北的窗口。《说文》："向，北出牖也。从宀，从口。"《诗·豳风·七月》："塞向墐户。"即用本义。引申为朝向、方向之"向"。

窗 —— 窗

本作"囱"，《说文》小篆正体作 囱，古文作 囱，甲骨文有 ⊞、⊞ 等字，都是"窗"字初文，象窗有格子之形。

仓 —— 倉

古作 倉，上为屋顶，下象台基，中间之"户"即是仓户。一说上下象仓形，中有门户以进出。"仓"的本义即收藏谷子的地方。《说文》："仓，谷藏也。"

亩 —— 亩

古作 亩，郑樵《通志·六书略》："方曰仓，圆曰亩，上象其盖。"后加"广"加"禾"作"廪"。

国 —— 國

本作 囗，即"或"字，金文又作 或，囗象邑外四界之形，戈者示以武器护卫。《周礼·地官·封人》："凡封国，设其社稷之壝，封其四疆，造都邑之封域者亦如之。""国"在古代指封国，囗表示社稷四周的疆界。

邑 —— 邑

古作 邑，上囗表示城邑，下为跪踞之人，字形表示邑为人之所居。

三、衣饰穿戴类初文举例

糸 —— 糸

古作 糸，音 mì，象丝线之形，表示细丝。分化为"幺"，二幺为"丝"，都表示细小、幽微的意思。"幺"后变"么"，也是微小的意思。又分化出"玄"，表示深幽玄远

丝 —— 絲

古作 𢆶、絲，《说文·丝部》："丝，蚕所吐也。"字形以两股带绪的丝缕作为丝线的代表，字已见于甲骨文，与一股丝线的"糸"所表示的意思相同，后分化。

系 —— 系

古作 𦄂、𦃃、𦃕，本是用手（爪）把两三股丝线系联起来的意思，本义即联属、连接。《说文》："系，繫也。"字形中的手形后来省变为一撇，丝线也省为一股，遂变为"系"。

缀 —— 緅

原作 𣎵，秦简作 𣎴，从大，手足象有所束缚，引申为连缀之义，小篆讹作 𣎵，隶变后讹为"叕"，加糸为"缀"，本义为用丝线缝合。

衣 —— 衣

古作 衣，林义光谓"象领、襟、袖之形。"《说文》以为象覆二人之形，非是。

裘 —— 裘

古作 裘，象毛在衣外，是皮裘的象形，后变为形声字，金文作 裘，从"又"声，小篆变从"求"声。《说文》："裘，皮衣也。从衣，求声。一曰象形，与衰同意。求，古文省衣。"按《说文》把"求"作为"裘"的古文，其实"求"字古作 求，与衣不类，且用为求索义，无用为衣者。裘锡圭以为"求"是多足虫"蛷"的初文，"求"训求索乃其假借。

巾 —— 巾

古作 巾，是古人身上佩挂的手巾，古今字形没有大的变化。《说文》："巾，佩巾也。"林义光《文源》："按象佩巾下垂形。"与"巾"有关的字是"市"字，小篆作 市，古今字形也没有大的变化。"市"相当于现今围裙一类的服饰，形如巾而大，还多了一条围腰的带子。"市"在古代是朝觐和祭祀时遮蔽在衣裳前面的一种服饰，也写作"韨"。《说文》："市，韠也。上古衣蔽前而已，市以象之。天子朱市，诸侯赤市……。"朱骏声《说文通训定声》："祭服曰市。上古衣兽皮，先知蔽前，后知蔽后，市象前蔽以存古。"从"巾"的字还有"布"字，金文作 布，从巾父声。

匹 —— 匹

金文作 匹，林义光谓"象布一匹数揲之形。"小篆变为从匸从八，《说文》释为"八揲一匹，八亦声。"

黹 —— 黹

音 zhǐ，古作黹、黹，象刺绣之形。李孝定《甲骨文字集释》："契文、金文黹字，正象所刺图案之形。"从"黹"的字，都与刺绣花纹有关。如"黻"，音 fú，古代礼服上黑青参半的花纹。《说文》："黻，黑与青相次文。""黼"，音 fǔ，古代礼服上黑白相间的花纹。《说文》："黼，白与黑相次文。""黼"，音 chǔ，五彩花纹。《说文》引《诗·曹风·蜉蝣》"衣裳黼黼"，今本作"衣裳楚楚"。段注："黼其本字，楚其假借字也。"今语有"楚楚动人"等。

四、日用器具类初文举例

器具类初文很多，除了上述田垦狩猎类涉及的农具及狩猎工具外，还有其他各类器物，为了叙述方便，我们把它分为一般工具、常用器皿、文具、乐器、兵器五项加以介绍。

（一）一般工具

工 —— 工

甲骨文作工，古今字形没有大的变化。杨树达《积微居小学述林》："以字形考之，工象曲尺之形，盖工即曲尺也……盖工与巨义本相同，以造文之次第论，初有工文，双声转注，后复有巨。制字者以巨、工同物，故即就工字之形为巨字，后人习用巨字，致曲尺之义为巨所独据，工字之初义不明。"曲尺即矩尺（详下"矩"字）。

矩 —— 巨

古作矩、矩，象人手持矩尺（工）之形，人形作"大"或"夫"，后又变为"矢"，留手指在"工"上演化为"巨"，遂成"矩"字。高鸿缙《中国字例》："工象榘形，为最初文，自借为职工、百工之工，乃加画人形以持之……后所加之人形变为夫，变为矢，流而为矩，省而为巨。后巨又借为巨细之巨，矩复加木旁作榘，而工与巨后因形歧而变其音，于是人莫知其朔矣。"工匠以矩测方，规测圆，故有"圆中规，方中矩"、"循规蹈矩"等说法。

刀 —— 刃

古作刀，象形。用于切割砍削的工具，也作兵器。《说文》："刀，兵也。"刃，在刀锋处加点以示刃之所在，为指事字。《说文》："刃，刀坚也。"

斤 —— 斤

甲骨文作斤，金文作斤，象古代的一种斧类工具，比斧小而刃横。徐灏《说文解字注笺》："斧斤同物，斤小于斧。"王筠《说文句读》："斤之刃横，斧之刃纵。"从斤的"斧"，小篆作斧，古作斧，从斤父声。砍物用的工具，也是一种兵器，或杀人的刑具。按"王"字的变化过程为🔲、王、王、王，本亦象斧头之形，以斧钺之威象征王权，故以为君王之"王"①。

臼 —— 🔲

古作🔲，古今变化不大。《说文》："古者掘地为臼，其后穿木石，象形。"《易·系辞下》："断木为杵，掘地为臼。"古代常用来舂米。《论衡·量知》："谷之始熟曰粟，舂之于臼，簸其秕糠，蒸之于甑，爨之以火，成熟为饭，乃甘可食。"舂、舀、舀等字从之。

（二）常用器皿

器 —— 🔲

古作🔲，四口象征器具，为众器皿之形。从犬表示以犬守卫器具里的食物。《说文》："器，皿也。象器之口，犬所以守之。"古时地广人稀，生民耕于荒野，饭于垄头，故以犬警卫守护食物。器则为器物总称。

皿 —— 🔲

甲骨文作🔲、🔲，象器皿之形，是碗、盆一类的盛器，下有圈足。《说文》云："皿，饭食之用器也，象形。"

區 —— 🔲

甲骨文作🔲，象以匚盛器物之形，三口象征器物之口，今简化为"区"。朱芳圃《殷周文字释丛》："區，当为甌之初文。品象其形，匚所以藏之。"

鼎 —— 🔲

古作🔲、🔲，是古代一种烹调器，常见的为圆腹三足两耳，也有方形四足的。《说文》："鼎，三足两耳，和五味之宝器也。昔禹收九牧之金，铸鼎荆山之下。入山林川泽，魑魅蜩蛹，莫能逢之，以协承天休。"卜辞中常用的"贞"字，作🔲，也是鼎形，后加卜作"鼑"，省变作"贞"。从鼎的字，有表示鼎口圆形的🔲，省变作"员"，又作"圆"；刻铭于鼎的🔲，省变作"则"；双手举鼎的🔲，省变作"具"，皆是。

鬲 —— 🔲

古作🔲，是古代一种烹饪器，与鼎作用相同，形体也差不多。不同之处是三足中空，可以灌水受热。从鬲的字不少，如《说文》"煮"字正体作🔲，"羹"字正体作🔲，都是以鬲煮食物伴有炊烟上扬之象。

---

① 参林沄《说王》，载《考古》1965年第6期；又收入《林沄学术文集》第1—3页，中国大百科全书出版社1998年。

豆 —— 豆

豆是古代一种食器，古作豆、豆，圆口高足，盖或有或无。亦作礼器，豐、豊皆从豆。今豆借为未（菽）字，与器皿义无关。

食 —— 食

甲骨文作食、食，林义光谓从倒口在皀上，皀，荐熟物器也。象就食之形。从皀的字有即、既、卿（乡）等。

斗 —— 斗

古作斗，上象斗形，下象其柄。古量器，一斗为十升。"升"字为"斗"中加一笔，古作升，与勺（古作勺）即杓为同类。

壶 —— 壶

甲骨文作壶、壶，器名，象有盖腹耳足之形。

合 —— 合

甲骨文作合，即今之"盒"字，象器盖相合之形。

曾 —— 曾

甲骨文作曾，金文或作曾，非形声字。朱芳圃说曾即鬵（音 lì，同"鬲"）或甑的初文。甑、甗炊饭，与鼎以烹肉同。其器下盛水，上盛饭，中置一箅（音 bì，蒸锅中的竹屉），"田"即象其形。

會 —— 會

金文作會，象上盖下器，中有米糊之形，故有会合、汇聚的意思。一说象甑上有盖之形，《说文》从曾省，可从。

酉 —— 酉

甲骨文作酉、酉，金文大体类似，象酒坛之形。郭沫若《甲骨文字研究》："此字篆形与古文尚无大别……乃尊壶之象也。"

鬯 —— 鬯

甲骨文作鬯，金文作鬯，是一种由秬（音 jù）米（黑黍）和郁金草酿成的香酒，常用于祭祀和宴饮。字中之"鬯"象尖足（埋在地下）的容器，中间小点表示酿酒的秬米。

（三）文具

聿 —— 聿

古作聿，罗振玉《增订殷虚书契考释》："此象手持笔形。"《说文》："聿，所以书也。楚谓之聿，吴谓之不律，燕谓之弗。""聿"、"不律"、"弗"都是古时笔的别名。"笔"字繁体作"筆"，从竹从聿。从聿的字还有"书"、"画"等。书，繁体作"書"，小篆作書，从聿者声。画，繁体作"畫"，小篆作畫，甲骨文作畫，象手执笔而画之意，金文作畫，加田，小篆又加田之四界，故引申为划分界限。《说文》云："画，界也。象田四界，聿所以画之。"

册 —— 册

古作册。象编简之形，竖为简，横为编。《说文》："册，符命也……象其札一长一短，中有二编之形。"从册的字还有"典"，小篆作典，古作册，会意，双手捧册而读谓之典。金文变卄为丌，为小篆所本，故《说文》以"尊阁"说之。《说文》云："典，五帝之书也。从册在丌上，尊阁之也。"

（四）乐器

樂 —— 樂

古作樂，或增"白"作樂，罗振玉《增订殷虚书契考释》："从丝附木上，琴瑟之象也。或增白以象调弦之器。"郭沫若谓"白"象指形，会以指弹奏琴瑟之意。小篆"琴"作琴，"瑟"作瑟，其中之"珏"象弦柱。

甬 —— 甬

古作甬、甬，杨树达《积微居小学述林》："甬象钟形……上象钟悬，下象钟体，中横画象钟带。"

壴 —— 壴

音 zhù，古作壴，象鼓形，为"鼓"之初文。上为装饰，中为鼓面，下为圈足。从壴的"鼓"和"皷"，一般以前者为名词，后者为动词。其实从"支"从"攴"都表示以手持物击鼓，《说文》释"鼓"云："从壴，支，象其手击之也。"也指出了其表示动作的意义。唐兰《殷虚文字记》认为"壴"为"鼓"之正字，为名词；"鼓"、"皷"为击鼓之正字，为动词，是正确的。从壴的字还有"彭"字，为象声词，其旁之"彡"为鼓声之标志。从壴的"喜"字，也与鼓声有关。《说文》："喜，乐也。从壴，从口……与欢同。"朱骏声《说文通训定声》："闻乐则乐，故从壴；乐形于谭（谈）笑，故从口。""喜"字从壴从口也可理解为以鼓节歌，是为赏心乐事，故有欢乐之义。

南 —— 南

古作 卣、甬，唐兰以南为"瓦属的乐器"，郭沫若《甲骨文字研究》云："由字之形象而言，余以为殆钟镈之类之乐器……钟镈皆南陈，故其字孳乳为东南之南。"卜辞有 𪓐 字，郭氏谓"象一手持槌以击南"。《礼记·文王世子》："胥鼓南。""南"字即用本义。

磬 —— 磬

古作 𣪠，象一手执槌击磬之形。磬为矩形的打击乐器，用石、玉等制成，悬挂在架上，用槌击之，可以发出清脆悦耳的声音。有单个的特磬，也有成组的编磬。曾侯乙墓的编磬即用绳系于架上，执槌击之发音。字本作"殸"，后加石作"磬"。

龠 —— 龠

甲骨文作 𠎤，金文作 龠，象竹管编成的乐器。其上之"口"形为竹管之孔端，其下之"册"形乃编管而非编简。金文加"亼"（倒口），示以口吹龠。《说文》："龠，乐之竹管，三孔，以和众声也。从品、侖。侖，理也。"其分析字形不确。亦作"籥"，累加竹头。从龠的字有 龢、龤 等。"龢"同"和"，调和也，"龤"同"谐"，和谐也，都与音乐和谐有关。

（五）兵器

戈 —— 戈

古作 弌、㦵、戈，古代一种兵器，长柄横刃，可以钩斩敌人。从戈的字，有伐、戍、戒等。"我"字原也是一种多戈头的兵器。

矛 —— 矛

古作 𠁁，是古代一种直刺的兵器。

盾 —— 盾

盾是古代一种防护兵器。金文中有图形作 中 者，当是盾之象形初文。小篆字从目，《说文》解为"所以扞身蔽目也，象形。"

干 —— 干

古作 丫、ㄚ，象有桠杈的木棒之形，是古人打猎作战的常用武器（参上"单"字），亦指防护武器，属盾的一种，文献上常常"干戈"并称。

胄 —— 胄

古作 冑、𦥔，象一种护头的头盔，与护体的铠甲合称"甲胄"。字形上象盔形，下

"冃"表头部，后盔形讹变为"由"，"冃"讹变为"冃"，故《说文》解为"从冃，由声。"古时另有"冑裔"之"冑"，本从肉，由声，《说文》作"𦙫"，后经隶变楷化，甲胄之"胄"与胄裔之"胄"已混而无别。

弓 —— 弓

甲文作弓、弓，金文同，其繁者弓弦俱全，其简者则去其弦。从弓之字，如"引"为开弓，"弛"为弓解弦，"發"为弓箭发射等。

矢 —— 矢

古作矢、矢，包含箭头（镞）、箭杆和箭羽三部分。与矢有关的字如：张布而矢在其下的"矦"（矦、矦）字，犹后来之"箭靶"，今作"侯"。人腋下著矢的"疾"（矢）字，从"疒"者为后起。以旌旗为标志，用矢以杀敌的军旅组织之"族"（族、族）字。以手张弓搭箭的"射"（射）字，专以盛矢的"函"（函）字，以及作为矢袋的"箙"（箙）字等。

殳 —— 殳

甲骨文作殳，金文作殳，字象手持一种武器。殳是古代以竹、木制成的一种有稜的兵器。林义光《文源》："古（殳）象手持殳形，亦象手有所持以治物。故从殳之字与又、攴同意。"湖北随县曾侯乙墓即出有这种殳形的兵器。

第四节 与其他语词有关的初文

前三节分别从人体、自然物、人类创造物三个方面列举了有关初文，本节就数名和干支名的初文作简要的梳理。

一、数名

数目字有一、二、三、四、五、六、七、八、九、十、百、千、万、亿等。

关于一至十，前人有过不少研究。许慎《说文解字》给十个数目字注进了许多哲学的观念，如"一"是"惟初太始，道立于一"，"三"是"天地人之道"，"五"是"五行"；"二"是"地之数"，"四"是"阴数"，"六"是"易之数"，"七"是"阳之正"，"九"是"阳之变"，"十"是"数之具"，都是以哲理代定义，令人难以捉摸。只有一个"八"字训"别也，象分别相背之形"，比较实际些。《说文》对干支字的解释，也是用当时的阴阳五行思想为说的。当然许慎的这种解释，自有其思想和时代背景的影响，他选择这种解释自有其根据，代表着汉代人的思想观念，这里不必加以苛责。我们只想指出，数字是人类社会很早就有的东西，它的产生不会像许慎所说的那么复杂和抽象。经过丁山、郭沫若、唐兰等人的研究，十个数目字的产生跟用手记数是大有关系的，"数生于手"的结论是大致可信的。

从民俗学的角度来看，以手记数几乎是每个民族都流行的（尤其是未开化的民族和未启蒙的儿童更是如此），但以手作数之法，各个民族却有所不同。如西方人先出左拳，其小指为一，无名指为二，中指为三，食指为四，以一掌为五，六复循环，以二掌为十。故罗马数字之一、二、三，竖书作Ⅰ、Ⅱ、Ⅲ（巴比伦、印度亦然），五作Ⅴ，即掌之象形，二掌为十，写作Ⅹ。

中国以右掌为先，倒其拇指为一，食指为二，中指为三，无名指为四，一拳为五，六则伸其拇指，依次至小指，即以一掌为十，故金文十字作竖而鼓其腹，即掌之象形（甲骨文不易作肥笔，故作丨）。

唐兰认为，十个数目字是由手势衍生而成的。一、二、三、三是代表横向的四指，五字作Ⅹ，六字作∧，七字作十，八字作八，都是表示两手指交错成的姿势，其中Ⅹ、十是一组，两手指相交，一侧一正；∧、八是一组，以指头相接与分离相区别。九字作ᐟ，象手臂形。丨、∪、Ш、Ш分别代表十、二十（廿）、三十（卅、丗）、四十（卌），是竖指一至四指之形。这种数目字的符号，在新石器时代的仰韶文化就已经出现了，来源很古。唐氏从一二三三、Ⅹ∧十八、丨∪ШШ都是以四为单位推测古代可能是四进的数字。商承祚、于省吾先生均以为十的倍数与结绳有关。

从数字的古今演变看，"一"、"二"、"三"古今无别。"四"则颇有出入。《说文》小篆作四，古文作𦉢，以三为籀文。丁山说四是"呬"（xì，喘息、嘘气）的初文，字象张口而呬之形。《说文》云："东夷谓息为呬。"后世以"四"为正。"Ⅹ"加上下两横X，后作"五"。"∧"与"入"字同，故加二竖作介，再变而为"六"。"十"本作横长竖短，与"十"字易混，故曲其竖笔变作七，后作"七"。"八"、"九"二字没有大的变化。

"十"的倍数本以合文形式出现，卜辞多见，廿、卅沿用下来，四十合文见于甲骨文及战国博具之骨骰，直至汉代均有流行，《说文》失收。

"百"、"千"二字都是指事字。于省吾发现古文字中有一种叫做附划因声的指事字，它们的特征是在一个独体字上附加一种极简单的点划作为标志，赋予它新的含义，但仍因原来的独体字为声符，而其音读又略有转变。"百"、"千"二字即是此类指事字。

"百"字甲骨文早期作𦣻，后又孳乳为百，也省作百。此外，甲骨文还有借"白"为"百"者，如"三白羌"即"三百羌"。可见"百"字的造字本意，系于𦣻字中部附加一个折角形的曲划，作为指事字的标志，以别于"白"，而仍因"白"字以为声。《说文》云："百，十十也，从一白。"其说与初文不符。戴侗《六书故》："百也当以白为声。"较旧解为优，但误以为形声，亦与造字本意不符。

"千"字甲骨文作𡉚或千，金文同。其造字本意系于"人"字的中部附加一个横划，作为指事字的标志，以别于"人"，而仍因人字为声（千、人叠韵）。《说文》云："千，十百也，从十人声。"许氏割裂千字下部，以为从十百之十，非是。孔广居《说文疑疑》云:"千当训从一人声,十百千皆数之成,故皆从一。"孔氏谓千从人声是对的,但以数之成为说也误。

"萬"字古作🦂、🦂,本象蝎子之形,突出其利钳、长尾。后来下部讹从"厹",遂成"萬"字。"萬"字本为"虿"(虿,音 chài)之本字。《说文》:"萬,虫也。"《诗·小雅·都人士》:"彼君子女,卷发如虿。"郑玄笺:"虿,螫虫。尾末揵然,似妇人发末曲上卷然。"后借为数目专字,本义湮没。战国古印又以"万"为"萬",后世续有流传,现以"万"为"萬"的简化字。

"亿"字繁体作"億",古作𠶷。甲骨文有偏旁作𠶷者,弔□鼎(《西清》二·二七)的"其万亿年","亿"字作𠶷,命瓜(令狐)君壶的"至于万亿年"之"亿"作𠶷,皆为一字之变。汉《鲁峻碑》的"永传亿龄",《孔宙碑》的"亿载扬声","亿"字皆作𠶷,是汉碑犹存古文的例子。𠶷字实为"音"字。𠶷字的造字本意,系于"言"字中部附加一个圆圈,作为指事字的标志,以别于"言",而仍因言字以为声(言、音古同音,音、億双声)①。

《说文》:"𠶷,快也,从言从中。"又"意,满也。从心𠶷声。一曰十万曰意。𢡆,籀文省。"按《说文》以为𠶷字从中,非是。十万之意,籀文作从言从心,与从音从心之"意"当是一字之分化。《说文》解为"安也"的"億"字作𠶣,从人𠶷声,亦从𠶷字分化而来。因此后世以"億"为亿万字,是有道理的。至于现在的简化字"亿",则是人们创造的新形声字,最早见于1936年陈光尧的《常用简字表》②。

"亿"作为数词,古代或以十万为亿,或以万万为亿。今以万万为亿。《礼记·内则》"降德于众兆民",孔颖达疏云:"亿之数有大小二法,其小数以十为等,十万为亿,十亿为兆也;其大数以万为等,万至万是万万为亿,又从亿而数至万亿为兆。"鉴于数词在表示具体数目时具有严格的规定性,孔疏"小数"、"大数"之说,有可能是历时性的,正如韦昭注《国语·楚语下》所言:"十万曰亿,古数也。今以万万为亿。"据研究,西汉之前"亿"字通常用为虚数,泛指众多,如《书·泰誓中》:"受(纣)有亿兆夷人,离心离德。予有乱臣十人,同心同德。"其中之"亿兆"当是虚数,极言其多。而在用为具体数字时则表示"十万",如《逸周书·世俘解》:"凡武王俘商得旧宝玉万四千,佩玉亿有八万。""亿有八万"即"亿又八万",正十万为亿之证。到了东汉魏晋以后,表实数的"亿"字便已全部用为"万万"了③。

二、干支名

"干支"即"幹枝",包括天干和地支。《白虎通》:"甲乙者幹也,子丑者枝也。"

---

① 以上"百"、"千"、"亿"字的解说参见于省吾《释古文字中附划因声指事字的一例》,《甲骨文字释林》第450—451页、第459—460页,中华书局1979年。
② 参张书岩、王铁昆、李青梅、安宁《简化字溯源》第84页,语文出版社1997年。
③ 参郭沫若《中国古代社会研究·附录·追论及补遗》"旧玉亿有百万"条,见《郭沫若全集(历史编第一卷)》,第309—310页,人民出版社1982年。另见唐钰明《"亿"表"十万"和"万万"的时代层次》,《中国语言学报》第八期,1997年;又收入《著名中年语言学家自选集:唐钰明卷》第161—166页,安徽教育出版社2002年。

十干与十二支相配作甲子（附图1）、乙丑，一周期称为六十甲子，东汉以前用以记日，建武以后始用以记年月日。

十干古称十日。古有"十日"的传说，《山海经》、《庄子》、《淮南子》诸书皆有记载。如《山海经·海外东经》云："汤谷上有扶桑，十日所浴，在黑齿北，居水中，有大木。九日居下枝，一日居上枝。"《淮南子·本经训》云："尧之时十日并出，焦禾稼，杀草木，而民无所食。"十干之名，乃甲乙丙丁戊己庚申壬癸。这十个名称，究竟是十日之专名，还是一句之次第？说法甚多，其朔义至今未能明了。根据古文字材料的分析，甲乙丙丁等十个文字作为天干之名，都是假借用法。郭沫若《甲骨文字研究·释干支》对此有专门研究，现把有代表性的说法略加梳理如下：

甲 —— 中

甲骨文作十、田，金文同。秦虎符作中，小篆及隶楷承袭之。甲字之形，许氏以为象人头，郭沫若以为象鱼鳞，与乙象鱼肠、丙象鱼尾、丁象鱼目为一系①。于省吾承朱骏声以甲"象戴甲于首之形"为说，证以伯妇簋中右手执戈、左手执盾、首戴盔甲之形的字等材料②，似较旧说为优。

乙 —— 乁

甲骨文作乁，自古至今都是一画之曲，基本没有变化。所象何物，说者虽多，然无确解。许慎谓乙承甲，象人颈，郭沫若据《尔雅·释鱼》，谓象鱼肠。

丙 —— 丙

甲骨文作丙、丙，金文或填实作丙，或从火作丙，石鼓文作丙，小篆承之。许慎谓丙承乙，象人肩。《尔雅·释鱼》："鱼尾谓之丙。"郭沫若亦主此说。

丁 —— 个

古或填实作■，或框廓作口，或垂笔作丨，说者多以为象钉之形，比较近实。许慎谓丁承丙，象人心。许氏以人头至人足解释十干之字，殆非，以下不具引。郭沫若谓象鱼目，即古"睛"字。

戊 —— 戊

司母戊鼎作戊，甲骨文作戊，象斧类的兵器之形。郭沫若谓"戊象斧钺之形，盖即戚之古文。"

己 —— 己

甲骨文作己，古今差别不大。罗振玉、郭沫若以为己象䋨（音yǐ，系有丝绳的射飞

---

① 参《释支干》，《郭沫若全集（考古编第一卷）》第169—171页，科学出版社1982年。
② 于省吾《释甲》，《甲骨文字释林》第347—350页，中华书局1979年。

鸟的箭）之缴（音 zhuó，系在箭上的生丝绳）。王献唐以为乃"纪"之本字，即丝绪的初文，其字形象一根屈曲的丝线。

庚 —— 肃

甲骨文作肃、肃，金文作肃、肃。郭沫若据金文材料谓庚字"当是有耳可摇之乐器，以声类求之当即是钲。""钲从正声，在耕部，与阳部之庚声极相近。"字之下部左右，小篆讹从双手。

辛 —— 辛

古作辛、辛、辛，郭沫若谓辛字乃象形，由其形象以判之，当系古之剞劂，即刻镂之刀。刻刀又用以为剠额（"剠"同"黥"，音 qíng，"剠额"即后世所谓"刺字"）的工具，从辛之"童"、"妾"、"僕"（甲骨文作僕）等字，"辛"符均在头上，正是剠额的表示。古代剠刑无法表示，故借施剠之工具来表示。

壬 —— 壬

甲骨文作工，金文多作工。郭沫若以壬为表示石针之镌的初文，恐非。林义光《文源》以为壬即滕（音 shèng）之古文。"滕"字从木朕声，机之持经者，与机之持纬者作"杼"相对。"经"之古文"坙"，古作王，持经之机正作工，与金文同。

癸 —— ※

甲骨文作癸、癸，金文同。《说文》籀文作癸，为后世所本。郭沫若据罗振玉说释为戣（音 kuí）字。罗振玉曰："《顾命》郑注'戣瞿盖今三锋矛'，今癸字上正象三锋，下象著地之柄，与郑谊合。癸为戣之本字，后人加戈耳。"① 按甲金文乃三锋矛之讹变，因其形不象，故加戈以足义。

十二支古称十二辰。十二辰为何物，历来异说纷纭，迄今亦无定论。甲骨文出土后，关于十二辰的地支，有三点认识：一是十二支文字在殷代已经通行；二是其字与后来字形颇多出入；三是前人望文生训的解释多不足信，必须重新加以诠释。郭沫若《甲骨文字研究·释干支》对此有专门研究，现参照郭说，梳理如次：

子 —— 孚

子是地支的第一位。甲骨文"子"字有两系：一系作𠙵、覚；另一系作孚，故郭沫若谓十二辰中古有二子。𠙵、覚与《说文》籀文㜽形近，象小儿头上有发及两胫之形；孚即《说文》篆文所本。甲骨文两系之"子"亦分用不混：𠙵、覚用为地支第一位，即"子"；而孚则用为地支第六位，即"巳"（详下"巳"字）。

---

① 见《金文编》第1161页癸字下引，中华书局1985年。

丑 —— 丑

甲骨文作 ʒ、ʄ，金文略同，亦有作 ʒ、ʒ 等，最后一形为小篆所本。《说文》训为"纽也……象手之形。"郭沫若以为象爪之形，当即古爪字。近人多以为"扭"字初文。以字形观之，此字与"又"字的主要区别在于突出其手指之弯曲，似用力折扭状，故以"扭"字之说为近是。

寅 —— 寅

甲骨文作 ʃ、夷、寅 等，均象矢形。又有作 ⊕ 者，以两手奉矢。金文多承有双手之形，且变化多端。有作 夷、寅 者，为《说文》古文 寅 所本。郭沫若以为"寅"字与"引"、"射"同意。朱芳圃《殷周文字释丛》云："寅，甲文早期作 ʃ，晚期作 夷，口为附加之形符，所以别兵器之矢于干支之寅也①。间有作两手奉矢形者。入周以后，字形顿异，要皆两手奉矢形之演变也。从音言之，矢与寅，古读透纽双声，脂真对转。"于省吾认为"寅"亦附划因声指事字，"寅字的初文，系借用弓矢的矢字，所谓造字假借……古音矢与寅双声，矢属审纽三等，寅属喻纽四等，并读为舌头。""寅字的造字由来，假借弓矢之矢以为寅。后来因为矢与寅用各有当，故于矢字的中部加一方框，作为指事字的标志，以别于矢，而仍因矢字以为声。当然，寅字后来讹化滋甚，与矢字大有出入，已脱离了指事字的范畴。"② 按朱、于二说，最为近是。

卯 —— 卯

甲金文作 卯、卯，小篆有所讹变。"卯"字甲骨文除作十二支第四位外，卜辞每称寮几牢、蘁几牢、卯几牢，蘁或言沉，要皆用牲之法。王国维疑"卯"即"刘"之假借字，陈梦家以为"卯"即"刘"之初文，云："卜辞'又伐于上甲九羌，卯一牛。'……卯、伐同为用牲方法，义同为杀：卯是刘之初文，《尔雅·释诂》'刘，杀也'，《广雅·释诂》'伐，杀也'。"③ 吴其昌《金文名象疏证》云："'卯'之本义，为刀双并立之形。"④

辰 —— 辰

甲骨文作 辰、辰，或简或繁，金文多从繁而作，又有加手者，如从"又"作 辰。其字象蜃形，乃"蜃"之初文。"蜃"在古代用为耕器，《淮南子》："古时剡耜而耕，摩蜃而耨"可证，故有关农事之字如"农"、"耨"等皆从辰。许氏注意及此，故侧重农事以释辰，足见其卓识。农事与星象天时有关，故辰又指星辰、时辰，此义通行，而耕器之本义遂失。

---

① 朱芳圃《殷虚文字释丛》卷上，第45页，中华书局1962年。
② 于省吾《释古文字中附划因声指事字的一例》，《甲骨文字释林》第453页，中华书局1979年。
③ 陈梦家《殷虚卜辞综述》第281页，中华书局1988年。
④ 吴其昌《金文名象疏证》，《国立武汉大学文哲季刊》5卷3号，第563页，1936年。

巳 ——

甲骨文作 孚、孚，金文同，皆为"子"字。古以"子"为"巳"，乃甲骨文中的一大发现。学者们从甲骨文干支表中确知地支第六位字为"子"而用作"巳"，第一位之"子"则以𠫓、𥃙表示。古金文中亦有"辛子"、"癸子"、"乙子"、"丁子"等干支，自宋以来异说迷离，得甲骨"子"即"巳"之证，始涣然冰释。然甲金文非无"巳"字，字作 㔾、 等形，或用为年祀之"祀"，或用为已然之"巳"。至于"巳"字的取象，《说文》以为象蛇，郭沫若以为象人。朱骏声《说文通训定声·颐部》："孺子为儿，褓褓为子，方生顺出为㐬，未生在腹为巳。"《说文》："包，象人怀妊，巳在中，象子未成形也。"故以"巳"象胎儿之形为近是。

午 —— 午

"午"字甲骨文作 丨、丨，或勾廓，或填实；金文多作 丨，为后世小篆所本。甲骨文之"午"字，罗振玉以御（禦）字从之，故以为"午"象马策之形，人持策于道中，是御也。郭沫若疑"午"是索形，殆驭马之辔。金文作 丨者，殆误以为杵形而讹变，知其为杵者，盖"缶"、"舂"字古文均从此作。按戴侗《六书故》已指出"午"为"杵"之初文。约斋《字源》综合众说，云："午字像马鞭，又像棒槌，又像捣臼用的杵，这些东西的功用虽然不同，却是一个模型化生出来的。"①

未 —— 未

甲骨文作 米、米，金文作 米。甲骨文之简者与木同形，木、未声母相同，疑二字同源，后专以其枝叶繁茂者为"未"字。《说文》谓未"象木重枝叶"之形，可从。高鸿缙以为即"茂"、"楙"之初文。或以为是"昧"的本字，有幽昧、暗昧的意思。郭沫若以为"未"即"穗"字，恐未然。

申 —— 申

古作 、 ，象闪电闪烁屈伸之形（已详前），为"电"之本字。叶玉森《殷虚书契前编集释》："（甲骨文）象电燿屈折……余以为象电形为朔谊，神乃引申谊。"郭沫若以为"申"字象以一线联结二物，恐非。

酉 —— 酉

甲骨文作 、酉 等形，繁简不一，金文亦类似，象酒尊之形，上象颈及口缘，下象其腹，腹上横画多寡不一，象其文饰。古文多以"酉"为"酒"字，以其事类相近，读音相同。

---

① 约斋《字源》第166页，上海书店1986年。

戌 —— 戌

甲骨文作┤、戌等形，金文近之，均象广刃兵器之形，与戊、戉等形制大同小异，故戌、戊、戉之字形亦相近。商周之际，此三文已各具不同之形音义，不能混为一字。然因其形体相近之故，后世文献相乱者亦复不少。

亥 —— 亥

甲骨文作丂、丂，金文近同，如有作丂者。稍晚形讹为丂、丂等，近于后世小篆。《说文》解说支离灭裂，不可从。吴其昌《金文名象疏证》："亥字原始之初谊为豕之象形。"从取象的角度说，"亥"象"豕"形或有可能，然二字非一字，亦是事实。《吕氏春秋》记载子夏辨"晋师三豕涉河"为"晋师己亥涉河"，正谓二者形相近而用不同也。郭沫若谓"亥"象异兽之形，但不知为何物。林义光《文源》取许君"荄也"之解，指出"亥"象草根，亦备一说。

第四章　汉字偏旁分析

汉字的偏旁是组成合体字的部件，汉字偏旁对于组成汉字的重要性，就如同零部件对于组成机器的重要性一样。本章将从古今汉字偏旁演变的角度谈三个方面的问题：一是偏旁的演进和流变，涉及相关概念、古今汉字偏旁数量的变化以及与偏旁相关的部首和检字法的问题。二是隶变对汉字偏旁的影响，分为上下两部分叙述隶变造成的汉字偏旁的变异情况和混同情况。三是立足于现代汉字，对现代汉字形近偏旁进行辨析，避免误解和误用。下面分节论述。

第一节　偏旁的演进和流变

一、汉字的偏旁及相关概念

在对合体字进行切分的时候，往往有不同的切分层次。切分层次不同，切分的结果也不同。例如"骤"字就有三个层次的切分：第一层可切分为两个部分，即一个意符"马"，一个声符"聚"。声符"聚"又可进行第二次切分，即一个意符"乑"，一个声符"取"。"乑"和"取"还可进行第三次切分，其中的意符"乑"，可以分析出三个"人"；声符"取"，可以切分出意符"耳"和"又"。三层切分可用下图表示：

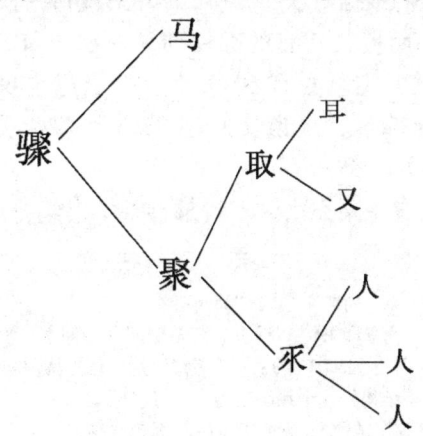

这三个层次切分出来的部件是："马"、"聚"、"取"、"乑"、"耳"、"又"和"人"，传统上把它们叫做"偏旁"。当汉字还处在独体阶段的时候，并无所谓偏旁。偏旁一名，是汉字发展到合体结构之后才产生的。有的书上把独立存在的独体字如人、山、水、日、月、艸、木、虫、鱼等都叫做偏旁，这是不对的。这些字当它们独立存在的时候只能是一个独体的字，而不能称之为偏旁；只有当它们组合到会意或形声等合体结构、构成合体字的某一个部件之后，才能叫做偏旁。传统上把合体字在左边的部件叫做"偏"，在右边的部件叫做"旁"，现在我们把组成合体字的部件都统称为偏旁，而不管它在左右、上下或内外。

与"偏旁"平行的概念有"部件"、"字符"。"偏旁"、"部件"常常连用，因此两者含义相当，自无疑义，而"字符"则是一个比较新的说法。裘锡圭先生说："文字是语言的符号。作为语言的符号的文字，跟文字本身所使用的符号是不同层次上的东西。例如汉字'花'是汉语里花草之｛花｝这个词的符号，'艹'（草字头，原作'艸'，即古草字）和'化'则是'花'这个字所用的符号……为了使概念明确，下面把文字所使用的符号称为'字符'。"① 这种意义上的"字符"，与传统"偏旁"的含义是一样的。根据汉字字符在合体字中所起的作用，字符又可分为意符、音符和记号三大类。"跟文字所代表的词在意义上有联系的字符是意符，在语音上有联系的是音符，在语音和意义上都没有联系的是记号。"②

同时我们还应看到，绝大多数汉字是依层次组合的，不同层次上的偏旁部件或字符，其功能也是不一样的。就上举"骤"字而言，如果就分析"骤"字的结构，其实只应切分为意符"马"和声符"聚"，用传统的分析话语，就是"从马，聚声"。"聚"符以下分析得出的"取"、"乑"、"耳"、"又"、"人"等，都与"骤"字的构形理据没有直接的关系。但如果分析的是"聚"字，则"取"、"乑"分别为声符和意符；如果分析的是"取"字，则"耳"、"又"都是意符；如果分析的是"乑"字，则三个"人"也都是意符。可见在分析偏旁的时候，特别要注意其所在的构形层次，才能说清它们的构形功能。

传统的汉字分析中还有"部首"这个概念。部首是指汉语字典里为了给汉字分部排列而确定的字类标目。人们根据对汉字形体结构的分析，将若干形体结构上具有相同部件的字排列在一部之内，而把其共有的部件列为一部之首，这就叫部首。例如《说文》中含有"示"这个部件的字总共有 60 多个，许慎把这 60 多个字所共有的"示"列在第一个，就是这一部的部首。《说文》把 9353 个汉字分为 540 部，即有 540 个部首。

汉字字书的部首一般以意符来充当。不过部首是字书编排汉字时就其所统领的同部

---

① 裘锡圭《文字学概要》第 10—11 页，商务印书馆 1988 年。
② 裘锡圭《文字学概要》第 11 页，商务印书馆 1988 年。又沙宗元《名词术语规范与文字学理论研究》（载《中国文字研究》第 5 辑，广西教育出版社 2004 年）："'字符'是'依据构形功能不同而划分出来的、文字本身所使用的符号'，应当属于'汉字结构'这个系统范畴。它与'笔画'、'部件'、'偏旁'等概念构成意义上的平行关系，它的上位概念是'汉字结构'，它的下位概念则包含了'意符''音符''记号'等。"按"笔画"似应作为意符、音符、记号等的再下位概念。

之字而言的，而意符则是根据汉字字符的构形表意功能而言的，两者的含义虽然比较接近，但毕竟不是同一层面的概念。而上面所谈的偏旁或字符，不但包括会意字的所有意符，而且也包括形声字的意符和声符，还包括既不表意也不表音的记号。可见汉字偏旁或字符的含义比意符和部首都大。它们的关系可用下表显示：

$$\text{合体字} \begin{cases} \text{会意} \begin{cases} \text{意符} \\ \text{意符} \end{cases} \\ \text{形声} \begin{cases} \text{意符} \\ \text{声符} \end{cases} \end{cases} \begin{matrix} \text{部首——意符} \\ \text{记号} \\ \text{声符} \end{matrix} \Bigg\} \text{偏旁（字符）}$$

二、先秦古文字的偏旁部件

目前所见的有代表性的古文字工具书，如《甲骨文编》、《金文编》和《续编》、《陶文编》、《货币文编》、《古玺文编》、《石刻篆文编》、《战国文字编》、《楚文字编》、《郭店楚简文字编》、《睡虎地秦简文字编》等，都是按照清末吴大澂《说文古籀补》的体例编纂的。吴书的体例，又是受到许慎《说文解字》于篆文之下别出先秦古文、籀文的启发。所以，吴书影响下的属于《说文》一系的古文字字书，大体上按照这样三种编纂的办法：

（1）将已识的字按《说文》部首编列。
（2）《说文》所无之字列在同一部之末尾。
（3）不认识的字则别为附录，或称为"待问编"。

吴氏的这种做法，无疑是处理新发现的先秦文字的一种有效的方法，它的优点是可以把新的古文字资料全部编列起来，查检比较方便，而且可以同《说文》所收的篆书相对照，便于参照许慎的有关说解，不失为一种简便可行的方法。所以，自清代以来的古文字字典，大多按照《说文古籀补》的体例进行编纂。但是，从另一方面看，这种体例的古文字字典的缺点也是显而易见的：

（1）就已识的文字来说，《说文》部首同先秦文字的形体仍存在着一定的距离，时间越长，彼此形体的差别就越大，《说文》部首已不能如实反映古文字形体的实际。

（2）就未识之字而言，与小篆形体差别较大的先秦文字，有相当数量的形体无法辨识，只好归入附录，如第四版《金文编》所收正文2420字，其《附录上》即图形文字610号，《附录下》即不识或待考之字741号，两者相加共1351号。《陶文编》正编收《说文》所有者408字，《说文》所无者90字，其《待问篇》收未识字582字，比已识的字还要多。《甲骨文编》正编和附录所收共4672字，其中能辨认的只有941字，绝大多数的字形还未被认识[①]。

因此，根据《说文》部首编纂的古文字字书，只能统属一部分的已识字形，而所统属的这一部分字形形体与部首本身已存在较大的差别。至于大部分未识之字，则是无

---

① 刘钊、洪飏、张新俊《新甲骨文编》正编见于《说文》的字数约为1170字，体现了甲骨文字考释上的进步。参《新甲骨文编·后记》，福建人民出版社2009年。

能为力了。由于这样的原因，有些古文字字典大体采取了三种办法：

一是按照《说文》部首统属已识的古文字，如徐中舒主编《汉语古文字字形表》；

二是摒弃《说文》部首，另找出路，如高明《古文字类编》；

三是归纳适合古文字本身特点的部件系列，如日本岛邦男《殷墟卜辞综类》。

第一种是权宜之计，方便应用而已；第二种不失为一种试验，它本身不能体现任何体系，只好靠着检字表才能查索；第三种办法是一种创新。它的优点是完全适应甲骨文本身的特点，无论已识和未识的文字均可以各就其位，全部入列。《殷墟卜辞综类》具有资料收录完备、资料取舍谨慎、编排体例新颖和检字索引方便等四个特点，在甲骨文字工具书编纂史上具有里程碑式的划时代意义，所以，在世界古文字学界享有很高的声誉，备受推崇。后起的甲骨文字工具书，每以岛邦男氏164部为基础，拟建甲骨文部首系统。如姚孝遂主编的《殷墟甲骨刻辞类纂》（中华书局1989年）、于省吾主编的《甲骨文字诂林》（中华书局1996年），把甲骨文部首定为150部，沈建华、曹锦炎编著的《新编甲骨文字形总表》（香港中文大学出版社2001年），把甲骨文部首定为152部，都与岛邦男氏的部首框架一脉相承。

岛邦男认为，用《说文》部首来网罗所有的甲骨文字存在着很大的困难，因而他据甲骨文字自身的形体结构特点归纳出164个部首，若干无法归入这些部首的字，则列入"难索文字"，如⌒字等，较好地解决了甲骨文字因与《说文》小篆形体差别颇大而难以"以类相从"的编排难题。在164个部首中，每个部首下都列出有关的字、词和语句，是比较彻底的据形系联的方法，查检和使用都十分方便。这是编纂字书的一种比较科学的做法。尽管有些字词一时还不易辨识，但把它们集中在一起，对研究者来说，可以省去检寻之劳，也有利于进一步比照研究，是非常有用的。

当然，随着对甲骨文构形系统的深入分析和研究，甲骨文部首的设置还可以进一步完善，部首的具体数量也可进一步调整，但根据古文字的构形来设立部首的思路无疑是值得肯定的。如果金文和战国文字也能仿照这个办法去做，那么先秦古文字的部件就可以做出科学的统计。根据研究，金文的常用偏旁有270多个①，加上战国文字的偏旁，通过合并相同或相近的变体，整个先秦古文字的部件估计在300—350之间。这件工作是很值得做的，尤其应该由我们中国人来做，青年人应该把这一光荣的任务担当起来。

三、《说文解字》的部首及其问题

以归纳同一偏旁对汉字进行分类，可以追溯到汉代元帝黄门令史游所作的《急就篇》。《急就篇》以七言韵文为主，杂以三言、四言，罗列二千余字，按名物编排常用字，因而也开始出现将同一偏旁的字排在一起的情况。《急就篇》开篇所说的"罗列诸物名姓字，分别部居不杂厕"，就是它的编排原则。从实际内容可以看出，《急就篇》虽以名物为纲进行编排，但也兼用了"分别部居"的编排方式，如"衣衫襦褛"连言，

---

① 许伟健《金文部首研究》归纳出金文部首146个，与甲骨文有继承关系的约100个。陈初生《金文常用字典》（陕西人民出版社1987年）归纳出常用偏旁273个，与甲骨文有继承关系的有221个。《金文常用字典》收录《常见偏旁对照表》，将楷书、小篆、金文、甲骨文常见偏旁作了对照，读者可参看。

"松柏朽木"相聚，又如"金"字之后，列出了"银、铁、锥、釜"等30余字，这与以"金"为部首，统领从"金"之字的部首编排法几乎完全一致。可见许慎创立部首排列法，显然是受到《急就篇》这种"分别部居"的影响的。

许慎在《说文解字》中首次采用部首分类法，使庞杂纷繁的汉字得以分门别类，各有归属，使汉字科学的系统得以显现，并且方便检索。这是他的一大发明。许慎时代，通行的汉字在一万左右，他根据当时对文字形、音、义关系的认识，以"六书"说为理论指导，根据字形结构的特点，按照"据形系联"的原则，"方以类聚，物以群分，同条牵属，共理相贯，杂而不越"，归纳出540个偏旁部首，凡同一部首的字都统属其间。有了部首，纷繁复杂的汉字就可以有条不紊地编集起来，"若网在纲，如裘挈领"。所以，许慎发明部首分类法，在汉字学史上具有重要意义，它既影响了小篆以前的古文字研究，也影响了小篆以后的今文字研究，对中国字书的编撰方法，影响尤其深远。

但是许慎贯彻"据形系联"的原则是不够彻底的，就连徐铉都说："偏旁奥秘，不可意知；寻求一字，往往终卷。"[①] 其主要问题有：

（1）"始一终亥"是根据"易理"提出的格局，用在部首的编排上，显得过于牵强，致使他不能客观地去分析小篆的形体。

（2）部首之间的次序，虽然总的是根据形体与意义进行连贯，如十四篇的部首主要是干支字，第八篇的部首主要与身体有关，但也有一些系联是非常生硬和勉强的。如第四篇"鸟"部之后接着是"䖵"、"莓"、"幺"，"䖵"之与"鸟"、"莓"之与"幺"，形义关系皆了不相涉。

（3）许慎所谓的"据形系联"，是指凡有所从的形体都要自立部目，这就使得原本一部可赅之字分立数部，多立了许多不必要的部首，使部首变得复杂起来。如尸、尺、尾、履本可以"尸"部统摄，而《说文》分为四部；中、艸、䓘、茻本可以"中"或"艸"统摄，也分立为四部。

（4）在全部540个部首中，有36个部首无所统属，如才、久、克、录、㞢、易、能、燕、率、它以及三、四、五、六、七等数目字和甲、丙、丁等干支字，都是单一的部首，只有光棍司令而已[②]。只统摄1字的部首有151个，统摄2—3字的部首也有153个。把这三项相加，在540个部首中，统摄三字以下的部首共有340个，超过一半以上。

（5）据容庚先生统计，《说文》部首为会意字者共154部，为形声字者共26部，两者合计共180部，与严格意义上的部首含义不合。

由上可见，如果按照严格意义上的"据形系联"的原则，《说文》部首本来是可以进行压缩和归并的，归并的结果一定不会超出三百之数；加上《说文》部首本来是适用于小篆的，因此，对于编纂隶变以后的字书来说，改革《说文》部首乃势在必行，

---

① 《说文解字韵谱·序》，清同治年间冯桂芬缩摹篆文版。
② 有学者认为《说文》无属字部首大部分是体例所致，无属字，实际则有属字，并认为此36部体现了《说文》总体的构形系统和词义系统，它们的设立是合理的。参王军《〈说文解字〉中的无属字部首与构形系统性》，收入河北师范大学编《燕赵学术（2007年秋之卷）》，四川出版集团、四川辞书出版社2007年。

是很有必要的。

四、《字汇》的检字法部首

《说文》540 部之设，后世既有沿袭继承者，亦有因时改革者。改革者的努力，使得汉字部首由造字法部首向检字法部首转变，由据义定部向据形定部转变，其完成的标志是明代梅膺祚的《字汇》。

许慎以后，沿袭继承《说文》部首体系而编纂的字书，古文字方面有《汗简》等，今文字方面有《字林》、《玉篇》、《类篇》等。《字林》为晋代吕忱所撰，约在元明之际亡佚，今可见者，有清代任大椿所辑的《字林考逸》八卷，辑 1500 字，还有陶方琦所作《字林考逸补遗》一卷，近时李增杰据新发现材料作《字林考逸续补》，辑得清人漏辑的《字林》佚文 161 条，可以参看。《字林》原收字 12824 字，悉依 540 部排列，字体是"文得正隶，不差篆意"①，是属于篆隶一类的字书。它除了增补许慎时代所没有的 3400 多字外，可以补正《说文》的地方还有很多。《玉篇》为南朝梁陈时的顾野王所撰，是第一部楷书字典，现可见者，有《原本玉篇残卷》和《大广益会玉篇》（即《宋本玉篇》），前者在清末发现于日本，后者即经过唐宋学者增补的通行本。原本《玉篇》共收 16917 字，而今本《玉篇》则增加到 22561 字，多出 5644 字。不管是原本还是今本，收字都比《说文》要多。《玉篇》体例也大抵仿照《说文》，但删去"哭、画、教、眉"等 11 部，增加"父、云、处、兆"等 13 部，共为 542 部，部首次序也有改动。《类篇》为北宋王洙等人奉诏编纂，最后由司马光整理缮写上呈。全书收字 31319 个（含重文），内容较《玉篇》更丰富。体例依照《说文》，分 540 部，以隶变楷化之字形，来屈就小篆之部首，有些字就无所适从，显得不够变通。除上述《字林》、《玉篇》、《类篇》外，依照《说文》部首而编纂的字书，还有北魏阳承庆的《字统》二十卷、北魏江式的《古今文字》等，皆亡佚。

随着时代的发展，字体的变化，《说文》部首已不能完全适应文字的分类，因时因势而改革《说文》部首的尝试也在不断进行。比如唐代张参《五经文字》，根据所收字形只列 160 部首，辽代释行均《龙龛手鉴》则将 540 部归并为 242 部，又按平上去入四声分为四卷，既对传统部首做了改革，又吸收了韵书编纂的长处，有创新之功。又如宋代郑樵《六书略·论子母所自》主张把《说文》部首减为 330 部，他在《六书略·论子母》中说：

> 许氏作《说文》，定五百四十类为字之母，然母能生而子不能生，今《说文》误以子为母者二百十类。且如《说文》有"句"类生"拘"、生"钩"，有"卤"类生"粟"、生"粟"，有"半"类生"胖"、生"叛"，有"癸"类生"僕"、生"䑑"。据"拘"当入"手"类，"钩"当入"金"类，则"句"为虚设；"粟"当入"木"类，"粟"当入"米"类，则"卤"为虚设；"胖"当入"肉"类，"叛"当入"反"类，则"半"为虚设；"僕"当入"人"类，"䑑"当入"臣"类，则

---

① 《魏书·江式传》。

"粪"为虚设。盖句也、卤也、半也、粪也,皆子也,子不能生,是为虚设。

这是他根据其"子母相生"的理论,批评《说文》子母不分,误子为母,认为《说文》540部首应该删并,"句"、"卤"、"半"、"粪"四个部首都不应设立①。这是有一定道理的。

对《说文》部首进行全面调整并对后世产生重大影响的字书,当推明代梅膺祚所著的《字汇》。《字汇》把540部归纳为214部,为《正字通》和清代《康熙字典》所本,影响深远。

梅膺祚字诞生,宣城(今属安徽省)人,明万历间人。精于文字音韵之学。其所撰《字汇》,对字书编纂的主要贡献是部首和检字两项改革。《字汇》的编排,以"论其形不论其义"为归部的原则,即"悉从今体,改并成书,总在便于检阅"。这是据形定部的先声。作者依据楷书字形的结构特点,摒除《说文》540部中与楷书书体不合的部首,比如删去了有部无属的部首,取消了属字较少的部首,合并了相互包容的部首,最后把部首归纳简化为214部。在简化部首的同时,梅氏又采用了笔画检字法,在卷首又附上《检字》,专收录不易辨识部首的"难字",大大方便了查检和使用。《字汇》全书收字33179字,分为214部,又分为子丑寅卯等十二集,部首次序和部中之字,按照笔画多少为序排列,眉目朗然,层次清楚,方便实用。

《字汇》之后,张自烈撰《正字通》,分部、笔画检索、编排次序等均与《字汇》相同,但"阙者增之,误者正之"②,可以把《正字通》直接看作《字汇》的修订本,其价值不亚于《字汇》。

以214部编排字典而影响最大者,当推《康熙字典》。它是我国传统字书编纂中的一次规模最大的集体合作项目,是传统字书的集大成者,体现了传统字书编纂的最高水平。《康熙字典》以《字汇》和《正字通》为基础,"增《字汇》之阙疑,删《正字通》之繁冗",以达到"善兼美具,可奉为典常"的标准。在编排体例上也直接继承《字汇》和《正字通》而更加完善。全书共分214部,以子丑寅卯等十二支为十二集,每集再分上中下三卷,收录47035字③,超过以往任何字典。《康熙字典》虽然在例证音读等方面还有不足④,但由于它乃御敕之作,总体上体例精密,考证精审,收字范围广,因此成为广大读书人的案头必备之书,受到了极高的赞誉,214部的检字法部首,也因之更加深入人心。

五、214个检字法部首的继续和发展

《康熙字典》之后,有的字典继续沿用214部首,有的字典则对214部首略有增减,

---

① 参见林志强《郑樵的汉字生成理论》,载《古汉语研究》2001年第1期。
② 《正字通·凡例》。
③ 据《汉语大字典》湖北收字组统计,《康熙字典》计收47043字。参见标点整理本《康熙字典·前言》,汉语大词典出版社2002年。
④ 王引之《字典考证》纠正《康熙字典》引书错误2588条,王力《康熙字典音读订误》纠正其音读错误5900多条。

但总体上没有太大的变化。沿用214部首的，如《中华大字典》、旧《辞源》、《辞海》等。对214部进行增减的，如后来的修订本《辞源》和《辞海》。修订本《辞源》部首减为208部，修订本《辞海》则增到250部。更晚的《汉语大词典》和《汉语大字典》，则又减为200部。至于人们常用的修订本《新华字典》和《现代汉语词典》，则把部首减为189部。这些部首的增减，主要是为适应简化汉字所做的调整和改良。1983年由中国文字改革委员会和国家出版局联合推出《汉字统一部首表（草案）》，以据形定部为原则，共有201部（1998年又有修订稿），在辞书编纂、汉字各类标准的制订、计算机信息处理、图书检索等方面得到了广泛应用，比如第10版《新华字典》就又采用了201部首。《康熙字典》之后的部首改进，推动了现代部首法的建立①，但立部和归部的具体问题，还需要进一步讨论和完善②。

综上所述，随着文字体式的发展和立部、归部原则的不同，汉字偏旁部首从古到今发生了较大的变化。总体上看，先秦时期的汉字，由于规范程度比较低，字形变化比较大，偏旁部件的数量要多些，估计达到300之数。《说文解字》的540部首可以大大地加以压缩和归并，但作为造字法原则的部首，其创新意义是不可怀疑的。汉字隶变以后，汉字部首的设立主要从造字法向检字法转变，这种转向，显然是为了适应字体的变化，方便人们使用汉字工具书促成的。

第二节 隶变对汉字偏旁的影响（上）

一、隶变及其对汉字偏旁的影响

"隶变"是指汉字从篆文发展到隶书的过程中，在结构和体势上所产生的变化。换言之，隶变就是把篆文随体诘诎的线条，改为平直方正的笔画，并在结构上产生了相应的变化，是使古文字向今文字转化的关键。具体而言，隶变主要有以下四个方面的特点：

（1）隶变把篆文随体诘诎的线条，改为平直方正的笔画，奠定了现代方块汉字的基础。它从根本上改变了象形字的本来面貌，把以象形为基础的古汉字彻底改变为线条符号。

（2）隶变合并和简化了繁复的笔画和部件，使得某些汉字结构变得更为简单，书写更加方便。如"靁"变为"雷"，"書"变为"書"。

（3）隶变改变了部分篆文的偏旁位置，使某些偏旁因位置的不同而发生了变异。在篆书里，汉字的基本部件无论处在篆文的任何位置，其形体写法基本上没有什么大的变化，而隶变后某些偏旁却随着所在位置的不同而往往有不同的写法。如"水"、

---

① 参看陈燕《现代部首法的建立》，收入《汉字研究》第1辑，学苑出版社2005年。
② 参见苏培成《谈"据形定部"》，收入《汉字研究》第1辑，学苑出版社2005年。

"火"、"人"、"心"等偏旁，都有若干种不同写法。

（4）隶变解散了篆文的某些结体，重新确立了汉字的结构方式，部分偏旁因变形、省略、归并等原因而重新组合，产生了新的构件，如"春"、"秦"、"泰"、"奏"、"奉"五字在篆文里分属于不同的部首，上体各异，隶变后却都类化为"夫"，改变了它们原来的结构方式，六书的意义也随之消失，成为纯粹用笔画组合的符号①。

总之，隶变改变了秦以前文字以象形符号表意的特征，奠定了现代汉字的基础，在汉字形体特征上是一次重大的改变。从汉字发展的历史来看，隶变可说是古今汉字的分水岭。隶变对汉字偏旁的影响，主要表现在偏旁的变异、混同和重新组合等方面。下面主要分析变异的情况，混同和重新组合的情况将在下节加以分析。

二、隶变使汉字偏旁变异举例

偏旁变异是指古汉字中本是同一写法的偏旁，在隶变过程中变为若干个不同写法的部件。需要说明的是，这里的"变异"也有学者叫做"分化"。我们认为叫"变异"更恰当一些。因为文字学的分化，一般是指一个字代表着两个以上的意义，为求区别，便在字形上分成两个字，这就叫分化字。语音上的分化，也是指由旧声母分化出新声母，由旧韵母分化出新韵母，由旧声调分化出新声调的。所以，唐兰先生称"分化"是一种产生新字的方法。本书在其他地方所使用的"分化"一词，一般也都是指字形的分化。而隶变所引起的偏旁变化只是写法上的一种变异，如"人"旁因处于字中的不同部位而产生几种不同的写法，但偏旁的"人"还是"人"，既没有分，更没有化。另外，"变异"与下节的"混同"正好是偏旁隶变的两极，两者是相反而相成的，因此本书取"变异"之称。

偏旁变异的例子很多，下面选择十个例子进行简要说明：

象人跪踞之形的㔾字，在隶变过程中，变为"卩"、"㔾"、"巴"等不同写法。变为卩的，如"即"、"印"、"却"、"迎"等字所从；变为㔾的，如"危"、"卷"、"卮"、"宛"等字所从；变为巴的，如"邑"、"色"等字所从。

象人手之形的手字，在隶变过程中，变为"手"、"扌"、"丰"等不同写法。变为手的，如"拳"、"挈"、"掌"、"擎"等字所从；变为扌的，如"持"、"推"、"提"、"拾"等字所从；变为丰的，如"举"、"奉"等字所从。此外，"失"（𠂆）、"拜"（拜）、"看"（看）、"承"（承）也都从手，分别作𠂆、手、丰，是个别的变体。

象手持棍棒的攵字，在隶变过程中，主要变为"攴"、"攵"两种写法。变为攴的，如"寇"、"敲"等字所从；变为攵的，如"攻"、"败"、"敕"、"教"等字所从。此外还有与其他部件糅合，变得无法切分的，如"更"字所从，是个别变体。

象双手之形的𠬞（廾）字，在隶变过程中，变为"廾"、"大"、"八"等不同写法。变为廾的，如"弄"、"戒"、"弈"、"舁"等字所从；变为大的，如"奂"、"奠"、"奉"、"泰"等字所从；变为八的，如"共"、"具"、"兵"、"兴"等字所从。此外，"丞"、"承"二字中的"八"，也是"𠬞"的变体。

---

① 以上可与本书第二章第三节《汉字形体的变迁》相比照。"春"、"秦"等五字的分析见下节。

象脚趾之形的"止"字，在隶变过程中，变为"止"、"龰"等写法。变为止的，如"步"、"正"、"此"、"武"等字所从；变为龰的，如"走"、"足"、"辵"、"疋"等字所从。此外，"前"字所从之止写作"丷"，"奔"字所从之止写作"十"，"出"字所从之止写作"屮"，"先"字所从之止写作"生"等，属于个别变体。

象流水之形的"水"字，在隶变过程中变为"水"、"氺"、"氵"等不同写法。仍写作水的，如"冰"、"泉"、"浆"、"尿"等字所从；变为氺的，如"泰"、"滕"等字所从；变为氵的，如"江"、"河"、"湖"、"海"等字所从。此外，"渊"字所从之水写作"卝"，"益"字所从之水作"六"，"原"字所从之水作"小"，也是变体。

象火苗之形的"火"字，在隶变过程中变为"火"、"灬"等不同写法。仍写作火的，如"炎"、"灯"、"烟"、"焚"等字所从；变为"灬"的字很多，如"照"、"热"、"烈"、"焦"等字所从。此外"寮"、"尉"所从之火变为"小"，"光"字所从之火变为"业"，"赤"字所从之火变为"小"，"黑"字中间所从之火，变为"土"，也是个别的变体。

象肉块之形的"肉"字，在隶变过程中变为"肉"、"月"等不同写法。仍写作肉的，如"腐"、"脔"、"胾"等字所从；变为月的字很多，如"骨"、"育"、"肴"、"背"等字所从。此外，"炙"、"祭"所从之肉写作"夕"，是其变体。

象刀之形的"刀"字，在隶变过程中变为"刀"、"刂"等不同写法。仍写作刀的，如"初"、"契"、"券"、"切"等字所从；变为刂的，如"利"、"别"、"则"、"刻"等字所从。此外"班"、"辨"所从之刀写作"丿"，"贼"字所从之刀写作"十"，也是变体。

象舟船之形的"舟"字，在隶变过程中变为"舟"、"月"等不同写法。仍然写作舟的，如"船"、"舸"、"航"、"舵"等字所从；变为月的，如"朕"、"服"、"朝"、"前"等字所从。此外，"履"字所从之舟变为"彳"，"受"字所从之舟（一种承盘）变为"冖"，也是变体。

为了便于更直观地了解隶变过程中偏旁的变异，下面我们再利用出土的文字材料，以"人"字和"又"字为例，具体列出它们变化的轨迹。所举例字，尽量详于篆隶而略于甲金，以显示隶变过程的痕迹。

（一）偏旁"人"在古文字中的基本写法作"亻"，隶变过程中由于部位和笔势的影响而变为"人"、"亻""卜"、"⺅"、"勹"、"儿"等几种不同写法

下面举例说明：

1. **人**（偏旁"人"隶变后还写作"人"，属于最正常的变化，其所处位置，上下不居，如"企"、"仄"、"介"、"欠"等字所从）

这几个字的隶变过程大致如下：

①企　　　　　　　　　　　　企
　　　甲骨文　　小篆　　鲁峻碑

"企"字从人从止。《说文》:"企,举踵也。"林义光《文源》:"人下有足迹,象举踵形。"举踵即跂起脚跟,故有企望、企及等义。甲骨文亦有作"𧿇"者,人足相连,更为形象。后来的演变,人足分离,变成合体字,上为"人",下变"止"。

② 仄　仄 ——→ 仄
　　　　小篆　　　居延汉简

"仄"字从人在厂下,表示侧倾不平之义。古声调之仄声,指非平声者,包括上、去、入三声。字形结构古今无大变化。昃,指太阳偏西,也有偏侧之意。

③ 介　㣆 ——→ 介 ——→ 介 ——→ 介
　　甲骨文　　小篆　　马王堆帛书　　三体石经

"介"字象人身穿铠甲之形,人身边小点,也有作四点者,即表示铠甲。按照隶变的笔势,"人"符本来应变为"亻",但由于右边表示铠甲的点画写得偏居右上,又变为捺笔,与"人"符首笔结合,变成了"人"符居上,故字后来写作"介"。

④ 欠　𣢉 ——→ 㱃 ——→ 欠
　　甲骨文　　小篆　　马王堆简

"欠"字本象人张口打呵欠之形,人口本为一体,小篆的字形有所讹变,隶变后"口"形和"人"形分为两个部分。

2. 亻 (偏旁"人"隶变后写作"亻",俗称单人旁,居字之左边,如"仁"、"休"、"伐"、"付"等字所从)

这几个字的隶变过程大致如下:

① 仁　𠤎 ——→ 仁 ——→ 仁 ——→ 仁
　　侯马盟书　　小篆　　睡虎地秦简　　礼器碑

"仁"字意谓对人亲善,仁爱,是古代一种含义极广的道德范畴。其字古今结构没有什么变化(《说文》古文收有"忎"等异构),"人"符居左,隶变常规写作"亻"。

② 休　休 ——→ 休 ——→ 㣼 ——→ 休 ——→ 休
　　甲骨文　　金文　　小篆　　武威汉简　　华岳庙残碑阴

"休"字从人依木,象人靠在树旁休息,引申为美好等意思。其字从人从木,古今只有笔势之异,结构上没有变化,"人"符居左,故按常规写作"亻"。

③ 伐　伐 ——→ 伐 ——→ 伐 ——→ 伐 ——→ 伐
　　甲骨文　　金文　　小篆　　马王堆简帛　　衡方碑

"伐"字本是以戈杀人之形,甲骨文、金文之戈刃连着人头,杀伐之意更为明显。后"人"、"戈"分离,隶变后人旁居左,写作"亻"。

④ 付　付 ——→ 付 ——→ 付
　　金文　　小篆　　银雀山汉简

《说文》:"付,与也。从寸,持物对人。"古今字形结构也没有大的变化,偏旁作

"亻",符合常规。

3. 卜（偏旁"人"隶变后写作"卜"，写在字的右边或右上，如"卧"、"咎"两字所从）

"卧"、"咎"二字的隶变过程大致如下：

①卧　臥ᵏ ⸺⟶ 臥（马王堆简帛） ⸺⟶ 卧（马王堆简帛）
　　　小篆

《说文》："卧，休也。从人、臣，取其伏也。"杨树达《积微居小学述林》："古文臣与目同形，卧当从人、从目。盖人当寝卧，身体官骸与觉时皆无别异，所异者独目尔；觉时目张，卧时则目合也。"杨说是。正常的隶变应该写作"臥"，但也有把"人"符第一笔写成一竖，第二笔写成一点的，就变成了"卧"。

②咎　（甲骨文） ⸺⟶ （小篆） ⸺⟶ 咎（马王堆简帛） ⸺⟶ 咎（熹平石经）

《说文》："咎，灾也。从人从各，各者，相违也。"在隶变横向的过程中，由于"人"符的缩小变写，"各"符捺笔的延伸，整个字形也逐渐由左右结构变为上下结构，给结构切分或形义解释带来了一定困难。《字汇补·子集拾遗》载有"卧"字，保留了左右结构，旧以为讹字，其实从源流关系看，更符合其早期的写法。

4. 𠂉（偏旁"人"隶变后写作"𠂉"，一般写在字的右上角，如"監"、"臨"、"飾"等字所从）

"監"、"臨"、"飾"三字的隶变过程大致如下：

①監　（甲骨文） ⸺⟶ （金文） ⸺⟶ （小篆） ⸺⟶ 監（马王堆简帛） ⸺⟶ 監（武威汉简）

"監"字象一人临水盆而照影，皿中之点表示水，人形突出其目，显示照视之意。小篆作"鑒"，人与目相离，后世字形即因此而变，其"人"符渐渐变成"𠂉"形。临水正容为"监"，盛水正容之器亦为"监"，因此"监"的原始意义有二，作动词即指照影，作名词即指镜子。如《庄子·德充符》："人莫鉴于流水，而鉴于止水。"《新唐书·魏征传》："夫监形之美恶，必就止水。"都是指照影。贾谊《新书·胎教》："明监，所以照形也。"《新唐书·魏征传》："以铜为鉴，可以正衣冠。"则用的是其名词义。作名词的"监"，后来由于铜镜的使用，字也改为从"金"，作"镜"或"鑑"。"鑑"字调整布局，又写作"鑒"，"鑒"字省"皿"即为"鉴（鉴）"。照影乃自上而下，故又引申为监视、视察，临镜可以正衣冠，故又引申为借鉴、参考等。

②臨　（金文） ⸺⟶ （小篆） ⸺⟶ 臨（睡虎地秦简） ⸺⟶ 臨（史晨碑）

《说文》："临，监临也。从卧，品声。"属形声。林义光《文源》："品，众物也，象人俯视众物形。"则属会意，故有视察、降临等意。其构字理据与"监"字颇相似，其"人"符的隶变过程，也与"监"字相同。

③飾 [小篆] ⟶ [马王堆简帛] ⟶ [礼器碑]

《说文》："飾，馭也。从巾，从人，食声。"其"人"符的隶变过程，与上述二例相同。

5. ⺈（偏旁"人"隶变后写作"⺈"，一般写在字之上部，如"及"、"矦"、"负"、"危"、"色"等字所从）

这几个字的隶变过程大致如下：

①及 [甲骨文] ⟶ [金文] ⟶ [小篆] ⟶ [睡虎地秦简] ⟶ [居延汉简] ⟶ [曹全碑]

《说文》："及，逮也。从又从人。""及"的本义为追及抓住，字形象一只手抓住前面的人。在隶变过程中，"人"符逐渐上移，"又"符与"人"符的第二笔靠近，形成今字。"及"字旧字形分为四画，"人""又"还可看得出来；新字形把"人"符第二笔和"又"符第一笔连为一画，全字只剩三画，"人"与"又"就黏连不清了。

②矦 [诅楚文] ⟶ [小篆] ⟶ [马王堆简帛] ⟶ [曹全碑]

按"矦"字楷化变写后，其第一笔与第四笔相连成"亻"居字之左边，余下部分居字之右边，就成现在的"侯"字。其字甲骨文作[⺁]，本不从"人"，《诅楚文》以后上加从"人"，经隶变写作"⺈"。"矦"的本义是指古时射礼所用的射布，相当于后世的箭靶。《说文》："矦，春飨所射矦也。从人，从厂，象张布，矢在其下。"徐灏《说文解字注笺》："侯制以布为之，其中设鹄，以革为之，所射之的也。"其常用义为古时五等爵"公、侯、伯、子、男"的第二等。

③负 [小篆] ⟶ [睡虎地秦简] ⟶ [马王堆简帛] ⟶ [张迁碑]

《说文》："负，恃也。从人守贝有所恃也。"《左传·襄公十四年》："昔秦人负恃其众，贪于土地，逐我诸戎。"字形隶变后，所从之人亦变成"⺈"。

④危 [小篆] ⟶ [马王堆简帛] ⟶ [石门颂]

《说文》："危，在高而惧也。从厃，自卩止之。"按"危"字郭店楚简作[形]，形似一人登于山颠，与出于随县战国墓二十八宿漆匲上的宿名作[形]（即危，似一人登于几上）者构形立意相同，亦会"在高而惧"之意，但与小篆字形有别。小篆以后，其上所从之人隶变成"⺈"。

⑤色 [小篆] ⟶ [马王堆简帛] ⟶ [尹宙碑]

《说文》："色，颜气也。从人，从卩。"按"色"字郭店楚简作[形]、[形]等形，与信阳楚简作[形]者相同，但与小篆结构有别。

6. 儿（偏旁"人"隶变后写作"儿"，一般写在字的下部，如"兒"、"光"、"先"、"見"等字所从）

这几个字的隶变过程大致如下：

①兒　甲骨文 —→ 金文 —→ 小篆 —→ 睡虎地秦简 —→ 马王堆简帛 —→ 鲁峻碑阴

《说文》："兒，孺子也。从儿，象小兒头囟未合。"李孝定《甲骨文字集释》："契、金文兒字皆象总角之形。"可见李氏对许说"头囟未合"提出异议。其所从之"人"符，并非人之全体，而是除头部以外的部分。

②光　甲骨文 —→ 金文 —→ 小篆 —→ 马王堆简帛 —→ 孔宙碑

《说文》："光，明也。从火在人上，光明意也。"字为会意结构，所从之"人"变为"儿"。

③先　甲骨文 —→ 金文 —→ 小篆 —→ 睡虎地秦简 —→ 熹平石经

《说文》："先，前进也。从儿，从之。"杨树达《积微居小学述林》："古'之'与'止'为一文。龟甲文先字多从止……止为人足。先从儿（古人字），从止，而义为前进，犹见从人目而义为视，企从人止而义为举踵。"其说是。

④見　甲骨文 —→ 金文 —→ 小篆 —→ 睡虎地秦简 —→ 定县竹简

《说文》："見，视也。从儿，从目。"上举杨树达《积微居小学述林》谓先字从人从止而义为前进，与见从人目而义为视，企从人止而义为举踵属同类现象。意谓其表意之主要部件，分别在"止"和"目"。从"止"表脚之动作义，从"目"表眼之活动义。

偏旁"人"在隶变过程中，除上述变异为"人"、"亻""卜"、"亠"、"勹"、"儿"等几种不同写法外，还有变为"匕"（如"死"字所从）、"八"（如"頁"字所从）等，数量较少，故从略。

（二）偏旁"又"在古文字中的基本写法作"彐"，隶变过程中变为"又"、"ナ""ヨ"、"乂"等几种不同写法，下面举例说明

1. 又（偏旁"又"隶变后仍写作"又"，如"叔"、"取"、"受"、"叉"、"反"、"支"、"殳"等字所从）

今举"叔"、"取"、"受"三字的隶变过程如下：

①叔　金文 —→ 小篆 —→ 孔宙碑阴

《说文》："叔，拾也。从又，尗声。"《诗·豳风·七月》："八月断壶，九月叔

苴。"毛传："叔，拾也；苴，麻子也。"或以为"叔"的初文作"未"，"未"即"菽"之本字，乃豆类的总称，加"又"符表示"拾豆"的动作，故义为"拾"，而假借为叔伯之"叔"。按甲骨文、金文中叔伯之"叔"写作"弔"，古体作 ⺊、⺊。或以为"弔"与"弟"本为一字，作为叔伯之"叔"，乃其引申①。另"叔"字汉碑作 ⺊，汉印文字及后代书法作品等手写体亦常见之，此一结构其实是《说文》从寸之"𣂏"的异写，睡虎地秦简作"𣂏"者，正是这种写法的来源。

② 取　𦘒 ⟶ 𦘒 ⟶ 𦘒 ⟶ 取 ⟶ 取
　　　甲骨文　　金文　　小篆　　睡虎地秦简　熹平石经

《说文》："取，捕取也。从又，从耳。《周礼》：'获者取左耳。'《司马法》曰：'载献聝。'聝者，耳也。"引申为拿取、获取等义。其字形从又从耳，古今笔势虽有别，结构则无异。

③ 受　𠬪 ⟶ 𠬪 ⟶ 𠬪 ⟶ 受 ⟶ 受
　　　甲骨文　　金文　　小篆　　睡虎地秦简　张迁碑

《说文》："受，相付也。从𠬪，舟省声。"林义光《文源》："象相授受形，舟声。授、受二字，古皆作受。"按甲骨文、金文从舟不省，小篆以后舟形有所省略。字当解为从𠬪，从舟，舟亦声。此字中的"舟"为古代的承盘，非指舟船。

2. ナ（偏旁"又"隶变后写作"ナ"，如"右"、"左"、"有"、"厷"、"友"等字所从）

今举"右"、"有"、"友"三字的隶变过程如下：

① 右　𠂇 ⟶ 𠂇 ⟶ 𠂇 ⟶ 右
　　　金文　　小篆　　马王堆简帛　衡方碑

《说文》又部、口部都收有"右"字。又部云："右，手口相助也。从又，从口。"徐铉等曰："今俗别作佑。"口部云："右，助也。从口从又。"徐锴曰："言不足以左，复手助之。"段玉裁注："又者，手也。手不足以口助之，故曰助也。今人以左右为ナ又字，则又制佐佑为左右字。"按甲骨文左右之"右"、福佑之"佑"、有无之"有"，皆作 𠂇，本象右手之形。金文加"口"符，与左字加"工"符一样，都造成字形分化。

② 有　𠂇 ⟶ 𠂇 ⟶ 𠂇 ⟶ 有 ⟶ 有
　　　金文　　小篆　　睡虎地秦简　定县竹简　华山庙碑

林义光《文源》："有，持有也。古从又持肉，不从月。"甲骨文有作 𠂇、或作 𠂇，后以 𠂇 为基础，挚乳为"𠂇"，演变为"有"。

③ 友　𠬝 ⟶ 𠬝 ⟶ 𠬝 ⟶ 友 ⟶ 友 ⟶ 友
　　　甲骨文　金文　　小篆　马王堆简帛　定县竹简　熹平石经

《说文》："友，同志为友。从二又，相交友也。"字中二"又"，本平行并列，后变

---

① 参见吴其昌《金文名象疏证（续）》，《国立武汉大学文哲季刊》6卷1号，1936年。

为上下重叠。在演变过程中，上"又"变为"ナ"，下"又"仍作"又"，遂成"友"字。

3. ⺕（偏旁"又"隶变后写作"⺕"，如"聿"、"筆"、"書"、"畫"、"尹"、"事"、"妻"、"秉"、"兼"等字所从）

今举"聿"、"事"、"秉"三个字的隶变过程如下：

① 聿　　甲骨文 —→ 金文 —→ 小篆 —→ 石经鲁诗残碑

《说文》："聿，所以书也。"朱骏声《说文通训定声》："秦以后皆作笔字。"罗振玉《增订殷虚书契考释》："此象手持笔形，乃象形。"按"筆"字从竹从聿，乃"聿"之后起字。"筆"简化作"笔"，最早见于北齐的碑文和墓志（见《碑别字新编》），《集韵》已正式收入。"書"、"畫"二字亦从"聿"作。

② 事　　甲骨文 —→ 金文 —→ 小篆 —→ 马王堆简帛 —→ 熹平石经

《说文》："事，职也。"按古文字"事"、"使"、"史"、"吏"本为一字，后来才分化为不同的字。字当分析为从又持中，中亦省作"中"，"中"为何物，众说纷纭，详下"史"字说明。

③ 秉　　甲骨文 —→ 金文 —→ 小篆 —→ 马王堆简帛 —→ 尹宙碑

《说文》："秉，束禾也。从又持禾。"朱骏声《说文通训定声》："从又持禾，会意。手持一禾为秉，手持两禾为兼。"

4. 乂（偏旁"又"隶变后写作"乂"，如"史"、"丈"、"父"等字所从）

这几个字的隶变过程如下：

① 史　　甲骨文 —→ 金文 —→ 小篆 —→ 睡虎地秦简 —→ 马王堆简帛 —→ 史晨碑

《说文》："史，记事者也。从又持中；中，正也。"按《说文》谓"中，正也。"意义比较抽象，是以后起之义释古字，论者多不以为然。但"中"具体为何物，却又众说纷纭：有释为笔者，有释为簿书者，有释为简册者，有释为盛算筹之器者，有释为狩猎工具者，等等。就字形而言，似以释为狩猎工具为近是。字形在变化过程中，"中"符的中笔与"又"符首笔合并，写作"乂"，但两笔不等长。

② 丈　　小篆 —→ 马王堆简帛 —→ 魏中尚方帐构铜

"丈"字商周古文字未见。《说文》："丈，十尺也。从又持十。"奚世骏校按："丈，当是杖之本字。从又，象持杖形，非九、十之十字也。"林义光《文源》："按持十无十尺之意。当即杖之古文。十古作丨，象杖形，手持之。"其本义当是手持木杖或竹棍之类丈量长度，故以为长度单位。字中"又"符与"十"符竖笔相连，演变过程与上举之"史"字相类。又"支"字篆文作𣎆，按照隶变的规律，二字极易混同。最后一作"丈"，一作"支"，也是文字在流变过程中互相别异的结果。

③父　𠂇 —— 𠂇 —— 𠂇 —— 父 —— 父 —— 父
　　　甲骨文　　金文　　小篆　　居延汉简　　定县竹简　　北海相景君铭

《说文》："父，矩也，家长率教者。从又举杖。"按父字较古老的字形当作𠂇，象手持石斧之形。石斧是古代一种重要的生产工具和武器，男子主要从事生产和战斗，所以作为男子通称的"父"字就以手持石斧来表示。后来"父"字专指父亲，石斧之象也简化成一竖，故有"举杖"之说，以象征父亲的威严。郭沫若《甲骨文字研究》云："石器时代，男子持石斧以事操作，故孳乳为父母之父。""父"字现在写作四笔，上面两点，下面一撇一捺，其中之"又"，实际分化为两笔，即右边一点和下边的"乂"，与上举"史"字、"丈"字之"又"符的变化有所不同。

偏旁"又"在隶变楷化过程中还有一些特例，如"卑"字所从之"又"，在隶变过程中变为"十"；"祭"字所从之"又"，在汉简汉碑中还写作"又"，但在楷化过程中则变成了"㇏"，等等，不赘述。

总而言之，隶变造成的偏旁变异，是一个常见的现象。对于这些变异的偏旁，如果没有汉字源流的知识，便可能会把它们当成另一个不同的部件，这对理解汉字的形义关系和汉字的源流演变都是不利的。我们必须顺着源流的脉络，追源溯流，以明其万变不离其宗的道理。

第三节　隶变对汉字偏旁的影响（下）

汉字偏旁在隶变的过程中，既有变异，也有混同，甚至还会重新组合，产生一些新的构形部件。偏旁变异已如上节所述。偏旁混同是指古汉字中的若干个本有区别的偏旁部件，经过隶变而类化成另一个与它相近的偏旁部件，以致二者的写法完全相同，如下文所举的口、日、田、罒、覀、曲、大诸例。重新组合则是指古汉字中某些完全不同的部件，在隶变过程中由于简化和类化的共同驱动，产生了一些新的部件，如下文所举的𰀁、龶、灬和夅诸例，就是比较典型的例子①。这些由不同构件黏合起来的记号性质的新部件，和由混同造成的偏旁，使得后代汉字的形义关系更加疏离，形义分析也更加困难，需要靠源流的梳理才能了解它们的来龙去脉。也就是说，这些隶变后的部件虽然表

---

① 这里的"偏旁混同"和"重新组合产生新部件"只是为了叙述的方便而作的一种大致的分类，两者的情况有时难以完全分开。比如"粟"字所从之"覀"和"覆"字所从之"覀"，分别来源于"🝁"和"襾"，属于混同，而"要"字所从之"覀"则源于"🝀"，是不同偏旁糅合而产生的新部件。"然"字所从之"灬"和"燕"字所从之"灬"，分别来源于"火"字和燕尾之形，属于混同，而"焉"字所从之"灬"，则是马身及尾足的糅合而产生的新部件。对于这种情况，我们只在"覀"和"灬"条下一并论述，不作区分。

面上写法相同，但来源各不一样，是学习汉字源流所必须洞察的。

相对而言，隶变引起的汉字偏旁的变化，混同的情况比变异的情况要复杂得多。其原因主要是由于隶变解散了篆文的某些结体，把古汉字原来的圆转笔势改为平直方正，而由平直方正的线条组成的部件是十分有限的，这就可能使得古汉字中某些需要通过弧笔来表现的象形部件与相近的部件发生类化，加上隶变常常产生省略、变形、归并等现象，这样，在多种因素的共同作用下，隶变的结果就出现了大量混同的情况，乃至产生一些全新的部件，这是学习汉字源流必须加以辨明的。下面我们选择十一个有代表性的部件加以说明。

① 口

隶变以后写成"口"形的部件，在小篆里有的写作 ㅂ，有的写作 ○，小篆里的 ㅂ 和 ○，又分别表示各不相同的物象。ㅂ 主要表示人口，如"呼"、"喊"、"吞"、"吐"等字所从。但"向"（向）、"吉"（吉）、"各"（㕣）等字所从之"口"，分别表示窗户、器物和门槛，则与人口无关。○ 常常表示地域范围，如"或"（"國"本字）、"邑"等字所从。但"京"、"高"、"亭"、"舍"、"倉"等字中的"口"，又表示建筑物的形状（《说文》"舍"下云："口象筑也。"又"倉"下云："口象倉形。""高"下云："口与倉舍同意。"）而"回"字中的"口"，则象回转之形的一部分，古文作 ◎。其实，由于物象本身的相似性，在用线条描摹的时候，难免会有相似的形状，因此即使在商周时期的古文字阶段，这种混同已不可避免地出现了，只不过隶变表现得更为普遍和激烈罢了。

② 日

隶变后写作"日"形的部件，在小篆里有的写作 ⊙，有的写作 ㅂ，有的写作 ㅂ，有的写作 ㅂ，有的写作 ㅂ。⊙ 为太阳之象，用作偏旁表示与时间有关，隶变后把圆转的笔画平直化了，写成了"日"，如"早"、"晚"、"昔"、"时"等字所从便是。ㅂ 为云曰字，隶变后单独的写法与"日"字有长方扁平之别，但作为偏旁，与"日"的区别就不够明显，如"曹"、"智"、"沓"、"曷"等字所从便是。ㅂ 为"甘"字，形象口中含物，表示甘美之意。当单独成字时，甘是甘，日是日，并不含糊。但作为"旨"字、"猒"字的偏旁，也与"日"形无别。ㅂ 本是"帽"的初文，或加"目"为"冒"，加巾之"帽"为其后起的形声字。冠冕之"冕"从冃，免声，"犯而取也"的"最"从冃、从取，隶变后，其上部也都混同于"日"形。ㅂ 乃"自"字省写，小篆"魯"、"者"、"智"等字从此，隶变后亦与"日"形混同。ㅂ 本身隶定为"白"，如"皆"字所从，则又与黑白之"白"相混。另外，清晰之"晰"本作"晳"，下从"日"，白晳之"晳"本作"晳"，下从"白"，"晳"与"晳"音同形近，亦易致混，后改"晳"作"晰"，才使二者区别明显。

③ 田

隶变后写作"田"形的部件，来源于古汉字中的 田、⊗、⊕、由 等形体。田象四界中有阡陌之形，从田之字有"男"、"界"、"畔"、"畴"等。⊗象小儿头上囟门之形，单独成字作"囟"，但从囟之字如"思"、"细"、"虑"等，隶变后都变成了从"田"之形。⊕象鬼头之形（或释为人头戴面具者），"鬼"字即从此作，隶定作"甶"，但以此为偏旁的字，如"畏"字、"禺"字，隶变后也混同于"田"形。由为甾（由）字，隶变后下部变为"田"，从甾之"卢"、"畚"，也变从"田"。此外，"胃"作胃、"果"作果、"鱼"作魚、"異"作異、"雷"作雷、"糞"作糞、"番"作番，其所从之"田"，都有不同来源，后来也都混同了。

④ 罒

隶变后写作"罒"形的部件，近于数目字"四"，俗称"四字头"，故有人把"罗"字解为"'四维'罗"。这是不对的。"罗"字中的"罒"，其实来源于"网"字，除"罗"之外，还有"罪"、"骂"、"詈"、"罚"、"置"、"罟"等字所从，都是由"网"字变来。"罒"形有的又来源于横书之目，如"众"、"梦"、"曹"、"蔑"、"蜀"等字所从便是，不过有人目、兽目及虫目的区别。另外，爵字所从之"罒"则是爵身的变化。

⑤ 覀

隶变后写作"覀"形的部件，可称为"西字头"，来源于古汉字中的卤、⊗、两、凵等形体。⊗即"西"字，本象鸟巢之形，汉隶作西（史晨碑），从西之"栖"，隶书作栖（魏封孔羡碑），中间两笔皆垂直，同于"覀"形。俗体"霸"字从"西"，写作"霸"，也同"覀"形。楷书"西"字中间两笔往左右弯曲，才有所区别。卤音tiáo，草木果实下垂之貌，"栗"、"粟"皆从之，都作"覀"形。两音yà，覆也。从"两"之字如"覆"、"覈"（覈实）、"䙴"（翻覆）等字，都隶变为"覀"形。从凵的字，如"僄"、"票"、"要"等，隶变后也都从"覀"作。此外，卤字隶作"覃"，其上之"覀"则是卤形之变。

⑥ 曲

隶变后写作"曲"形的部件，有的来源于古汉字中的凵，《说文》："象器曲受物之形。"有的来源于曲，如"豊"字所从。《观堂集林》："象二玉在器上之形。古者行礼以玉。"有的来源于曲，如"农"字所从，与上述"票"、"要"所从的凵变为"覀"形者不同。

⑦ 大

隶变后写作"大"形的部件，有以下几种来源：（1）来源于大，如"天"字；（2）来源于夭，如"奔"字；（3）来源于廾，如"奂"字；（4）来源于廾，如"攀"字；（5）来源于艹，如"莫"字；（6）来源于兀，如"奠"字。

⑧ 龶

隶变后写作"龶"形的部件，暂且称为"青字头"，来源于古汉字的 生、朿、㒸、毛 等形。来源于 生 的，如"青"字，小篆作 青，从丹生声，隶变后上部变为"龶"形。不过"毒"字上部之"龶"形，却非"生"字变来。按"毒"之本义为毒草，本从屮从毒①，"屮"与"毒"字上部之"士"合起来与"生"字形雷同，故也变为"龶"形。来源于 朿 的，如"责"字，小篆作 责，从贝朿声，其所从之"朿"，隶变为"龶"形。来源于 㒸 的，如"素"字，小篆作 素，从糸从 㒸（垂），隶变后所从之"垂"也变为"龶"形。来源于 毛 的，如"表"字，小篆作 表，从衣从毛会意，隶变时把"衣"之上部与"毛"字黏合为"龶"形。此外，"麥"字所从之"來"，《史晨后碑》也简化作"龶"形，《广韵》云："俗作麦"②。

⑨ 㸚

隶变后写作"㸚"形的部件，暂且称为"䆐字头"，有"䆐"、"塞"、"寒"、"襄"等字。"䆐"字本为上下二鱼相遇之形，甲骨文作 䆐，小篆讹作 䆐，隶变后上部变为"㸚"，下部则混同于"冉"了。"塞"字小篆作 塞，如果是正常的流变，"塞"字之"㸚"形至少有四横笔，睡虎地秦简之 塞，《曹全碑》阴之塞（熹平石经同），正体现了这种演变过程。但流沙简、《衡方碑》之"塞"字，都已省略为三横画。后来则三画者行而四画者废矣。"寒"字在演变过程因与"塞"字相混杂，情况比较特殊。"寒"字小篆作 寒，睡虎地秦简作 寒，与小篆结构相同。但马王堆简帛文字或作 寒，则与"塞"字上体所从之"寒"相混，走上了与"塞"字相同的演变道路，所以汉碑"寒"字既有写作四横画者（如熹平石经作 寒），也有写作三横画者（如《石门颂》作 寒），后来也是三横画者行而四横画者废。"襄"字小篆作 襄，隶变后的"㸚"形，当是字中除"衣"、"吅"之外剩余部分的简化，秦简作 襄，可以为证。

⑩ 灬

隶变后写作"灬"形的部件，常称为"四点"，也有多种来源。"然"、"照"、"热"、"熟"等字中的"灬"，是"火"字的隶变写法。"鳥"、"烏"、"焉"等字中的"灬"，是鸟爪的变写（"鳥"和"烏"字中的"灬"，简化字变成了一横）。"馬"、"鹿"中的"灬"，乃其身及尾足的变写。"燕"、"魚"中的"灬"，则是燕尾和鱼尾的解体和类化（"魚"字中的"灬"，简化字也变为一横）。"顯"字中的"灬"，则是所从之"絲"下部的省写。

⑪ 𡗗

隶变后写作"𡗗"形的部件，可称为"春字头"，最典型的例子莫过于"春"、

---

① 毒音 ài，从士从毋，士之无行者。秦有嫪毒。《说文》："秦始皇母与嫪毒淫，坐诛，故世骂淫曰嫪毒。"
② 见顾蔼吉《隶辨》第720页，中国书店1982年。

"泰"、"奉"、"秦"、"奏"五字。它们的上部原先各不相同，隶变后则都变成"夫"了。据《说文》，"春"、"泰"、"奉"三个是形声字，"秦"和"奏"是会意字。根据现有材料，它们的变化过程大致如下：

"春"字小篆作"䒾"，从艸从日屯声，汉印作䒾，楷书或作"萅"，都属于正常的变化。但汉印文字中也有作䒾的，是将"艸"符下移并类化为"廾"，随着线条的平直化，"艸"符与声符"屯"黏合而成"夫"，便形成"春"字。汉印中的䒾、䒾，马王堆的䒾，汉碑的春，正显示此字的变化过程。根据这个逻辑，睡虎地秦简的䒾字，应该也是"艸"符下移并有所增笔造成的，这种写法后来变为䒾（马王堆·阴甲098）、䒾（孙膑110），上有四横画，也可简省为三横画的"春"字。总的来说，"春"字的形成，是偏旁移位和黏合的结果。

"泰"字小篆作"䒾"，从廾从水大声。马王堆文字作䒾、䒾，武威简作䒾，可以看出其上部之"夫"是"大"和"廾"在线条平直化的过程中连缀黏合而成的。

"奉"字小篆作"䒾"，从手从廾丰声。本只作䒾，从廾丰声（见楚帛书），马王堆文字作䒾，从手为后加，或省作䒾，其省体笔画进一步连缀黏合，上部也变成"夫"了。

根据《首阳吉金》所载的秦公鼎和秦公簋①，铭文的"秦"字皆作䒾，字本从舂从秝，知《说文》以为"秦"字从舂省是可信的。小篆作"䒾"，既省"舂"之臼，又省"秝"为"禾"。篆隶乃从省体而变，秦简作䒾，汉简作䒾，上部所从之"午"和"廾"笔画拉平黏合，最终形成为"夫"。

"奏"字春秋时期的秦公磬作"䒾"，从廾、从䒾，《说文》小篆作䒾，当本于"䒾"形而有所讹变，其所从之"夲"，当是从"䒾"形析出，故上部变为从屮从廾。"奏"字的演变过程还有一些疑问，秦汉篆隶资料里的"奏"字，其下部不从"夲"，如睡虎地秦简作"䒾"，马王堆文字作"䒾"，汉印作"䒾"，皆从"矢"作，这些字形中的"矢"形是否由"夲"形讹变，待考②。从"矢"的"奏"再变而从"夫"，如《石门颂》作䒾。这样看来，后世"奏"字下部从"天"，很可能是从"矢"到"夫"再到"天"演变过来的③。至于其上部所从之"夫"，从上引字形中可以看出，确是"屮"和"廾"在增笔、黏合的过程中逐步形成的。

总之，偏旁混同和偏旁黏合是汉字发展过程中十分常见的现象，其中隶变所造成的混同和黏合，直接延续到现代汉字，其影响更为深远。混同和黏合使得汉字偏旁的数量有所减少，同时也增加了形义分析的难度。但站在汉字源流演变的角度来考察，只要我们重视古今字形材料的分析，能够明源知流，混同也好，变异也好，都是汉字发展过程中在诸种因素作用下所产生的自然流变，其实也是不难理解的。

---

① 首阳斋、上海博物馆、香港中文大学文物馆《首阳吉金》第45—49页，上海古籍出版社2008年。
② 按"奏"字所从的"夲"有可能被写成与其形、音、义俱近的"夲"字（《说文》"夲"从大从十，"夲"从大从八，是两个上下相次的部首），通过"夲"这个关节，再变为"矢"、"夫"和"天"。例如"昊"字本"从日从夲"作"昦"，后作"昊"，则从"天"矣，可以作为旁证。
③ 参见林志强《古本〈尚书〉文字研究》第47—48页，中山大学出版社2009年。

第四节　　现代汉字形近偏旁辨析

如前所述，旧时把合体字的左方称为"偏"，右方称为"旁"；现在我们习惯上把组成合体字的部件统称为"偏旁"。从汉字的发展看，偏旁这一概念是随着合体字的出现而产生的。汉字从象形、指事发展为会意、形声，原来的独体字在合体字中偏处一方，故称为"偏旁"。合体字中，会意合象形、指事二者而成，形声合象形、指事、会意三者而成。所以，汉字偏旁实际上是指合体字中偏处一方的独体字、合体字以及它们的省体和变体。这些偏旁原先都有自己独立的音义，且往往与组成合体字的音或义密切相关。不过，随着时代的变迁，汉字形体发生了很大的变化，在简化、声化和规范化的历史潮流中，汉字偏旁不断地变动、调整和重新组合，以致现代汉字的偏旁出现了比较复杂的情况。据不完全统计，现代汉字大体由五百多个偏旁（部件）所构成，其中偏旁是现行汉字的只占少数，大多数偏旁是现行汉字的省略或变体，有的偏旁虽然形体近似，却有不同的来源。因此，弄清汉字偏旁是汉字教学中以简驭繁的有效办法，也是正字法中必须着重解决的课题。一般来说，在书写上容易弄错的常常是些形体近似的字，尤其是些形体近似的偏旁，一错就会产生株连的后果，甚至影响一大片，必须认真辨析。下面选取17组形近偏旁加以比较，着重谈谈它们本来的意义以及彼此间的差别，避免写错和读错。

① ⼌、宀

⼌（mì），古作冂，象一块覆盖着东西的巾，今作"幂"。从"⼌"的字有"冗"、"军"、"冥"、"冢"、"冤"、"写"等。

宀（mián），古作𠆢，是屋子的象形。从"宀"的字多与宫室有关，如"宅"、"寓"、"寄"、"宿"、"宰"、"宦"、"客"、"宗"、"家"、"守"、"富"、"安"、"寝"、"寐"、"宇"、"宙"、"宸"等。

"冠"、"寇"二字从"⼌"从"宀"往往写混，其实"冠"字小篆作𠕑，从⼌、从元、从寸，象一人用手（寸）卷束头（元）①巾之形，以会冠冕之意。"寇"字金文作𡩜，从宀、从元、从支，《说文》释作"暴也"，象房子里有人拿着棍子（支）殴打另一个人的脑袋（元），表示施暴之意。两个都是会意字，但立意不同。"冠"义与头巾有关，故从"⼌"；"寇"指在屋里施暴，故从"宀"。另"罕"字从网干声，本义为网，隶变后网形变为上部之"⺲"，不能误认为从"⼌"，也不要误认为从"穴"。

② 厂、广

厂（hǎn），古作⼚，山崖下岩石横出可以居人的地方叫"厂"。《说文》："山石之

---

① "元"有"首"义，今犹合称为"元首"。

厓岩，人可居。""厅"、"仄"、"厉"、"历"、"压"、"厌"、"厚"、"原"等并从"厂"。现为工廠之"廠"的简化字。

广（yǎn），古作⌐，象依山崖建造的房屋。《说文》："因广为屋，象对刺高屋之形。"徐灏注笺："因广为屋，犹言傍岩架屋，此上古初有宫室之为也。"韩愈诗："开竹走泉源，开廊架崖广。"即用本义。"庭"、"庙"、"廊"、"店"、"序"、"库"、"席"皆从"广"。现为廣大之"廣"的简化字。

"厂"和"广"的原始意义比较接近，从"厂"和从"广"的字有一部分早已混同，如"龐"、"龐"并用，现简化为"庞"。有些从"广"的字后来改为从"厂"，如"厦"、"厩"、"厨"、"厮"、"厢"等字原本均从"广"。经简化后的形近字，如"庄"与"压"、"庆"与"厌"，只是点的位置不同，须加留意。又"库"为姓氏，读作shè，与"库"（kù）异字，尤须甄别。"庚"和"唐"所从之"广"，是隶变过程中讹变混同的结果，与"广"义无关。

③ 冫、氵

冫（bīng），古作仌，象冰块皲裂的裂纹。"寒"字从"仌"，小篆作𡫔，表示屋子里有人用草上盖下垫，下有冰块，以会冻意。从"仌"的字如"凛"、"冽"、"寒"、"冷"、"凝"、"冻"、"凋"、"凌"等，多与冰冻寒冷有关。

氵（shuǐ），"水"在左旁隶变作"氵"，从"氵"的字多是水名或者与水有关，如"江"、"河"、"淮"、"汉"、"深"、"浅"、"清"、"浊"、"溅"、"滴"、"游"、"泳"等。

"冫"和"氵"过去也有混用的情况。如"净"或作"淨"，现通行作"净"。但有些字是绝对不能相混的，如"准"、"冼"、"冶"、"冷"、"次"、"凘"、"凊"六字从"冫"不从"氵"，如从"氵"则为"淮"、"洗"、"治"、"泠"、"澌"、"清"，两者音义有别。又"冲"、"凉"、"况"、"决"、"凄"、"凑"、"盗"、"减"、"羨"九字繁体从"氵"，须注意繁简对应。

④ 小、水

小（xīn），"心"字古作𡆪，象心脏之形。隶变在下作"心"，在左作"忄"，夹底作"小"，都是"心"的变体。从夹底"小"的字有"恭"、"慕"、"忝"等。

水（shuǐ），"水"旁隶变在左作"氵"，在下作"水"，夹底作"氺"，"泰"、"黍"、"㯃"（漆、膝）等并从"水"。暴晒之"暴"字下面的"水"形，为"米"符所讹变，与"水"无关。

从"小"的字与心理活动有关，与从"水"不同。如"忝"字从心天声，义为辱，旧时用作谦词，如"忝陪末座"。这类字的夹底之"小"，与"氺"或"小"形近，注意不要误写。

⑤ 忄、十

忄（xīn），"心"旁在左作"忄"，俗称竖心旁，如"惜"、"恨"、"怖"、"悸"、

"愤"、"惨"等。

十（shí），左边从"十"之字今常用者仅"博"、"协"二字。《说文》："博，大，通也。从十，从尃，尃，布也。"博学、博士之"博"，都有广博之意。"协"有合作和洽之意。

"忄"与"十"作偏旁时容易致混，常见把成语"同心协力"写成"同心恊力"，"协"字盖因蒙上"心"字而误为从"忄"。手写字因快速连笔的原因，把"忄"旁写成"十"旁的现象更为常见。

⑥ 礻、衤

礻（shì），"示"旁在左隶变作"礻"，其初文象神主牌位，凡与神事有关者皆从"礻"作，如"神"、"祇"、"祖"、"祠"、"祷"、"祝"、"礼"、"祀"、"祈"、"祐"、"祸"、"福"、"禄"、"祥"、"祺"、"社"等。

衤（yī），"衣"字古作 󰀀，象衣领、两袖及胸襟之形，隶变在左作"衤"。从"衤"的字多与服饰有关，如"衬"、"衫"、"袍"、"褂"、"被"、"褥"、"裤"、"裆"、"袒"、"裕"、"初"等。

"礻"和"衤"作为偏旁虽然只有一点之差，但正体作"示"和"衣"则差别甚大，来源也不相同。用字时要仔细审察字义，明确所从偏旁及其关系。

⑦ 卩、阝

卩（jié），古作 󰀀，象人跪踞之形。隶变在右作"卩"。"即"、"印"、"卿"、"却"、"迎"并从"卩"。在下也有作"卩"者，如"命"字。

阝（yì），在右之"阝"，乃"邑"之变体。"邑"古作 󰀀，隶变上下相连而成"阝"。凡与地名、都邑、姓氏有关者多从"阝"，如"都"、"鄙"、"邦"、"郡"、"邹"、"郑"、"邓"、"郭"、"部"等。在左之"阝"与在右之"阝"，来源完全不同。左"阝"古作 󰀀，即"阜"字，本义是小土山，省略隶变作"阝"。从左"阝"的字，多与土山或高低有关。如"陵"为大土山，"陆"是高地，"阿"是山之曲处，"陡"是高而坡度大等。又如，"阴"（山北水南）、"阳"（山南水北）、"陟"（从下往上）、"降"（从上往下）等字，也都与山地或高低之义相关。

"阝"之在左在右，写法相同，来源有异，左者为"阜"，右者为"邑"，识别起来并不困难。而在右之"卩"与"阝"，手写字中常有相混的情况，需要注意。如"即"字古作 󰀀，象人面向食器就食之形，会即食之意，不宜从"邑"；"郎"字从邑良声，本是地名（郎君之"郎"为借义），不宜从"卩"。"邵"为地名，从"邑"不从"卩"；"卻"义美好，从"卩"不从"邑"。所从偏旁与字义密切相关，要注意区分。

⑧ 亻、彳

亻（rén），"人"字作为偏旁变体甚多，大抵在上作"人"或"⺈"（如"企"、"负"、"危"、"及"），在右作"卜"或"亻"（如"卧"、"监"、"临"），在下作"儿"或"八"（如"光"、"兄"、"页"），在左则作"亻"，俗称单人旁，具体详见本章第二节"隶变使汉字偏旁变异举例"。从"亻"的字范围比较广泛,多半是与人有关的称谓、情状、动作和事物,如"伍"、"他"、"俘"、"佩"、"倦"、"健"、"保"、"传"、"住"等。

彳(chì),古文字作ㄔ,是通衢大道ㄔ(行)字的左半,隶写作"彳",俗称双人旁。从"彳"的字大都与道路、行走有关,如"往"、"徂"、"征"、"御"、"徐"、"徧"、"微"、"循"、"徘徊"、"彷徨"等。

"亻"和"彳"形虽近而音义各别,一般可据字义决定所从的偏旁。但有些双音词过去从"亻"从"彳"两可,如"仿佛"或作"彷彿","倘佯"或作"倘徉",现则前者属"亻"旁而后者属"彳"旁。两部中还有一些同声旁的字,如"仿"与"彷"、"侍"与"待"、"俳"与"徘"、"住"与"往"、"偏"与"徧"等,彼此形体酷肖,但意义各自不同。

⑨ 廴、辶

廴(yǐn),小篆作ᘯ,从彳而右引之,音读如引,表示长行的意思。从"廴"的字有"廷"、"延"、"建"等。

辶(chuò),古文字作ᘯ,隶定为"辵",从彳从止,会止(趾)在路上行走之意。俗称"走之"旁。《广雅》:"辵,奔也。"从"辶"的字也与道路、行走有关,如"通"、"道"、"进"、"退"、"追"、"逃"、"遣"、"返"、"迎"、"送"等。

"廴"和"辶"二部所管的字的数量相当悬殊。从"廴"的字本就不多,且有逐渐减少的趋势,如从"廴"的"廼"今并入"乃","廻"归入"回","廹"和"廵"改作"迫"、"巡"。今从"廴"的常用字仅"廷"、"延"、"建"三字及其所孳乳的数字而已。从"辶"的字很多,就不一一列举了。

⑩ 臣、匝

臣(chén),古作ᘯ,象竖目之形。郭沫若说,人俯首则目竖,以象人之屈服。臣是奴隶,故甲骨文、金文皆以竖目象征其俯首屈服之义。从"臣"的字有"宦"、"卧"等。

匝(yí),"匝"即"颐"的古体。"匝"字金文作ᘯ,象脸颊透视之形,因在头部,后益"页"(义同"首")旁为"颐"。

"臣"和"匝"在写法上有细微差别,须加审辨。从"臣"的字每有屈服、俯视之义,如"宦"和"卧"。"监"、"临"二字繁体作"監"、"臨",本也从"臣",察看为"监",从高往低看为"临",皆有俯视之义,今所从之"臣"省作二竖画。"匝"的本义为脸颊,今只用作声旁,"宧"、"熙"、"姬"并从"匝"声。

⑪ 朿、束

朿(cì),"朿"乃"刺"的初文,古作ᘯ,象木长芒刺之形,后益"刀"旁则为"刺"。"策"字从竹朿声。以朿会意者,重"朿"为"棗"(今作"枣"),并"朿"为"棘"。"枣"、"棘"都是带刺的植物。

朿（shù），古作 朿，象用绳索捆绑树枝成束之形。从"朿"的字读音有所分化，"速"、"漱"读为 shù，"辣"、"刺"（喇、癞）读为 la，"赖"读为 lài，"敕"则读为 chì。

"朿"与"束"仅一笔之差，作偏旁用更易混同，但两者音义迥然有别。从"朿"的字带有刺义，"束"则多用为声符。"棘手"一词是形容荆棘刺手，譬喻事情难办，如写作"辣手"便不成辞了。

⑫ 㸒、䍃

㸒（yín），妄取贪求之意。《说文》："近求也。从爪、壬（音 tǐng）。壬，徼幸也。"段玉裁注："近求，浸淫之意也。爪、壬，言挺其爪，妄有所取，徼幸之意。"从"㸒"的字有"淫"、"婬"、"霪"等。"淫"本为浸淫、浸渍之意，引申为过度等。"婬"为婬荡，后以"淫"为之，淫行而婬废。"霪"为久雨之意。

䍃（yáo），"䍃"是"䍃"的变体，小篆作 䍃，《说文》："瓦器也。从缶，肉声。"徐灏《注笺》："䍃为瓦器之通名，因谓烧瓦灶为䍃，后又增穴为窑也。""谣"、"摇"、"徭"、"遥"、"鹞"、"窑"等，繁体皆从"䍃"，新字形改为"䍃"。

这两个形近偏旁都作声符用，但其形体和音读都不同。形体方面，两者构件不同，前者为爪、壬，后者为肉、缶；音读方面，前者读 yín，后者读 yáo。

⑬ 臽、舀

臽（xiàn），"臽"即"陷"的初文，古作 臽，象人坠入陷阱，以会陷落之意。

舀（yǎo），古作 舀，从爪从臼会意，本义是伸手向臼里掏取东西，今用勺子挹取汤水也叫"舀"。

"臽"、"舀"形体近似，又都是会意字。其主要区别在于"臼"上一从"人"，一从"爪"，今二字多用作声旁，故可据其音读加以区分。"臽"音为 xiàn，"舀"音为 yǎo。二者中凡韵母为 ian 的字其声旁属"臽"，如"陷"、"焰"、"阎"（"掐"读 qiā 属例外）；韵母是 ao 者其声旁则为"舀"，如"滔"、"韬"、"稻"、"蹈"等是。

⑭ 巟、㐬

巟（huāng），水广叫"巟"，从川亡声，大水茫茫之意。从"巟"得声的字有"荒"（慌、谎、塃）等。

㐬（tū），《说文》"云"之古文作"㐬"，象倒子形，读为突。"毓"（即"育"）字甲骨文作 毓，象胎儿从母体产下并带胎液之形，字从"每"（或作"母"、"女"）从㐬，㐬即古文云字。从"㐬"的字，"梳"、"疏"读为 shū，"流"、"硫"读为 liú。

"巟"之上体为"亡"声，"㐬"之上体为倒子，形虽近而来源不同，音义各别。从"巟"的字，今常用者仅一"荒"字及所孳乳数字而已。

⑮ 爪、瓜、辰

爪（zhǎo），象禽（兽）足带尖甲之形。从"爪"的字有"抓"、"爬"、"笊"

等。"爪"的变体作"爫","采"、"受"、"爱"、"孚"、"爱"、"觅"、"舜"并从"爫"。

瓜（guā），金文作⿱，象瓜蔓和瓜实之形。"瓠"、"瓢"、"瓣"等皆从"瓜"。"呱"、"觚"、"孤"、"弧"、"菰"等并从"瓜"得声。

𠂆（pài），古作⿰，是⿰即"永"字的反文。"永"义为长长的水（或认为"永"是游泳之"泳"的本字）；"𠂆"则为水流的别支，后加"水"旁作"派"，派生、派系、派别、流派、党派等皆其引申。

"爪"、"瓜"、"𠂆"三字作偏旁用，粗心的人容易相混致误，其实三者来源不同，音义迥别，细心体察，并不难区分。又"旅"字的右旁与"𠂆"也很容易相混，但它是另一个来源。按"旅"字古作⿰，从⿱下二人。⿱音读yǎn，原象飘动的旗子（"旗"字即从"⿱"），旗子下多人同行，乃军旅之象。隶变作"旅"，其右边为旗下二人之形，与"𠂆"实不相干。

⑯ 己、已、巳、㔾

己（jǐ），天干第六位。"记"、"纪"、"起"、"忌"、"改"、"岂"、"妃"、"配"等并从"己"。

已（yǐ），"已"是"巳"的分化字。《广韵》："已，止也，此也，甚也，讫也。"已经、已甚、不已皆用"已"。

巳（sì），地支第六位。古作⿰，象未成形的胎儿，从"巳"的"包"，即"胞"本字。此外，尚有"祀"、"汜"、"巷"、"熙"、"异"、"导"等皆从"巳"。

㔾（jié）古作⿰，象人跪踞之形。隶变在右作"卩"（"節"字简化作"节"，故亦有在下作"卩"者），在下则作"㔾"。如"危"字象一人高立崖上俯视，一人在下仰望，以见危状；"卷"字，《说文》："膝曲也，从㔾关声。"人跪踞则屈膝。此外，"犯"、"范"、"宛"等字亦从"㔾"。

"己"、"已"、"巳"、"㔾"四字形近易混，其区别在于上体开合情况不同，俗说开口"己"，窄口"已"，合口"巳"，内口"㔾"，可参考。

⑰ 戊、戉、戌、戍

戊（wù），甲骨文作⿰，是一种有刃长柄的武器。借用为天干第五位。从"戊"的字有"成"字，从戊丁声。

戉（yuè），古金文作⿰，也是一种古兵器，似大斧，是"钺"的本字。"越"、"樾"等字皆以"戉"为声。

戌（xū），甲骨文作⿰，⿰，象广刃兵器之形。借用为地支第十一位。灭的繁体作"威"、"滅"及岁的繁体作"歲"皆从"戌"作。

戍（shù），金文作⿰，象一个人扛着戈。《说文》："戍，守边也。从人持戈。"今用作卫戍字。

从字源看，"戊"、"戉"、"戌"都是古代斧钺类武器的象形，形制大同小异，字形也容易混淆。"戊"、"戌"之别在于"戌"有短横，"戊"则无之；"戉"字的特点在于左边的竖钩。"戍"是个会意字，在结构上与前三字相异，但字形上却也不好区别，特别与"戌"字更易相混，其区别只在字的中间："戍"为一点，"戌"为一横。

从以上情况可以看出，对现代汉字形近偏旁的分析，真正做到知其然并且知其所以然，应要做好以下三个方面的工作：一要注重溯源，利用古文字材料分析其最初的形态和所表现的涵义；二要注意探流，把它们放在文字演变的过程中进行考察，看它们发生了哪些变化，什么因素使它们变得形体相近不易区别；三要注意形音义之间的联系，有些形体上比较接近的偏旁，通过形义关系或形音关系，往往可以区别开来。也就是说，汉字源流的意识加强了，汉字形音义的关系理顺了，对汉字的理解和运用就更准确了。

第五章　特殊结构的合体字辨析

　　在前面的有关章节中，我们学习了汉字源流的基本理论和基础知识，学习了汉字的初文和汉字偏旁的流变。这样，对于常用汉字的基本部件已经有了一定的了解，对独体字以及由独体字组成的常用的合体字也有了相当的认识。但汉字中的合体字，还有相当一部分在结构上是不规则的，也是比较特殊的，如果没有正确的切分和适当的分析，我们对它的构形和涵义还是不得其解的。比如"章"字和"贼"字，如果按照一般的上下结构和左右结构分析为"立、早"和"贝、戎"，就无法确切地理解其形与义的关系；还有些特殊结构的汉字，其演变过程十分复杂，只有综合分析历时和共时的各种相关材料，才能拨开重重疑团，获得准确的认识，比如"風"字的问题，就是这方面比较典型的例子。根据研究所知，甲骨文原以"凤"形为"風"，写作"🗚"，正象凤鸟高冠修尾之形。后加"凡"为声符，且增画凤尾之珠毛纹饰为"🗚"形。西周金文将凤尾纹饰与凤体分离，并移置于声符"凡"之下，写作"🗚"。"🗚"又简化为"🗚"，并将声符"凡"下的三个珠毛尾饰省去其二，便成为"鳳"了。"鳳"的凤尾珠毛又进一步分化：声符"凡"下取尾饰之上部而成为《说文》古文的"🗚"；声符"凡"下取尾饰的下部则成为楚帛书的"🗚"字，并为《说文》小篆之所本。由于"🗚"形所从的尾饰上部形如古文之"日"，"🗚"形所从的尾饰下部形如古文之"虫"，故《说文》小篆便混同于"虫"，直接析"風"为"从虫凡声"，并强为之解曰："風动虫生，故虫八日而化。"后人不察，遂积非成是了①。其演变过程可谓错综复杂，如果没有具体的材料，没有深入的研究，是很难得其正解的。因此我们还需要专门谈谈特殊结构的合体字。本章分为两节，分别就"特殊结构的会意字"和"特殊结构的形声字"进行辨析。

第一节　特殊结构的会意字辨析

　　会意字是"比类合谊"而形成的，一般会意字在"比类"的过程中，各个偏旁符

---

① 参见曾宪通《释"凤"、"鳳"及其相关诸字》，载《中国语言学报》第8期，北京语言文化大学出版社1997年；又收入《古文字与出土文献丛考》，中山大学出版社2005年。

合汉字演变的一般规律，没有省略、变形、移位等特殊情况，分析起来就比较容易。比如"休"字、"取"字，前者从人从木，后者从耳从又，从古到今，只有笔势的变化，没有偏旁和偏旁位置的变化，其形义关系就很直观明白。但是像"射"字、"侯"字，如果没有古文字材料以及汉字源流的知识，分析起来就相当困难。像"射"字"侯"字这类不同于一般情况的会意字，我们称之为特殊结构的会意字，大体上可以分为省略、变形、移位、兼类四种情况。下面举例加以说明。

一、偏旁省略的会意字

偏旁省略的会意字，大致说来有两种类型。一类是指会意字的某个偏旁整个省略，另一类是指会意字的某一偏旁没有写全。前一种情况，可以"法"字为代表。"法"字原作"灋"，金文作🔾、小篆作🔾，一脉相承。许慎《说文解字》云："灋，刑也。平之如水，从水；廌，所以触不直者去之，从去。"形义关系十分清楚。但此字战国时期或省作🔾，小篆作🔾，后世承之，如汉帛书作🔾、汉简作🔾，只作从水从去，"平之如水"的含义尚存，但省了"廌"，"去"的含义就不好理解了①。后一种情况，可以"易"字为代表。"易"字本作🔾，象两酒器相倾承受之形，故会赐予之义，引申而有更易的意思。🔾省为🔾，两器变一器，仍属于第一种情况；再省为🔾，变写为🔾，最后形成小篆的🔾，这种简省的形体，其实是没有把酒器全部画出，只截取酒器中带"把"的那部分，就属于偏旁没有写全的类型了。这样一来，其形义关系也就隐晦难明了。对于偏旁省略的会意字，不管哪一种情况，我们在分析的时候都要运用地下出土的古文字资料，尽可能复原省前的形态，才能把字的形义关系讲得明白。下面再举十个比较常见的例子。

①耋

《说文》："耋，年八十曰耋。从老省，从至。"其全形作"𦒠"，从老，不省。甲骨文作🔾，亦不省。从老从至，谓年八十，老中之最者。

②孝

《说文》："孝，善事父母者。从老省，从子。子承老也。"金文作🔾，上为"老"，下为"子"，整字象小孩搀扶老人之形，即《说文》"子承老"之意。后来老人之形省略下半部分，遂变成"孝"字。

③送

《说文》："送，遣也。从辵，倴省。""倴"即"媵"字，媵为送女陪嫁，故倴本身即含有"送"意，后增益"辵"旁以足义，只是强调其动作而已。《说文》籀文作🔾，不省，小篆作🔾，金文作🔾，都是省形。这个例子除了省略，"倴"的右边写成

---

① 一说"法"字所从的"去"是声符，古音属于"叶"部，与古音属于"鱼"部的"去"字有别。详裘锡圭《古文字论集》第646—647页，中华书局1992年。

"关",还属于变形。

④秦

《说文》:"秦,伯益之后所封国,地宜禾。从禾,舂省。一曰禾名。𥠼,籀文秦从秝。"按,根据甘肃礼县新出的秦公鼎和秦公簋,"秦"字作🔲①,证明"秦"字不但确从"舂"省,从"禾"也是"秝"的省略。"秦"字在演变过程中其上部变为"夹",则是属于隶变造成的变形。

⑤具

《说文》:"具,共置也。从廾从贝省。古以贝为货。"按"具"字甲骨文作🔲或🔲,金文函皇父簋作🔲,皆从双手捧鼎之形,本义是备办好饭菜。䣄钟作🔲,双手所捧之鼎形已与贝形混同,古文字从鼎之字,其鼎形与货贝之贝形近易混,故从鼎之"鼎"省写为"贝"是常见的现象,如"则"、"员"二字原皆从鼎,后变从贝。曾伯簠作🔲,"贝"符下的两笔已与"廾"符的两笔相连,鼎形已完全写作"贝"了。此字可视作是🔲——🔲的中间桥梁。小篆作🔲,则"贝"又省写为"目"。《说文》所谓"从贝省"者,乃指小篆之"目"并非眼睛,而是"贝"形的省写。其实,从古文字演变源流来看,"具"字在演变过程中实际经历了两次省变,既有"鼎"之变"贝",又有"贝"之省略为目。

⑥昼

《说文》:"昼,日之出入,与夜为界。从畫省,从日。"又,《说文》:"畫,界也。象田四界,聿所以畫之。"按"昼"字较早的字形作🔲(䣄簋),从日而不从旦,也未见从畫从日的全形。但就小篆字形而言,"昼"作🔲,"畫"作🔲,所异只是一从"日",一从"田"。许慎解昼为"从畫省","畫"又有划界之意,与昼之"与夜为界"之解亦相合,故视为省形之会意字,字理上是可以说得通的。"昼"现简化作"昼",原来的形义关系已经看不出来了。"昼"来源于草书楷化,最早出现在元抄本《京本通俗小说》上②。

⑦庆

《说文》:"庆,行贺人也。从心,从夂,吉礼以鹿皮为贽,故从鹿省。"按庆字古或从"文"作,如伯其父簠作🔲,秦公簋作🔲,或从"心"作,如陈公子中庆簠作🔲,后世则以从"心"作者行而从"文"作者废。从"文"作的古"庆"字,鹿形头角四肢俱全,是比较完整的,故《说文》认为"庆"字从鹿省是可信的。至于"庆"字以鹿为形符的原因,许慎已经言明。或以为小篆所从之夂,乃金文鹿尾之省讹。许慎释义添一"行"字。

---

① 参见王辉、程华学《秦文字集证》图版7,台北,艺文印书馆2000年。
② 参见张书岩、王铁昆、李青梅、安宁《简化字溯源》第91页,语文出版社1997年。

⑧隶

《说文》:"隶,及也。从又,从尾省。又持尾者,从后及之也。"按此"隶"字非"隸"字之简体,而是"逮"的古字。"隶"字古玺作☒,小篆作☒,二者结构相同,组合略有变化。"尾"字甲骨文作☒,小篆作☒,其省体即☒。"隶"字从又持尾以会逮及之意,形义清楚,故《说文》以为"隶"从尾省是可信的。

⑨香

《说文》:"香,芳也。从黍从甘。"按"香"字《说文》小篆作☒,从黍、从甘,没有省略。其后☒字写作从禾从甘("甘"符写作"曰")的"香",从"禾"者乃"黍"之省。从"禾"的"香"字汉代《史晨碑》、《孔宙碑》已见之。

⑩保

《说文》:"保,养也。从人从采省。……☒,古文保不省。"按"保"字金文或作☒(保鼎),象一人负子于背,复以手护之,故有保护之意。大保簋之☒,将人与子分离并残存护手于右侧,其后更于左侧加点使之对称,遂成为通常所见的"保"字。在更早的古文字材料中,"保"字既有繁体全形,亦有简体省形,因知"保"字的偏旁省略,有比小篆更早的渊源。

二、偏旁变形的会意字

汉字偏旁的变形,亦称"讹变",是文字演变过程中常见的现象,其中尤以隶变造成的偏旁变形最为突出,对此,我们已在第四章作比较充分的论述。本节专就会意字的偏旁变形进行逐字分析,目的在于更好地认识会意字的形义关系。下面是十个较为常见的例子。

①射

小篆"射",古文作"躲",《说文》:"弓弩发于身而中于远也。"按《说文》根据字形中的"身"符所作的说解,并不符合"射"字源流的实际情况。考"射"字甲骨文作☒,其中花东甲骨文作☒(H3:772),加手形,金文承之作☒,都表示张弓搭矢以射的动作。在演变过程中,因"弓"形与"身"的古字形比较接近,导致"弓"讹变为"身",并进一步有所分化:一是沿甲骨文的☒,分解为从身从矢的"躲"(古文);二是沿金文的☒,分解为从身从寸的"射"(小篆),也就是现在通行字形的来源。

②解

《说文》:"解,判也。从刀判牛角。"按甲骨文"解"字作☒,商承祚先生《殷虚文字类编》云:"此象两手解牛角。"中山王鼎作☒,由"爪"变为"刃";古玺作☒,

由"刃"变"刀"，且偏旁位置也变得与后世"解"字相同。

③乘

《说文》："乘，覆也。从入、桀。"按甲骨文作🉑，金文作🉑，皆象人在木上之形，表示乘树登高之意。后突出人形的两足作🉑，小篆作🉑，《说文》析为从入从桀，是将"大"符的上体当作"入"形，"大"符带足的下体与"木"的上部相连而成"桀"形的。隶变后写作乗，最后楷化为"乘"。小篆从"入"、"桀"固非其朔，楷体中间作"北"者乃两足之讹，其离原形更远。

④饮

"饮"字《说文》作"歙"，从欠酓声。按小篆将"饮"字属之形声，其实，"饮"的早期字形和后期字形都应该属于会意字。考甲骨文"饮"字作"🉑"，象人俯首张口吐舌捧尊就饮之形。其后人形与口舌之形相分离，带口的人形变为"欠"符，口舌之形则讹为与"饮"读音相近的"今"符，如善夫山鼎作"🉑"，中山王方壶作"🉑"，则成为从欠酓声的形声结构，并为小篆构形之所本。小篆所从之"酓"，在隶变过程中由于笔画的糅合移位而变成与"食"的写法十分接近，如马王堆帛书《五行》篇二五六作"🉑"，左旁即颇类"食"形，其后武威简作飲，就变作从食从欠的会意字，成为后世通行的字形。

⑤表

《说文》："表，上衣也。从衣，从毛。古者衣裘，以毛为表。"徐锴《说文解字系传》："古以皮为裘，毛皆在外，故衣毛为表，会意。""表"字小篆作🉑，秦简作🉑，汉简作🉑，汉碑作表，其"衣"之上部与"毛"结合而成"🉑"符，前后递嬗演变的过程十分清楚。但就楷书的"表"字而言，其从衣从毛的构形已难以索解了。

⑥寒

《说文》："寒，冻也。从人在宀下，以茻荐覆之，下有仌。"按"寒"字小篆作🉑，睡虎地秦简作🉑，与小篆结构相同，《说文》析形不误。但在隶变楷化的过程中，由于平直方正笔势的影响，使"茻"的上体与"人"黏合为"井"形，其下体则混同于"卅"，遂成"寒"字。这样从宀从仌的部件虽存，而从人从茻则完全变形，其形义关系便不易分析了。这种偏旁变异和混同前文已有所论及，此不赘。

⑦执

《说文》："执，捕罪人也。从丮，从𡕒。"甲骨文作🉑、🉑，表示人的双手被铐在刑具内，以会抓捕之意。金文作🉑，小篆作🉑，从丮从𡕒，人手虽与刑具分开，但尚未变形。其后"丮"变为弹丸之"丸"，"𡕒"变为幸福之"幸"，繁体作"執"，简化为"执"，形义关系便隐晦莫明了。

⑧折

《说文》："折,断也。从斤断艸。"按"从斤断艸"乃据篆文为说,与"折"字的初形朔谊不合。考甲骨文"折"字作𣂚,实是从斤断木之形。又有作𣂈者,则木旁已讹作上下两中矣。随后两中之形行而断木之形废。《说文》古文相承作𣂚,遂有"从斤断艸"之说。可见"折"字的演变实际上经历两次变形:第一次是由"断木"变为上下两中的"断艸";第二次是由上下两中的中竖相连而成"手"形,即《说文》小篆作𣂈者之所本①,隶变作折,便成为后代通行的"折"字。通过"折"字的两次变形,可以从构形理据试作阐释:第一次由"从斤断木"变为"从斤断草",断艸何以用斤?虽不好理解,但偏旁的主客体仍保持施受的关系,"折"的意义也随之得到体现;第二次变为"从手从斤"之后,偏旁之间的形义关系反而难以索解了。

⑨要

《说文》："要,身中也。象人要自𦥑之形。"按《说文》"要"即腰的古字,小篆作"𦥻",古文作"𦥹",段注本《说文》改作"𦥺",并云:"按各本篆作𦥻……浅人所妄改也。今依《玉篇》、《九经字样》订,顾氏、唐氏所据《说文》未误也……上象人首,下象人足,中象人腰而自𦥑持之,故从𦥑。必从𦥑者,象形犹未显人多护惜其腰故也。"隶变过程中,"要"字上部变为"覀",下部变为"女",已经完全变形,看不出原来的形义关系了。

⑩函

"函"字甲骨文作𢎹,金文作𢎺,本象纳矢于囊中,引申而有容纳、包含的意思。小篆作𢎽,当从金文演变而来:上部之"𠂆"为囊之提手变形,框中之"𢎸"为倒矢之形。小篆的写法隶定为"圅",隶变作"函",字形发生了很大变化,必须参照先秦文字方能明了其中的形义关系。

三、偏旁移位的会意字

合体汉字为了结构的平衡,需要安排好偏旁的位置,有时无法用简单的左右结构或上下结构进行机械排列,就会发生偏旁移位的现象。在前所举偏旁变形的例子中,"射"字古文之"矢"由横贯变为竖列,"解"字之"牛"由左下移居右下,也是偏旁移位的结果。这种偏旁移位的现象,有的字一开始就出现了,有的则是在演变的过程中逐渐发生的。如果某个偏旁发生了不规则的移位,往往就会造成结构切分和形义分析的困难。在这种情况下,我们必须凭借有关的古文字材料,从汉字源流的角度,把相关的字形结构及其偏旁位置梳理清楚,进而揭示其中的形义关系。下面我们举一些偏旁移位的会意字进行具体分析。

---

① 学者多认为从手之"折"乃隶变而成,参看《段注》该字条下。如此,则篆文从手之"折"当据隶书还原。

①敖——𣥏

《说文》"出"部："敖，游也，从出从放。"又"放"部："敖，出游也，从出从放。"段注："从放，取放浪之意。"按此字二部重出，其义即后来"遨游"之"遨"。以上许慎、段玉裁所说，当属理据重解。敖字金文作𢾃、𣀳，构形待考，小篆字形有所讹变，秦简作敖，为后世隶楷所从来。就小篆结构而言，由于"出"符居字之左上角，逼使"放"旁的"方"符屈居左下角，造成"放"偏旁的移位。隶变以后，"出"形如"土"，其竖笔下透与"方"符上透之笔相连，看起来好像是左右结构的字形，如果没有正确的切分，就会引起误解。

②罚——𦋊

《说文》："罚，罪之小者。从刀，从詈。未以刀有所贼，但持刀骂詈则应罚。"许慎以持刀骂詈则应罚为解，可能是以汉律条文作为释字的依据。徐灏《注笺》云："罚，从网从言从刀。网者罪之省也；言者爰书定罪之意；刀者自大辟至于劓刵髡黥之属，皆刑其肢体也。析言之，则重者为刑，轻者为罚。"许、徐二氏所解，似与一般会意字的"比类合谊"有别。"罚"字的形义关系，尚有其他说法，皆因偏旁切分与解析不同所致，此不赘引。就字形而言，金文作𦋊，偏旁位置与小篆同，隶变后，"网"形居上，"刀"形处下，如睡虎地秦简作𦋊，乃后世"罚"形之滥觞。另石经《多士》篇篆文作𦋊，则可能是据隶书结构还原的。

③猒——𣱺

《说文》："猒，饱也。从甘，从肰。""肰，犬肉也。"可见"猒"的形义关系是指犬肉味甘好吃，很快就饱，引申为"满足"。这个意义后来写作"厭"，现省为"厌"；也作"饜"，省为"餍"，古今变化较多，但都来源于"猒"。"猒"字金文作𣱺，"肰"旁早已移位，当注意"猒"字之左边为上"日"下"月"，本身不是一个独立的偏旁。

④侯——𥏌

《说文》："矦，春饗所射矦也。从人，从厂，象张布，矢在其下。"按"矦"的本义是指古时射礼所用的射布，相当于后来的箭靶。其常用义为古时五等爵"公、侯、伯、子、男"的第二等。"矦"字甲骨文本作𥏌，上不从"人"，《诅楚文》及古陶文皆作𥏌，上已从"人"，隶变作侯，其第一笔与第四笔相连而成为"亻"，居字之左旁，余下部分居字之右旁，遂成"侯"字，但与纯单人旁的构形有别。

⑤盈——𥁋

《说文》："盈，器满也。从皿、丮。"徐铉曰："丮，古乎切。益多之义也。古者以买物多得为丮。"《说文》："丮，秦以市买多得为丮，从乃从夂，益至也。《诗》曰：'我丮酌彼金罍。'"按《说文》所引《诗》句，今本作"我姑酌彼金罍"，可证丮音"古乎切"。然其字作从乃从夂，形义关系比较费解。赵平安根据新出土的秦楚文字资料，探讨"夃"的形义来源，指出"夃"其实是"股"的初文，字由侧立的人形和在人形股部加上特定的指事符号所构成。其后人形与特定符号分离并发生讹变，在秦楚文字的草率写法中遂有不同的表现，然其演变脉络仍隐约可寻。① 在写法上，从夃之"盈"字，石鼓文作𥂉，秦简作𥂉，𠃌写作"乃"形；汉代以后，由于偏旁移位，"夂"形首笔与"乃"形首笔重叠，变成了从"乃"从"又"，其形义关系更不得其解了。

⑥夙——𠈪

《说文》："夙，早敬也。从丮持事，虽夕不休，早敬者也。"胡光炜《说文古文考》："象人执事于月下，侵月而起，故其谊为早。"甲骨文作𠈪，金文作𠈪，基本上都是"夕"（古夕与月同字）在左上，"丮"处右下，表示"人执事于月下"之意。小篆偏旁移位变为左右结构，"早敬"之义无法显示；秦简作𠈪，变为上下结构，然"丮"变形为"凡"，"夕"变形为"月"；汉碑相承而写作夙，"夕"复移位于"凡"之内，"早敬"的意思更难以寻觅了。

四、形符兼声的会意字

形符兼声的会意字是指会意字的形符除了表义，还兼有表音的功能。这种字《说文》称为"亦声"字，后来也叫做会意兼形声，因而在归类上，有人归为会意字，有人则纳入形声字的范畴，不很统一。就汉字源流而言，这类字多数是由字根孳乳而成的，即在初文之外加上形符，把原来的初文作为声符而形成的，这样，初文部分其实是既表义又表音了，与纯粹的形声字的声符只用于表音有所不同。这类字的归属问题在理论上还可以讨论，这里为了叙述的方便，我们还是把它列在会意字的类别里。下面举一些例子加以说明。

①煣——煣

《说文》："屈申木也。从火、柔，柔亦声。"意即用火烘烤木条使之弯曲或申直。如《易·系辞下》："斲木为耜，煣木为耒。"《荀子·劝学》："木直中绳，𫐐以为轮，其曲中规。""𫐐"古通"煣"。按《说文》："柔，木曲直也。"意谓木质柔软，可使曲直。段注："凡木曲者可直，直者可曲曰柔。"所以在"煣"字中，"柔"既表意，亦兼表音。

②娶——𡜎

《说文》："取妇也。从女，从取，取亦声。"按"取"的本义是捕取，指割取战俘的左耳，《周礼》所谓"获者取左耳"。古有抢婚之俗，故娶妇亦用"取"字，楚帛书及秦简日书中多见之。后加"女"特指取妇，以区别取左耳，遂有"娶"字。段注云：

---

① 说详赵平安《关于夃的形义来源》，载《中国文字学报》第2辑，商务印书馆2008年；又收入《新出简帛与古文字古文献研究》第97—105页，商务印书馆2009年。

"经典多叚取为娶。"则以"取"之取妇义为借义，不认为是挈乳引申，殆非。

③鼓——𪔐

《说文》："鼓，郭也。春分之音，万物郭皮甲而出，故谓之鼓。从壴，支象手击之也。"按"鼓"之本义为击鼓，动词。"壴"本象鼓形，郭沫若《卜辞通纂》："（壴）乃鼓之初文也，象形。""支"为"攴"之形变，乃手持鼓槌之象。甲骨文或作𪔐，正是手持鼓槌击鼓之形。故"鼓"字构形当分析为从壴，从攴，壴亦声。

④齅——𪖰

音 xiù，嗅之异体。《说文》："齅，以鼻就臭也。从鼻，从臭，臭亦声。"按"臭"字本音 xiù，作名词，指气味；作动词，即嗅闻气味。后因"臭"主要用于表示气味，特别是难闻的气味，因此动词义的"臭"，或加"鼻"、或加"口"而形成"齅"或"嗅"，则其字根"臭"既表意，又表音。

⑤禮——禮

《说文》："禮，履也。所以事神致福也。从示，从豊，豊亦声。"徐灏《注笺》："禮之言履，谓履而行之也。禮之名，起于事神。"按"禮"字本作豊，王国维《观堂集林》："象二玉在器之形，古者行礼以玉。"后祭祀类的字多从"示"，遂加"示"而成"禮"字。现简化作"礼"，已见于战国古文，其渊源可谓久远。

⑥婢——婢

《说文》："婢，女之卑者也。从女，从卑，卑亦声。""婢"原指被没入官府的罪人的眷属，亦指女仆，都是地位低下的女性。字从"女"，表示女性；从"卑"，表示地位低下，同时也兼表"婢"的读音。

⑦懈——懈

《说文》："懈，怠也。从心，解声。"按《说文》："解，判也。从刀判牛角。"从词义引申的角度说，松懈、懈怠应该是"解"的引申义，只不过是比较远的引申义罢了。因为"从刀判牛角"可引申为一般的分解、松散，再引申为松懈、懈怠。《诗·大雅·烝民》："夙夜匪解，以事一人。"《中山王壶》："夙夜篚解，进贤措能。"二例的"解"都用为"懈"，《说文》以为形声，旧时认为是假借，其实应属字义的引申，字形可分析为从心、从解，解亦声。

⑧婚——婚

《说文》："婚，妇家也。《礼》：娶妇以昏时。妇人阴也，故曰婚。从女，从昏，昏亦声。"许慎已经把"婚"字作为会意兼形声的含义阐释得很清楚了。

⑨诽——诽

《说文》："诽，谤也。从言，非声。"段注："诽之言非也，言非其实。"按《墨子·

经上》云："诽，明恶也。"《吕氏春秋·自知》："尧有欲谏之鼓，舜有诽谤之木。"高诱注："书其过失以表木也。"说明"诽"是指责过失，不是"言非其实"，与后世之无中生有的诽谤不同。"非"亦有指责之义，故段注以声训解释"诽之言非也"，自有其合理之处。此字应分析为从言从非，非亦声。

⑩ 疆——畺

《说文》："畺，界也。从畕，三其界画也。"按《说文》小篆或体作疆，为后世"疆"字所本。其字本作畕，从二田会意。后或在两个"田"字的上中下画三条横线，明确疆界之义，此即《说文》之"畺"；或在两个"田"的旁边加"弓"，"弓"是丈量田地的用具，表示划定田界需要丈量，作畺、畺或疆，与训弓有力的彊为同形字。其后为了分化同形字，故再加"土"为意符，即成《说文》小篆或体之"疆"。就"疆"字而言，应分析为从土，从彊，彊亦声。

⑪ 辆——辆

此字《说文》未见。《正字通·车部》："辆，通作两。《汉书》注：'车一乘曰一两。'言辕、轮两两而耦也。"裘锡圭说："辆，车的单位，因古代的车用两轮得名（古书多以"两"表{辆}）。"[①] 故"辆"可以分析为从车，从两，两亦声。

据统计，《说文解字》中明确标明"从某、从某，某亦声"的"亦声字"有210多个，加上《说文》没有标明和没有收入《说文》的"亦声字"，如上举之"僻"、"诽"、"疆"、"辆"等，"亦声字"的数量当然远不止于此。"亦声字"作为一种介于会意和形声之间的汉字结构类型，自有其特殊的价值，它对于同源字、同源词、"右文学"等方面的研究，都有重要的意义。

第二节 特殊结构的形声字辨析

形声字的结构，也像会意字一样，都是合数体而成一字。但形声字的数体中，一定是一部分表形、一部分表声的。表形的叫形符，表声的叫声符。我们在第二章"形声字的义例与类别"中指出形声字可从不同的角度进行分类：①可以从形符和声符的位置关系进行分类；②可以从形符声符是否完整的角度进行分类；③可以根据形声字的不同来源进行分类。①②两项重在结构，第③项重在源流。在第二章中我们根据第③种分类对增加声符、增加形符、改换声符、改换形符、讹变声化、直接形声等类别进行了说明，本节主要谈结构问题，所以着重从①②两项对特殊结构的形声字加以说明，目的在于提高辨析特殊形声字的能力。

一般的形声字结构，形符和声符都有一定的位置，通常以左形右声为最多，但也不

---

① 裘锡圭《文字学概要》第175页，商务印书馆1988年。

以左形右声为限。唐代贾公彦《周礼正义》分形声字为六类，云："若江河之类是左形右声，鸠鸽之类是右形左声，草藻之类是上形下声，婆娑之类是上声下形，圃國之类是外形内声，闺閫衡衔之类是外声内形。此声形之等有六也。"① 此六类之中，前四类的形符和声符都比较容易辨别，字形结构也比较好切分，后二类的某些例子，有的形符被拆为两半，分处上下或左右，有的声符被拆为两半，别居上下或左右，相对而言，也比较特殊，需要我们注意辨别，这里不妨再补充一些例子：外形内声的如"衷（从衣中声）"、"裏（从衣里声）"、"裹（从衣果声）"、"歲（从步戌声）"、"嚚（yín，从㗊臣声）"、"彥（从彣厂声）"、"楙（从林矛声）"、"術（从行术声）"、"街（从行圭声）"、"衢（从行瞿声）"；外声内形的如："哀（从口衣声）"、"莽（从犬从茻，茻亦声）"、"辯（从言辡声）"、"讎（从言雔声）"、"游（从㫃汙声）"、"隨（从辵隋声）"等。

以上六类，占形声字的绝大多数，虽然前四类和后二类还有所区别，但都属于形声字的一般结构。现在我们要讲的是以上六类以外的特殊结构，这些特殊结构是指形声字的形符或声符，由于种种原因，产生了省略、变异和偏处一隅等不规则现象。这类字是现行汉字中较难分析的一部分，如果没有认真研究，往往不能很好地认清其结构，切分其部件，也就无法了解其形义关系和形音关系了。下面我们按照若干类别，各举一些例子加以分析。

一、偏旁省略的形声字

形声字由形符和声符所构成。正规形声字的形符和声符是完整的，但也有一部分形声字的形符和声符有所省略。形符省略的形声字，《说文》称为"省形"；声符省略的形声字，《说文》称为"省声"。一般来说，只有不省形符和声符的形声字存在，所谓"省形"和"省声"的形声字才能成立，所以，我们在分析这类形声字的时候，一般都要补出被省去的形符或声符，方能正确理解。形符和声符都是偏旁，我们这里合称为"偏旁省略的形声字"。

从古文字的构形情况考察，形声字在形成和发展的过程中，为了避免形符和声符出现叠床架屋的现象，省形和省声是符合汉字不断简化的发展规律的。《说文》对省形的分析绝大多数也是言之成理的。如"星"字的全形作"曐"，《说文》以"曐"为正篆，以"星"为或体，两相对照，"星"为"曐"形之省，便一目了然。但对《说文》中的"省声"字，后人则颇多质疑。因为大多数省声字毕竟只取偏旁，不载全字，到底有无省略，或是何字之省，在没有看到不省的字形以前，是不容易令人信服的。还有一些省声字显然与汉字的历史发展材料不合，或者根据讹变的形体立说，如说"黍"为"雨省声"、"龍"为"童省声"、"皮"为"爲省声"、"监"为"䀏省声"、"奔"为"贲省声"等等，都与这些字的演变源流不合，也就难以令人置信了。

---

① 见《周礼注疏》卷十四，《十三经注疏》第731页，中华书局1980年。按"闺阓（街市之意）"之"闺"原文作"䦲"，《校勘记》指出毛本作"闺"，是。"闺阓"二字是外形内声，不是内形外声。后人多易"闺阓"为"闻问"。

另一方面，随着地下古文字资料的不断涌现，过去认为不可理解的某些"省声"字，现在看来确是可信的。如备受争议的"家"字，段注本《说文》云："凥也。从宀，豭省声。"段玉裁注："按此字为一大疑案。豭省声读家，学者但见从豕而已。从豕之字多矣，安见其为豭省耶？何以不云叚声，而纡回至此耶？"考甲骨文"家"字作 ⌂（《合集》3522 正），从宀夋（音 xiā）声。按夋象牡豕（腹下有生殖器之形），甲骨文作 ⌂（《合集》900 正），小篆作 ⌂，《说文》"读若瑕"，乃豭（牡豕）之初文。古文字夋旁或省生殖器作豕形，为小篆所承袭，并为《说文》之所本。许慎以"豭省声"说之，犹存古谊，当是可信的①。又如《水部》云："漢，漾也，东为沧浪水。从水，難省声。"段玉裁以为"難省声"是"浅人所改"。但根据古文字材料，早期的"漢"字确是从難得声的。现在所能看到的最早的"漢"字，是战国时期的鄂君启节。节铭云："自鄂往，逾湖，上灘……逾灘，就郢。"其中之"灘"，同"漢"，指漢水，字作"⌂"，正是从水難声，可见许说不误②。《木部》云："棨，传，信也。从木，啟省声。"居延出土的张掖都尉棨信，棨字从"啟"作，不省，说明《说文》是正确的。《生部》云："產，生也。从生，彥省声。"《玺汇》3661 產作 ⌂，从彥不省；另外，"颜"字马王堆《老子》甲本和扶风出土汉印都作从"產"从"页"，也说明"彥"、"產"关系密切。因此，"產"从"彥"省声也是有根据的。总之，我们对于《说文》所载的省声字，还是要本着实事求是的态度，历史地、辩证地认真加以对待。

下面我们分"形符省略例"和"声符省略例"③，各举一些例子予以说明。

（一）形符省略例

根据统计，《说文》所载省形字共有 91 个，分布在"殺"、"爨"、"高"、"晶"、"履"、"橐"（音 gǔn，从束，圂声，义为束，捆）、"老"、"疒"等部中，其中也有非形声字的省形字，如《说文·老部》之"孝"字，其实是会意字。《说文》云："孝，善事父母者。从老省，从子。子承老也。"这种情况与形声字无涉。这里只举形声字中的省形字。比如：

①弒

小篆作 ⌂，《说文》："臣殺君也。《易》曰：'臣弒其君。'从殺省，式声。"按"殺"字现已简化为"杀"，从简化字的角度来看，"弒"就不是省形字了。

②爨

小篆作 ⌂，《说文》："血祭也。象祭灶也。从爨省，从酉。酉所以祭也。从分，分亦声。"

---

① 参见黄德宽主编《古文字谱系疏证》第 1357—1359 页，商务印书馆 2007 年。
② 参见陈炜湛《"漢"字漫议》，收入《汉字古今谈·续编》，语文出版社 1993 年。
③ 《说文》还有形符和声符都有省略的形声字，如《橐部》之"囊"字，是"从橐省，襄省声。"这种情况比较少，此从略。

③亭

小篆作倉，古陶文作倉。《说文》："民所安定也。亭有楼，从高省，丁声。"《说文·高部》所属三字，皆省形字。另两字分别是"膏"（小堂也。音qǐng，即"庼"字，从高省，冋声）和"亳"（从高省，乇声）。

④星

小篆作曐，《说文》："曐，万物之精，上为列星。从晶生声……星，曐或省。"按"星"甲骨文本作"晶"，为象形字，后加"生"为声符，成为形声字，为求简便，把"晶"省为"日"，经典多从之。

《说文·晶部》之"晨（房星）"、"参（商星）"也都是从"晶"的省形，前者省"晶"为"日"，后者省"晶"之三"日"为三个"〇"，作"曑"，隶定楷化为"參"，现又再省为"参"。

⑤屨

小篆作屨，《说文》："履也。从履省，婁声。"现简化为"屦"。"屦"的本义是鞋子。段注引晋蔡谟曰："今时所谓履者，在汉以前皆名屦。"如《左传·成公二年》："郤克伤于矢，流血及屦，未绝鼓音。"《履部》所属之屩、屐等字也都是从履省的形声字。

⑥橐

音tuó，小篆作橐，《说文》："囊也。从橐省，石声。""橐"的本义是袋子。段注："许云：橐，囊也；囊，橐也。浑言之也。"如《诗·大雅·公刘》："廼裹餱粮，于橐于囊。"毛传："小曰橐，大曰囊。"《橐部》所属之"囊"、"橐"等字也都是从"橐"省的形声字。

⑦耆

小篆作耆，《说文》："老也。从老省，旨声。"《释名·释长幼》："六十曰耆。"按"耆"字在相邦义残戈中作耆，睡虎地秦简作耆。则"耆"字所从的"老"并不省形。且在后代的字书中也有记载，如王筠《说文句读》指出："《广韵》作耆，'老'不省。"除《广韵》外，《集韵·脂韵》、《字汇补·老部》都收有不省形的"耆"字。

以上列举了"殺"、"爨"、"高"、"晶"、"履"、"橐"、"老"各部的省形形声字，"疒"部的省形字可参看下文"声符在右下角的形声字"之"瘵"字例。此外，"屈"字小篆作屈，《说文·尾部》云："无尾也。从尾，出声。"此字篆书不省，隶变后省"尾"为"尸"，也属省形的形声字。"巷"字篆文作巷，当分析为从邑从共，共亦声，其字今作"巷"，乃省"邑"为"巳"，也当属于省形之例。

（二）声符省略例

《说文》所载的省声字近300个，其中有的省声说根据不足，学者多以为不足信据，前已述及，此不赘。下面我们尽量选择一些具有不省的全形作为比照的省声字加以说明。

① 襲

小篆作𧝴，《说文》："左衽袍。从衣，龖省声。𧞤，籀文襲不省。"按"襲"从龖省声，已有籀文为据，另金文作"𧞤"，亦可证明。龖音dá，与"襲"同在缉部。"襲"现简化为"袭"。与"袭"字情况相同的是"讋（詟）"字（音zhé），从言，龖省声，亦有不省的籀文为据，见《说文·言部》。古代"龖"与"龍"读音完全不同，如果没有指出其为省声字，人们便不能了解它们的形声关系了。

② 融

小篆作融，《说文》："炊气上出也。从鬲，蟲省声。䕨，籀文融不省。"楚帛书"炎帝乃命祝融"之"融"作𧌒，从二虫，亦"蟲"之省。古代"蟲"、"虺"与"虫"三字并不同音，许慎在这里指出其"省声"关系是完全必要的。

③ 麇

小篆作麇，《说文》："麞也。从鹿，囷省声。𪊍，籀文不省。"按"麇"字不省的字形作"䴥"，文献中还有用例，亦可写作从"君"得声的"麕"。如《诗·召南·野有死麇》："野有死麇，白茅包之。"《释文》作"麕"，云："本亦作䴥，又作麇。"此字甲骨文作𤞞，已是简体，故唐兰批评说："殷世已有麇字，而䴥麕之字发生，尚在其后，又安得因而省之哉？"①

④ 徽

小篆作徽，《说文》："衺幅也。一曰三纠绳也。从糸，微省声。"按此字《三体石经·无逸》作"𢕎"，从糸从散（微本字），可证其从微不省。《说文》"巾部"之"幑"（音huī，标志）、"黑部"之"黴"（音méi，即"霉"字），许慎也都认为是"微省声"，虽然目前还没有发现其不省的字形，但以上述"徽"字例之，应该也是可信的。

⑤ 膚

小篆作膚，《说文》："皮也。从肉，盧声。𦢊，籀文臚。"段注："今字皮膚从籀文作膚，膚行而臚废矣。"按籀文和小篆相比较，籀文膚当析为"从肉，盧省声。"小篆

---

① 唐兰《获白兕考》，载《史学年报》第四期，1932年。

的"臚",本音"力居切",又"凌如切",读为 lú,简化为"胪",表示胪陈、胪列等义。皮膚义的"膚"简化字作"肤",最早见于楚简《周易》"脣亡肤","肤"亦见于《玉篇》。《玉篇·肉部》:"膚,府隅切。皮也。《易》曰:'噬膚灭鼻。'肤,同上。""肤"当析为"从肉,夫声"。

⑥岛

小篆作 ᠌,《说文》:"海中往往有山可依止曰岛。从山,鸟声。"按此字甲骨文作 ᠌(《合集》5497)、᠌(《屯南》4565),从"鸟",皆不省。后来通作"島",因"鳥"简化作"鸟","島"亦类推为"岛"。"島"、"岛"都应析为"从山,鸟省声。"

⑦夜

小篆作 ᠌,《说文》:"舍也。天下休舍也。从夕,亦省声。"古文字材料中,也有不省的"夜"字,如夜君鼎作 ᠌,从"亦",不省;《郭店·老甲》8"夜"字作 ᠌,从亦从夕,只不过写成了上下结构,说明"夜"从"亦"声是完全有根据的。其实,从古文字的构形来说,像师酉簋"夜"作 ᠌,包山简 200"夜"作 ᠌,睡虎地秦简"夜"作 ᠌,都可把"夕"字的末笔看成"亦"和"夕"共有的部件,其从"亦"声也是很显然的。

与"夜"字类似的例子还有"齋"、"羆"、"黎"、"隆"、"釜"等,如:

⑧齋

小篆作 ᠌,《说文》:"戒洁也。从示,齊省声。"按"齋"、"齊"中的"二"为共用部件,也可析为"从示,齊声。"蔡矦盘作 ᠌,《淮源庙碑》作 ᠌,都是从示齊声。

⑨羆

小篆作 ᠌,《说文》:"如熊,黄白文。从熊,罷省声。᠌,古文从皮。"按就小篆结构而言,"能"为"熊"、"罷"二字的共有部件,故也可析为"从熊,罷声。"另按,《说文》所录古文,实即从能,皮声。"能"乃"熊"的本字。

⑩黎

小篆作 ᠌,《说文》:"履粘也。从黍,ᠯ省声。ᠯ,古文利。作履粘以黍米。"段注:"《释诂》曰:'黎,众也。'众之义行而履粘之义废矣。"按"黎"字中的"禾"为"黍"和"利"二字公用,也可释为"从黍,利声。"

⑪隆

小篆作 ᠌,《说文》:"丰大也。从生,降声。"按小篆及新嘉量之"᠌","生"、"降"都是完全的,汉碑《石门颂》作隆,就把形符"生"之头和声符"降"之脚合并了。故此字也可析为"从生,降省声。"

⑫釜

小篆作䥬,字本从金,父声。河北出土的陶灶作釜,晋右尚方釜作釜,所从的"父"声都不省略。其后把"金"旁的"人"符和"父"旁的"乂"符重叠而形成"釜"字。以"釜"字观之,也可析为"从金,父省声。"

像这类形符与声符共用某一偏旁的形声字,在分析其形体结构的时候,既可以全形说之,也可以省形说之,似不必拘泥于某一固定的成法。同样,对于省声的问题,也要有历史发展的观念,适当地加以变通,字形变化了,结构的分析也必须随之而变,这才是科学的态度。

二、偏旁变异的形声字

偏旁变异是指由于字形的发展变化,特别是隶变楷化以后,有些偏旁的写法发生了比较大的变化,如果没有源流演变的知识,往往不容易看得清楚。在上述的例子中,也有一些属于偏旁变异的情况,如"夜"字的"亦"符,变化就比较大。还有些形声字的形符和声符都发生了变异,比如小篆的"䵼"字,本是从攴丙声,但在隶变的过程中,形符和声符的笔画发生黏合,最后形成"更"形,已经看不出原来的结构了。又如"壹"字,小篆作壹,从壶,吉声,隶变过程发生形符和声符的混合变异,结果下部类化为"豆"。这类字如果没有经过对比分析,就不明了其变异之所在。下面我们也分为"形符变异例"和"声符变异例"加以说明。

(一) 形符变异例

①属

小篆作属,《说文》:"连也。从尾,蜀声。"徐灏注笺:"属之言续也。《系传》曰:'属,相连续,若尾之在体,故从尾是也。引申为会合之义。'"按"属"字形符"尾"中之"毛",变形为类似"氺"形,与从又持尾省之"隶"字和从牛尾声之"犀"的变写相同。隶变中,形符的"毛"和声符的"蜀"产生混合讹变,成为上"尸"下"禹"的"属"字,已非形声结构,并为现行简化字所采用。

②虚

小篆作虚,《说文》:"大丘也……从丘,虍声。"字本当作"虗",形符"丘"隶变作业,繁体字改写作业,简化字又写作"业",都看不出从"丘"之形了。

③舉

小篆作舉,《说文》:"对举也。从手,舆声。"本应作"舉",但在隶变过程中,形符"手"写成"キ",经典相承作"舉",现又简化为"举"。与"舉"字情况类似的是"奉"字,本从手从廾丰声,隶变后形符"手"也写成"キ"。

④扌

小篆作𢪒，《说文》："縱也。从手，乙声。"按此字杨篮作𢪒，谏簋作𢪒，似非从手，待考。如《说文》所说不误，其手后作"扌"，亦属变形。

⑤辨

小篆作𧦮，《说文》："判也。从刀，辡声。"隶书或作辨，仍从刀；或作辨，刀变为刂，为后世楷书所本。桂馥《说文解字义证》云："辨，隶作辨，刀变为刂，与班作班同。"按"班"字《说文》以为会意字，"分瑞玉，从玨，从刀。"朱骏声《说文通训定声》曰："从分省，会意，分亦声。"则以为会意兼声。"班"字金文作𤤴，小篆作班，《杨统碑》作班，所从之"刀"的变化过程，与"辨"字相类。

（二）声符变异例

①那

小篆作𨙻，《说文》："西夷国。从邑，冄声。安定有朝那县。""冄"即"冉"。《集韵·琰韵》："冄，或作冉。"徐灏注笺："那从冄声，盖声变之异。"汉碑"那"字声符还无变写，如熹平石经作𨙻。写作"那"应是楷化的结果。"那"是个多音字，要注意辨别。

②读

小篆作讀，《说文》："诵书也。从言，賣声。"按此字声符"賣"本是𧶠（音yù）字，从贝𧸇（古文睦）声，读若育。这个声符在隶变过程中与买卖之"賣"字混同，故以此为声符的字都写成从"賣"，如"櫝"、"牘"、"犢"、"黷"、"瀆"、"贖"、"續"等字都是如此，其简化字也都据"賣"简化为"卖"。

③布

小篆作𢁉，《说文》："枲织也。从巾，父声。"其声符"父"在隶变过程中变为"ナ"，与"左"、"右"、"有"等字所从混同，变得不易认识了。另外，"甫"字也从父声，小篆作甫，隶变楷化后其声符写成"十"加右上一点，也属变形之列。从源流的角度说，"甫"当是"圃"的本字，甲骨文作"𤰔"，原象田里长出禾苗的样子，金文开始变为"从用父声"，应是变形音化的结果。

④黄

小篆作黄，《说文》："地之色也。从田，从芡，芡亦声。芡，古文光。"若按许慎之说，小篆及与小篆相似的古文"黄"字，其形符"田"夹在声符"芡"的中间，就已经粘合在一起了。隶变楷化后，由于笔势趋向平直，变形也更加剧烈。然溯其本源，

此字甲骨文作 ⿰、⿱，象人佩玉环之形。后玉环变形为"田"，人形则讹变为"⿱"。郭沫若《金文丛考·释黄》云："黄即佩玉……后假借为黄白字，卒至假借义行而本义废，乃造珩若璜字以代之，或更假用衡字。"据此，小篆"黄"字的声符，也是变形音化的结果。

⑤贼

小篆作 ⿰，《说文》："败也。从戈，则声。"按"贼"字所从之"则"的偏旁"刀"，后变为"十"形，与"戈"合在一起，遂成"戎"形，故段玉裁谓"今字从戎"，实乃变形所致。汉碑作"贼"，可视作古今演化的过渡形态。值得注意的是，《说文》对于"贼"字结构的分析本身就存在矛盾：《攴部》"败"字下云："毁也。从攴贝。败、贼皆从贝，会意。"显然与《戈部》"贼"字下解"贼"为形声结构者不同。段玉裁在"败、贼皆从贝"下注云："二字同意。古者货贝，故从贝会意。《戈部》云：贼'从戈则声'，与此不合。"在"贼"字条下注曰："此云则声。《贝部》又云：'败贼皆从贝，会意。'据从贝会意之云，是贼字为用戈若刀毁贝会意，非形声也，说稍不同。以周公誓命言，则用戈毁则，正合会意。"段注既指出所释形声、会意前后不合，又为许的会意说阐释理据，其实仍摇摆于两说之间。今按散盘"贼"字作"⿰"，若解为"用戈若刀毁贝会意"，似无不可。《左传·文公十八年》："〔周公〕作誓命曰：'毁则为贼，掩贼为藏。'"杜预注："毁则，坏法也。"据此，段氏"用戈毁则"之训亦有理据。若此说可从，则不妨将"贼"字析为"从戈从则，则亦声"，当可弥缝两说之缺失。

⑥存

小篆作 ⿰，《说文》："恤问也。从子，才声。"① 其声符"才"在隶变过程中或作"十"，如马王堆帛书作 存；或作"才"，如汉碑作 存。后者虽有变异，但还比较接近，故流传至今。"在"字篆作 在，从土才声，声符"才"在隶变过程中的变化，与"存"字一样，或作"十"，或作"才"，最后也定型为"才"，可资比较。

⑦书

小篆作 ⿰，《说文》："箸也。从聿，者声。"在隶变过程中，声符"者"的上部与形符"聿"的下部发生粘连混同，最后变成为"書"。从"書"形来看，"聿"形虽还保留，"者"声则看不出了。至于简化字作"书"，乃是草书楷化的结果，变成完全丧失形义关系的抽象符号。

⑧肴

小篆作 ⿰，《说文》："啖也。从肉，爻声。"此字熹平石经作 肴，声符"爻"尚未

---

① 段注本作"从子，在省"。则以为会意字。按"才"即古"在"字，就古文而论，也不必言"省"。见《说文解字注》第743页，上海古籍出版社1981年。

变形。楷体作"肴","爻"的后两笔写作"ナ",发生变形,整字容易被误会为从乂从有。

⑨截

小篆作𢧢,《说文》:"断也。从戈,雀声。"《石门颂》作"截",声符"雀"的上部"少"与形符"戈"相连并类化为"𢦏",为后世楷书所本。可见"截"字所从之"𢦏"与"哉"、"载"等字所从的"𢦏"来源各异,不可混同。

⑩急

小篆作急,《说文》:"褊也。从心,及声。"睡虎地秦简作急,尚存篆书结构,汉碑作急,声符"及"还可辨认,至武威医简作急,声符变形为"刍",便与后世楷体相同了。

三、偏旁偏处一角的形声字

偏旁偏处一角的形声字,是指某些形声字的形符或声符处在方块字的某一角落,它们不能按照一般形声字的切分方式,以左右结构、上下结构或内外结构把形符和声符切分出来,因此在结构上显得比较特殊。这类形声字可以分为两种类型:一是形符偏处一隅,二是声符偏处一隅。

形符偏处一隅的形声字,其形符可以在方块汉字的左上、左下、右上、右下四个角落,下面各举一些例子:

(一) 形符在左上角的形声字

①襍

小篆作襍,《说文》:"五彩相会。从衣,集声。"其形符"衣",偏处左上角,右下角之"木"和右边之"隹",合为声符"集"。按此字在秦汉文字材料中,似可以分析出三种结构方式:马王堆简帛材料中或作䘡,左"衣"右"集",可以看成一般左右结构;但此种写法的"衣"仍偏左上,若把"集"字中的"木"符稍微左移,即成上下结构,睡虎地秦简作襍,居延汉简作襍,都是上下结构。"木"符进一步左移,与"衣"符结合在左边,即成小篆式的特殊左右结构。在秦汉文字材料中,这几种结构是混杂使用的,马王堆帛书中就是如此①。后世楷书中,"襍"继承了小篆的特殊左右结构,"襍"则为上述一般的左右结构。现简化作"杂"。

②聖

小篆作聖,《说文》:"聖,通也。从耳,呈声。"按照《说文》的分析,其形符"耳"偏处左上角,右上之"口"与下部之"壬"(他鼎切)组合为声符"呈"。按"聖"

---

① 参见陈松长编著《马王堆简帛文字编》第352页,文物出版社2001年。

字甲骨文作"㿝"或"㿞",从人而突出其耳,或加"口"于耳旁,所谓"聖"者,耳聪之谓也。文献中"聖"、"聽"每互作,可证"聖"、"聽"形义相因,"聖"以耳聪为其本义。李孝定《甲骨文字集释》云:"聖之初谊为听觉官能之敏锐,故引申训'通';贤圣之义,又其引申也……聽、聲、聖三字同源,其始本一字。""聖"字金文作"㿝"、"㿞"、"㿟",郭店楚简作"㿠",可以看出此字"耳"下之"人"逐渐变为"壬","壬"又与"口"合而为"呈"的过程,是为《说文》所说之"呈"声也。从来源看,"聖"原为会意字,经过讹变,才成为形声字。若按形声字分析,似应分析为从耳从口,壬声。现简化作"圣"(与《说文·土部》之"圣"同形①),形义尽失。

③荆

《说文》:"荆,楚。木也。从艸,刑声。"形符"艸"居左上角,左下之"开"与右边之"刀"合为声符"刑"。按《说文·林部》:"楚,丛木,一名荆也。"荆、楚二字互训,皆指木名。金文荆字并不从艸;古文、小篆始从艸作。强运开引方濬益云:金文贞簋作㿡,《说文》古文讹作㿢,传写者误分为二。"其从艸者,蒙上文小篆之荆而误,既云楚木,不当从艸。"②此字小篆作㿣,实为上下结构,在秦汉文字材料中,基本上都是这种结构,如马王堆帛书作㿤,汉碑作㿥。因此,其上之"艸"偏居左上角,大概是楷化的结果,或者与荆乃木非艸有关。

(二)形符在左下角的形声字

①颖

小篆作㿦,《说文》:"颖,禾末也。从禾,顷声。"其形符"禾"偏居左下角,左上之"匕"和右边之"页"合为声符"顷"。"颖"之本义指禾穗的末端,引申为物体的尖端。成语"脱颖而出"之"颖",指"锥芒",言锥芒全部脱出,比喻有才能的人得到机会,即能全部显现出来。亦说"颖脱而出"。《史记·平原君虞卿列传》:"平原君曰:'夫贤士之处世也,譬若锥之处囊中,其末立见……'毛遂曰:'臣乃今日请处囊中耳。使遂蚤得处囊中,乃颖脱而出,非特其末见而已。'"与"颖"字结构相同的字还有"颍"字,从水,顷声,水名。

②雖

小篆作㿧,《说文》:"雖,似蜥蜴而大。从虫,唯声。"其形符"虫"居左下角,左上之"口"和右边之"隹"合为声符"唯"。"雖"字本义为虫名,后世借为"虽然"义,本义遂晦。"雖"字的这种结构,在秦汉文字材料里没有什么变化,隶变楷化也都如此,只有简化字作"虽",乃是取其左边,形符虽存,但其上之"口"则变成了

---

① 《说文·土部》:"汝颍之间谓致力于地曰圣,从土从又,读若兔窟。"此"圣"音 kū,义为"掘"。清代施补华《别弟文》:"吾负母而逃,圣野菜充饥。"
② 见强运开《说文古籀三补》第3页,中华书局1986年影印本。

无音无义的记号了。简化之"虽"最早见于元代刊行之《朝野新声太平乐府》①。

③ 類

小篆作鬚,《说文》:"种类相似,唯犬为甚。从犬,頪声。"其形符"犬"居左下角,左上之"米"与右边之"页"合为声符"頪"。按"頪"音lèi,《说文》:"頪,难晓也。"段注:"谓相似难分别也。頪、類古今字。類本专谓犬,后乃類行而頪废矣。""類"字的结构经过隶变楷化都没有改变。简化字作"类",与"虽"字一样是取字之左边,不过它把"犬"字的一点也简掉,连"犬"也不类了。因此就"类"字而言,已经看不到其中的形义关系,整个字只是一个抽象的记号而已。据简化字研究,"類"简化为"类"最早见于金代字书《改併四声篇海》的明刻本②。与"類"字结构相同的有"纇"字,也读lèi。《说文》:"纇,丝节也。从糸,頪声。"由丝上的结引申为缺点毛病,如《淮南子·氾论》:"明月之珠,不能无纇。"

④ 發

小篆作𤼵,《说文》:"射发也。从弓,癹声。"其形符"弓"居左下角,其余部分为声符"癹"。"癹"音bá,《说文》:"癹,以足蹋夷艸。从癶,殳。""發"字简化字作"发",来源于草书。汉代简牍和唐代敦煌变文写本中都有与"发"近似的字形③。需要注意的是,头发的"发"本作"髪",由于其下部及草体皆近于"发",又与"發"同音,故也简化为"发"。也就是说,头发的"发"和发射的"发"本是不同的字,在繁体字中不能混用。

⑤ 穀

小篆作𣫭,《说文》:"续也,百穀之总名。从禾,㱿声。"其形符"禾"居左下角,其余部分为声符㱿(即殼字)。"穀"、"谷"本是不同的两个字,现以"谷"为"穀"的简化字。与"穀"字结构类似的字很多,如"彀"(音gòu,从弓,㱿声,本义张满弓,引申为箭能射及的范围,成语有"入我彀中")、"毂"(音gǔ,从车,㱿声,车轮中心穿轴承辐的部分,如《老子》:"三十辐共一毂")等。

⑥ 戴

小篆作𢨋,《说文》:"分物得增益曰戴。从異,𢦒声。"林义光《文源》:"此义经传无用者。戴,相承训为头载物,当即本义。"按"戴"之形符"異",甲骨文作𢗏,象人头上戴物,实为"戴"之初文。与"戴"字结构类似的字也很多,常见的有"载"、"哉"、"栽"等,形符分别是"车"、"口"、"木",都与其本义有关,这里就不一一说明了。

---

① 参张书岩、王铁昆、李青梅、安宁《简化字溯源》第78页,语文出版社1997年。
② 同上第67页。
③ 同上第95、217页。

（三）形符在右上角的形声字

形符在右上角的形声字相对较少，略举数例如下：

①匙

小篆作🗚，《说文》："匕也。从匕，是声。"从小篆字形看，"匙"实为右形左声，只是楷体字的"是"末笔较长，延伸至"匕"符之下，才使得"匕"符偏居右上角。

②题

小篆作🗚，《说文》："额（额）也。从页，是声。"按"题"字古文字都是左右结构，其形符"页"偏右上的原因，与"匙"字相仿，也是因为"是"字末笔拉长后形成的。

③旭

小篆作🗚，《说文》："日旦出皃。从日，九声。"按小篆的"旭"字，也应是左右结构，楷化后，因声符"九"末笔延伸至形符"日"之下，使得"日"符偏居右上。

④訄

小篆作🗚，《说文》："迫也。从言，九声。读若求。"段注："今俗谓逼迫人有所为曰訄。"此字本为左右结构，楷书形符"言"偏居右上角的原因与"旭"字相同，也是因为声符"九"字末笔拉伸造成的。

（四）形符在右下角的形声字

①賸

小篆作🗚，《说文》："物相增加也。从贝，朕声。"徐锴《系传》："今鄙俗谓物余为賸。""賸余"义的"賸"，今作"剩"。按"賸"字形符"贝"居于右下角，声符"朕"则分列于左边及右上角。与"賸"字结构类同的字还有"勝"（任也。从力，朕声）、"騰"（传也。从马，朕声）、"謄"（迻书也。从言，朕声）、"滕"（水超涌也。从水，朕声）、"縢"（缄也。从糸，朕声）、"螣"（神蛇也。从虫，朕声）等。

②修

小篆作🗚，《说文》："饰也。从彡，攸声。"其形符"彡"居右下角，其余为声符"攸"所占。与"修"字结构相同的字还有"脩"（脯也。从肉，攸声）、"條"（小枝也。从木，攸声）、"絛"（扁绪也。从糸，攸声）、"倏"（走也。从犬，攸声）等。

③务

小篆作🗚，《说文》："趣也。从力，孜声。"其形符"力"居右下角，其余为声符

"敄"。"務"的本义是专力从事、致力追求。《说文》"務，趣也。"徐锴《系传》："言趣赴此事也。"《中山王壶》："夫古之圣王，務在得贤。"简化字作"务"，是取"務"之右边而舍其左边，原有的形声结构不可复见。受"務"字简化的影响，"霧"也类推简化为"雾"。

④强

小篆作彊，《说文》："蚚也。从虫，弘声。"其形符"虫"居右下角，声符"弘"分列左旁及右上。"弘"字或写作从弓从厶，故"强"亦作"強"。"强"的本义是"蚚"（音qí），即米中的小黑虫。但此义罕用。因同音关系，"强"主要被借为彊弱之"彊"（本义指"弓有力"），并逐渐取代了它，"彊"字渐废。

⑤佞

小篆作儜，《说文》："巧谄高材也。从女，信省。"段注："小徐作'仁声'，大徐作从'信省'。按：今音佞，乃定切，故徐铉、张次立疑仁非声。攷《晋语》：'佞之见佞，果丧其田；诈之见诈，果丧其赂。'古音佞与田韵，则仁声是也。"因此"佞"之结构当为从女，仁声。其形符"女"居右下角，声符"仁"分列左旁及右上角。"佞"的本义是巧言善辩，有褒贬二义，故古人有自称"不佞"者，乃"不才"之谦称。徐灏《说文解字注笺》："佞者巧慧之称，巧慧有邪有正，故佞有美恶。"邢昺《论语》疏："佞是口才捷利之名，本非善恶之称，但为佞有善恶耳。为善捷敏是善佞……为恶捷敏是恶佞。"

形符偏居右下角的形声字还有"赖"（从贝，剌声）、"榦"（从木，倝声）等，这里就不一一详细说明了。

另一类是声符偏处一隅的形声字，这类字与形符偏处一隅的情况大致相同，也可以在方块汉字的左上、左下、右上、右下四个角落，下面各举一些例子：

（一）声符在左上角的形声字

①歸

小篆作歸，《说文》："女嫁也。从止，从婦省，𠂤声。"其声符"𠂤"在左上角，"止"、"帚（婦）"为形符。"歸"的本义为女子出嫁，如《诗经·国风·周南》"之子于归，宜其室家"，即用本义。《易·渐》："女归，吉。"孔颖达疏："女人生有外成之义，以夫为家，故嫁曰归也。"说出了"歸"字本义的理据，反映了古代以男权为中心的思想。"歸"字简化为"归"，来源于草书，既有草化，又有省略。

②敷

《说文》未收。字当从放，甫声。声符"甫"居左上角，形符"放"处左下角及右边。敷有给予、传布、铺叙、铺展等义，皆与"放"义相关。

③酱

小篆作牆，《说文》："醯也。从肉，从酉。酒以和酱也。爿声。"小篆以前的古文字，声符"爿"皆处左边，隶变后，有的写法把声符缩到了左上角，如马王堆《五十二病方》242作醬。"醬"的本义为肉酱，故字从肉，本应隶定为"醬"，经史通作"醬"，《段注》以为俗字，其实应是进一步音化的结果。可能因"爿"表音不够明显，故加"寸"变从"將"声。简化字作"酱"，其声符"將"变成"爿夕"，与"獎"简化为"奖"、"槳"简化为"桨"、"漿"简化为"浆"等等，都是同一现象。

④新

小篆作新，大徐本《说文》："取木也。从斤，新声。"其字形分析当有误。段注本作："从斤，亲声。"段注云："当作从斤、木，辛声。"按段说是。花东卜辞181片"新"字作，当是目前所见最原始的写法，可证段说之确。甲骨文"新"字作，亦可分析为从斤从木辛声，但有所简省，"辛"和"木"相连，"辛"位居左上角，"木"和"斤"分别处在左下角和右边。楷体"新"字中"辛"和"木"，亦有笔画合并的现象。"新"的本义是"取木"，实为"薪"之本字。段注："取木者，新之本义，引申之为凡始基之称。"王筠《说文释例》："其训曰取木，则新乃薪之古文。"

（二）声符在左下角的形声字

声符在左下角的形声字很少，这里举一个"聽"字。聽，小篆作聽，《说文》："聆也。从耳，惠，壬声。"其声符"壬"在左下角，形符"耳"居左上角，"惠"则占了整个右边。"惠"即"悳"，同"德"，段注："耳悳者，耳有所得也。"按古文字"聽"作从耳从口，如甲骨文作，与"聖"之作者基本同构，故"聖"、"聽"同源。其声符"壬"，皆人形讹变声化（参上"聖"字条）。"聽"之简化字"听"，本音yǐn，形容笑的样子。《说文》："听，笑皃。"如《史记·司马相如列传》："无是公听然而笑。"后作为"聽"字省文，最早见于元抄本《京本通俗小说》上，明代《正字通》已正式收入①。

（三）声符在右上角的形声字

①徒

小篆作徒，《说文》："步行也。从辵，土声。"按小篆字形实为左右结构，但其他古文字材料和隶书材料中的"徒"字，却都是声符"土"居右上角的结构，如晋系的侯马盟书作徒，楚系的鄂君启节作徒，秦系的石鼓文作徒，睡虎地秦简作徒，汉《孔龢碑》作徒，说明小篆的写法是经过人为规整的字形，大约是根据上举石鼓文那种写

---

① 参张书岩、王铁昆、李青梅、安宁《简化字溯源》第80页，语文出版社1997年。

法调整的。邵瑛《群经正字》云:"今以'彳'为偏旁'亻',以'止'合'土'为'走',作'徒'。"其实他的说法也符合小篆以外的其他古文字的情况。段注云"隶变作'徒'",也只说对了一半。

② 徙

小篆作𢓼,《说文》:"迻也。从辵,止声。""徙"与"徒"字结构相同,但情况要比"徒"字更复杂。此字商代金文作𣥂,从彳从二止,会二足在路上移动之意,战国古玺作𢓼,二足线条化后,上作"之"形,下作"止"形。楚文字每借"𣲘(沙)"字为之,字亦增辵作𢓼,沙、徙同属心母歌部;齐鲁文字则写作𣲘,下部由"少"讹为"米"。《说文》古文"徙"作𢓼,即齐鲁写法的变体。"徙"字睡虎地秦简作𢓼,马王堆帛书作𢓼,汉碑作𢓼,皆从"少"声,有可能是上述"止"或"之"的变形声化,也可能是从"沙"省声,似乎后者的可能性更大①。根据以上情况,有关"徙"字我们有以下几点认识:首先,"徙"字小篆作左右结构的𢓼形,显然与"徒"字小篆一样,也是人为规整化的结果。其次,《说文》以为徙字从辵止声,段玉裁因止声与徙声不合,故删去"声"字,改为"从辵止会意",根据古文字情况,应为"从彳从二足会意"。再次,"徙"字右上角之形符"止"变为声符"少",可以看作是战国时期因文字通假和字形讹变而导致的变形音化现象。最后,楷书的"徙"字右上从"止",大概是从隶书"少"形讹变而来,可结果又与早期的会意字暗合了②。

③ 涅

小篆作𣵡,《说文》:"黑土在水中也。从水,从土,日声。"其声符"日"居于右上角。从现有的材料来看,"涅"字古今结构都没有什么变化,如涅金布作𣵡,马王堆帛书作涅,相沿至今。"涅"的本义是水中黑土。如《荀子·劝学》:"蓬生麻中,不扶而直;白沙在涅,与之俱黑。"

④ 越

小篆作𫝚,《说文》:"度也。从走,戉声。"按"越"字本为左右结构,左形右声,小篆及秦汉早期隶书皆如此。其声符"戉"居于右上角,是因为汉隶在写形符"走"的时候末笔向右延伸,如熹平石经作"越",使得声符"戉"偏居右上。楷书直接承袭了这种写法。

---

① 参见曾宪通《古文字与出土文献丛考》第181—182页,中山大学出版社2005年;另参黄德宽主编《古文字谱系疏证》第2338—2342页,商务印书馆2007年。
② "朝"的演变情况也类似。古文字的"朝"本从"月",小篆的"朝"却变从"舟",隶变后的"朝"又从"舟"变成"月",转了一圈又回到了原点。这种现象应该只是一种巧合。

（四）声符在右下角的形声字

①旗

小篆作𦀎，《说文》："熊旗五游，以象罚星，士卒以为期。从㫃，其声。"《释名·释兵》："熊虎为旗，军将所建。象其猛如虎，与众期其下也。"按"旗"字古陶文、古玺文皆作𦀎，亦可看作上下结构，后来由于表示旗帜的"㫃"符向右上角延伸，逼使声符"其"明显偏居右下角。与"旗"字结构相同的字很多，较常见的有"旌"、"旂"、"施"、"斿"、"旜"、"旎"、"旒"、"旖"、"旋"等。需要注意的是，"旅"、"族"、"旋"等字的空间结构布局似乎与"旗"字等相同，但它们却都是会意字，在造字类型上迥然有别，不可混同。

②寱

小篆作𡩰，《说文》："寐而有觉也。从宀，从疒，夢声。"其声符"夢"居右下角，余为形符宀、疒所占。按"寱"的本义是"寐而有觉"，即"做梦"之义，这个意义经典常用"夢"字，也有用"寱"字。如《淮南子·俶真》："譬若寱为鸟而飞于天，寱为鱼而没于渊。方其寱也，不知其寱也，觉而后知其寱也。"一般认为，"做梦"义的本字是"寱"，写作"夢"属于假借。如段注云："今字叚夢为之，夢行而寱废矣。"但从汉字发展的一般规律看，应是先有"夢"后才有"寱"，"寱"是"夢"的后起增繁之形。按照许慎的说法，"夢"的本义是"不明"，而梦境依稀，与"不明"之义也相符，故"夢"、"寱"应为古今字的关系。"夢"、"寱"更古老的字形，可以追溯到甲骨文。甲骨文有𣦼、𣦼等字，《甲骨文编》云："象人依床而睡，寱之初文。"从构形看，此字首先应是"夢"的初文。后世之"夢"当是"𣦼"形去"爿"增"夕"而成的；而"寱"则既增"夕"，又增"宀"，还保留着"爿"，因此小篆中的"疒"，可以认为是"爿"形增一横笔而成的。"夢"行而"寱"废后，"夢"又简化为"梦"，其字形应是草书楷化而形成的①。

③寐

小篆作𡩠，《说文》："寐，卧也。从寱省，未声。"按《说文》视为省形字，其所省之"夢"的位置，用来放置声符"未"，位居全字之右下角。与"寐"字结构相同的字，常见的还有"寤"字、"寢"字。另据泰山刻石"寐"字作𡩠，右上少一横笔，则上述"寱"字和此处的"寤"、"寐"以及《说文》"寱"部所收其他诸字，其所从之"疒"符当都是"爿"符之讹（楚简文字的"疒"符和"爿"符常见讹混）。这样看，既与其前之更古字形相合，也与后世隶变楷化之形更为对应，源流演变之迹更为清晰。

---

① 参张书岩、王铁昆、李青梅、安宁《简化字溯源》第71、155页，语文出版社1997年。

④臨

小篆作䀎，《说文》："监临也。从卧，品声。"① 按小篆和小篆之前的"臨"字，其声符"品"并不居于右下角，如孟鼎作䀎，毛公鼎作䀎。根据现有材料，"臨"字之"品"位居右下角，是隶变楷化的结果。如睡虎地秦简作䀎，史晨碑作䀎，遂成定局。"臨"字简化作"临"，来源于草书，其"臣"符变为两竖，"品"符上一"口"变成一点，下两"口"则并为横写之"日"。

四、声符兼义的形声字

这里所谓"声符兼义的形声字"，也可叫做"兼类形声字"，是指形声字的声符除了表音，还兼有表义的作用，亦即兼有会意字的特点。上面讲到特殊会意字的时候，我们论述了"形符兼声的会意字"的情况并列举了许多例子。这两种文字类型，就共时平面来说，大概只是命名的角度不同，"声符兼义"是从形声字的角度分析，"形符兼声"是从会意字的角度分析，因此就具体例子来说，有人归为形声字，有人归为会意字，不是很统一，似乎也没必要强行规定。因为我们把会意字安排在前面，为了叙述方便，有关例子已在会意字部分作了分析，此处就不再重复了。但是关于声符兼义的形声字的研究，历史上曾形成一种专门学问，即"右文学"，则有必要在这里作简单介绍。

"右文学"原称"右文说"，主要的主张是形声字的"声中有义"，认为凡同声符的形声字的意义都相近，其学理根据即"义寓于声，声之所存，即义之所在"，这是语言文字的一种自然现象。其所谓"右文"，就是指形声字的声符，是借"左形右声"为多数的情况来概括所有形声字的声符，其实是一种以偏概全的笼统说法，严格来说是不够确切的。但此说流行之后，"右文"指声符为大家所习知，约定俗成，也就没什么不可了。从汉字史来看，"右文学"萌芽于魏晋，形成于宋代，发展于元代、清代和近代。下面作简单的梳理和评析。

魏晋之际的杨泉著《物理论》，其中说："在金石曰坚，在草木曰紧，在人曰贤。"意即"坚"、"紧"、"贤"三字皆从"臤"声，都有"臤"义②，开"右文说"之绪。宋代王圣美根据形声字"声中有义"的特点，正式创立了"右文说"，认为凡字，其类在左，其义在右，同声符的形声字，其意义都相通。沈括《梦溪笔谈》卷十四记载了他的学说：

> 王圣美治字学，演其义以为右文。古之字书，皆从左文。凡字，其类在左，其义在右。如木类，其左皆从木。所谓右文者，如"戋"，小也，水之小者曰"浅"，金之小者曰"钱"，歹而小者曰"残"，贝之小者曰"贱"。如此之类，皆以"戋"为义也。③

---

① 林义光《文源》："品，众物也，象人俯视众物形。"则视为会意字。
② 《说文·臤部》："臤，坚也。"
③ 《梦溪笔谈》第125页，上海书店出版社2003年。

宋人张世南《游宦纪闻》卷九也说：

> 自《说文》以字画左旁为类，而《玉篇》从之，不知右旁亦多以类相从。如"戋"有浅小之义，故水之可涉者为"浅"，疾而有所不足者为"残"，货而不足贵重者为"贱"，木而轻薄者为"栈"。"青"字有精明之义，故日之无障蔽者为"晴"，水之无溷浊者为"清"，目之能明见者为"睛"，米之去粗皮者为"精"。凡此皆可类求，聊述两端，以见其凡。①

宋代主张"右文说"的还有王观国，他在《学林》卷五中说：

> ……亦如"田"者，字母也。或为畋猎之"畋"，或为佃田之"佃"。若用省文，惟以"田"字该之，他皆类此。②

他不称"右文"，而以声符为字母，但其实质是一样的。

到了宋元之际，文字学家戴侗在《六书故·六书通释》中发挥了"右文说"，其解释要比前人更为圆满。他说：

> 夫文字之用，莫博于谐声，莫变于假借。因文以求义而不知因声以求义，吾未见其能尽文字之情也……
>
> 六书推类而用之，其义最精。"昏"，本为日之昏。心目之昏犹日之昏也，或加"心"与"目"焉。嫁取者必以昏时，故因谓之昏，或加"女"焉。"熏"，本为烟火之熏。日之将入，其色亦然，故谓之熏黄。《楚辞》犹作"纁黄"，或加"日"焉。帛色之赤黑者亦然，故谓之熏，或加"糸"与"衣"焉。饮酒者，酒气酣而上行，亦谓之熏，或加"酉"焉。③

他正式提出"因声以求义"的方法，所谓"六书推类而用之"，就是用同声符的字加以类比，以充作声符的那个字的本义为纲，来解释同声符的众多形声字的字义，阐明初文与孳乳字之间的关系，这在当时是十分难得的。

到了清代和近代，学者们又继续对"右文说"进行了深入的阐发，使"右文说"得到进一步的发展，形成所谓的"右文学"。黄生、戴震、段玉裁、朱骏声、章炳麟、沈兼士、杨树达等著名学者都对此有所论述，对"右文说"的深入发展作出了重要贡献。

"右文说"应该说是文字研究的一个重要发现，它揭示了汉字孳乳过程中同源形声字的源流关系。从"以声为义"到"声近义通"、"因声求义"，"右文说"对同源词的

---

① 《游宦纪闻》（张茂鹏点校），第77页，中华书局1981年。
② 《学林》（田瑞娟点校），第177页，中华书局1988年。
③ 《六书故》第12、17页，上海社会科学院出版社2006年影印本。

探索，对训诂学的研究，都起了积极的推动作用。但是，"右文说"就像它的名称一样，也犯了以偏概全的错误。它从"声中有义"推到"声皆有义"，以"凡从某声皆有某义"这样全称肯定的说法，把形声字声符表意的作用不适当地扩大化了，因而造成了许多谬误。因为：

第一，并不是所有的形声字声符都能表意，如"沐"从"木"声，"齿"从"止"声，"木"、"止"都只是单纯的表音成分。

第二，从同一声符的形声字不一定都有同源关系，因而在意义上就不一定有联系。沈兼士在其著名的论文《右文说在训诂学上之沿革及其推阐》中说："夫右文之字，变衍多途，有同声之字而所衍之义颇歧别者，如非声字多有分背义，而'菲'、'翡'、'痱'等字又有赤义；吾声字多有明义，而'龉'、'语'（论难）、'敔'、'圄'、'牾'等字又有逆止义。"①王圣美引作右文例的从"戋"之字和张世南所引的从"青"之字，其实也有例外。如从"戋"得声的"践"（踏）、"諓"（善言）就不含小义，从"青"得声的"菁"（韭菜花）、"请"（请求）、"情"（感情）也都不含精明之义②。梁东汉在《汉字的结构及其流变》列举了 25 个从戋得声而没有"小"义的字，指出"'小'只是戋字意义的一部分。从戋得声的字，不但不是每一个都有'小'义，而且没有'小'义的实际上要多得多。……可见，从戋得声都有'小'义这句话是靠不住的。特别是盏（大盂），不但没有小义，反有大义，这是右文说所解释不了的。"③

此外，意义上有明显联系的同源字并不一定都有同样的声符，如"藩"和"屏"就是一个例子。《说文·艸部》："藩，屏也。"《说文·尸部》："屏，屏蔽也。"《诗经·大雅·板》："价人维藩，大师维垣，大邦维屏，大宗维翰。"毛传："藩，屏也。"孔疏："藩者，园圃之篱可以屏蔽行者，故以藩为屏也。""屏"的本义是屏蔽，藩篱也因屏蔽行人的特点而得名，两个字的意义相通，属同源字，但二字形符和声符都没有联系。这种情况并非个别现象，如"叔"与"拾"、"痛"与"肿"、"衡"与"横"等，都是声音相同或相近，意义相通的同源字，但都不是具有同样声符的形声字④。因此若用声符来作为研究同源词的线索，而把眼光局限在同声符的形声字里，其实是不够的。"右文说"所重视的只是同声符的形声字，没有突破字形的约束，上升到同音异形、声近义通的层次，成了它的致命伤。

总而言之，"右文说"在研究以字根为声符而分化出来的后起形声字和具有共同声符的同源字的意义的时候，确实揭示了深刻的道理，有它的合理性，是符合一部分语言文字现象的，但它并不是"放之四海而皆准"的普遍真理，超出了它的适用范围，就会产生谬误。因此对于"右文说"，我们应该辩证地看待，实事求是地具体分析。

---

① 《沈兼士学术论文集》第 120 页，中华书局 1986 年。
② 参见杨五铭《文字学》第 108 页，湖南人民出版社 1986 年。
③ 参看梁东汉《汉字的结构及其流变》第 131—134 页，上海教育出版社 1981 年。
④ 参看陆宗达、王宁《论字源学与同源字》，《训诂与训诂学》第 370—371 页，山西教育出版社 1994 年。

第六章　汉字源流释例

我们通过前面几个单元的学习，对于一些有代表性的独体字和合体字的来龙去脉，特别是它们在篆隶转变过程中所发生的变化，已经有了比较基本的认识。现在，我们可以在这个基础上，进一步较为系统地探讨某些字例从古到今的源流演变。

要弄清一个已经认识的字的来源和流变，如果材料完备，只要经过一番收集和整理分析工作，便可以做到明源而知流。但需要说明的是，我们所做的源流发展谱系，不管是字形的演变，还是字义的引申或字音的转移，都包含着整理者在理解的基础上所做出的合理判断和逻辑推论，而这种判断和推论是否符合源流发展的时间顺序和语言文字演变的实际情况，则是不能完全肯定的。也就是说，由于语言文字发展演变和实际使用的复杂性，以及由于现有材料存在某些缺失的环节所造成的悬疑，要完全再现字例的历史发展原貌，是十分困难的。因此，在梳理源流的过程中，语言实证和逻辑推理有可能吻合，也有可能产生错位，需要作进一步深入研究才有可能逐步得到解决，有的甚至是永远也不可能解决的。源流研究通常包括以下三个方面：

一是字形发展的线索。字形发展要厘清从甲骨文一直到楷书的繁体和简体的源流脉络。这是汉字源流研究最核心和最重要的系列，其中，先秦文字和小篆是研究字原的主要依据。溯源工作必须尽可能追溯到该字的原始形态，越古越好，越远越具说服力。所以，甲骨文和金文的材料就显得特别可贵，而篆隶材料则是阐明古文字如何演变为今文字的重要桥梁，在梳理汉字古今演变的过程中，往往起着衔接和转换的关键作用。至于楷书，千万不要忽视繁体字在源流演变中的地位和作用，对于某些简化字的来源，更要考虑到手写书体如草书、行书等的特殊影响。总之，要尽可能依靠现存的古今文字资料，把一个个汉字的演变脉络梳理清楚，这样，我们对于汉字的认识和理解才会更加立体、形象和全面。当然，由于材料的局限，目前还有很多单字的源流无法完全厘清，在这种情况下，我们必须坚持阙疑待问，避免强作解人。

二是字义发展的线索。这里的字义要着重弄清字的本义，进而在此基础上说明其引申义，包括近引申义和远引申义，同时根据典籍语言用例，还要尽量指出其常用的假借义。本义的概念在不同的范畴里有不同的含义，文字学上的本义是指与初文构形直接相关的意义，同时最好还能得到语言用例的佐证，即本义的探求需要字形和语言用例的共同证明，这样的本义才是比较可靠的。引申义和假借义的说明也同样需要文献语言的例证，而不能凭空想象。

三是字音方面的线索。古今字音变化很大，掌握语音方面的线索便于因声以求义，在梳理字际关系时尤其显得重要，举凡假借现象、声符表音、同源分化、字组字族等问题的探究都离不开字音。因此，我们在梳理汉字源流的过程中，就不能不更多地考虑字音的因素。

传统"小学"研究以形音义互相推求为治学根本，我们进行汉字源流的研究，虽然以形体为主，但也要形音义互相兼顾。段玉裁曾经指出："小学有形有音有义，三者互相求，举一可得其二。有古形、有今形，有古音、有今音，有古义、有今义，六者互相求，举一可得其五。"① 所言甚是，值得取法。

根据以上的分析，我们认为符合汉字源流释例的例字，必须具备以下两个条件：一是该字的形、音、义三方面必须完全贯通；二是古今形体的系列必须大体完备，尤其是先秦的古字和秦汉的篆隶是必备的元素，能够从中梳理出清晰的文字流变过程。

由于汉字数量繁多，具有字原性质的基本字汇已经在"初文"一章讲过了，本章只根据上述条件，从《说文》的素部、丝部、率部、虫部、蚰部、蟲部、风部、它部、龟部、黽部、卵部、二部、土部、垚部、堇部、里部、田部、畕部、黄部、男部、力部、劦部等部目中，选择字例材料比较集中的 100 个汉字进行源流梳理。每个例字以楷书为字头，次注音，次排谱，次说解。注音以汉语拼音及同音字标今音，以反切注中古音，用古韵纽调标上古音，以窥知语音发展的大概；排谱以谱系方式对历史上出现的主要形体进行源流排列；说解则从字形入手，联系词的音义，揭示其形体流变、词义引申和语音转移的现象与轨迹②。这 100 个例字如下：

01. 素 02. 䌷 03. 繇 04. 絲 05. 䜌 06. 率 07. 虫 08. 蝟 09. 雖
10. 蠆 11. 强 12. 蜀 13. 蟬 14. 蟄 15. 虹 16. 蠱 17. 蚤 18. 蜂 19. 蚊
20. 虻 21. 蟲 22. 蠹 23. 蠱 24. 風 25. 它 26. 龜 27. 蜘 28. 蛛 29. 卵
30. 亟 31. 恒 32. 竺 33. 凡 34. 土 35. 地 36. 坤 37. 坡 38. 坪 39. 均
40. 塙 41. 塊 42. 基 43. 垣 44. 堵 45. 堂 46. 掃 47. 在 48. 坐 49. 封
50. 璽 51. 型 52. 城 53. 埔 54. 壘 55. 毁 56. 壞 57. 墓 58. 墳 59. 壇
60. 場 61. 圭 62. 垂 63. 墜 64. 堯 65. 堇 66. 艱 67. 蘁 68. 野 69. 疇
70. 晦 71. 甸 72. 畔 73. 界 74. 畛 75. 略 76. 當 77. 畯 78. 留 79. 畜
80. 畼 81. 畺 82. 黄 83. 男 84. 力 85. 勳 86. 務 87. 勁 88. 勉 89. 勸
90. 勝 91. 動 92. 勞 93. 倦 94. 勤 95. 加 96. 勇 97. 劫 98. 勢 99. 劦
100. 協。

需要指出的是，在梳理文字流变的过程中，我们虽然尽量根据现有的实际材料进行谱系排列，以显示其比较完整的演变过程，但有些字形之间的关系和字义的孳乳引申有可能只是逻辑上的推演，与历史发展的实际情况不一定完全吻合，这正是今后需要着重研究的课题。排谱中引用的字形一律标注时代并注明出处。为了方便注明出处，有关字

---

① 《广雅疏证序》，中华书局 1983 年影印版。
② 参编者林志强曾参与由李学勤先生任主编的《字源》编纂工作，共完成近 300 个字的谱系编写任务，本节的 100 个例字，即根据上述条件从中选出，并加以修订和改写。《字源》拟选 6000 个常用和较常用的汉字进行历时的渊源变化的考察，待该书出版后，读者可取以参看。

书均采用简称（冒号之后为简称），如：

《甲骨文字典》（徐中舒主编，四川辞书出版社1989年）：《甲》
《甲骨文编》（孙海波编，中华书局1965年）：《甲文编》
《金文编》（容庚编著，张振林、马国权摹补，中华书局1985年）：《金》
《战国文字编》（汤馀惠主编，福建人民出版社2001年）：《战国》
《战国古文字典》（何琳仪著，中华书局1998年）：《古文典》
《说文解字》（许慎撰，中华书局1963年）：《说文》
《长沙楚帛书文字编》（曾宪通撰集，中华书局1993年）：《楚帛书》
《马王堆简帛文字编》（陈松长编著，文物出版社2001年）：《马王堆》
《甲金篆隶大字典》（徐无闻主编，四川辞书出版社1991年）：《字典》
《中山王䨻器文字编》（张守中撰集，中华书局1981年）：《中山》
《古玺文编》（罗福颐主编，文物出版社1981年）：《玺文》
《包山楚简文字编》（张守中撰集，文物出版社1996年）：《包山》
《郭店楚简文字编》（张守中、张小沧、郝建文撰集，文物出版社2000年）：《郭店》
《睡虎地秦简文字编》（张守中撰集，文物出版社1994年）：《睡虎地》
《古陶文汇编》（高明编著，中华书局1990年）：《陶汇》
《四版〈金文编〉校补》（严志斌校补，吉林大学出版社2001年）：《〈金〉校补》

由于字例内容比较多，故下文分为（上）、（中）、（下）三节加以安排。（上）节从"素"到"凡"，计33字，（中）节从"土"到"艰"，计33字，（下）节从"釐"到"协"，计34字；总共一百字。以下逐一进行排谱和说解。

第一节　单字释例（上）

①素〔sù 诉〕桑故切　鱼心去

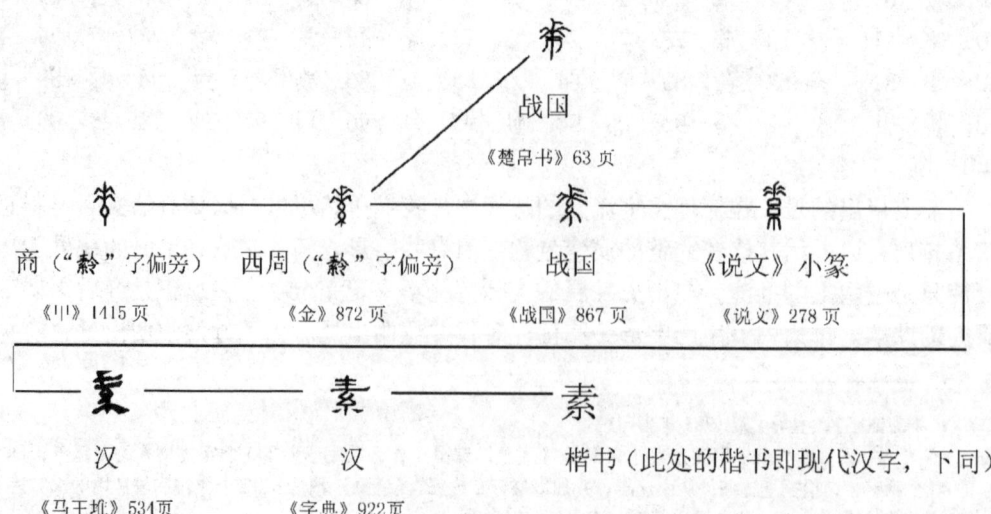

说解 "素"是个会意字。《说文·素部》："素,从糸、𠂹,取其泽也。"段注:"泽者,光润也。毛润则易下𠂹,故从糸、𠂹,会意。"按"𠂹"即"垂"字。上举楚帛书"素"字下部所从之"巿"(古代一种服饰),与从"糸"义通。"素"字古今比较大的变化在字的上部"垂"。从汉隶可以看出,字上部经过隶变,线条拉平直了,变成了三横一竖,最后形成现在"素"字的写法。"素"、"索"本一字分化。"索"字甲骨文作𣑔(《甲文编》104页),金文作𣑔("索"字所从,《金》531页)。因此师克盨之𢆶,父宫壶盖之𢆶,信阳楚简之𢆶,当皆"索"字,用作"素"。"素"的本义是没有染色的丝绸。《说文·素部》："素,白緻缯也。"《古诗为焦仲卿妻作》："十三能织素,十四学裁衣。"引申为白色、本色、纯朴、真情、空白等。表示真情的"素"后来写作"愫"。再引申为与"荤"相对的蔬菜类食品。又指平素、旧时。作副词用,义为向来、经常等。

② 綽 [chuò 辍] 昌约切 药昌入

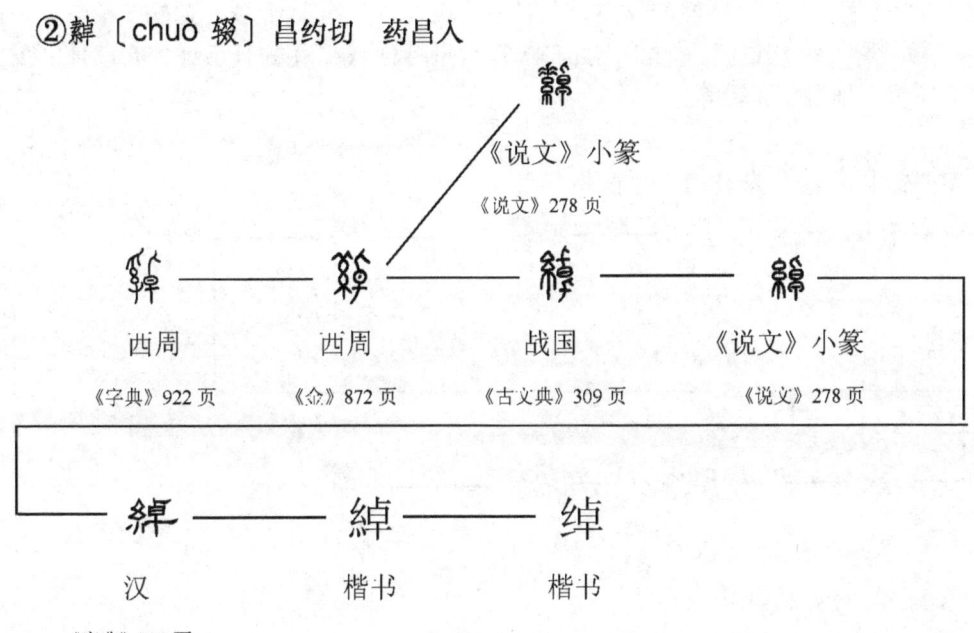

说解 "綽"是个形声字,从素,卓声。"𦃟"的"素"旁写法特殊,黼鎛之"黼"字偏旁略同(见《金》872页),当是"素"字异写。战国文字改从糸,从素从糸可通用(素本也从糸)。后代以从糸为主,发展为现代"绰"字。"绰"为"綽"的简化字,"綽"为"𦃟"的异体或省体。"绰"的本义是舒缓、宽裕。《说文·素部》："𦃟,繛(缓)也。"《诗·卫风·淇奥》："宽兮绰兮,倚重较兮。"引申为姿态柔美,绰约。又音 chāo,抓取。元·康进之《李逵负荆》第一折："绰起俺两把板斧来,破折你那蟠根桑枣树。"

③繧〔huǎn"换"上声〕胡管切　元匣上

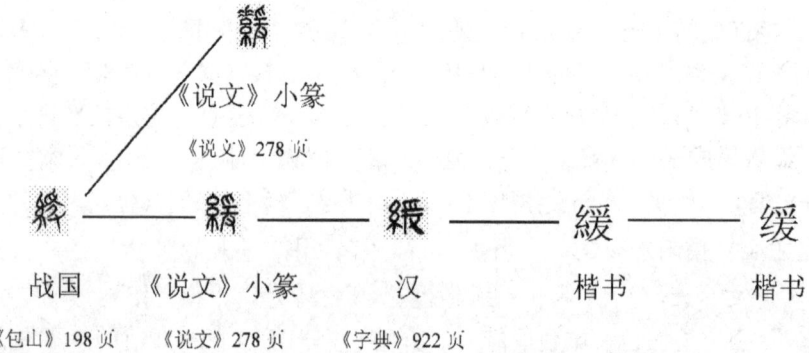

说解　"繧"是个形声字，从素，爰声。战国文字本从糸。与"绰"字一样，"缓"字除了从糸之外，也从素，二者相通。从糸者比较简省，发展成现代汉字。"缓"是"緩"的简化字，"緩"是繧的异体或省体。"缓"的本义是舒缓、宽松。《说文·素部》："繧，繛（绰）也。"《古诗十九首·行行重行行》："相去日已远，衣带日已缓。"引申为缓慢、推迟、和缓等。

④絲〔sī 思〕息兹切　之心平

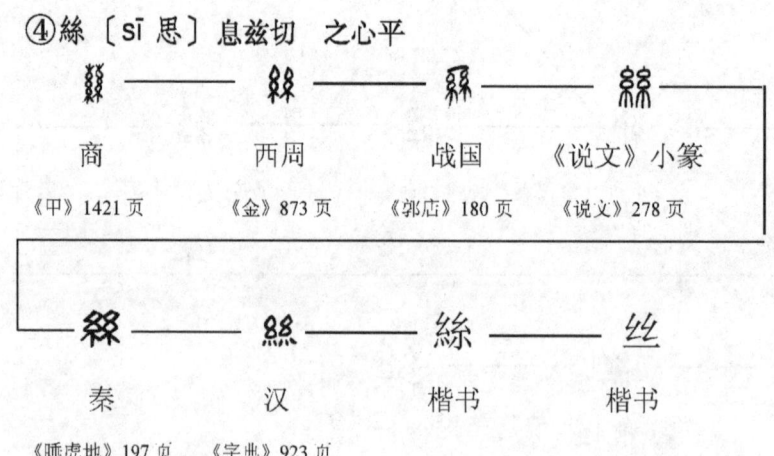

说解　"絲"是个象形字。从二糸，象丝二束之形。战国文字上部有一横，（有的上加二横，如江陵楚简的"丝"字作蠢），可能是饰画，也可能表示丝线连结之意。"糸"作偏旁简化作"纟"，故"絲"也简化为"丝"。其下部一横为两个"纟"下一笔的连写。"丝"字已见于甲骨文，其本义是蚕丝。《说文·丝部》："丝，蚕所吐也。"《书·禹贡》："厥贡漆丝。"引申为丝织品，如丝绸。泛指像蚕丝一样的细线和其他极细的东西，如丝线、铜丝。比喻事物之细微，如"一丝不苟"。又特指琴、瑟、琵琶等弦乐器，因其弦古代常以蚕丝为之，今亦以钢丝等为之，故称。

⑤ 轡〔pèi 佩〕兵媚切　质帮去

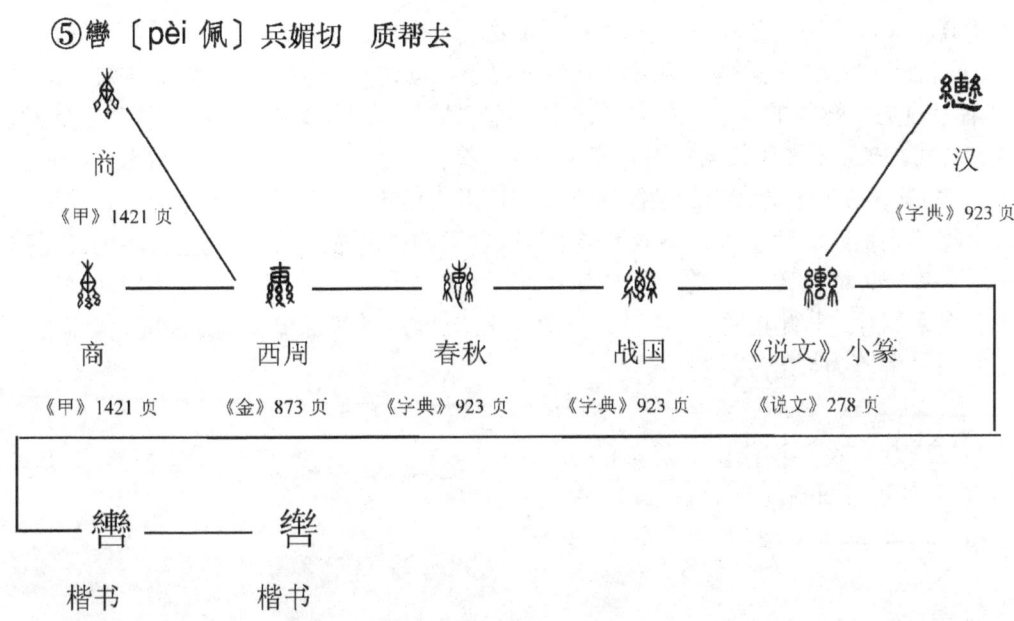

说解　"轡"是个象形字,象把多束丝拧到一起的形象。其绳子之结作 🝖,其下所连接的束丝或简化作 ⊗,与 🝖(叀)形近。故春秋战国时均讹为从叀从丝。《说文》小篆更讹为从叀从丝。汉代异体把"叀"下之口易为"心"。后世楷书的写法是把"叀"下之"口"放在底部,"叀"上之"車"和它左右的"糸"归到字的上部,形成上下结构。"車"简化作"车","糸"简化作"纟",故"轡"简化作"辔"。"轡"字已见于甲骨文,用作地名或方国名。其本义是驾驭牲口的缰绳。《说文·丝部》:"轡,马辔也。"《诗·邶风·简兮》:"有力如虎,执辔如组。"引申作动词,义为"牵"。

⑥ 率〔shuài 帅〕所律切　物生入
　　又音〔lǜ 律〕劣戌切　术来入

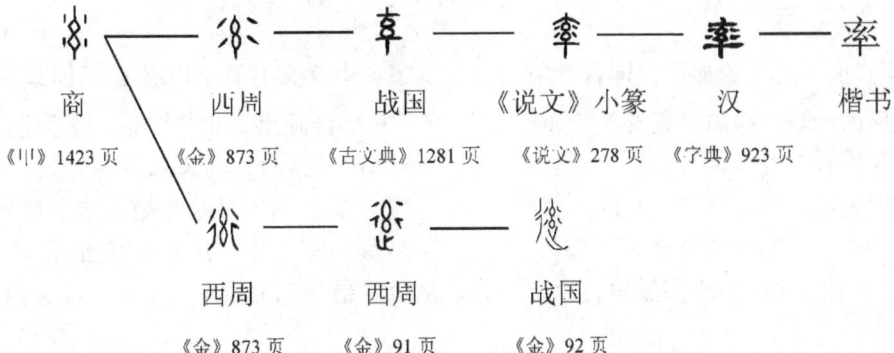

说解　"率"是个象形字。象绞麻为索之形。旁点为麻枲之余,西周、战国文字中或省略之。战国文字加饰笔作 率,后世以加饰笔而旁点不省之形发展至今。西周文字又孳乳出从行、从辵一系,殆强调其表率领、遵从等动作之义。"率"字甲骨文已出现,但不用其本义。"率"的本义当是大索。《说文·率部》:"率,捕鸟毕也。"周伯琦《六书正讹》:"率,大索也。象形。上下两端象绞索之具,中象索,旁象麻枲之余。"按"率"当是"繂"的本字,此字《尔雅》作"藆",《毛诗》作"綍"。从素、从索、从糸,义可相通。《尔雅义疏》引孙炎说云:"綍,大索也。舟止系之于树木,戾竹为大索。"根据孙炎所说的大索的功能和意义,可以引申出率领、遵循等意义,如《诗·周颂·噫嘻》:"率时农夫,播厥百谷。"作名词则指将领、表率。这个意义又写作"帅"。"率"又指大致、一般,引申为一律、大概。双音词"率尔",指轻率的样子。直率、坦率等意义与此相关。"率"又音lǜ,比率。通"律",指标准、法度。《孟子·尽心上》:"羿不为拙射变其彀率。"

⑦虫〔huǐ 毁〕许伟切　微晓上
　又音〔chóng 重〕直弓切　冬定平

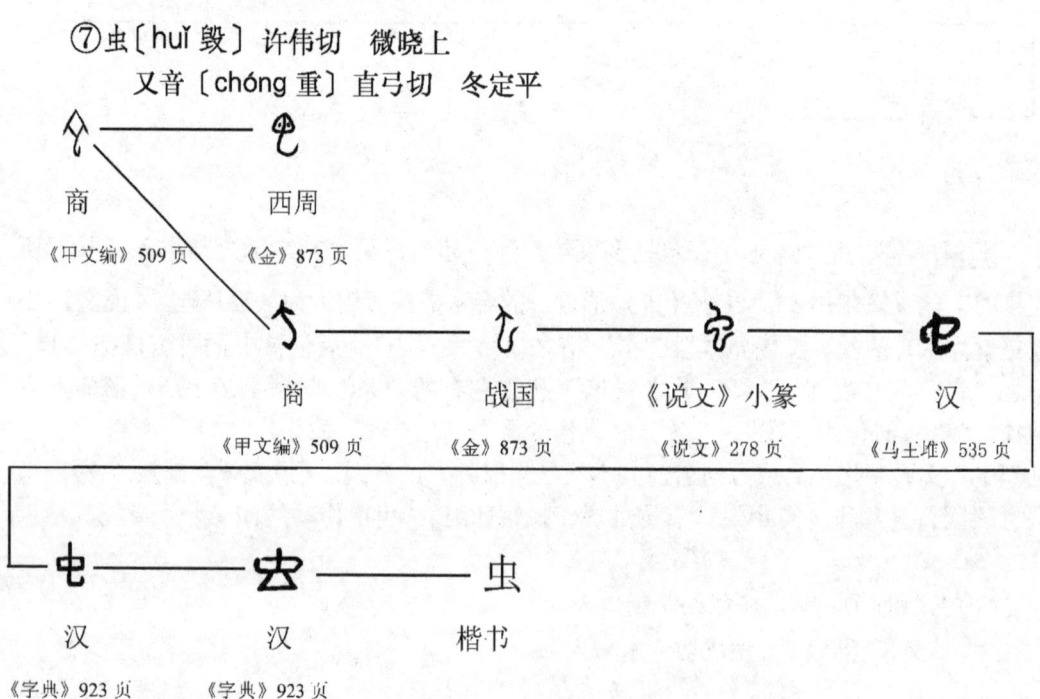

说解 "虫"是个象形字,即古"它(蛇)"字。甲骨文有繁简二体,繁体象一种头是三角形的毒蛇。西周《智鼎》上的"虫"字还在头部画出了蛇的眼睛,更为形象。战国文字与甲骨文的简体很相似,已经线条化。线条拉平直后,其头部逐渐变成方形,身子和尾巴用竖、横、点三笔写成,形成"虫"字。"虫"的本义是毒蛇。这个意义后来写作"虺",读huǐ。《说文·虫部》:"虫,一名蝮,博三寸,首大如擘指。""虫"又同"蟲",读chóng,本指昆虫,泛指动物。现为"蟲"的简化字。

⑧ 蛕 〔huí 回〕 户恢切　之晓平

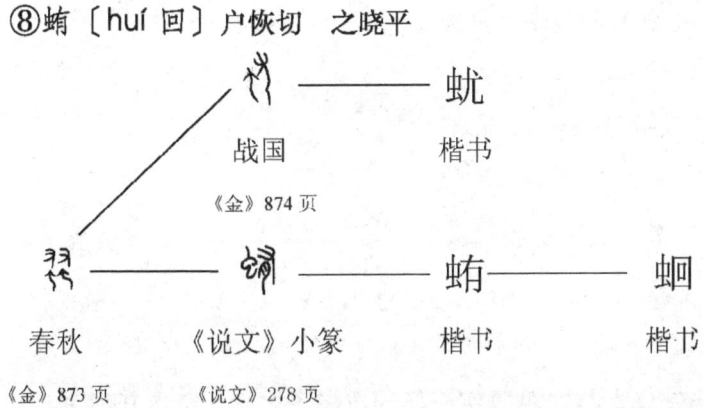

春秋　　　《说文》小篆　　楷书　　楷书
《金》873 页　《说文》278 页

说解　"蛕"是形声字。从虫，有声。春秋时期的"𧈰"，从蚰，友声；战国时期的"𧈰"，从虫，尤声。从蚰、从虫表意相同，友、尤二者声音相同，故𧈰、𧈰二字为声符不同的异体字。《说文》小篆改从有声，亦声符不同之异体字。楷书"蛔"字从虫，回声。回、有古音相近，故"蛔"、"蛕"也是异体关系。现在以"蛔"为正字，"蛕"、"蚘"皆作为"蛔"的异体被合并。"蛕"的本义是蛔虫。《说文·虫部》："蛕，腹中长虫也。"《灵枢经·邪气藏腑病形篇》："（脾脉）微滑，为虫毒蛕蝎。"

⑨ 雖 〔suī 睢〕 息遗切　微心平

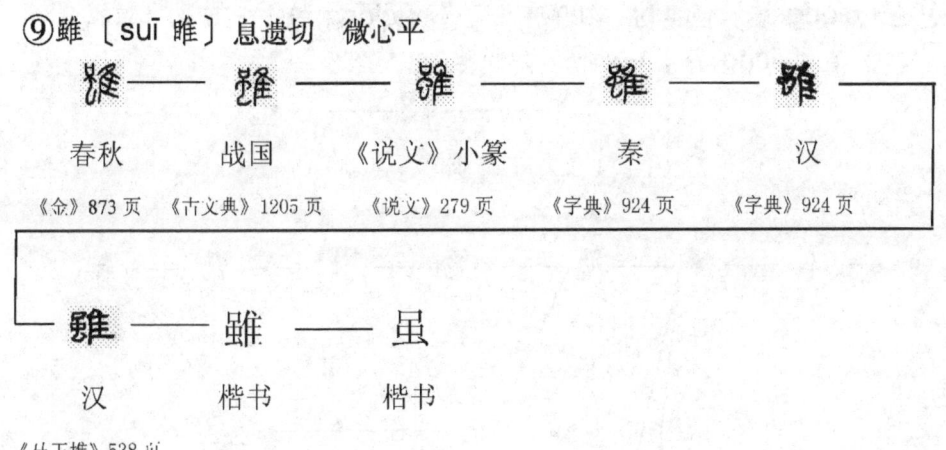

春秋　　　战国　　　《说文》小篆　　秦　　　汉
《金》873 页　《古文典》1205 页　《说文》279 页　《字典》924 页　《字典》924 页

汉　　　楷书　　　楷书
《马王堆》538 页

说解　"雖"是个形声字。从虫，唯声。此字自古以来，"唯"的"口"旁一直都放在"虫"的头上，因此"雖"容易被看成是"虽"和"隹"合成的左右结构。宋元以来俗字求其简省，遂以其左边之"虽"代"雖"。现把"虽"作为"雖"的简化字。"虽"的本义是一种形似蜥蜴的虫，有花纹而身体较大。《说文·虫部》："虽，似蜥蜴而大。"此字本义罕用，主要假借为连词，表示让步或假设，意思是虽然、即使。《韩非子·说林上》："失火而取水于海，海水虽多，火必不灭矣。"《礼记·中庸》："果能此道矣，虽愚必明，虽柔必强。"

⑩ 蠆〔chài "拆"去声〕丑犗切 月透去

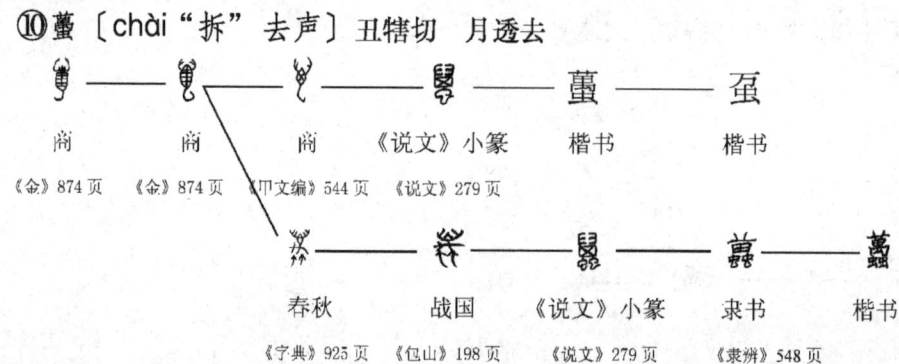

说解 "蠆"是个象形字。本与"萬"字一样同象蝎子之形，突出其利钳、长尾。"萬"字后讹从"厹"，并借为数目专字，本义湮没，字亦与"蠆"分而为二。商代的"蠆"字，其上翘之尾如"虫"字之状，故小篆下部讹从"虫"。另有一系从"蚰"，与从"虫"同意。秦篆之后隶楷字的上部或又写作"萬"，可谓复其本初。俗字以"万"为"萬"，现以"万"为"萬"的简化字，因此"蠆"亦简化为"虿"。"蠆"的本义是蝎子一类的毒虫。《诗·小雅·都人士》："彼君子女，卷发如蠆。"郑玄笺："蠆，螫虫。尾末揵然，似妇人发末曲上卷然。"

⑪ 强〔qiáng 墙〕巨良切 阳群平 又音〔qiǎng 抢〕巨两切 阳群上
又音〔jiàng 降〕巨两切 阳群去

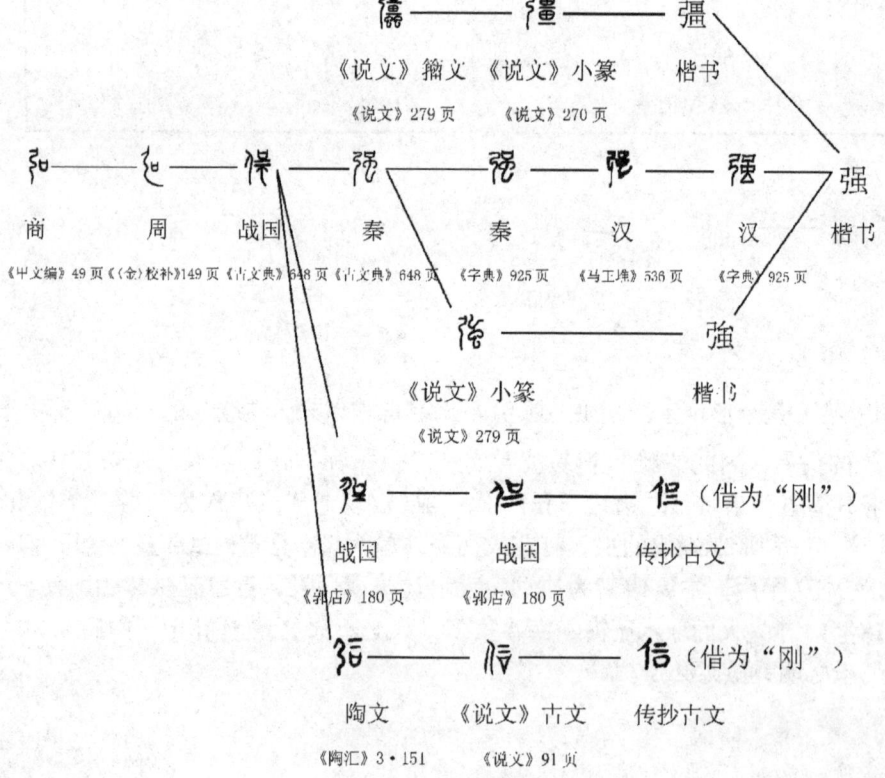

说解 据《说文》，"强"是个形声字。从虫，弘声。《说文》"强"字籀文从蚰，彊声。从"蚰"与从"虫"同义，"彊"与"强"同音，故"彊"当为"强"之繁体异构。此系中的"彊"字，《说文》以为其本义是"弓有力"，引申为"凡有力之称"（《段注》），实即强弱之"强"的本字，而"强"乃其借字，后世借字行而本字废。

就"强"字而言，其源可追溯至商代，当是从"弘（弘）"分化出来的一个字。战国以后在"弘"字基础上增加"="和"虫"，形成两个系列。第一系列写作从弓从口从虫，又分为两种写法：一种是保留"口"的正常写法，发展为后代的"强"字，即现在的规范字形；另一种是把"口"写作"厶"，发展为后代的"強"字。第二系列则写作从弓（后讹为"人"）从口从＝，也分为两种写法：一种是把"="放在"口"之下，另一种是把"="放在"口"之上。这两种写法在传抄古文里都被借为"刚"，《说文》注明"彊"为"刚"的古文。

"强"的本义是米中小黑虫。《说文·虫部》："强，蚚也。"但此字本义罕用，主要被借为彊弱之"彊"，并逐渐取代了它，"彊"字渐废。因此"彊"字所具有的音义，"强"字基本都具备。"强"读 qiáng，主要意义是健壮、强大、刚强、坚硬等；"强"读 qiǎng，义为勉强、勉力、强迫等；"强"读 jiàng，义为僵硬、倔强等。

⑫蜀〔shǔ 黍〕市玉切　屋禅入

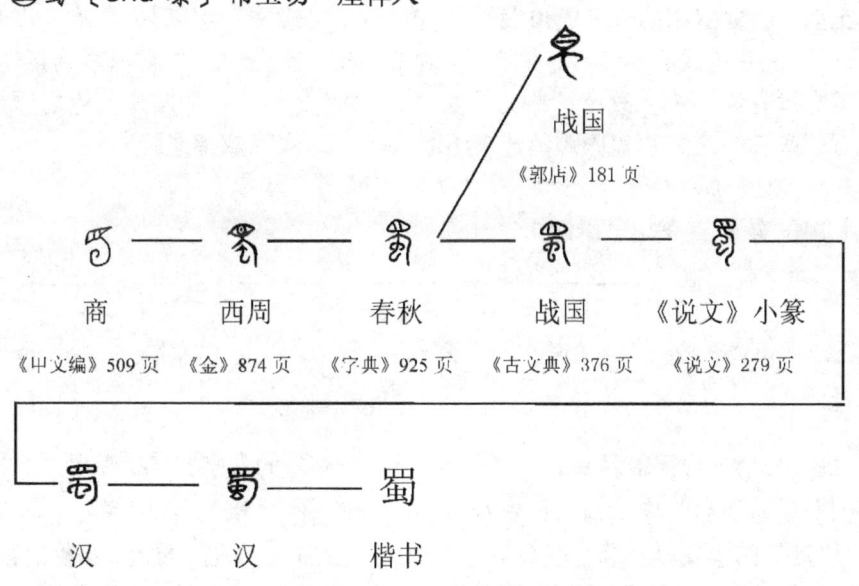

说解 "蜀"是个象形字。象爬虫具目、身之形。西周后增加"虫"表示其类别，"目"形逐渐讹为"罒"形，象虫身一笔的上端或有饰笔，或无饰笔。有饰笔者发展成为现代汉字。另战国文字还有一特殊写法见于郭店楚简，上从"目"，下从"虫"，是其省体。"蜀"的本义指蛾蝶类的幼虫，后作"蠋"。《说文·虫部》："蜀，葵中蚕也。从虫。上目象蜀头形，中象其身蜎蜎。《诗》曰：'蜎蜎者蜀'。"按今本《诗·豳风·

东山》蜀作"蠋"。又作为古族名、国名、朝代名等。

⑬蝉〔chán 缠〕市连切　元禅平

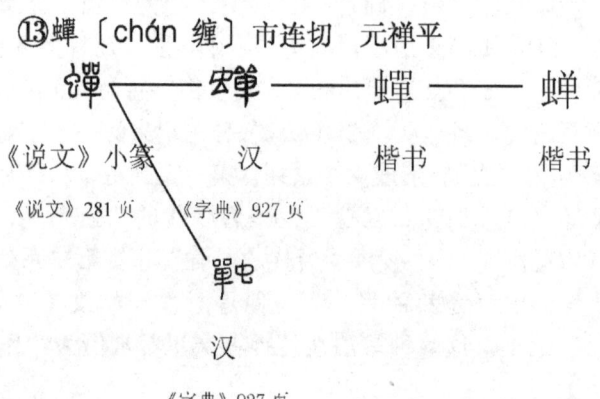

《说文》小篆　　汉　　　　楷书　　　楷书

《说文》281页　《字典》927页

汉

《字典》927页

[说解]"蟬"是个形声字。从虫，單声。甲骨文有😊（《粹》1536，《甲》1440页）字，郭沫若谓象蝉形，因释为蟬。此供参考。西汉文字或作左"單"右"虫"，不同于正常的左"虫"右"單"。"蟬"之"單"符上二"口"写作二"厶"，属正常隶写；"單"下竖笔略微透上，稍讹。"單"简化作"单"，"蟬"也类推简化作"蝉"。"蝉"是蝉科昆虫的通称，种类很多。雄虫腹部（两肋）有发音器，能连续发出尖锐的声音。幼虫生活在土里，吸食植物的根。成虫刺吸植物的汁。《说文·虫部》："蝉，以旁鸣者。"《荀子·大略》："饮而不食者，蝉也。"蝉翼很薄，有花纹，故常以之喻指丝绸。古代侍从官员之冠有饰如蝉，故有"蝉冠"之称。古代女子有一种发式，望之缥缈如蝉翼，故又有"蝉鬓"之称。盖因蝉鸣连续不断，故"蝉联"意指连续。

⑭蛰〔zhé 哲〕直立切　缉定入

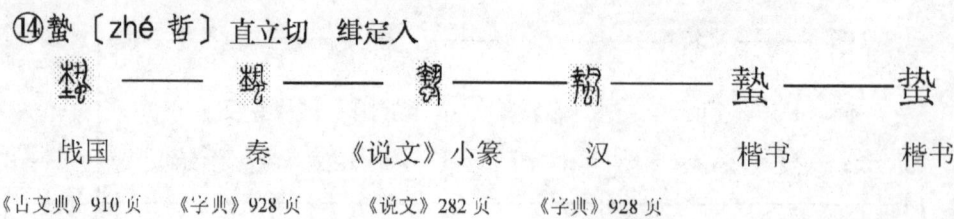

战国　　　　秦　　　　《说文》小篆　　汉　　　　楷书　　　楷书

《古文典》910页　《字典》928页　《说文》282页　《字典》928页

[说解]"蟄"是个形声字。从虫，本从"執"（"蓺"的古字）声，后讹为"執"声，其声符的变化与"势"字类似，可参看。"執"简化作"执"，故"蟄"亦类推简化作"蛰"。"蛰"的本义是动物潜伏冬眠。《说文·虫部》："蛰，藏也。"段玉裁注："凡虫之伏为蛰。"《易·系辞下》："龙蛇之蛰，以存身也。"引申指冬季隐藏起来的动物。在二十四节气中有"惊蛰"，时间在公历3月5、6或7日。这时气温上升，土地解冻，春雷始鸣，蛰伏过冬的动物惊起活动，故名。由动物的蛰伏又引申指人长期躲藏、隐居，故有"蛰居"、"蛰处"等词。

⑮虹〔hóng 红〕户公切　东匣平
　　又音〔hòng 讧〕胡贡切　东匣去

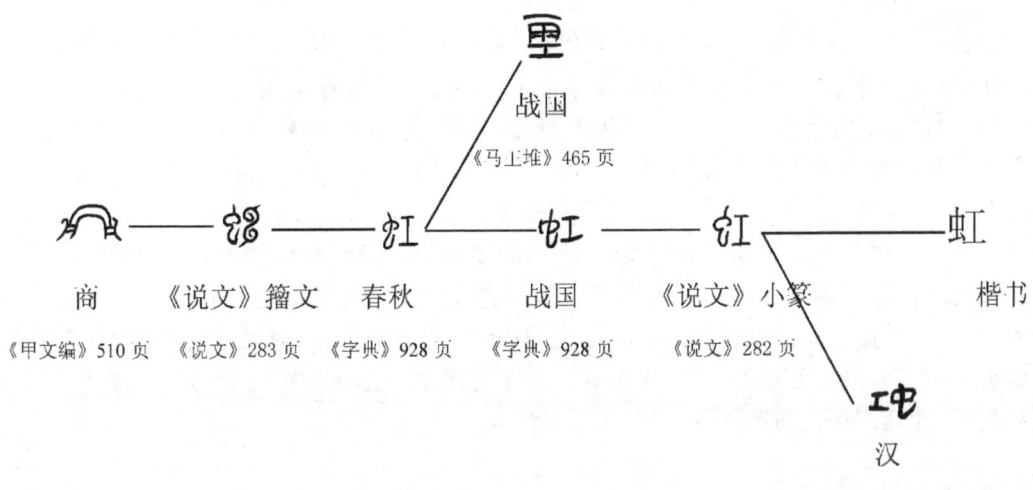

说解 "虹"是个形声字。从虫,工声。甲骨文为象形字,作长虹如虫,前后两首蜿蜒向下之状。传说虹有两首,能下饮江河之水,甲骨文字正如此作。籀文从虫,从申,申,电也。"𧌴"为石鼓文,从虫,工声,奠定了后世"虹"字左形右声的格局。战国文字有一异构作"䨙",从雨,工声,与从虫工声的结构有异曲同工之妙。从虫者取其形象,从雨者取其成因。说明在战国时期,人们已经认识到,虹与雨水有关,"虹"是雨水折射太阳光而成的自然现象。但从雨作的"䨙"字只是昙花一现,没有继续流传下来。从虫工声的结构,后世还有左"工"右"虫"和上"工"下"虫"两种异体,前者见于马王堆帛书和《集韵》,后者收录于《正字通》等书,均比较少见。"虹"指的是大气中一种光的现象,即天空中的小水珠经日光照射和反射作用而形成的弧形彩带,由外圈至内圈呈红、橙、黄、绿、青、靛、紫七种颜色。出现在和太阳相对着的方向。《说文·虫部》:"虹,螮蝀也,状似虫。"《甲骨文合集》10405 反:"有出虹自北,饮于河。"(附图3)弧形的彩虹似拱桥,故又喻指桥。又读 hòng,通"讧"。祸乱。《诗·大雅·抑》:"彼童而角,实虹小子。"郑笺:"此人实溃乱小子之政。"联绵词"虹洞",相连的样子。《文选·枚乘〈七发〉》:"虹洞兮苍天,极虑乎崖涘。"李善注:"虹洞,相连貌也。"

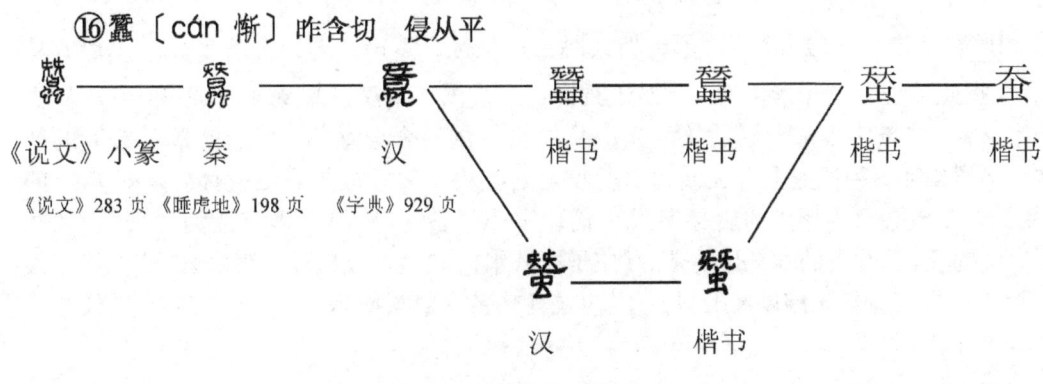

说解 "蠶"是个形声字。从䖝，朁声。"蠶"简化为"蚕"当是讹变加省变的结果，其变化的逻辑过程可梳理为两条线路：（1）由"蠶"省中间之"曰"作"𧑙"，再省作"𧍩"，此字上部二"旡"形讹变为二"天"形便成"蚕"；（2）由"蠶"上部之二"旡"形讹变为二"天"形作"蠶"，再省其中部之"曰"而成"蚕"。此两系殊途而同归，都形成为同一个"蚕"形。再由"蚕"省其上部二"天"为一"天"，最后便形成"蚕"字。现以"蚕"为"蠶"的简体字，得到合法的地位。"蚕"可认为从虫天声，与"蠶"从朁声古音相近，故在造字理据上也可说通，应是属于替换声符的异体字。"蠶"是蚕蛾科和天蚕科昆虫的通称，能吐丝结茧。《说文·䖝部》："蚕，任丝也。"《韩非子·存韩》："荆人不动，魏不足患也，则诸侯可蚕食而尽，赵氏可得与敌矣。"作动词用，则指养蚕。

⑰蚤〔zǎo 早〕子皓切　幽精上

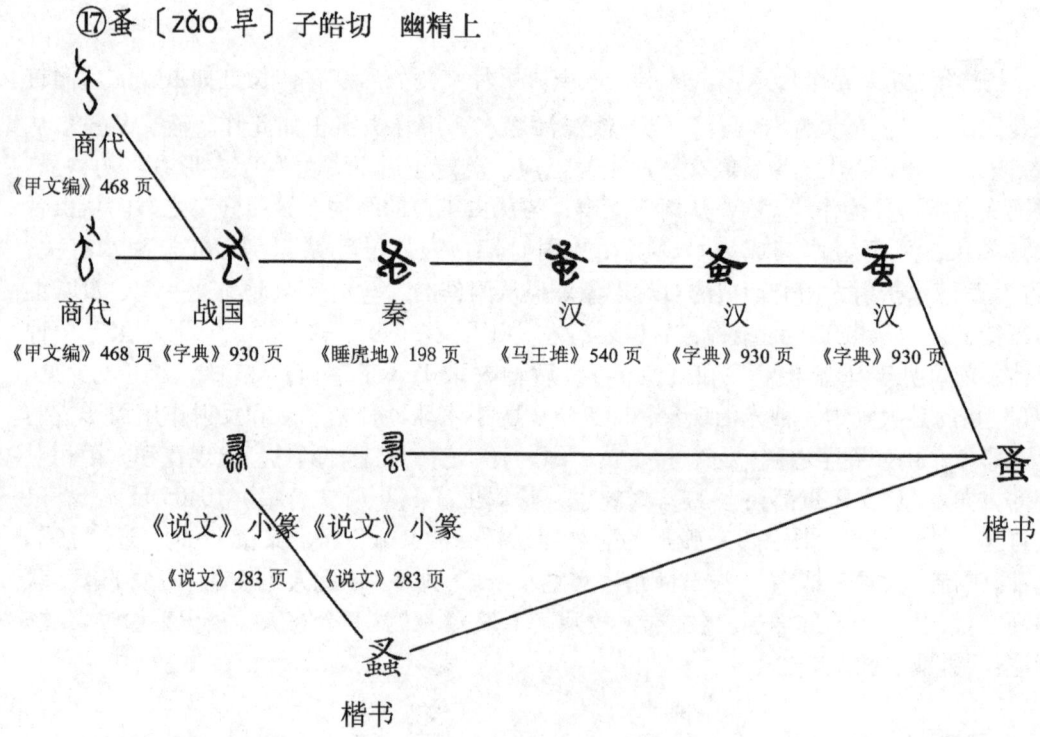

《甲文编》468 页

商代

《甲文编》468 页　《字典》930 页　《睡虎地》198 页　《马王堆》540 页　《字典》930 页　《字典》930 页

商代　战国　秦　汉　汉　汉

《说文》小篆　《说文》小篆

《说文》283 页　《说文》283 页

蚤 楷书

蚤 楷书

说解《说文·䖝部》："蚤，啮人跳虫。从䖝，叉声。叉，古爪字。𧐔，蚤或从虫。"据此"蚤"是个形声字。但从上列商代、战国、秦汉以来从又（或"父"）从虫的字形看，"蚤字本来大概是从'又''虫'的一个会意字，可能就是'搔'的初文，字形象征用手抓身上有虫或为虫所咬之处。从'父'的是它的讹体。从'叉'的'蚤'当是改会意为形声的后起字。"① 简化字作"蚤"，声符"叉"改为"叉"，就非形声结构了。"蚤"的本义是跳蚤。《庄子·秋水》："鸱鸺夜撮蚤，察毫末。"古籍多假借为"早"。《诗经·豳风·七月》："四之日其蚤，献羔祭韭。"又通"爪"。《仪礼·

---

① 见裘锡圭《殷墟甲骨文字考释（七篇）》，载《湖北大学学报》1990 年第 1 期。

士丧礼》："蚤揃如他日。"

⑱蜂〔fēng 风〕敷容切　东並平

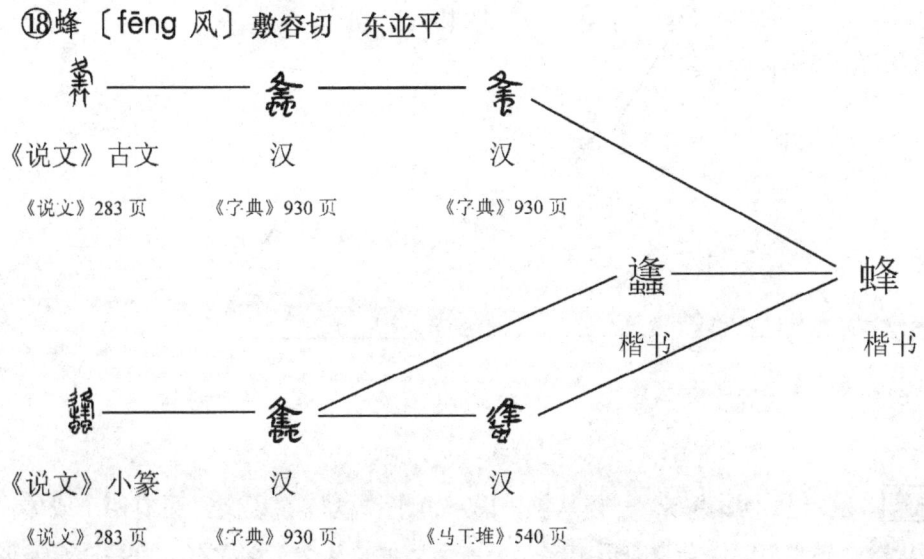

《说文》古文　　　汉　　　　　汉

《说文》283 页　　《字典》930 页　　《字典》930 页

蠭　　　　蜂
楷书　　　楷书

《说文》小篆　　　汉　　　　　汉

《说文》283 页　　《字典》930 页　　《马王堆》540 页

说解 "蜂"是个形声字。本从䖵，逢声。《说文》古文从䖵，夆声，为其省体。这两种形体在汉代都出现了省"䖵"为"虫"的结构。楷书"蠭"继承了不省的全形，现代规范字"蜂"旧时认为是"蠭"的俗体，其实它主要是继承其省体，并且把上下结构变为左右结构。"蠭"是一种昆虫名，种类很多，有毒刺，能蜇人，常群居在一起。《说文·䖵部》："蠭，飞虫螫人者。"《诗·周颂·小毖》："莫予荓蜂，自求辛螫。"引申为众多、成群地。如"蜂起"、"蜂聚"。通"锋"。锋利、锐气。《汉书·韩王信传》："士卒皆山东人，竦而望归，及其蠭东乡，可以争天下。""蠭门"之"蠭"读 páng，为人名。

⑲蚊〔wén 文〕无分切　文明平

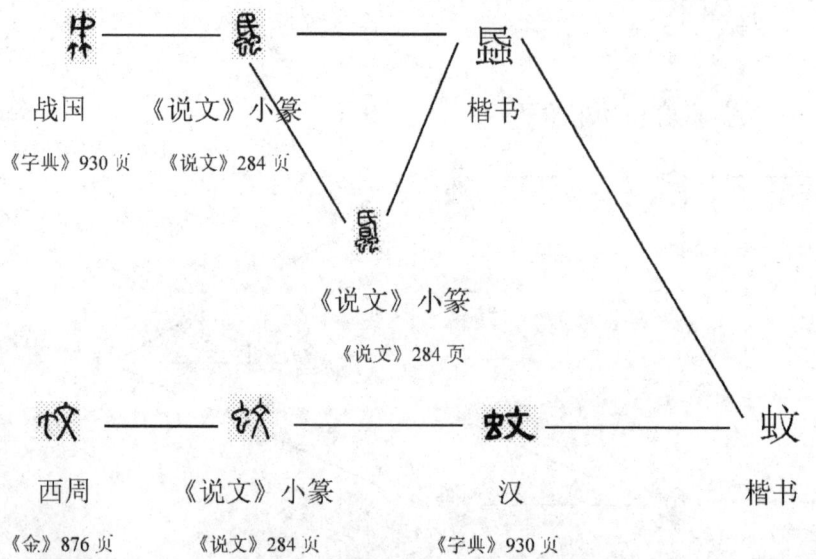

说解 "蚊"是个形声字。一体从蚰,民声,作"蝠"。《说文》另有两个或体:一从蚰,从昏,昏亦声,为会意兼形声字;另一个从虫,从文,文亦声,也是会意兼形声字。从昏者以蚊为昏时出也,从文者以蚊身有花纹也。从现有材料来看,最后一体来源甚古,见于西周时期,《说文》以为俗体,殆非。现以"蚊"为规范正字。"蝠"本义是蚊子。《说文·蚰部》:"蝠,啮人飞虫。"《汉书·中山靖王传》:"夫众煦漂山,聚蝠成雷。"

⑳虻〔méng 蒙〕武庚切 阳明平

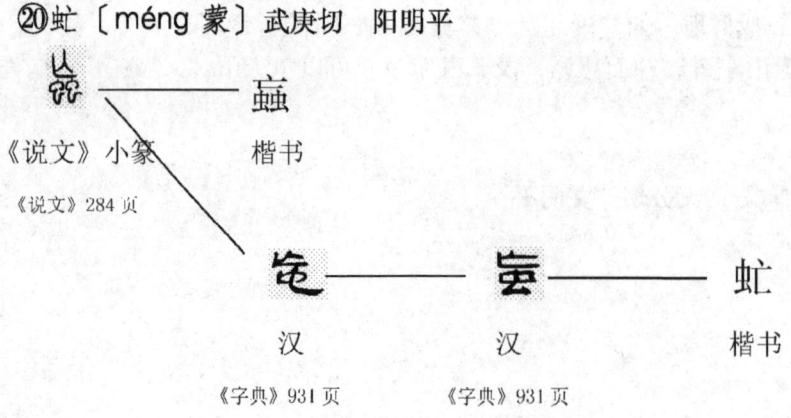

说解 "虻"是个形声字。本从蚰,亡声,作"蝱"。异体从虫,亡声。汉隶为上下结构,楷书为左右结构。此异体笔画较简单,现以为规范正字。"蝱"是一种昆虫,生活在田野杂草中,雄的吸植物的汁液或花蜜,雌的吸人和动物的血液。《说文·蚰部》:"蝱,啮人飞虫。"《史记·项羽本纪》:"夫搏牛之蝱,不可以破虮虱。"

㉑蟲〔chóng 重〕直弓切 冬定平
又音〔zhòng 众〕直众切 冬定去

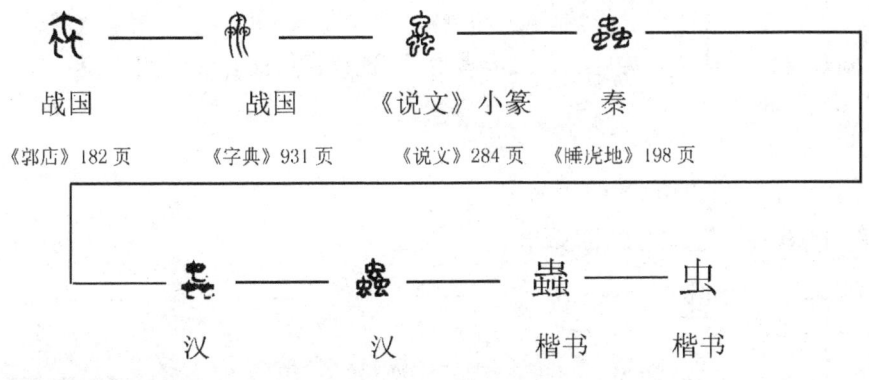

战国　　　　战国　　　《说文》小篆　　秦

《郭店》182 页　　《字典》931 页　　《说文》284 页　　《睡虎地》198 页

汉　　　　汉　　　　楷书　　　楷书

《马王堆》541 页　《字典》932 页 "蠱"字偏旁

说解　"蟲"是个会意字。从三虫。王筠谓小虫多类聚，故三之以象其多。战国楚简作，类似的写法还见于包山简，作（《包山》198 页），也以三虫象之。后世"蟲"字更多地保留了秦系文字的特征。古文字形往往单复不别，"虫"、"䖵"、"蟲"在表意方面实无太大区别，古代从"蟲"谐声之字，多省作"虫"。许慎因小篆字形各有所属，强为区分而已。宋元以来俗字均以"虫"为"蟲"，现则以"虫"作为"蟲"的简化字。"蟲"的本义是动物的总名。《说文·蟲部》："蟲，有足谓之蟲，无足谓之豸。"《尔雅·释虫》同。邢昺疏曰："此对文尔，散文则无足亦曰蟲。"《大戴礼记·易本命》："有羽之蟲三百六十，而凤凰为之长；有毛之蟲三百六十，而麒麟为之长；有甲之蟲三百六十，而神龟为之长；有鳞之蟲三百六十，而蛟龙为之长；倮之蟲三百六十，而圣人为之长。"可见包括人在内，古代都可以"蟲"称之。后代"蟲"的词义范围缩小，主要指昆虫，但老虎还可称"大蟲"，仍承袭古代的用法。"蟲"读 zhòng，作动词，意为虫咬。

㉒蜚 [fěi 匪] 府尾切　微帮上
　　又音 [fēi 飞] 甫微切　微帮平

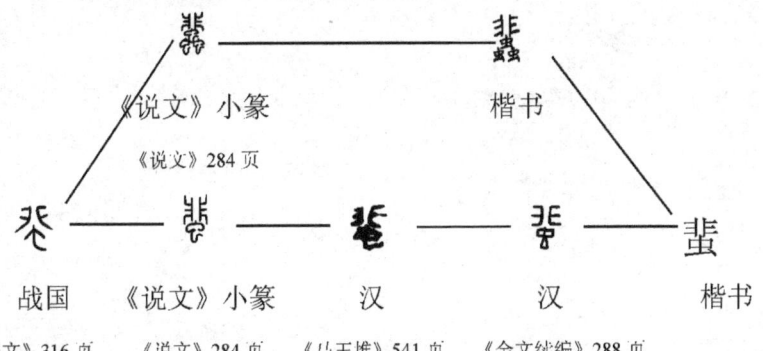

《说文》小篆　　　　　楷书
《说文》284 页

战国　　　《说文》小篆　　汉　　　　汉　　　　楷书

《玺文》316 页　　《说文》284 页　　《马王堆》541 页　　《金文续编》288 页

说解　"蜚"是个形声字，从虫，非声。战国古玺本从"虫"，秦篆分为从"蟲"、从"虫"二体。从"蟲"、从"虫"意义可通。《说文》以从"蟲"为正体，从"虫"为或体。后世则以笔画简单的从"虫"一体为正，发展成为现代楷书。"蜚"是一种蝗类臭虫的名称。《说文·蟲部》："蠱，臭虫，负蠜也。"《左传·隐公元年》："秋，有蜚。不为灾，亦不书。"亦用于指其他昆虫和野兽。"蜚"读 fēi，通"飞"。《墨子·非乐》："今人固与禽兽、麋鹿、蜚鸟、负虫异者也。"现代常用此音义，如"流言蜚语"、"蜚短流长"等。

㉓蠱〔gǔ 古〕公户切　鱼见上
　又音〔yě 也〕以者切　歌余上

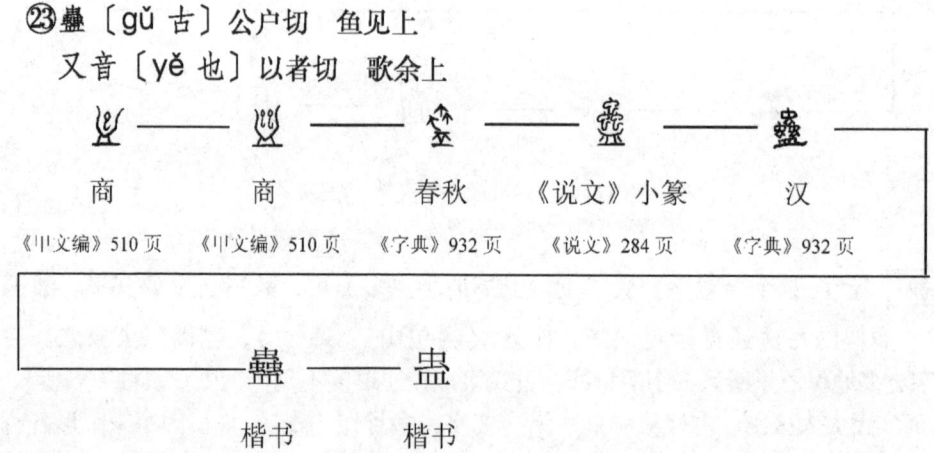

说解　"蠱"是个会意字。从䖵，从皿。字形表示器皿中有许多虫子。"皿虫为蠱"的说法早在《左传》里就有了。甲骨文的字形或从一虫，或从二虫，后代文字多从三虫，其实所表示的意思是一样的。"䖵"简化作"虫"，"蠱"也类推简化作"蛊"，与甲骨文的写法相同，可谓回到了其原始的构形状态。"蛊"的本义当为人工培养的一种毒虫。《通志·六书略第三》："造蛊之法，以百虫置皿中，俾相啖食，其存者为蛊，故从虫皿也。"晋·陶潜《续搜神记》卷二："剡县有一家事蛊，人噉其食饮，无不吐血死。"故有毒虫或指害人的邪术等意思。引申而作动词，则指人中蛊虫之毒，再引申而指蛊惑、迷惑等，现已成为蛊字的常用义。盖妖冶易蛊惑人心，故"蛊"又引申为妖艳，此义的"蛊"读作 yě。《文选·张衡〈西京赋〉》："妖蛊艳夫夏姬，美声畅于虞氏。"薛综注："蛊，音也，媚也。"

㉔風〔fēng 丰〕方戎切　冬帮平

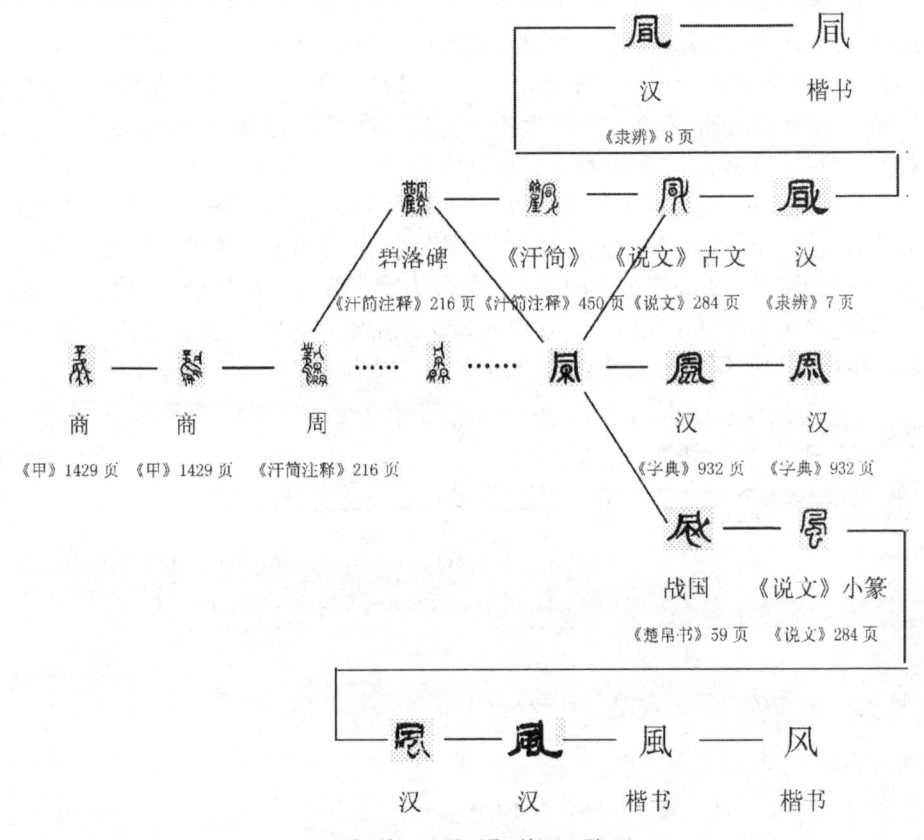

说解 "風",《说文》以为形声字。从虫,凡声。按,原来甲骨文以"鳳"(其原型即孔雀)为"風",本为象形字,作"",象凤鸟高冠修尾之形。后加"凡"为声,且增画凤尾之珠毛纹饰,写作""。西周金文将凤尾纹饰与凤体分离,并移置声符"凡"之下,写作""(《集成》2752。薛尚功《历代钟鼎彝器款识》卷十南宫中鼎三"風"字作"",其左乃古"凤"字写讹,其右乃""形写讹)。《碧落碑》作"",《汗简》录《周礼》字作"",皆以上甲金文之变体。""形右旁之"",为后代"風"字之滥觞。三个珠毛尾饰省其二,则作""。《夏承碑》作"",《孟孝琚碑》作"",皆""形之变。""再省尾饰之下部,则成《说文》古文"";其"凡"字右边旁出一笔,和楚帛书相同,是战国楚文字的特殊写法,在郭店简、包山简中很常见。楷书之"屇",即源自""形。《隶辨》所载《杨震碑》阴之"",《绥民校尉熊君碑》之"",正显示出从""到"屇"的隶变楷化轨迹。""形若省尾饰的上部,则成楚帛书之""。""形所从的尾饰下部,其形如古文"虫"字,《说文》"风"字小篆从"虫",即因此而误。此误积非而成是,经过隶变逐渐发展成楷书的"風"。《说文》误认古文"屇"从"日",小篆"風"从"虫",

故综合两者而为之解曰："飌动虫生，故虫八日而化。"这显然是不足为据的①。"风"是"風"的简化字，可能来源于草书，中间的"×"只是一个记号，没有表音或表意的作用。"风"是一种因气压分布不均匀而产生的空气流动的现象。《说文·风部》："风，八风也。"《诗·郑风·萚兮》："萚兮萚兮，风其吹女。"引申为像风那样快，如"风行"。"风"有流行的特点，犹如社会习俗，故又引申为风俗、风气，如"移风易俗"、"蔚然成风"。又引申为风景、风光。又指民歌，如"采风"。又引申为外在的姿态，如"作风"、"文风"，再引申为风声、消息等。作动词，指借风力吹干吹净，虚化引申为教育、感化。通"讽"，讽谏。《诗·小雅·北山》："或出入风议，或靡事不为。"又指讽诵。宋·严羽《沧浪诗话·诗辩》："先须熟读《楚辞》，朝夕风咏，以为之本。"

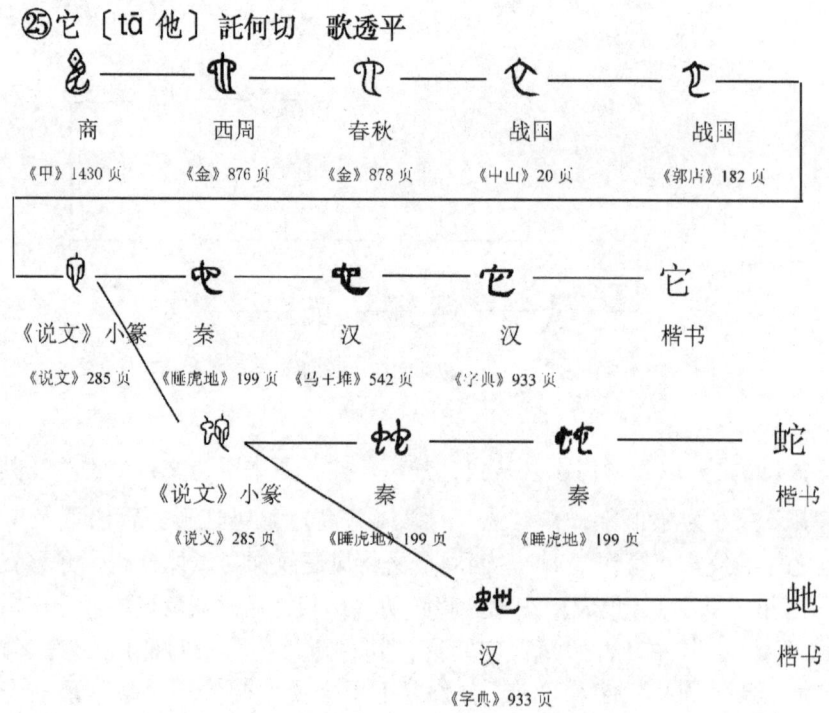

―――――――――
① 参见曾宪通《释"风"、"凰"及其相关诸字》，载《中国语言学报》第 8 期，北京语言文化大学出版社 1997 年；又收入《古文字与出土文献丛考》第 16—22 页，中山大学出版社 2005 年；林志强《古本〈尚书〉文字研究》第 30—31 页，中山大学出版社 2009 年。

说解 "它"是个象形字。象蛇之形。甲骨文蛇形有单画双钩之别。单画者作 ↑ 形，为"虫"（"虺"本字）之初文（参见上述"虫"字条）；双钩者即 ♀ 形，为"它"（"蛇"本字）之初文。"它"字经历代不断发展，线条逐渐平直化，象蛇头的部分逐渐演变成"宀"形，象蛇身和蛇尾的部分逐渐演变成"匕"形。由于"它"在古籍中常被借用，秦汉时期又产生了一个后起本字，即在"它"的基础上增加"虫"旁，形成"蛇"字。"蛇"字异体写作"虵"，那是因为它字讹变为也，与也（ㄟ）字混同。"佗"又作"他"，"沱"又作"池"乃属同类现象。"它"的本义是蛇，这个意义后来写作"蛇"。《说文·它部》："它，虫也……上古艸居患它，故相问无它乎？……蛇，它或从虫。"徐铉注："今俗作食遮切。"食遮切即今音 shé。宋·罗泌《路史·疏仡纪·高阳》："四它卫之。"罗苹注作"四蛇卫之"。"它"在古籍中常被借为代词。《诗·小雅·鹤鸣》："它山之石，可以为错。"这类假借义后来成为"它"字的常用义，其本义就以"蛇"字来表示。

㉖龜 [guī 归] 居追切 之见平
又音 [jūn 君] 俱伦切 文见平
又音 [qiū 秋] 居求切 幽见平

战国	《说文》古文
《郭店》182 页	《说文》285 页

商	商	《说文》小篆
《甲》1434 页	《甲》1434 页	《说文》285 页

汉	汉	楷书	楷书
《马王堆》542 页	《字典》934 页		

说解 "龜"是个象形字，象龟之形。甲骨文中，龟之头、脚以及龟壳之纹路具现，宛然如画。❀是正面之形，❀侧面之形。《说文》古文承袭其正面形象，其他文字资料则都是侧面形象（郭店简的龟可能与黾混同）。"龟"是"龜"的简化字，保持了"龜"的轮廓，乌龟侧视之形仍然依稀可辨。可见此字经过几千年的演变，笔势虽有不同，而形象依然存在。"龟"是爬行纲龟科动物的统称，身体扁平呈椭圆形，背部有甲

壳，四肢短，趾有蹼，头尾和四肢可缩入甲壳内。一般生活在水边，生命力强。《说文·龟部》："龟，旧也，外骨内肉者也。"《殷虚书契前编》4.54.7："丙午卜，其用龟？"（丙午这天贞问，是否用龟占卜？）"龟"在古代用于占卜，也用作货币，因以为占卜和货币之称。古代印纽多作龟形，因以龟为印章的代称。古代碑座也常作龟形，因亦以称碑座。"龟"在中国传统文化中富有象征意义，大致可分为一褒一贬两个方面。褒者龟的寿命很长，古人视为通神之灵物，常用于卜卦，因此赋予龟以吉祥神圣的意义，如以"龟年鹤寿"形容长寿，以"龟龙"、"龟象"比喻神灵；贬者龟受到惊扰或遇到危险时常把头脚都缩进壳内，因以"缩头龟"、"龟孙子"等为詈词，含有贬义色彩。"龟"读 jūn，通"皲"，指手脚因寒冷或干燥而开裂。《庄子·逍遥游》："宋人有善为不龟手之药者，世世以洴澼絖为事。""龟"读 qiū，用于专名"龟兹"，为汉代西域诸国之一，是汉代的县名。

㉗蜘〔zhī 支〕陟离切 支端平

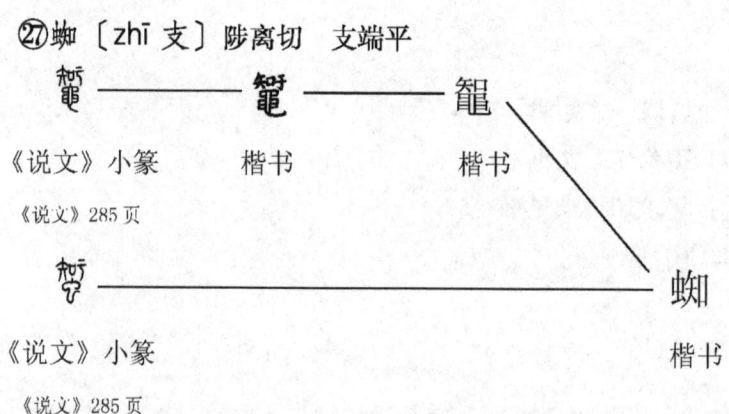

说解 "蜘"的繁体作"鼅"，是个形声字，但不能独立成词。《说文》鼅本从黾智省声，指鼅鼄，是个双声连绵词。小篆或从"虫"作，比从"黾"简省，故后来楷书"鼅鼄"简省作"蜘蛛"，既省"黾"为"虫"，又变上下结构为左右结构，成为现在通行的规范写法。蜘蛛是一种节肢动物，能分泌黏液，黏液在空气中凝成细丝，用来结网捕食昆虫，生活在屋檐和草木间。

㉘蛛〔zhū 朱〕陟输切 侯端平

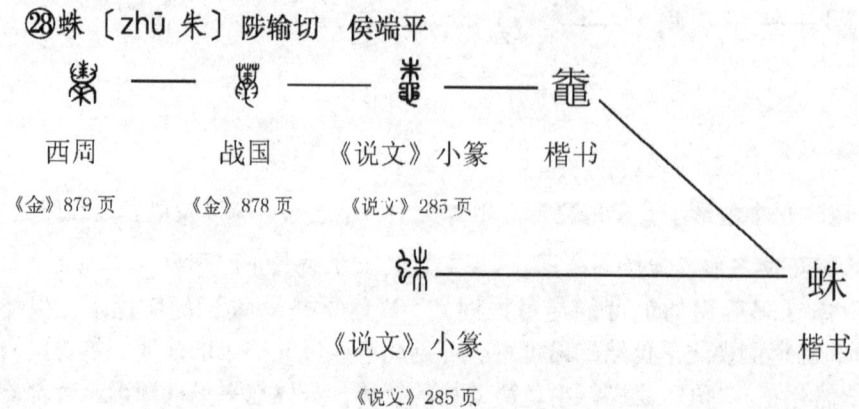

说解 "蛛"是个形声字。本作"鼁",从黾,朱声。按甲骨文有 ◊ (《合集》17746,《甲》1442页)字,诸家异说纷纭,迄今尚无定论。因其形状酷肖蜘蛛,胡光炜释作"鼁",李孝定从之,录此以备查考。小篆或体从虫,朱声,比从黾者笔画简省,现以之为规范正字。"蛛"与"蜘"合成双音词"蜘蛛",详上"蜘"字。

㉙ 卵〔luǎn "乱"上声〕卢管切 元来上

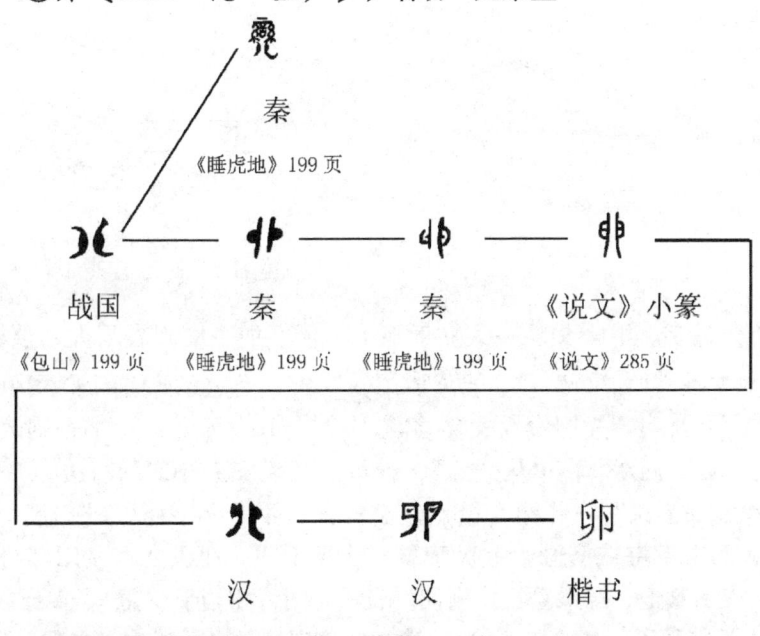

说解 "卵"是个象形字。王筠《说文释例》:"卵即谓鱼卵。鱼本卵生,顾既生之卵如米,其自腹剖出者,则有膜裹之如袋,而两袋相比,故作卵以象之。外象膜,内象子之圆也。凡卵皆圆,而独取鱼卵者,圆物多,惟鱼之卵有异,故取之。"古文字或用肥笔填实卵形,更为形象,但书写不便。亦有加注声符"鯀"作"鼋"者,为形声字,但没有流传下来。"卵"的本义是雌性生殖细胞,与精子结合后可产生第二代。《说文·卵部》:"卵,凡物无乳者卵生。"《论衡·初禀》:"卵殼孕而雌雄生。"特指鸟类的蛋。"卵"又泛指椭圆形或圆形的东西。

㉚ 亟〔jí 急〕纪力切 职见入
又音〔qì 气〕去吏切 职溪去

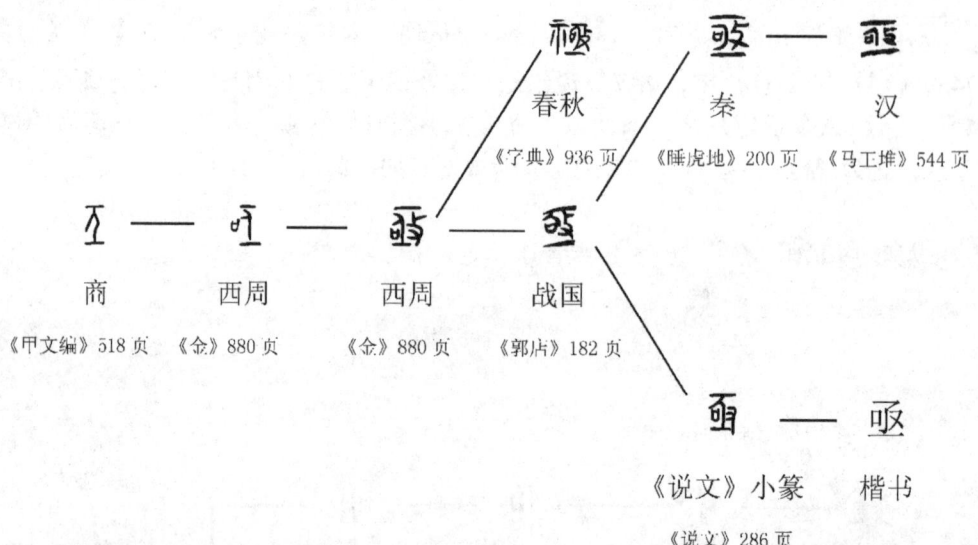

说解 "亟"是个会意字。甲骨文象一人立于地上，顶部加一横画表示人之顶极，如立地顶天之象。金文先是增加"口"符，再增加"攴"符，奠定了此字的基本构成。侯马盟书加"示"符，为繁构。战国秦汉文字多从"攴"作，《说文》小篆则改从"又"。从"又"与从"攴"同意。楷书从"又"，继承了《说文》小篆的写法。"亟"的本义是至高处，这个意义后来写作"極（极）"。于省吾《甲骨文字释林》："亟，古极字……亟字中从人，而上下有二横画，上极于顶，下极于踵，而极之本义昭然可观矣。"假借为敏疾义，表示紧迫、急躁等。作副词，表示时间，相当于"急"、"赶快"。《诗·豳风·七月》："亟其乘屋，其始播百谷。"读 qì，作副词，表示屡次、多次。《左传·隐公元年》："（姜氏）爱共叔段，欲立之。亟请于武公，公弗许。"

㉛ 恒〔héng 横〕胡登切 蒸匣平

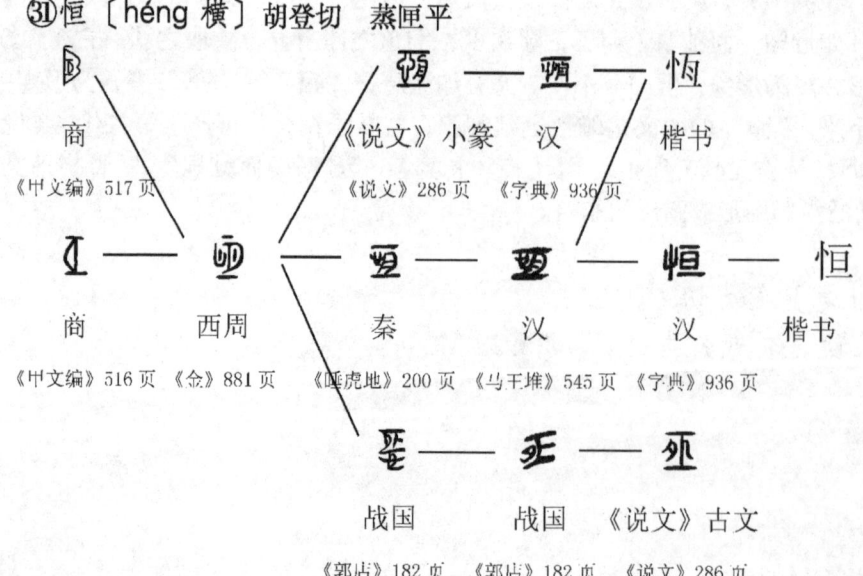

说解 "恒"是个会意字。据《说文》，此字"从心，从舟在二之间。上下心以舟施恒也。"段注云："上下谓往复也。谓往复遥远而心以舟运旋，历久不变，恒之意也。"其说颇迂曲。甲骨文从月在二之间，当是取象于月在天地之间圆缺往复而寓永恒之意，《诗·小雅·天保》有"如月之恒"的话，正道出了恒字取象于月的寓意。甲骨文还有异体从弓。毛传解释"如月之恒"中的"恒"为"弦"，郑笺进一步训为"月上弦而就盈"。弦本弓上物，故字又从弓。金文开始增繁从心，其义殆与"恒心"有关。"月"字、"舟"字古文多混同，故《说文》小篆讹从"舟"。汉代文字或从"月"，或从"日"，或从"舟"。从"舟"沿袭小篆之讹，从"日"则与从"月"相涵。楷书作"恆"或"恒"。作"恆"者是从"月"或"舟"形体的变写，作"恒"者则继承了从"日"的写法。《正字通·心部》以"恒"为"恆"的俗字，现以"恒"为规范正字。此外，战国楚系文字还有另一写法，郭店简、包山简每见之。其字于二画中间作从夕从卜成"外"形，与《说文》古文相同。古"月"、"夕"同字，知简文此字与上述从"月"诸体无别，唯此处"从卜"其意难明，或以赘笔、饰画解之①。其或从"心"作者，则与上述从心诸"恒"字义同。"恒"的本义是月上弦而渐满。《诗·小雅·天保》："如月之恒，如日之升。"日月经天、阴晴圆缺乃是固定不变的规律，因而引申为长久和恒心。《孟子·梁惠王上》："无恒产而有恒心者，惟士为能。"再引申而为普通的、平常的。作副词，乃指经常、常常。"恒"或通"亘"，则有绵延、连续之意。《汉书·叙传上》："潜神默记，恒以年岁。"恒亘字通。

㉜竺〔dǔ 睹〕冬毒切 觉端入

又音〔zhú 竹〕张六切 觉端入

竹	竺	竺	竺	竺	竺
春秋	战国	《说文》小篆	汉	魏	楷书
《字典》937页	《郭店》183页	《说文》286页	《马王堆》544页		《字典》937页

说解 "竺"是个形声字。《说文》："厚也。从二，竹声。"林义光《文源》："二象厚形。"按"竺"可能是"竹"的分化字，"二"是分化符号。盗壶"竹"作𥫗（《金》295页），"二"为饰画，可能即以此为分化符号而形成出"竺"。战国文字在竖画上还有饰笔。秦汉以后字形没有大的变化。"竺"读 dǔ，义指厚。这个意义后来写作"笃"。《书·微子之命》："予嘉乃德，曰笃不忘。"陆德明《释文》："笃，本又作竺。"通"毒"，憎恶。《楚辞·天问》："稷维元子，帝何竺之？"俞樾《平议补录》："竺，当为毒，古字通用……此言稷乃喾元子，帝喾何为憎恶之而弃之至再至三乎？"又读

---

① 汤馀惠先生在《略论战国文字形体研究中的几个问题》中认为"月（或夕）"变为"外"是"战国文字里比较常见的形近讹误。"文中除举"恒"字所从的"丒"字外，还举了"夜"字和"閒"字。从"外"的"夜"字见于《玺汇》2947，"閒"字见于《玺汇》0183。见《古文字研究》第15辑，第28—29页，中华书局1986年。

zhú，义为竹。《广雅·释草》："竺，竹也。"竺又作为印度古译名"天竺"的简称。引申之乃泛指佛教或佛学，如"竺典"指"佛典"、"竺经"指"佛经"等。

㉝ 凡〔fán 烦〕符咸切　侵並平

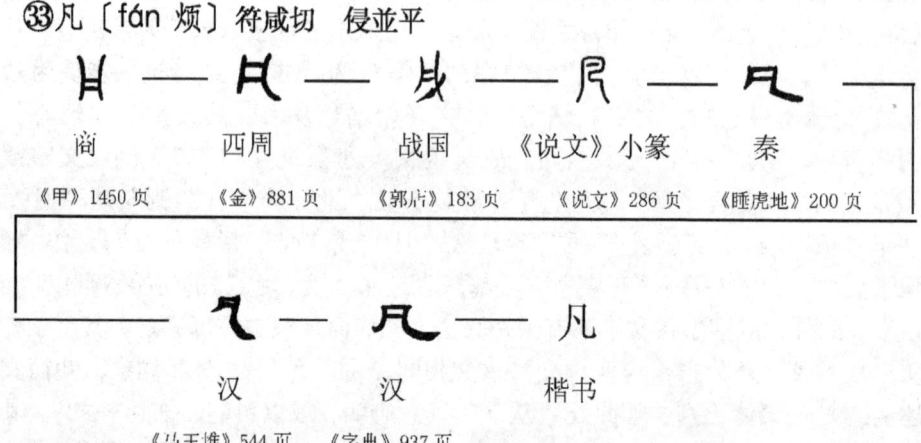

商	西周	战国	《说文》小篆	秦
《甲》1450页	《金》881页	《郭店》183页	《说文》286页	《睡虎地》200页

汉	汉	楷书
《马王堆》544页	《字典》937页	

[说解]"凡"是个象形字，原象高圈足的槃形：上象其槃，下象其足，为"槃"字之初文。战国楚系文字旁出一笔为饰，或再在饰笔上加点。小篆右笔弯曲，写法比较特殊。秦汉隶书笔画平直化，最后形成楷书的写法。异体或写作"凣"，移末笔于字之上端，现不作为规范字体。"凡"的本义即"槃"。因被借用于表示概括之辞，本字为借义所专，遂另造后起之"槃"字以表示本义。《说文》："凡，最括也。"此处所解乃"凡"之借义。"最括"之义又可用作名词、副词、形容词等，例繁不备举。

第二节 单字释例（中）

㉞ 土〔tǔ 吐〕他鲁切 鱼透上
   又音〔dù 度〕徒古切 鱼透去

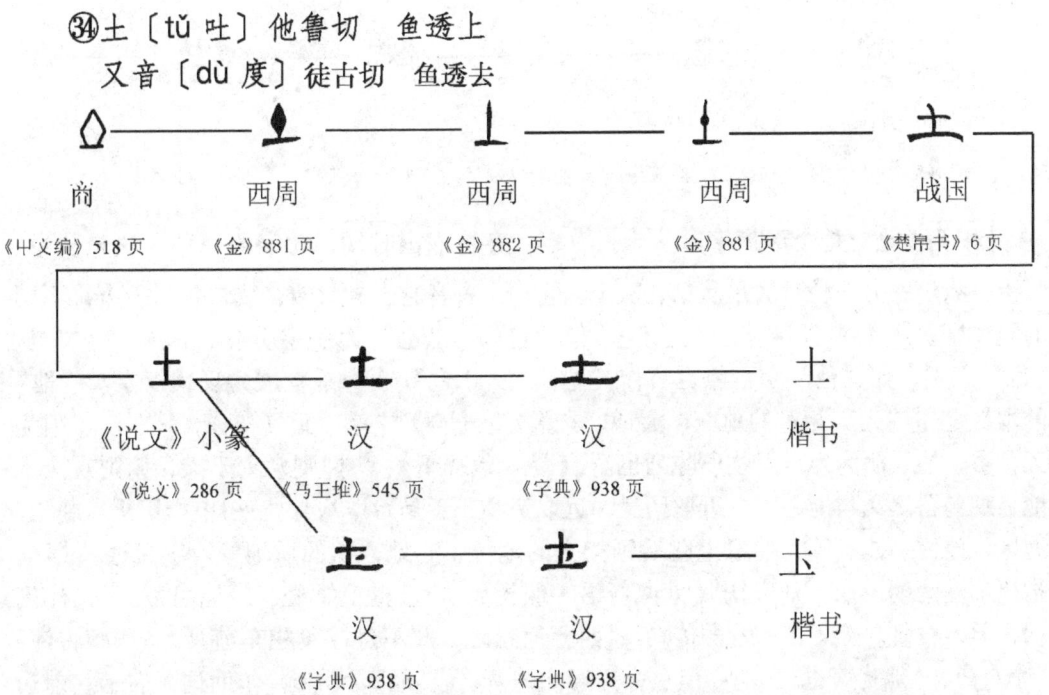

说解 "土"是个象形字。象地面突出的土堆，字下部之"一"表示地面。甲骨文因契刻不便肥笔，只勾画出土堆的轮廓，作 ⌂ 形。孟鼎作 ♦ 形，更为形象。后土堆之形或写作一竖画，或在竖画上加一点。所加之点拉伸为一横，便成为此字后来的规范写法。在西汉和近代文字中，有在"土"旁加点的异构。顾霭吉说："土本无点，诸碑土或作圡，故加点以别之。""土"的本义指土壤。《说文·土部》："土，地之吐生物者也。"《书·禹贡》："（徐州）厥贡惟土五色。"引申为土地、土田、疆土等，又引申为乡土、本土，再由乡土、本土引申为与"洋"相对的土气、俗气等。"土"又是"社"字的古文，甲骨文"亳土"、"唐土"等皆指其地之土地神，即社神。"土"又指"水火木金土"五行之一。又特指古代土制的乐器（埙类）。"土"读为"dù"，通"杜"。义为根。《诗·豳风·鸱鸮》："彻彼桑土，绸缪牖户。"毛传："桑土，桑根也。"陆德明释文："土，音杜。《韩诗》作'杜'，义同。"

㉟ 地〔dì 第〕徒四切 歌定去
   又音〔de〕

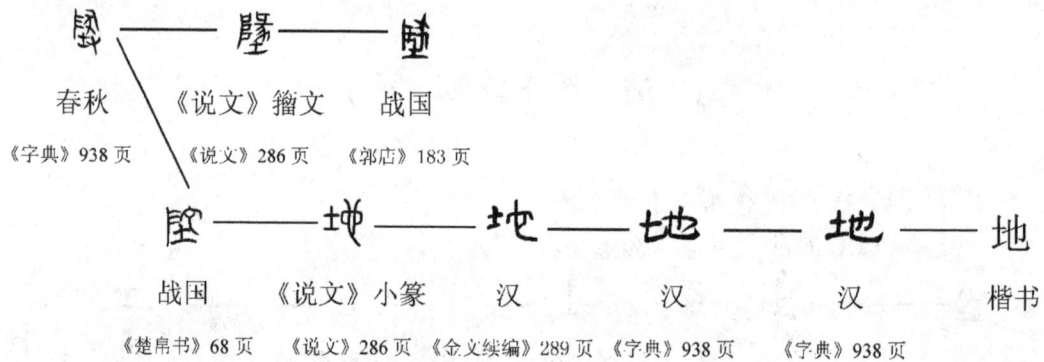

春秋　　《说文》籀文　　战国
《字典》938页　　《说文》286页　　《郭店》183页

战国　　《说文》小篆　　汉　　汉　　汉　　楷书
《楚帛书》68页　　《说文》286页　　《金文续编》289页　　《字典》938页　　《字典》938页

说解 "地"是个形声字。从土，也声。春秋战国时期，此字的一种写法是从阜、从土，象声；另一种写法是从阜、从土，它声。古音它、象对转，故二者属于声符不同的异体字。小篆则省阜从土，也声。古"它"、"也"为一字分化，故从"它"从"也"无别，如"他"字古籍也写作"佗"。从"也"声一系发展为现代汉字。"地"的本义是与"天"相对的地面、大地。《说文·土部》"地，元气初分，轻、清、阳为天，重、浊、阴为地。万物所陈列也。"《易·系辞下》："仰则观象于天，俯则观法于地，观鸟兽之文与地之宜，近取诸身，远取诸物，于是始作八卦。"引申指田土、疆土、地区、地方、地点等，抽象虚化后则指人的地位、心地，物的质地等。字又通"第"，指门第。南朝·宋·刘义庆《世说新语·假谲》："已觅得婚处，门地粗可。"又作副词，但，权且。《汉书·丙吉传》："西曹地忍之，此不过汙丞相车茵耳。"颜师古注："李奇曰：'地犹第也。'地亦但也，语声之急耳。""地"读 de，作助词，表示它前边的词或词组是状语，现代汉语主要承袭这种用法。又表示动态，常附着在立、卧、坐等不及物动词后，相当于"着"。宋·辛弃疾《行香子·三山作》："小窗坐地，侧听簷声。"

㊱坤〔kūn 昆〕苦昆切　文溪平

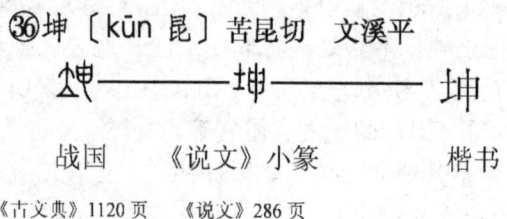

战国　　《说文》小篆　　楷书
《古文典》1120页　　《说文》286页

说解 "坤"，据《说文》，为会意字，从土，从申。因八卦图坤在申位，故从申。战国文字本从立，从申。后改从土，从申，与"坤为地"之义更加切合。"坤"为八卦之一，卦形为☷。又为六十四卦之一，卦形为䷁。《说文·土部》："坤，地也，《易》之卦也。"《易·说卦》："坤为地，为母。""坤"与"乾"相对，象征意义也相对，如乾为天，坤为地，乾为男，坤为女，故又引申指大地、母亲以及女性的代称。

㊲坡〔pō 颇〕滂禾切　歌滂平

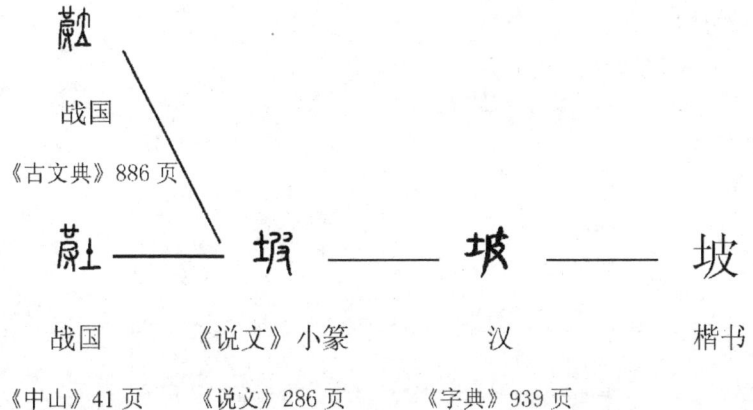

《中山》41 页　　《说文》286 页　　《字典》939 页

说解 "坡"是个形声字。从土，皮声。战国文字从土之字或从立，例子很常见。其左右结构与后世左"土"右"皮"多不相同。声符"皮"的演变大约是移位加讹变的结果。新郪虎符"被"字偏旁"皮"和睡虎地秦简一〇·七的"皮"颇相类，可以看作"皮"字由古到今演变的中间环节。相对而言，《说文》小篆"皮"字的写法变异更甚。"坡"的本义是指地势倾斜的地方。《说文·土部》："坡，阪也。"《中山王𫲨兆域图》："丘平者五十尺，其坡五十尺。"作形容词，表示倾斜。如"坡度"。《唐书·翰林志》："德宗移学士院于金銮坡。"因此"坡"又为唐宋期间对翰林学士的俗称。宋·叶梦得《石林燕语》卷五："俗称翰林学士为坡。盖唐德宗时尝移学士院于金銮坡上，故亦称銮坡。"

㊳坪〔píng 平〕仆兵切　耕並平

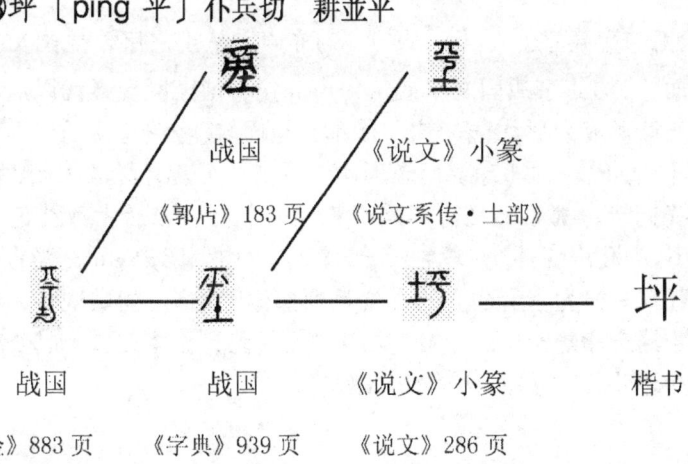

《金》883 页　　《字典》939 页　　《说文》286 页

说解 "坪"是个会意兼形声字。《说文·土部》"坪，地平也。从土，从平，平亦声。"战国文字皆为上下结构，或从"平"声，或从"旁"声。后世承袭以"平"为声。徐锴《说文系传·土部》承战国文字为上下结构。大徐本《说文》变为左右结构，沿用至今。"坪"的本义是指平坦的地方。楚系文字每以"坪"为"平"。又常用作地名。唐·温庭筠《观棋》："闲对楸枰倾一壶，黄华坪上几成卢。"

㊴均〔jūn 军〕居匀切　真见平
　　又音〔yùn 运〕王问切　文影去

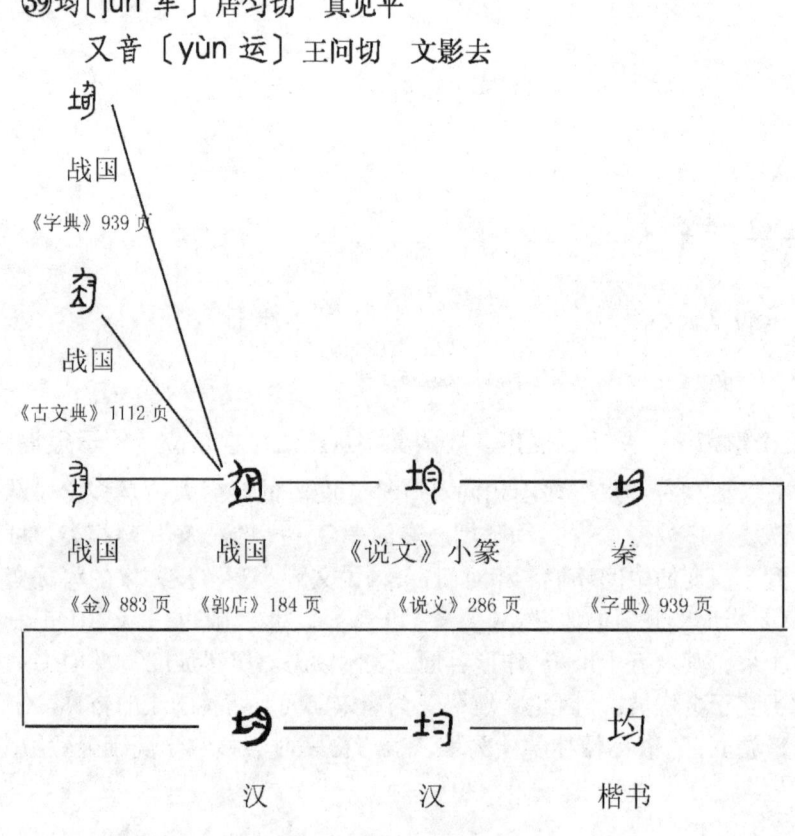

说解　"均"是个会意兼形声字。从土，从匀，匀亦声。从土之字，战国文字或从立，此字亦然。声符方面，"均"字战国文字或从旬声。旬、匀声同。秦代以后，字形比较固定，隶变楷化，逐渐形成为"均"。"均"的本义是均匀、公平。《说文·土部》："均，平，遍也。"《论语·季氏》："不患寡而患不均，不患平而患不安。"引申为普遍、等同、协调，作副词则义同皆、都。字又通"畇（耘）"，指治田。《大戴礼记·夏小正》："（正月）率农均田。"孔广森补注："均，读为耘。""均"读为 yùn，乃古代音乐术语。在十二律中，以任何一律为宫所建立的音阶系列都称"均"。如姑洗均、黄钟均等。引申为指古代校正乐器音律的器具。"均"又同"韻（韵）"。《文选·成公绥〈啸赋〉》："音均不恒，曲无定制。"李善注："均，古韵字。"

㊵塙（碻、确）〔què 却〕苦角切　药溪入

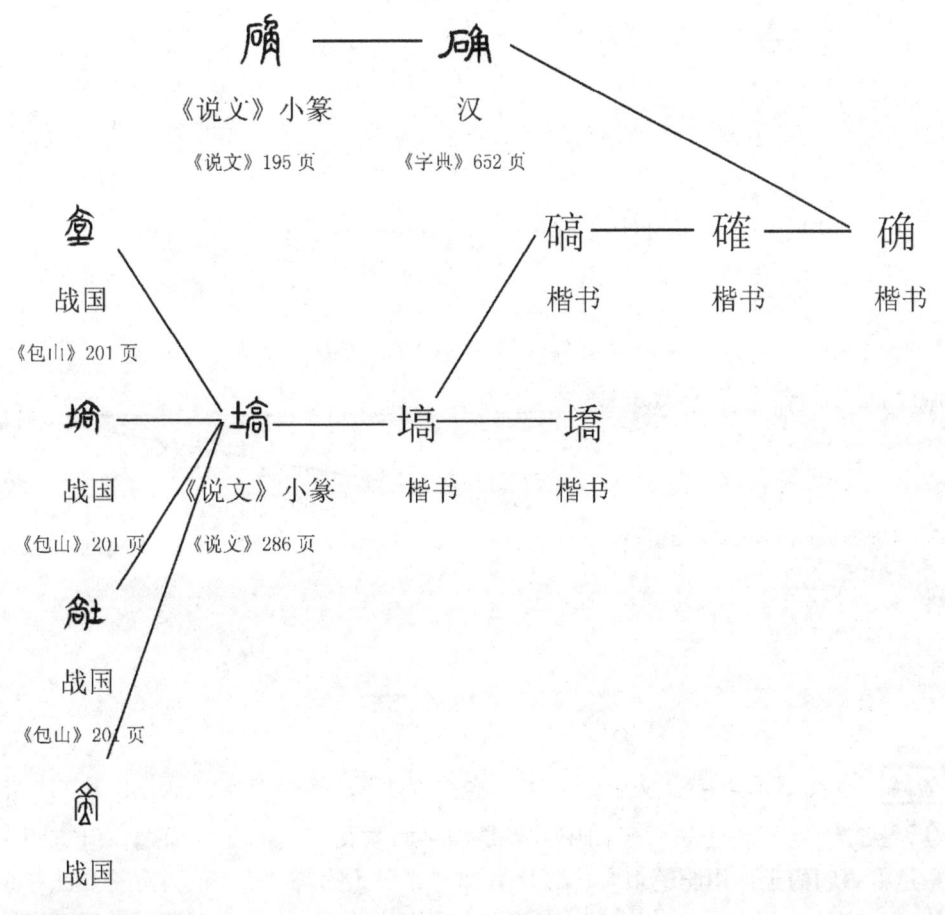

说解 "塙"是个形声字。从土,高声。战国文字或为上下结构,或为左右结构。其上下结构或上"高"下"土",或上从"高"省,下从"立"。其左右结构或左"土"右"高",或右"土"左"高"。这显示了战国时期"文字异形"的状态。《说文》小篆确定为从土,高声,但后来又有许多异体出现:或将声符改为"乔"作"墧",见于《集韵·觉韵》;或将意符改为"石"作"碻",见于《广韵·觉韵》。以"石"为意符的一系,后来又把声符改为"隺",形成"確"字。"塙"的本义是牢固不可动摇。《说文·土部》:"塙,坚不可拔也。"

《说文·石部》又有"确"字,或体作䂃,义为"坚石",楷书俗写亦作"確"。"确"的俗写字形"確"与"塙"的后起字形"確"本来不是一个字,但由于"确"与"塙"音同义近,所以就混而不别了。现在使用的"确"字,既是恢复了"坚石"义之"確"的古字,又是作为"坚不可拔"义之"確"的简化字。

㊶塊〔kuài 快〕苦怪切 微溪去

174 汉字源流

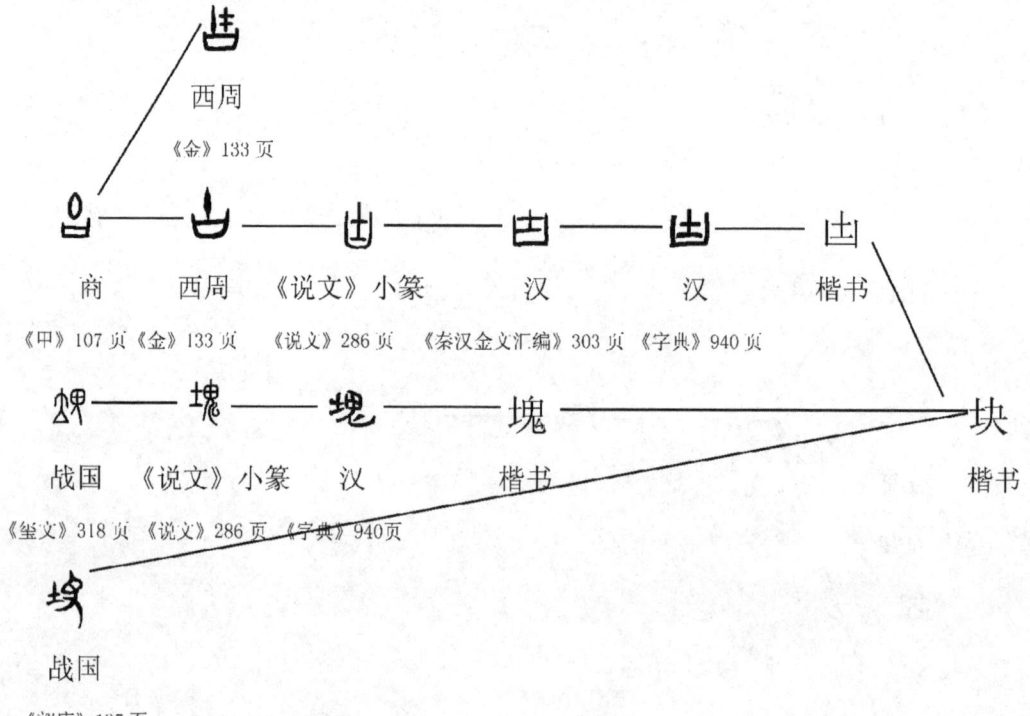

说解 "块"是形声字，从土，夬声。本作"凷"，是会意字，从土，从凵。甲骨文从◯，从凵，意谓将土块置于凵中，当是凷字的初文。西周文字承之，但有两个变化：一是将虚廓的土形用肥笔填实；二是另加"丯"（读若"介"）为声符。此一系的形体从《说文》小篆之后变化不大，直至楷书固定为"凷"。战国时期另有形声字作从立，鬼声；《说文》小篆或体改作从土，鬼声。"鬼"旁的写法各个时期略有差异：顶端的短撇或有或无；或把"厶"写成点，或无"厶"亦无点，最后楷化作"塊"。"块"本音"於决反"，作为"塊"的简化字首见于1935年《手头字第一期字汇》。就字形而言，"块"字可追溯到战国时期郭店楚简的"垬"（楚简用作"缺"）。"凷"的本义是土块。《说文·土部》："凷，墣也。"《礼记·丧大记》："父母丧，居倚庐，寝苦枕凷。"土块可象征土地，拥有土地便拥有权力。据《左传》记载，晋文公重耳流亡时，曾乞食于农民，农民给了他一块土。重耳很恼怒，想鞭打他。其随从之臣子犯说：这是上天赐予你土地啊。重耳听了，接受了土块，并向农民作揖行礼。由土块引申作量词用，指块状物或片状物的数量。也用于银币或纸币，等于"圆"。"塊"在古书中还指孤独或无动于衷的样子，如《楚辞·九辩》："塊独守此无泽兮，仰浮云而永叹。"

㊷基〔丌 机〕居之切 之见平

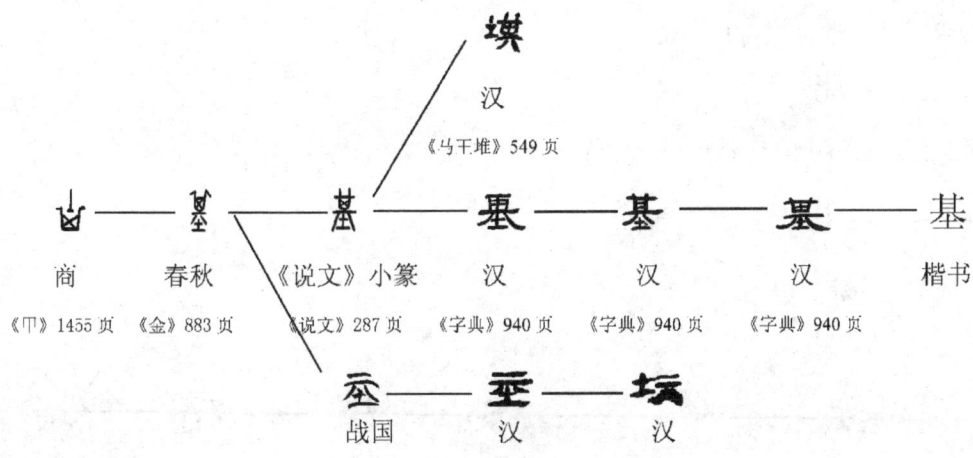

说解 "基"是个形声字。从土，其声。大部分字形都是上"其"下"土"的结构，唯甲骨文字是上"土"下"其"，马王堆帛书或作左"土"右"其"。声符"其"是"箕"字初文，本作 ⊌，象簸箕之形。后加丌（也作"亓"），丌亦声，即成后来的"其"字。后代文字大致沿两系发展：一系为下"土"上"其"，"其"的第四、五笔或交叉、或平行，写法略有变化。现代规范汉字写作"基"。另一系为省体，下"土"上"亓（丌）"，大约从战国沿袭至近代。"基"的本义指墙脚。《说文·土部》："基，墙始也。"《诗·周颂·丝衣》："自堂徂基。"毛传："基，门塾之基。"又泛指一切建筑物的底部。引申为基础、开始、基业等。通"朞"，指一周年。《隶辨·张迁碑》："流化八基。"顾蔼吉注："以基为朞。"

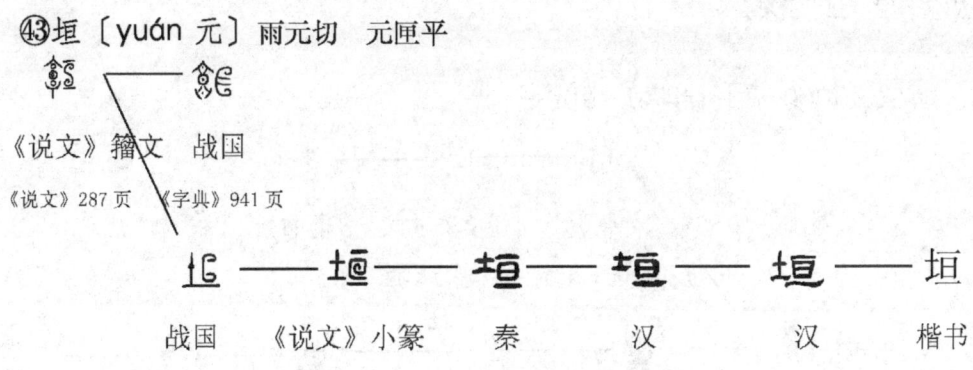

说解 "垣"是个形声字。从土，亘声。春秋战国文字或从𩫖。𩫖为"墉"本字，与从土同意。为求简省，后皆改为从土，字形结构没有大的变化。"垣"的本义是矮墙，也泛指墙。《说文·土部》："垣，墙也。"《书·梓材》："若作室家，既勤垣墉，惟其涂塈茨。"引申为有围墙的建筑物，如官署、粮仓。又由官署引申为官署中的官员。墙用于划分一定的范围，因此"垣"在传统的天文学术语中，又指所划定的星座范围，专称中宫的太微、紫微、天市为三垣。

㊹堵〔dǔ 赌〕当古切　鱼端上

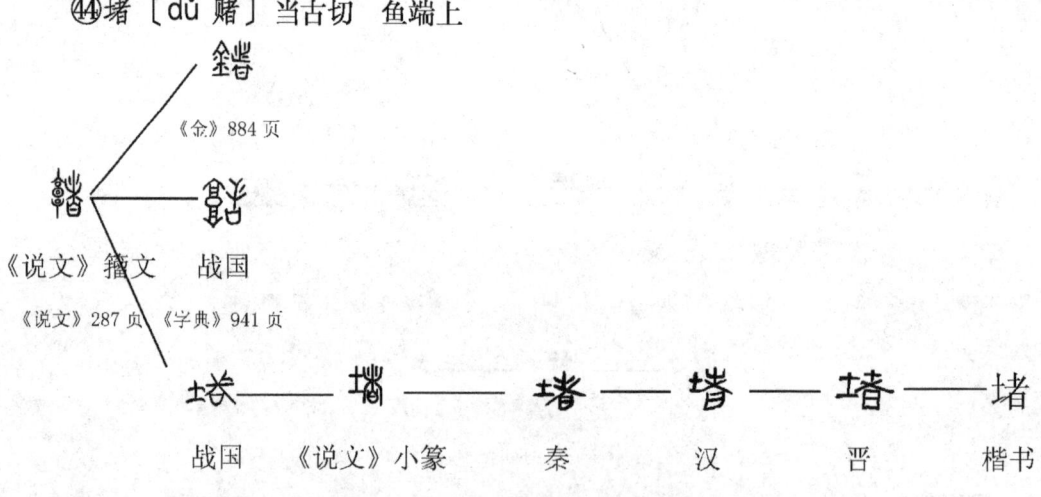

《金》884 页

《说文》籀文　战国

《说文》287 页　《字典》941 页

　　　　　战国　　《说文》小篆　　秦　　汉　　晋　　楷书

《楚帛书》72 页　《说文》287 页　《睡虎地》201 页　《字典》941 页　《字典》941 页

说解 "堵"是个形声字。从土，者声。《说文》籀文从𩫏。𩫏为"墉"本字，与从土意义相同。战国文字或从金，其义当与悬乐之钟磬有关。战国时期声符"者"的写法变异较多，是当时文字异形状况的反映。战国以后主要从土，"者"声旁的线条也逐渐平直化，发展成为现代汉字。"堵"的本义是指古代墙壁的面积单位。《说文·土部》："堵，垣也。五版为一堵。"古代用板筑法筑土墙，五板为一堵，板的长度就是堵的长度，五层板的高度即堵的高度。《诗·小雅·鸿雁》："之子于垣，百堵皆作。"引申为墙壁。因墙壁有隔离阻挡作用，故又引申为阻挡、堵塞，成为现代的常用义。又作量词，也多用于指墙。如"一堵墙"。古代的钟或磬十六枚悬在一虡称为一堵。"鐯"字从金，当与此有关。

㊺堂〔táng 唐〕徒郎切　阳定平

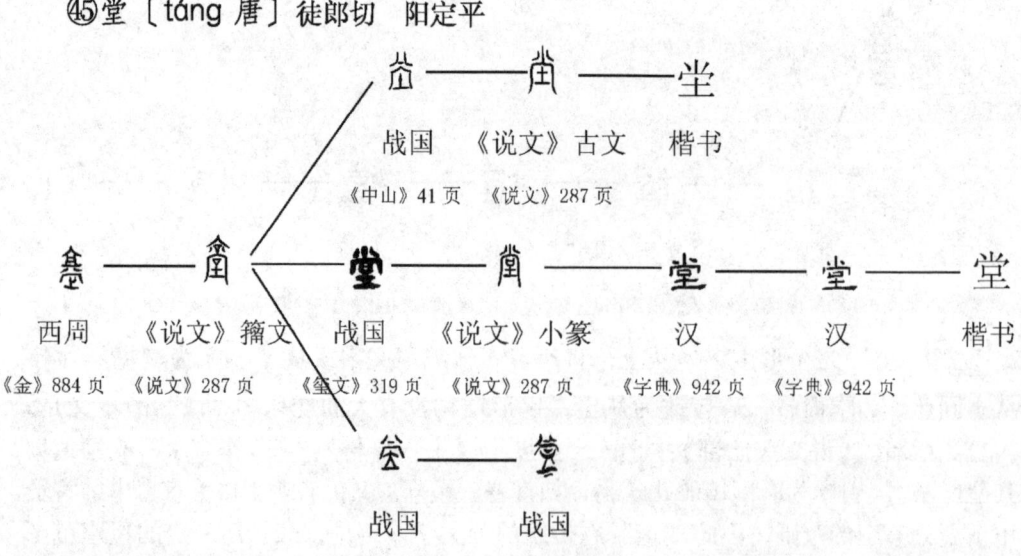

　　　　战国　　《说文》古文　　楷书

《中山》41 页　《说文》287 页

西周　《说文》籀文　战国　《说文》小篆　汉　汉　楷书

《金》884 页　《说文》287 页　《玺文》319 页　《说文》287 页　《字典》942 页　《字典》942 页

战国　战国

《玺文》319 页　《郭店》184 页

说解 "堂"是个形声字。从土,尚声。西周文字从"高"省,声符"尚"不从"口","土"旁也稍异。此字中的"高"、"土"都是意符,从"高"表示殿堂之高,从"土"表示建筑殿堂的材料。《说文》籀文承之,从"高"省,但声符"尚"为全形。战国文字主要有三种写法:一是从"土",从省"口"之"尚";二是从"立",也从省"口"之"尚",其作"壐"者,"立"符上下皆有短横,当为饰笔;三是从"土",从"尚"不省,比较规整,最后发展成为现代汉字。"堂"的本义是坛,即人工筑成的方形土台或屋基。《书·大诰》:"若考作室,既底法,厥子乃弗肯堂,矧肯构。"孔传:"子乃不肯为堂基,况肯构立屋乎?"俞樾《群经平议·尚书三》:"古人封土而高之,其形四方,即谓之堂。"引申为指建于台基之上的正屋、厅堂,如"殿堂"、"明堂"、"礼堂"、"公堂"、"课堂"等。正屋、厅堂是公开议事之处,也是装饰华丽的地方,因此堂又有明亮、显耀等意义。叠音词"堂堂"用于形容阵容盛大、气魄宏大、容貌伟俊出众等,当也与此意义有关。旧时尊称他人的母亲也叫堂,如"令堂"、"萱堂"。同祖父的亲属也称堂,如"堂兄"、"堂叔"。作量词,用于成套家具、分节的课程等,如"一堂家具"、"一堂课"。

㊻掃〔sǎo 嫂〕苏老切 幽心上

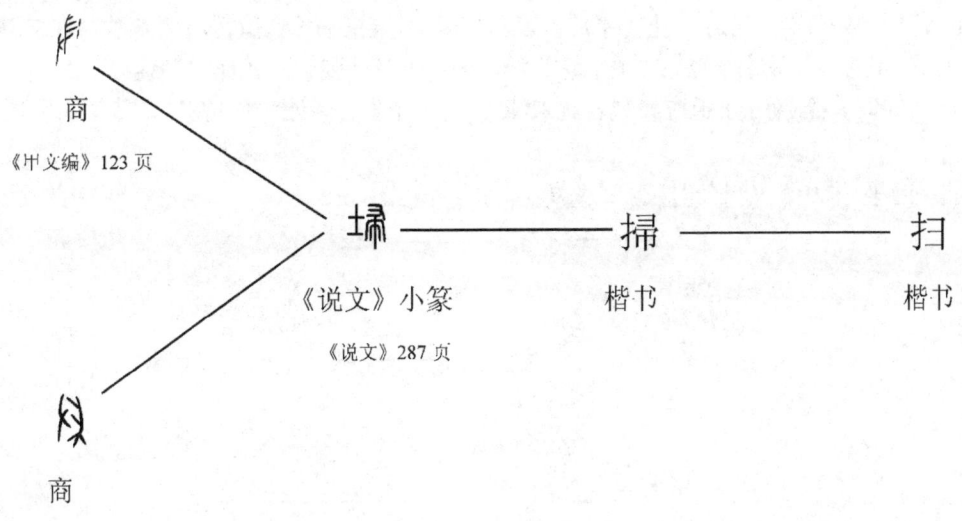

说解 "掃"是个会意字。商代文字为从又持帚,会扫除之意。《说文》小篆作从土从帚,亦会扫除尘土之意。楷书改从手从帚,与商代文字从又之意相同。简化字将"掃"简化作"扫",犹如"婦"简化作"妇",只留"帚"旁的上半。"掃"的本义是用扫帚除去灰尘、垃圾等。《说文·土部》:"埽,弃也。"《诗·豳风·东山》:"洒埽穹窒,我征聿至。"引申为除去、消灭等。

㊼在〔zài 再〕昨代切 之从去

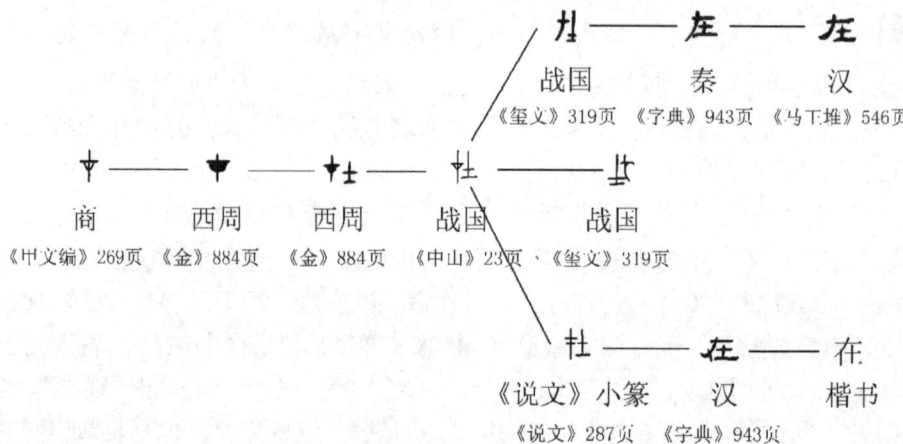

说解 "在"是个形声字。从土，才声。甲骨文作"才"，借"才"为"在"。西周文字仍如此，但中间填实，并开始出现从土才声的形声字，"土"和"才"在左在右没有区别。战国以后"才"的写法分化为两种：一种只有两笔，似"ナ"字，没有流传下来。另一种为三笔，发展成为现代汉字。"在"的本义是存在。《说文·土部》："在，存也。"《论语·学而》："父在，观其志；父没，观其行。"引申而为居处、存留等。"在"又表示原因和目的，义为由于、取决于。用作副词，表示动作行为正在进行。用作介词，表示时间、范围、处所等。又通"纔（才）"。表示数量少。《汉书·贾谊传》："长沙乃在二万五千户耳。"王念孙《读书杂志》："在，读为纔……贾子《藩彊篇》正作'乃纔'。"又通"哉"。句尾语气词。《淮南子·道应》："吾犹未能之在。"于省吾新证："'在'、'哉'古字通。"

48 坐 〔zuò 做〕徂卧切 歌从去

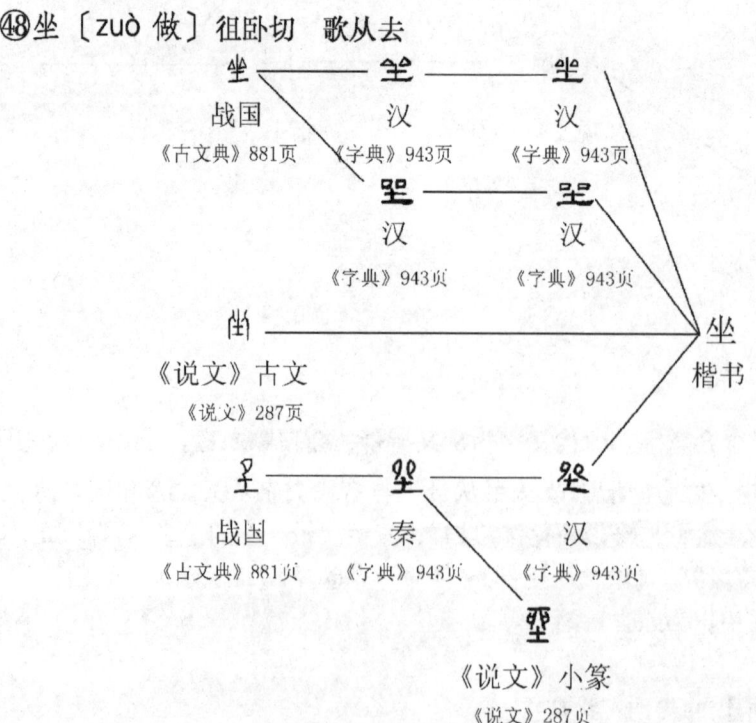

说解 "坐"是个会意字。象二人对坐土上之形。有一析字联云:"二人土上'坐',一月日边'明'",倒是说中了此字的形体结构。但先秦文字的写法却比较多样:有从二"人"的,有从二"厶"的,有从一"卩"的。从二"人"的发展成现代汉字"坐"。从二"厶"的又写成从二"口",是隶变的不同写法。从一"卩"的又增繁为从二"卩",并讹变为《说文》小篆的写法,变从"夘"。《说文》以讹变之体为说,故误认为从"留"省。"坐"的本义是指人的止息方式之一。古人席地而坐,后人则坐椅、凳等。《说文·土部》:"坐,止也。"《战国策·魏策四》:"先生坐。"作动词,引申为就坐、就任、留守、居住、搭乘等。作名词,引申为座位、席位。这个意义后来写作"座"。又指因⋯⋯而获罪,定罪。如"坐死";"连坐"。作连词,表示原因、因为。杜牧《山行》:"停车坐爱枫林晚,霜叶红于二月花。"

㊾封〔fēng 风〕府容切 东帮平

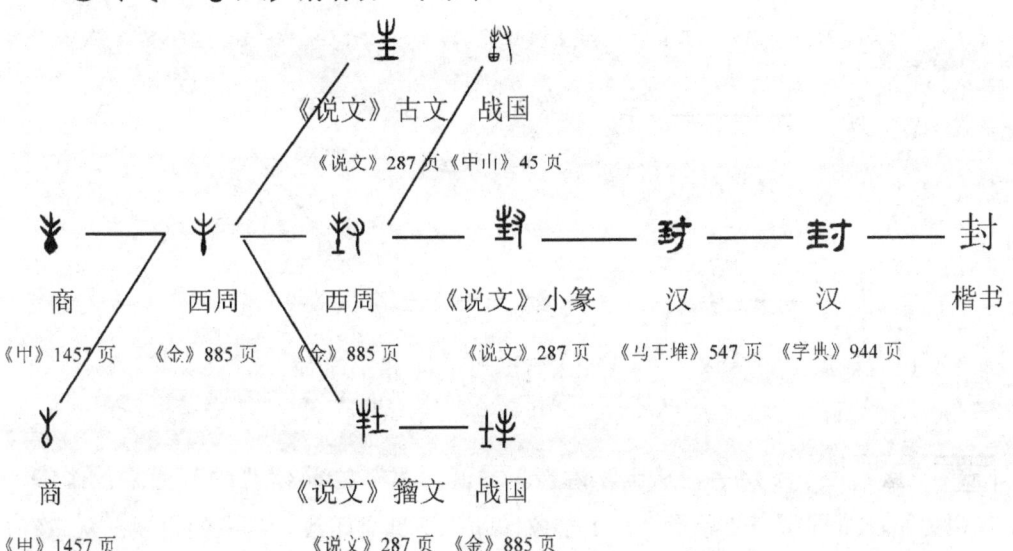

说解 "封"是个会意字。甲骨文作 ,即"丰"字,下象土堆,上为树木,全字象植树于土堆上之形。古代聚土植树为界曰"封",《周礼·地官·大司徒》:"制其畿疆而沟封之。"郑玄注:"封,起土界也。"甲骨、金文的"丰"字正象其形。可见"丰"即"封"之初文。周代文字继承商代的写法,但开始增益"又"旁,到了《说文》小篆演化为"寸"旁而成"封"字,并延续至今。《说文》古文与商周"封"字初形略同。籀文则把"土"和"丰"分置左右。中山王鼎更增益"田"符,属于叠加意符的现象。这些都是春秋战国时期文字异形的表现。《说文》小篆左上从"之"乃"丰"形之讹。"封"的本义是堆土植树为界,引申而为疆界、田界。再引申而为界限、局限、禁止、限制等。"封土为界"即划分土地,特指帝王以土地、爵位、名号赐给贵族和臣下,如"封侯"等,作名词指所封之爵、所封之土,作动词则指建立,如"封建"。由堆土引申为培土、加高,特指帝王所举行的筑坛祭天的盛典,如"封禅"。又特指聚土为坟,即埋葬的土堆。由禁止、限制等意义引申而为封闭、堵塞、包裹等。古代臣子向帝王递呈的重要奏章均须封板加密以防泄露，谓之封事，引申为泛指一般的书信。作名词指用于封装东西的纸包或袋子，如"信封"；作量词则指包裹或封装起来的东西，如"一封信"等。

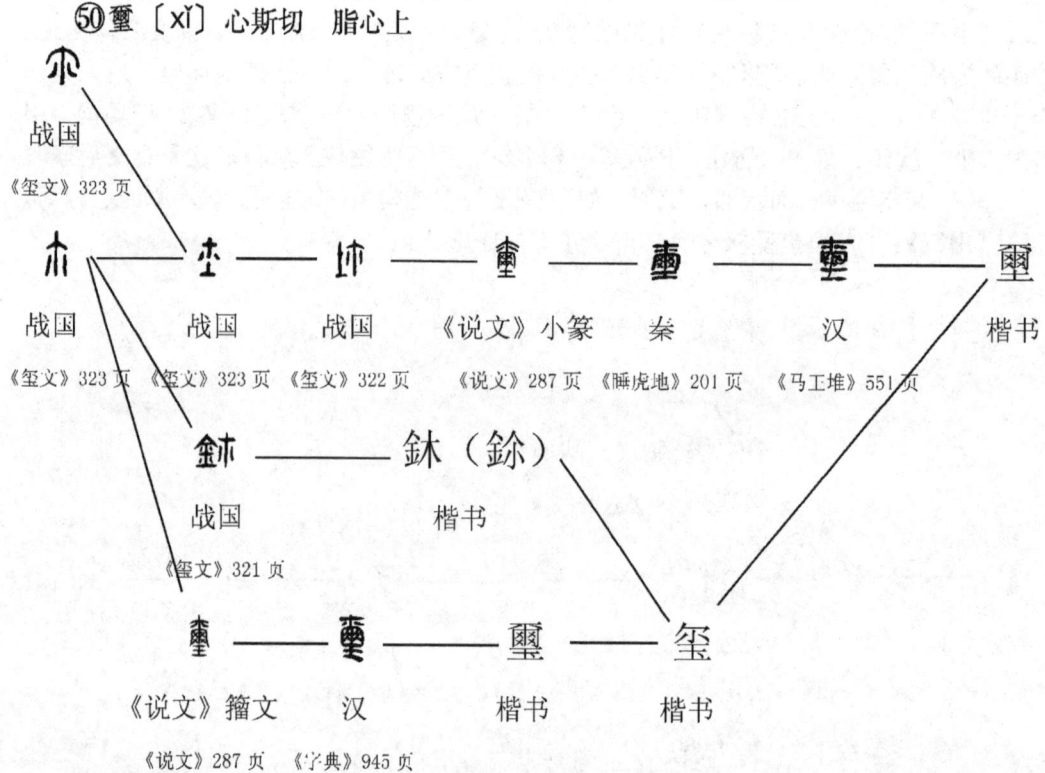

[说解] "玺"是个形声字，从土，爾声。本借"爾"之简体"尔"为之，作尔、朩。或以为尔、朩即玺印之象形字，上部象印钮、下部象印纹。后来的发展，从意符的角度大致可分三种情况：一是因印文常施于土制品之上，故增加意符"土"；二是古玺印为金属所制，故增加意符"金"；三是由玺印为玉制，故增加意符"玉"。增加意符"土"者或为上下结构，或为左右结构，秦汉以后多为上下结构。增加意符"金"的多是左右结构。增加意符"玉"者多为上下结构。从声符的角度来看，战国时期的玺字多从"尔"，"尔"亦声。秦汉以后则多写作"爾"，笔画增繁。楷书的"玺"字对应古文字的字形，也有多种异写，如作"鉨"、"鉩"、"壐"、"璽"等，现以"玺"为规范正字，笔画简单，结构上也算部分恢复到先秦的古体，是一个比较经济合理的字形。"玺"的本义即印章。《说文·土部》："玺，王者印也，所以主土。"按《说文》所解未必正确。先秦之玺尊卑通用，秦始皇统一中国，才规定皇帝的印章称"玺"，一般人则称"印"，"玺"、"印"之别遂打上了封建社会等级制度的烙印。《韩非子·外储说左下》："豹对曰：'往年臣为君治鄴，而君夺臣玺；今臣为左右治鄴，而君拜臣，臣不能治矣。'遂纳玺而去。"

(51)型〔xíng 形〕户经切 耕匣平

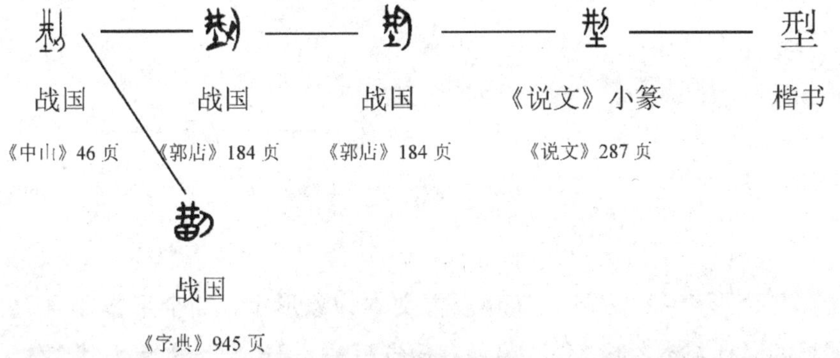

说解 “型”是个形声字。从土，刑声。战国文字多异形，其声符“刑”或从刃，与从刀通用；其意符多居左下角，或从田，与从土同意。后固定作“型”，声符为“刑”，从刀，意符为“土”，且将意符和声符调整为上下结构，沿用至今。“型”的本义指铸造器物的模子。《说文·土部》：“型，铸器之法也。”段注：“以木为之曰模，以竹曰范，以土曰型。”《淮南子·修务训》：“明镜之始下型，曚然未见形容，及其粉以玄锡，摩以白旃，鬓眉微豪，可得而察。”引申为类型、式样、法式、楷模等。

(52)城〔chéng 成〕是征切 耕禅平

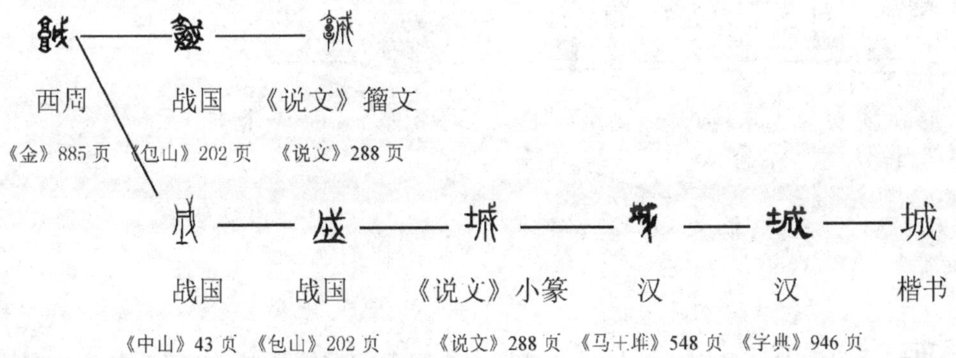

说解 “城”是个会意兼形声字。从土，从成，成亦声。先秦文字有两个系统：一系从𩫏，一系从土。在“城”的涵义上，从𩫏从土意义相通。从𩫏者始见于西周甲骨。从土者战国时期为上下结构，秦篆后变为左右结构，发展至今。“城”的本义是城墙，指都邑四周用作防守的墙垣。《说文·土部》：“城，以盛民也。”《墨子·七患》：“城者，所以自守也。”“城”与“郭”对称时，“城”指内城，“郭”指外城。《孟子·公孙丑下》：“三里之城，七里之郭，环而攻之而不胜。”引申为指城垣以内的地方，进而泛指一般的都市、城市。

(53)墉〔yōng 拥〕余封切 东余平

商　　　西周　　　战国　　《说文》古文

《甲》596页　《金》375页　《金》376页　《说文》288页

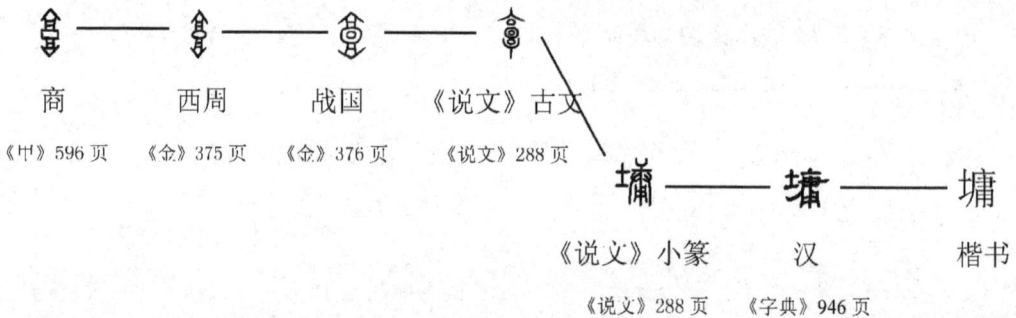

《说文》小篆　　汉　　　楷书

《说文》288页　《字典》946页

[说解] "墉"是个形声字。从土，庸声。古文本为象形字，其全形作 ⊕（《前》8.10.1），象城垣四周有城楼之形，作 ⊕ 者乃其简省写法，《说文》之 ⊕ 则其变体。⊕ 字其初当读为"墉"，至篆文时期分化出"郭"的读音，故许慎以为 ⊕ 形有二音二谊，而分别以古文为墉，篆文为郭。周法高氏指出，郭字与墉字古通。郭为阳部相应之入声铎部，属见纽，墉为东部字，属喻纽四等；二者之相通，亦犹橐字与东字相通①。然则一形二音之说可以无疑矣。后世文字分化，表外城者造"郭"字，表垣墙者造"墉"字，后起字行而本字皆废。"墉"的本义即墙。《诗·召南·行露》："谁谓鼠无牙，何以穿我墉？"也指城墙。《说文·土部》："墉，城垣也。"《诗·大雅·皇矣》："以尔钩援，与尔临冲，以伐崇墉。"②

54 壘〔lěi 耒〕力轨切　微来上

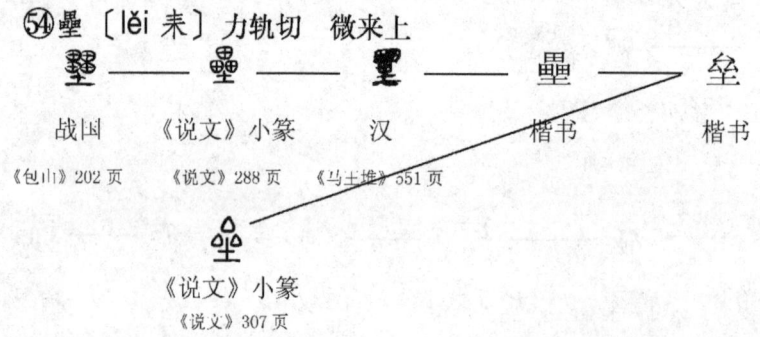

战国　　《说文》小篆　　汉　　　楷书　　　楷书

《包山》202页　《说文》288页　《马王堆》551页

《说文》小篆

《说文》307页

[说解] "壘"是个形声字。从土，畾声。战国文字声符从四"田"；汉代隶书或作上二"田"，下一"田"，皆其异写。"垒"本是表示砌墙之"垒"，与"壘"本义不同，现用为"壘"的简化字。"壘"的本义是军营中用作御敌的墙壁或防守用的堡垒。《说文·土部》："壘，军壁也。"《左传·文公十二年》："秦不能久，请深壘固军以待之。"亦指军营。壁垒乃堆土石而成，故引申为堆、砌、累积等义。字又通"纍（累）"，指捆绑。《荀子·大略》："氐羌之虏也，不忧其系壘也，而忧其不焚也。"杨倞注："壘读为纍。氐羌之俗，死则焚其尸。今不忧虏获而忧不焚，是愚也。"古代门神名有"神荼"、"鬱壘"，其中之"壘"读 lǜ。

---

① 周法高《金文诂林》卷五下，第3513页。
② 本条字形的解说参考曾宪通《"宣"及相关字形考辨》，见《古文字研究》第22辑，第273页，中华书局2000年；又收入《古文字与出土文献丛考》，中山大学出版社2005年。

(55)毁〔huǐ 悔〕许委切　微晓上

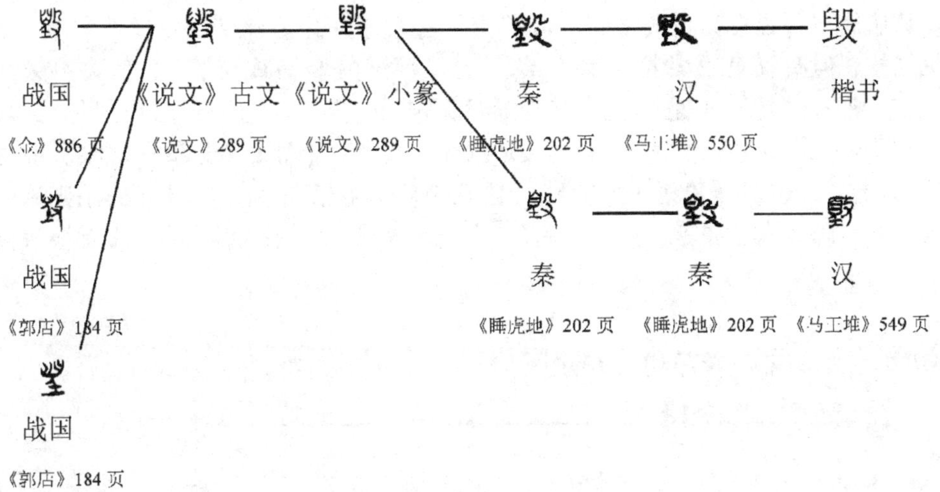

说解“毁”是个形声字。据《说文》，从土，毇省声。声符“毇”在战国文字或从“攴”，或省存“臼”。其意符“土”则加饰笔成“壬”形。秦汉隶书意符也多作“壬”形，声符中的“臼”形讹误更多，或作“自”，或作“白（自之省）”，或作“百（古文百）”等等，皆其讹体。从殳、从支亦互见。楷书继承了从殳的写法，而意符“土”则写作“工”。“毁”的本义是破坏器物。《说文·土部》：“毁，缺也。”段注：“缺者，器破也。”引申为毁坏、毁灭。《左传·文公十八年》：“毁则为贼，掩贼为藏。”杜预注：“毁则，坏法也。”引申为伤害、毁谤、诋毁等。

(56)壞〔huài“怀”去声〕胡怪切　微匣去

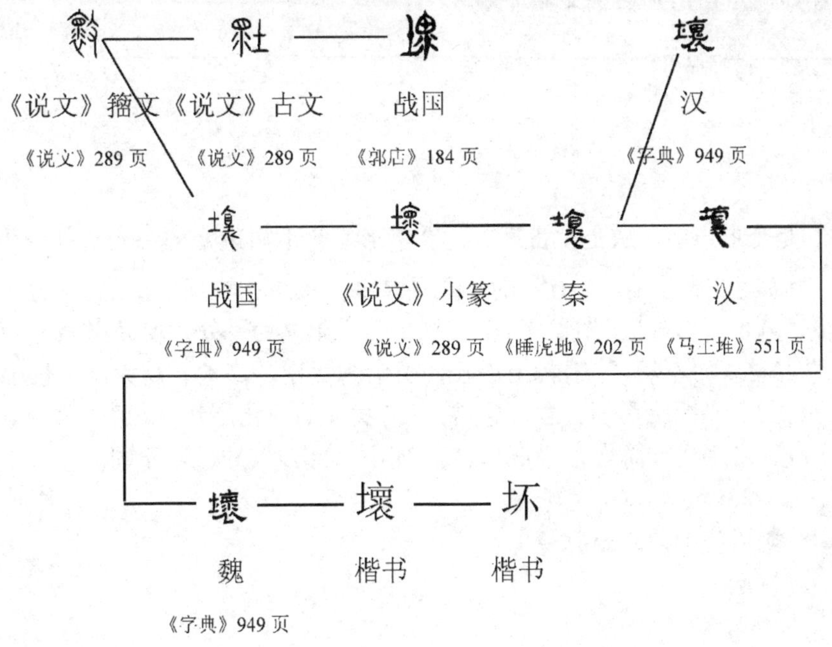

说解 "壞"是个形声字,从土襄声。《说文》籀文从攴襄声。古文从土从"襄"省声。郭店简与《说文》古文略同,但"土"旁置于左边。此字以左"土"右"襄"为常见结构,但秦汉隶书常把声旁"襄"的"吅"符竖写成"目"。汉隶声旁或易"襄"为"裹"。"坏"本是"坯"字的异写,宋元时期"壞"字俗写作"坏",现以"坏"为"壞"的简化字。"壞"的本义是破坏、衰败。《说文·土部》:"壞,败也。"段注:"败者,毁也。"《论语·阳货》:"君子三年不为礼则礼坏,三年不为乐则乐崩。"引申为不好、恶劣或有害等。又通"懷",怀念、安抚。《书·顾命》:"无壞我高祖寡命。"

⑤⑦墓〔mù 幕〕莫故切 鱼明去

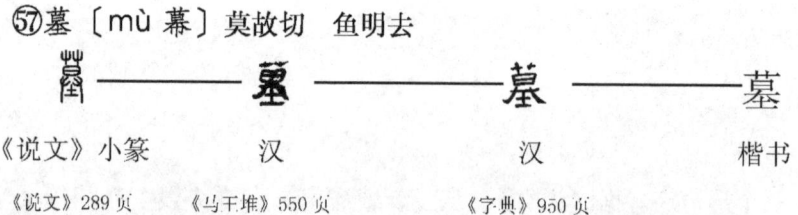

《说文》小篆　　汉　　　　汉　　　　楷书

《说文》289页　《马王堆》550页　　《字典》950页

说解 "墓"是个形声字。从土,莫声。隶变后的主要变化是线条弯曲变为平直,断笔变成连笔。"墓"的本义为坟墓。旧时封土隆起的称"坟",无封土隆起与地面齐平的叫"墓"。后不加区别,统称作"墓"。《说文·土部》:"墓,丘也。"段玉裁注:"丘自其高言,墓自其平言,浑言之则曰丘墓也。"《周礼·春官·冢人》:"正墓位。"也指茔域、陵园。

⑤⑧坟〔fén 焚〕符分切 文並平
又音〔fèn 份〕房吻切 文並上

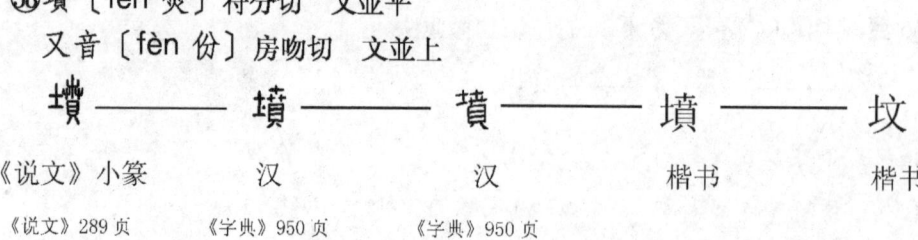

《说文》小篆　　汉　　　　汉　　　　楷书　　　楷书

《说文》289页　《字典》950页　《字典》950页

说解 "墳"是个形声字。从土,賁声。古今字形变化不离隶变的一般规律,由曲线变为平直线,由断笔变为连笔。"墳"的本义是坟墓,特指在坟墓上封土成丘。《说文·土部》:"墳,墓也。"段注:"此浑言之也。析言之则墓为平处,墳为高处。"《礼记·檀弓上》:"古者墓而不墳。"因封土成丘,引申为堤岸、高地、高大等。读 fèn,指肥土。《书·禹贡》:"厥土黑墳,厥草惟繇。""墳"的简化字作"坟",从土,文声,与一般从"賁"之字类推简化为"贲"(如"憤"简化为"愤")不同。

⑤⑨坛〔tán 谈〕徒干切 元定平

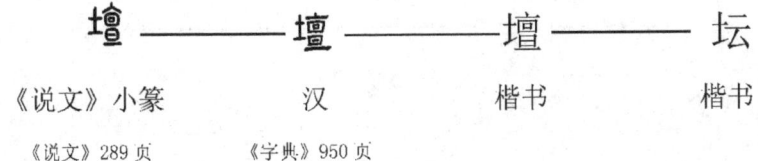

| 《说文》小篆 | 汉 | 楷书 | 楷书 |

《说文》289 页　　《字典》950 页

说解　"壇"是个形声字。《说文·土部》："壇，祭场也。从土，亶声。"《书·金縢》："为壇于南方北面，周公立焉。"汉隶有多种变写，如作壇、壇、壇等形，都不如作壇规范。"坛"既是"壇"的简化字，也是"壜（罎）"的简化字，从土，从云。所从之"云"既非意符，也非声符，只是一个记号。其来源可能是"罎（壜）"字声符"曇"的简体"昙"的省写。因"壇"与"罎（壜）"同音，故"壇"也简化为"坛"。"壇（坛）"的本义是高台，作为古代祭祀、盟会的场所，多用土石建成。引申为指高起如坛的地方，如屋基、平台以及讲学或发表言论的场所等，又泛指一定范围的领域，如文艺界、体育界称"文坛"、"体坛"等。

⑥⓪埸〔cháng 常〕直良切　阳定平
　　又音〔chǎng 厂〕直良切　阳定上

| 战国 | 《说文》小篆 | 汉 | 楷书 | 楷书 |

《玺文》325 页　　《说文》289 页　　《字典》950 页

| 战国 | 战国 |

《玺文》325 页　　《包山》202 页

说解　"場"是个形声字。从土，易声。战国文字或体为右形左声，与通常的左形右声不同。偏旁"易"简化为"㐅"，"場"亦类推简化为"场"。"场"的本义是古代祭神用的平地。《说文·土部》："场，祭神道也。"《孟子·滕文公上》："子贡反，筑室於场，独居三年，然后归。"也指用于收打庄稼、翻晒粮食的平坦场地。《说文·土部》："场，一曰治谷田也。"泛指进行某种活动的场所（今读 chǎng），如"市场"、"会场"、"商场"等。作量词用，读 cháng，用于事件的过程，如"一场大雨"等；读 chǎng，用于文娱体育活动，如"一场球赛"等。

⑥①圭〔guī 归〕古携切　支见平

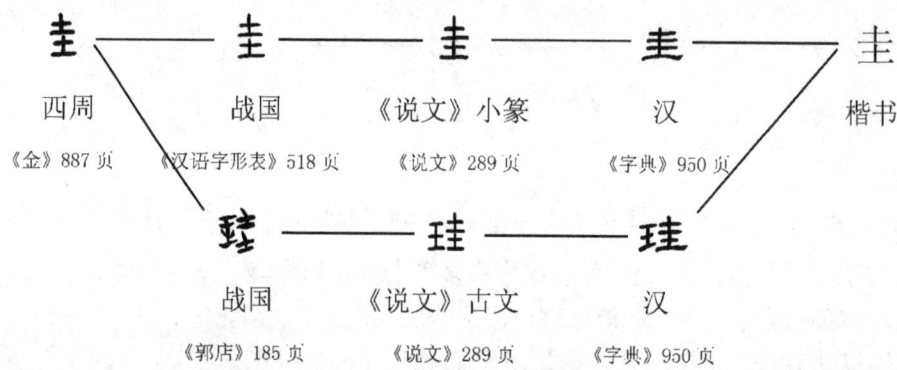

说解 "圭"是个会意字。从重土。为了表意更加明确,异体增益"玉"旁,战国秦汉颇为常见,但没有成为后来的规范字。"圭"的本义是指古代玉制的礼器。其状作长条形,上尖下方。其名称、大小因爵位及用途不同而异。《说文·土部》:"圭,瑞玉也,上圜下方。"《论语·乡党》:"执圭,鞠躬如也,如不胜。"又指古代测日影的仪器"圭表"的部件。在石座上平放着的尺叫圭,南北两端立着的标杆叫表,用于测定节气和时间。

㉒垂〔chuí 锤〕是为切 歌禅平

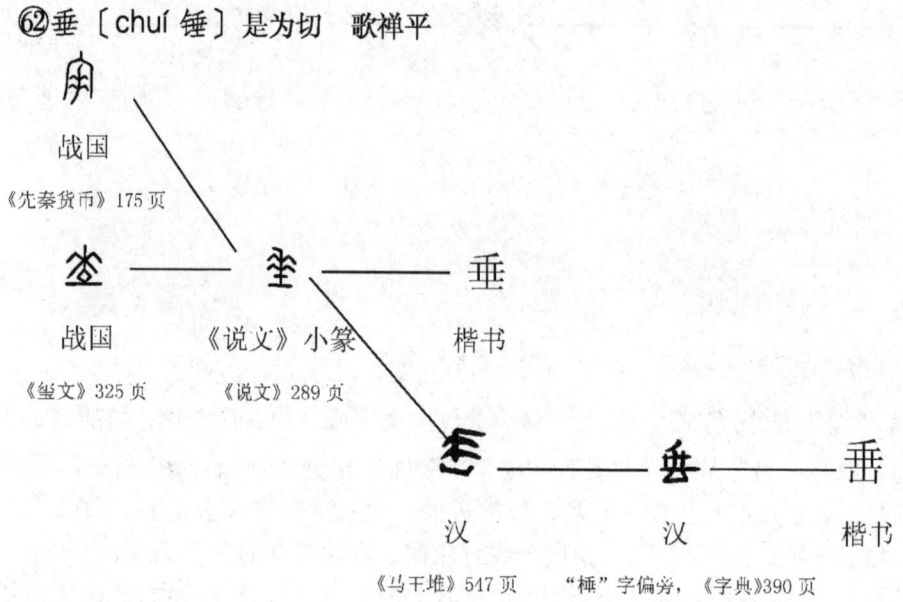

说解 "垂"是个形声字。从土,㐃声。声符㐃本象"草木华葉垂"之形,含有"下垂"之意,故此字也可解为从土从㐃,㐃亦声。战国文字或增"宀"为赘符。小篆正体字中声符竖笔两旁四个像"人"字形的笔画后来写成一横之下左右两个"十"字形,形成"垂"字。汉隶有多种异体,其中有从凵的写法,当为隶变异写,楷书异体下从"山"的写法当是竖笔下延与"凵"连接起来而形成的。"垂"的本义是边疆、边际。《说文·土部》:"垂,远边也。"《荀子·臣道》:"边境之臣处,则疆垂不丧。"这个意义后来写作"陲",增益"阜"旁以足义。引申为旁边。又引申为低下、流下。再引申为垂挂、留传。作敬辞，用于尊敬长辈或上级对自己的行动，犹言"俯"、"惠"。作副词，表示将要、将及。

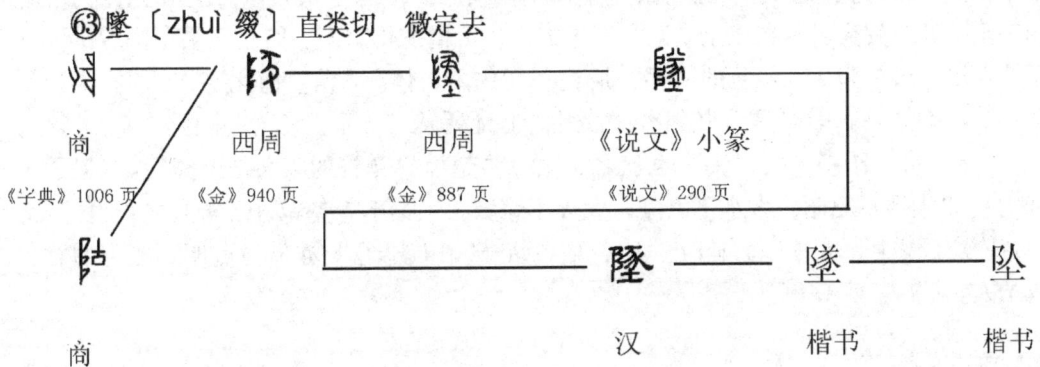

说解 "墜"为形声字。《说文·土部》："陊也。从土，隊声。"按表示坠落之"墜"本作"隊"，"隊"字甲骨文作从阜从倒子（或倒人）形，表示人从山崖上掉落，是个会意字。西周金文声化为"隊"，再加土旁成"墜"，汉隶的写法有的省声符右上两点。"隊"简化为"队"，"墜"亦类推简化作"坠"。"坠"的本义是落下。《楚辞·离骚》："朝饮木兰之坠露兮，夕餐秋菊之落英。"引申为丧失、衰落等。

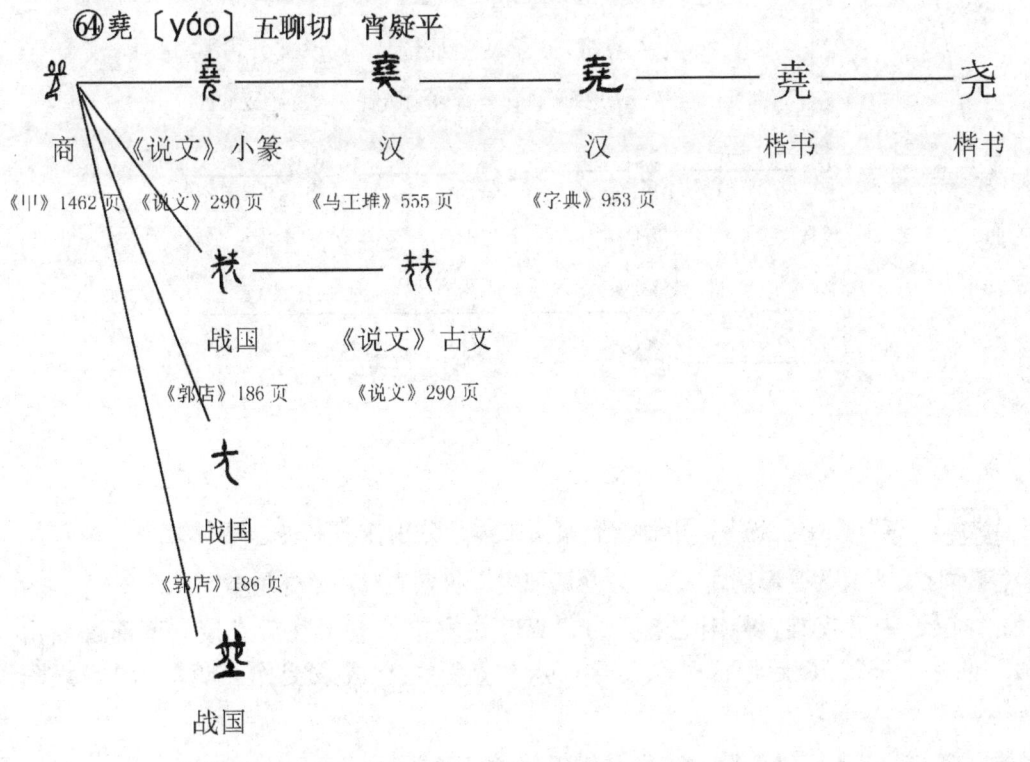

[说解] "尧"是会意兼形声字。从垚在兀上。垚为高貌,兀为高而上平,二者相合,会高远之意,垚亦声。《说文·垚部》:"尧,高也。从垚在兀上,高远也。"甲骨文从二土在兀上,与从三土之"垚"只是繁简不同而已。战国古文多从二土二兀,其省者作一土一兀,其繁者则在二土二兀之下再加土,可谓变化繁多。然此一系写法后世没有继续发展,最终为从垚从兀的"尧"所代替而成了正体。"堯"简化字作"尧",当是草书楷化的结果。因"堯"俗写作"尧",上部所从与"世"字俗写作"卋"形近,"卋"字草书可作 ,故"尧"也随之简化为"尧"。"尧"的本义是至高貌。《墨子·亲士》:"天地不昭昭,大水不潦潦,大火不燎燎,王德不尧尧者,乃千人之长也。"又古帝陶唐氏之号。《书·尧典》:"曰若稽古帝尧,曰放勋。"亦借指贤明、能干的君主或圣人。

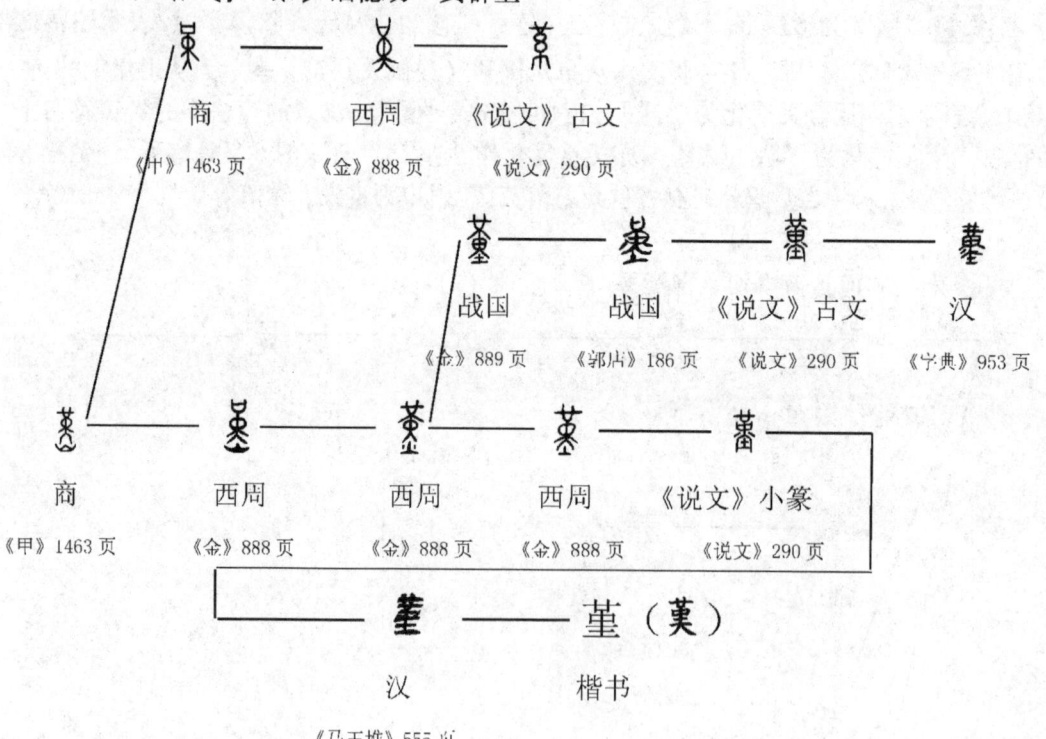

⑥5 堇〔qín 勤〕巨巾切　真群平
　又音〔jǐn 紧〕居隐切　真群上

[说解] "堇"是个会意字。甲骨文有繁简二体,分别作 和 。省体之 ,从口从黑(墨本字,本义为受墨刑之人),会受墨刑之人叹息之意。繁体增益"火"作 ,为叠加意符①,表示灾难、苦困之意,为"艰"之本字。 形往后发展,下部逐渐由"火"讹为"土",最后形成"堇"字。从"堇"之字或隶变作"莫",如"艱"、

---

① 参黄德宽主编《古文字谱系疏证》,商务印书馆2007年,第3655页。

"難"、"嘆"等。甲骨文"▥"字除正常发展为"堇"字外，字的上部逐渐讹变成"黄"字，发展为《说文》古文"蘄"一系的写法。甲骨文中的简体"▥"则发展成▥，为《说文》另一古文"▥"的形体来源。"堇"乃"艰"之本字，"艱"、"難"、"嘆"、"暵"诸字既从此得声，其义亦与此相关。《说文·堇部》："堇，粘土也。"当是它的假借义。《新唐书·藩镇卢龙传·刘仁恭》："以堇土为钱，敛真钱。"

⑥ 艱〔jiān 坚〕古闲切　文见平

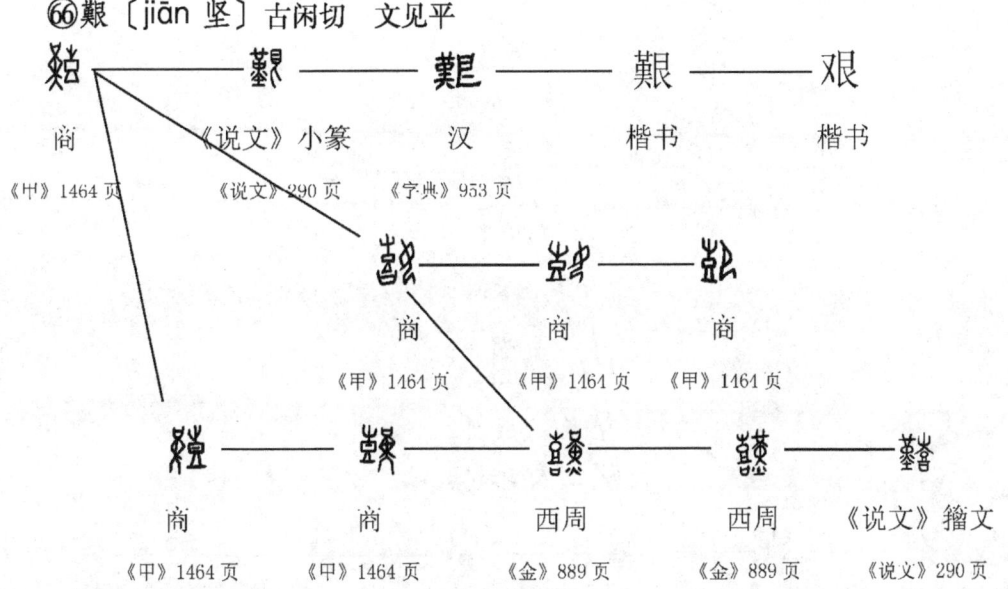

说解 "艱"是个形声字。从堇，艮声。商代文字从堇从豈（"鼓"之初文，或疑为叠加声符，与"艰"同属牙音见纽①），异体较多，繁简不同。堇旁或易作"女"，或易作"卩"，或增繁为"黄"下加"火"。豈旁或增"口"符。此种形体与堇旁增繁为"黄"下加"火"者相结合，便逐渐演变成《说文》籀文的写法。小篆变为从堇艮声，隶楷从之，简化字则作"艰"，可谓越来越简单。简化字中的"又"旁，既不表意，也不表音，只是一个记号，与"难"、"观"、"邓"、"仅"等字中的"又"属同样性质。"艱"的本义是灾难、艰难。《殷契佚存》386反："兹有祟，其有来艰？"又特指父母之丧，称丁艰。

---

① 参黄德宽主编《古文字谱系疏证》第3661页，商务印书馆2007年。

第三节　单字释例（下）

⑥7釐〔厘‖离〕里之切　之来平

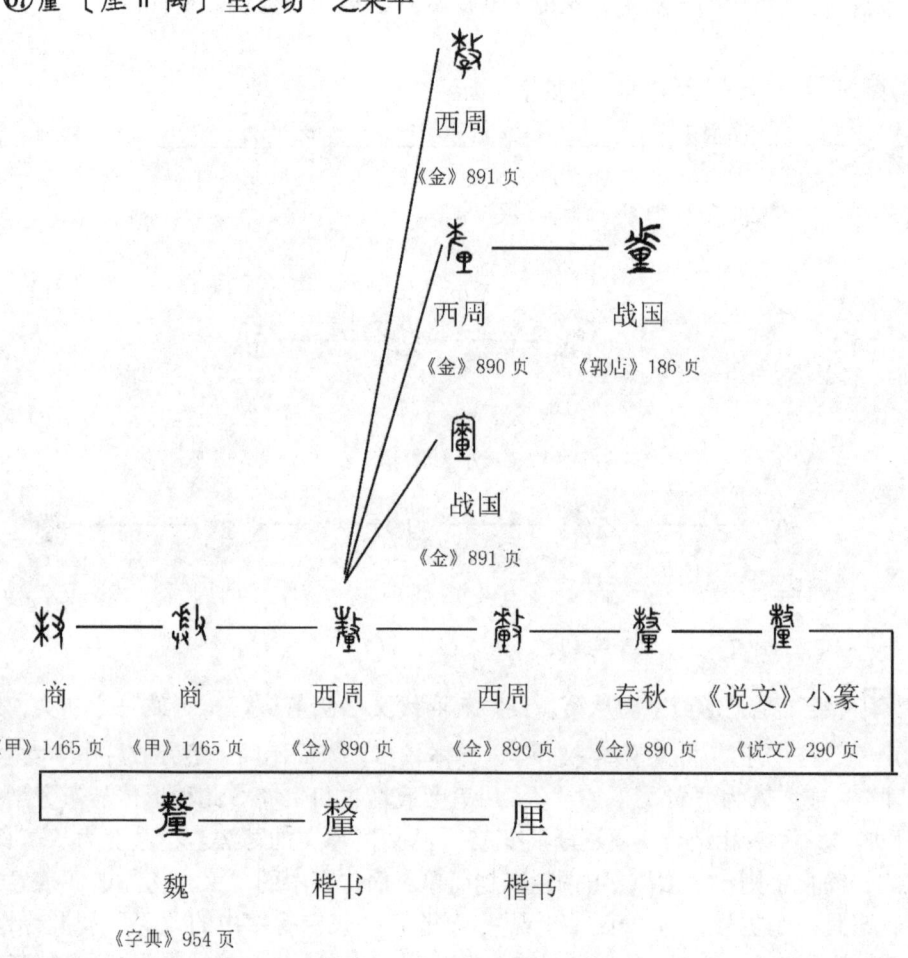

[说解] "釐"是形声字，从𠩺，里声。甲骨文为会意字，象手持物攴击"来（麦）"，以示获麦足食、丰收喜庆之意。西周以后有许多变体："来"或变为"未"（或变以"木"），并加"里"为声，成为主要写法，延续至今；或加"子"，可能寓多子为福之意；或省攴，沿用至战国时期；或加"宀"作"𩫏"，比较少见，当与《说文》所训之家福的意义有关。隶书或改"未"旁为"来"，上承甲金文。"厘"是"釐"的异体，现作为其简体字使用。"釐"的本义是丰收喜庆，引申为福祉。《说文·里部》："釐，家福也。"许慎以字从里，里者家居也，故训家福，其所训当为引申义。从获麦之义引申为治理、处理。攴击所以脱粒，又引申为分开。作量词，表示长度、重量、地积、利率等。通"嫠"，指寡妇。《孔子家语·好生》："鲁人有独处室者，邻之釐妇亦独处一室。"通"賚"，赐予。《书·立政》："丕釐上帝之耿命。"孔传："大赐

上天之光命。"

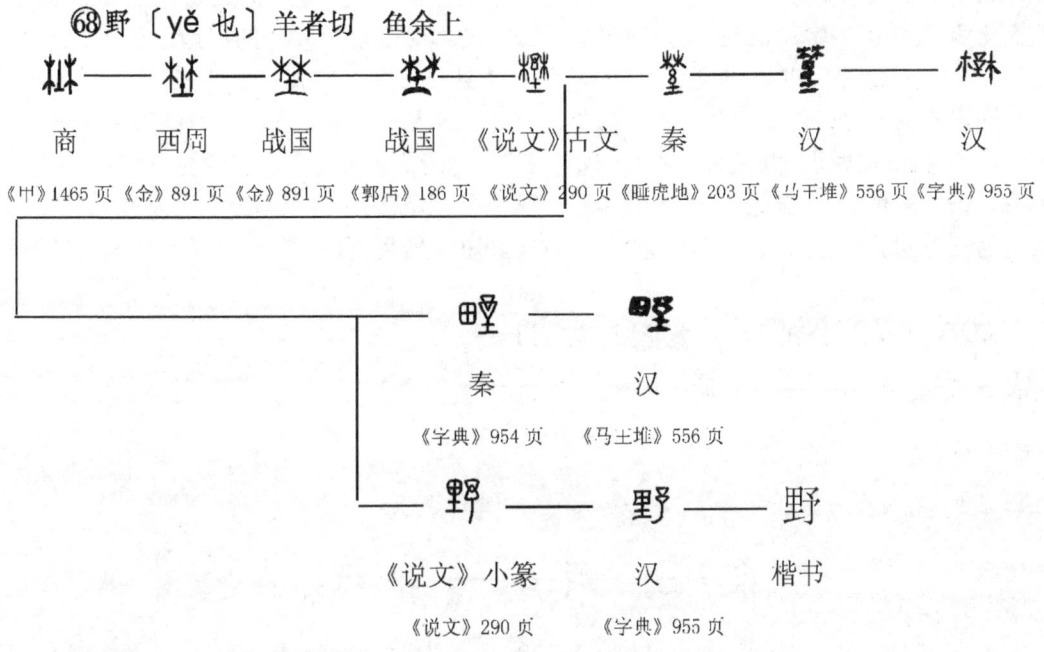

说解 "野"是个形声字。从田，从土，予声。甲骨文为会意字，从林，从土，此一系后增"予"声；另又衍化出从田，从土，予声的结构，发展成为现代规范汉字。此一结构古文字多"田"、"土"分书，因此当分析为从田，从土，《说文》根据"田"、"土"合书之形，分析为从里，而于古文"𡐨"则分析为"从里省"，这与其源流发展的先后次序不符，可谓本末倒置。"野"的本义是郊外。《说文·里部》："野，郊外也。"《书·武成》："归马于华山之阳，放牛于桃林之野。"引申为旷野、田野、边境、偏僻之地等，再引申而为质朴、粗鄙、蛮横、不受拘束等，还引申为民间（与"朝"相对）、非正式的。又通"宇"，屋宇。《墨子·非乐上》："非以高台、厚榭、邃野之居，以为不安也。"王念孙《读书杂志》引王引之云："野，即宇字也。古读野如宇，故与宇通。"

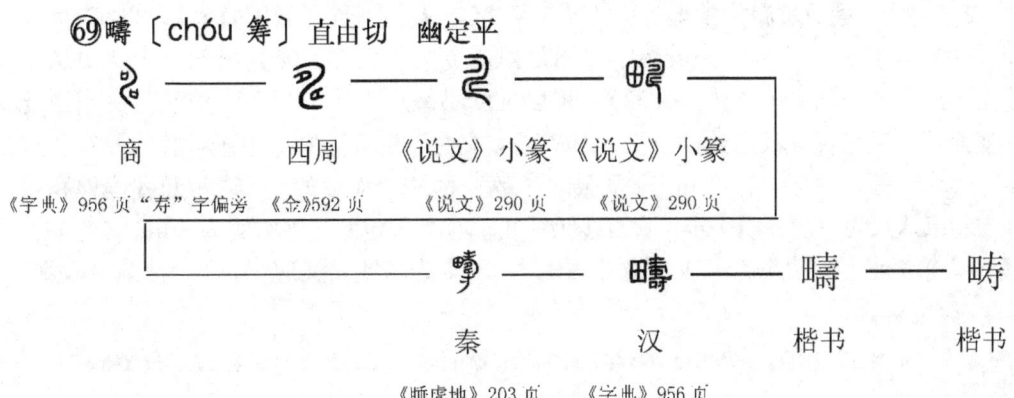

说解 "畴"是个形声字。从田,壽声。本为象形字,象耕田沟壑弯曲之形。小篆正体又增加了表意偏旁"田",变成左形右声的形声字。隶变后声符换成"壽"。"壽"又简化为"寿","疇"也类推为"畴"。"畴"的本义是已经耕作的田地。《说文·田部》:"畴,耕治之田也。"《孟子·万章下》:"易其田畴,薄其税敛。"又指田界,种植不同农作物的分区,引申为种类、同类,这个意义后来写作"俦"。由同类又引申为同等、等齐。作代词,意义为"谁"。通"筹",即筹算。《荀子·正论》:"故至贤畴四海,汤、武是也。"又通"酬",答谢。《汉书·张敞传》:"臣闻公子季友有功於鲁,大夫赵衰有功於晋,大夫田完有功於齐,皆畴其庸,延及子孙。"

⑦亩(畝)〔mǔ 母〕莫厚切 之明上

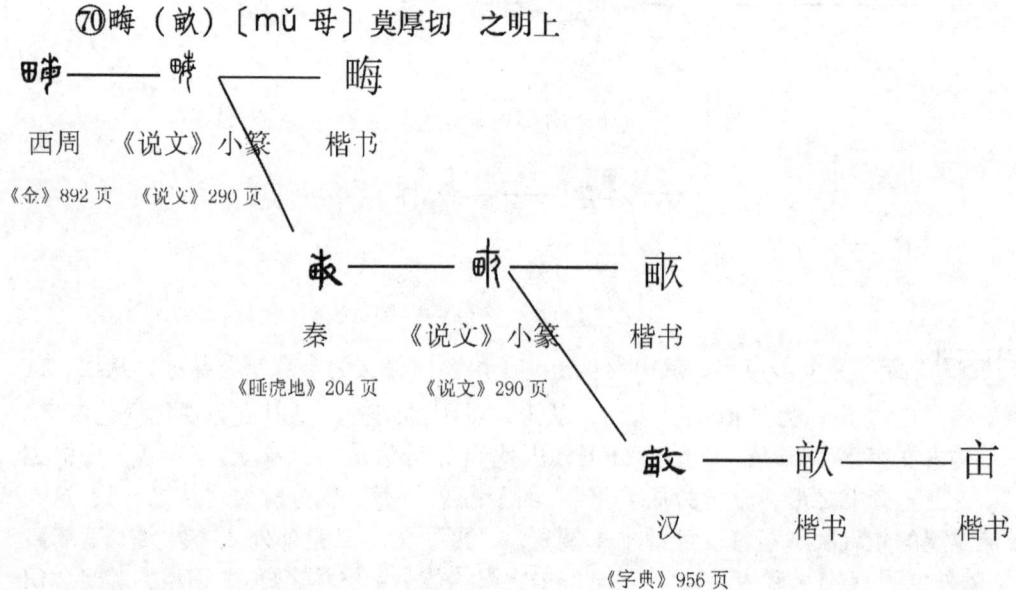

西周　　《说文》小篆　　楷书
《金》892 页　《说文》290 页

秦　　《说文》小篆　　楷书
《睡虎地》204 页　《说文》290 页

汉　　楷书　　楷书
《字典》956 页

说解 "畝"本为形声字。《说文·田部》:"畝,六尺为步,步百为畝。从田,每声。"小篆正体结构与金文同。秦简累增"久""又"为声,每、久、又皆属之部。小篆或体作"十"形,当是由秦文字的"又"形变来①,从而构成"畝"字。此一结构在汉隶中又将"十"写成一点一横并移置"田"符之上而成为"畝"("攵"当为"久"之写讹),最后发展为常规写法的"畝"字。从上博藏《战国竹书》可以看到有从田"母"声和从田"毋"声的畝字,当是西周金文的变体,尤其出现一个从田从十"攴"声的异体,作畝(《鲍》3.32),可以推断小篆从田从十"久"声的写法当由此体演变而成,且可反证汉隶从"攵"来源甚古。"畝"在后世楷体中还有其他异写,如"畆"、"畞"等。简化字作"亩",是截取"畝"的左半而成的。"畝"乃我国地积单位。周制以八尺为一步,横一步,直百步为一亩。今则规定六十平方丈为一亩。《楚辞·离骚》:"余既滋兰之九畹兮,又树蕙之百畝。"引申为田埂。又通"母",根源、根本。

---

① 参何琳仪《战国古文字典》,中华书局 1998 年,第 30 页;徐在国《隶定古文疏证》,安徽大学出版社 2002 年,第 283 页。

《书·微子之命》:"唐叔得禾,异亩同颖。"

㉛甸 〔diàn 电〕 堂练切 真定去

| 西周 | 西周 | 战国 | 《说文》小篆 | 秦 | 汉 | 楷书 |

《金》892 页　《金》892 页　《尚书文字合编》2250 页　《说文》290 页　《睡虎地》204 页　《字典》956 页

说解 "甸"当是会意兼形声字。从人,从田,田亦声。本作"田",后加"人"旁,左右不居。在小篆形体中,"人"变成了"勹",一直延续至今。据《说文》,"甸"的本义是王田。《说文·田部》:"甸,天子五百里地。"桂馥《说文解字义证》:"天子五百里地者,徐锴本作天子五百里内田。《禹贡》'五百里甸服',传云:'规方千里之内谓之甸服,为天子服治田,去王城四面五百里。'"《国语·周语上》:"邦内甸服。"又指都城的郊外,泛指田野。又指甸人,古代管理柴薪之官,引申为治理。通"田(畋)",畋猎。《周礼·春官·小宗伯》:"若大甸,则帅有司而馌兽于郊,遂颁禽。"郑玄注:"甸,读曰田。"

㉜畔 〔pàn 判〕 薄半切 元並去

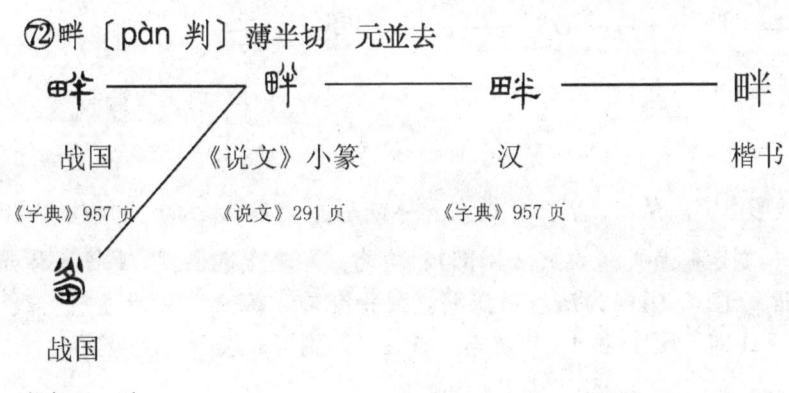

| 战国 | 《说文》小篆 | 汉 | 楷书 |

《字典》957 页　　《说文》291 页　　《字典》957 页

战国

《郭店》187 页

说解 "畔"是形声字。从田,半声。战国楚简作上下结构,且"半"旁仍保留战国"料"的简省写法。"畔"的本义是田界。《说文·田部》:"畔,田界也。"《左传·襄公二十五年》:"行无越思,如农之有畔,其过鲜矣。"引申为界限、疆界、旁边等。通"叛",表示"违背"。《论语·雍也》:"君子博学于文,约之以礼,亦可以弗畔矣!"也表示"反叛"。《国语·鲁语下》:"卜人将畔,臣讨之,既得之矣。"

㉝界 〔jiè 届〕 古拜切 月见去

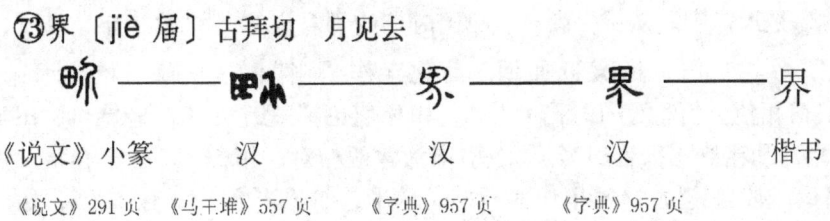

| 《说文》小篆 | 汉 | 汉 | 汉 | 楷书 |

《说文》291 页　　《马王堆》557 页　　《字典》957 页　　《字典》957 页

[说解] "界"是形声字。从田，介声。《说文》小篆和西汉文字为左形右声，后变为上形下声，延续至今。"界"的本义是地界，边界。《说文·田部》："畍，境也。"《孟子·公孙丑下》："域民不以封疆之界，固国不以山豁之险。"引申爲界限、接界。又引申为一定的范围，如"境界"、"眼界"等，或指一定的领域，如"文艺界"、"学术界"等。用作动词，则指划分。

⑭畛〔zhěn 诊〕 章忍切 文章上

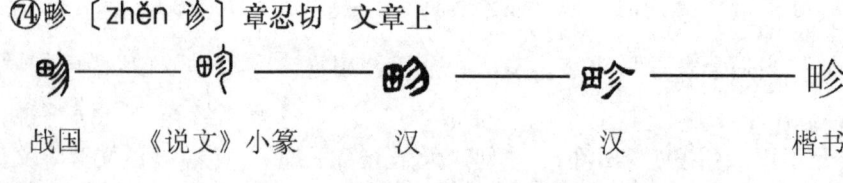

战国　　《说文》小篆　　汉　　　　汉　　　　楷书

《字典》957页　　《说文》291页　　《马王堆》557页　　《四体大字典》午集上·山部

[说解] "畛"是形声字。从田，参声。本义是田间道路。《说文·田部》："畛，井田间陌也。"《诗·周颂·载芟》："千耦其耘，徂隰徂畛。"亦泛指道路。引申为界限。

⑮略〔lüè 掠〕 离灼切 铎来入

战国　　《说文》小篆　　汉　　　　汉　　　　楷书

《字典》957页　　《说文》291页　　《马王堆》557页　　《字典》957页

[说解] "略"是形声字。从田，各声。楷书异体或写作"畧"，为上下结构。"略"的本义是经营土地，划定疆界。《说文·田部》："略，经略土地也。"《书·禹贡》："嵎夷既略，潍、淄其道。"引申为法度、谋略。又指夺取、掠夺。又指梗概、概要。由此引申为简单、不详细。用作动词，指忽略、省去。作副词，表示程度轻微。

⑯当〔dāng 裆〕 都郎切 阳端平
　　又音〔dàng 荡〕 丁浪切 阳端去

战国　　《说文》小篆　　汉　　　　汉　　　　楷书　　草书　　楷书

《金》892页　　《说文》291页　　《马王堆》557页　　《字典》957页　　《行草大字典》417页

[说解] "当"是形声字。从田，尚声。战国时期的鄂君启车节"当"字，从土，尚声。古代"土"旁与"田"旁义近通用。简化字作"当"，是从草书楷化而来的。"当"的本义是田相值。《说文·田部》："当，田相值也。"段注："值者持也，田与田相持也。引申之，凡相持相抵皆曰当。"故引申为两两相对、相称。《吕氏春秋·孟夏纪》："行爵出禄，必当其位。"再引申为承担、承受，如"当之无愧"；应当，如"理

当如此";担任、主持、执掌,如"当官"、"当政"等。又引申为对着、向着,如"当众";阻挡、抵挡,如"螳臂当车"等。作介词,用于引进动作行为的处所或时间,略等于"正在";又用于介绍事物的起止,相当于"自"、"从",还用于介绍对象,相当于"对"、"对于"。读 dàng,指适合、恰当,如"妥当"、"得当";当做、作为,如"安步当车";抵押,如"典当"等。作介词,可引进事情发生的时间。通"党",偏私。《庄子·天下》:"公而不当,易而无私。"

⑰畯〔jùn 俊〕子峻切 文精去

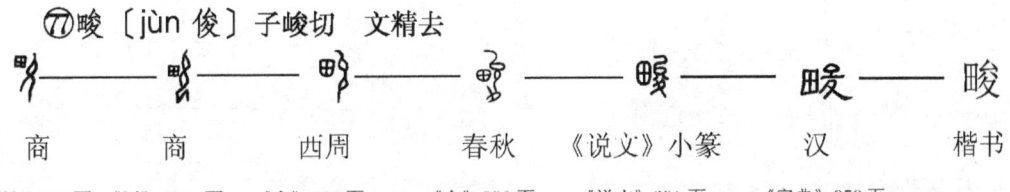

商　　商　　西周　　春秋　《说文》小篆　汉　　楷书

《甲》1468页　《甲》1468页　《金》892页　《金》893页　《说文》291页　《字典》958页

说解　"畯"是会意兼形声字。从田,从夋,夋亦声。甲骨文从田,从允。允乃人形之变,夋即在人形的足部增益"夂(止)"符,与"允"本为一字之分化。"畯"字从"夋"出现于春秋时,《说文》小篆承之,延续至今。"畯"的本义是古代掌管农事的官,即田畯。《说文》:"畯,农夫也。"《诗·豳风·七月》:"馌彼南亩,田畯至喜。"通"俊",才智出众。《孟鼎》:"畯正厥民。"又通"峻",崇高。《文心雕龙·风骨》:"群才韬笔,乃其骨髓畯也。"

⑱留〔liú 刘〕力求切 幽来平

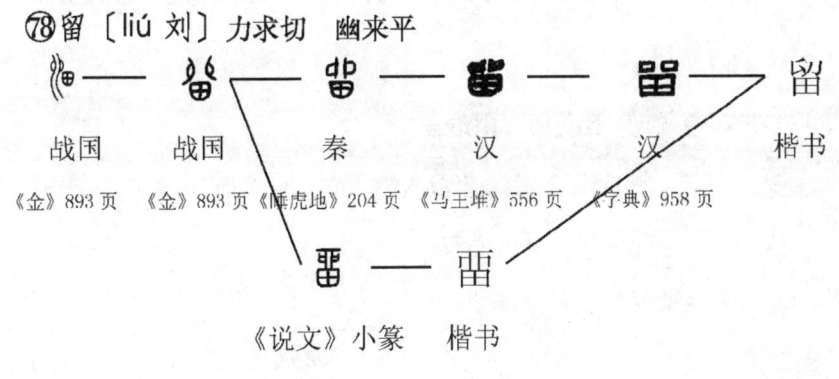

战国　战国　秦　汉　汉　楷书

《金》893页　《金》893页　《睡虎地》204页　《马王堆》556页　《字典》958页

《说文》小篆　楷书

《说文》291页

说解　"留"是形声字。从田,卯(丣)声。战国文字有右形左声的结构,后则皆为下形上声。秦汉以后主要的变化是声符的写法。秦隶声符还写作"卯",汉隶声符则多讹从"叩",或从两个三角形作"畄"。小篆的写法也比较特殊,楷化为"畱"。其上所从之"丣",实即"卯"旁的变写,与"柳"字古本从"卯"作"㧅"或"桺",小篆也变为从"丣"而作"橮"属同类现象。现在的规范楷字作"留",其上部写法略异。"留"的本义是停留、停止。《说文·田部》:"留,止也。"《诗·大雅·常武》:"不留不处,三事就绪。"引申为挽留、阻止、存留、遗留等。通"流"。流注、倾倒。《庄子·天地》:"留动而生物,物成生理,谓之形。"陆德明释文:"留,或作流。"

㉗畜〔chù 处〕丑六切 觉透入
又音〔xù 续〕许竹切 觉晓入

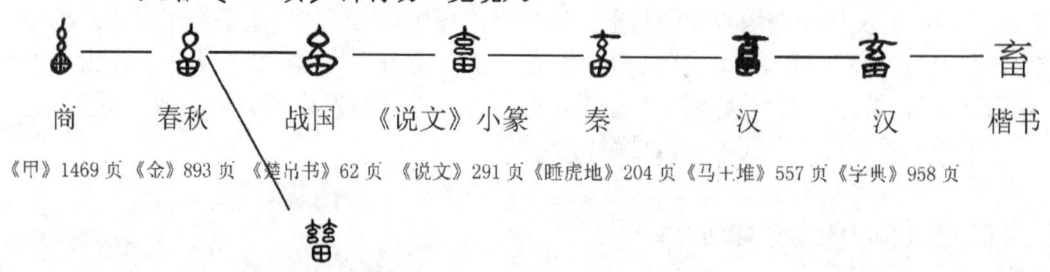

说解 "畜"是个会意字。从玄从田。玄为糸，象束丝形。先民田猎所得而拘系豢养之，则为家畜，所谓"拘兽以为畜"（《淮南子·本经训》）也。"糸"用于拘系，"田"则为豢养之地。甲骨文上从糸，下从田中有草木之形。后世文字下部只作"田"。《说文》小篆或上从二"玄"，为增繁之形。"畜"读 chù，作名词，指人所畜养的禽兽，泛指禽兽。《说文·田部》："畜，田畜也。"《左传·僖公十九年》："古者六畜不相为用。"读 xù，作动词，指饲养（禽兽）。《易·离》："亨，畜牝牛吉。"泛指养育、培养、收容等。畜养家畜，乃驯化禽兽，故又引申为顺从、驯服。又引申为喜欢、喜爱。段玉裁云："田畜谓力田之蓄积也。"故又引申为积蓄、积聚，这个意义后来写作"蓄"。

㉘畼（畅）〔chàng 唱〕丑亮切 阳透去

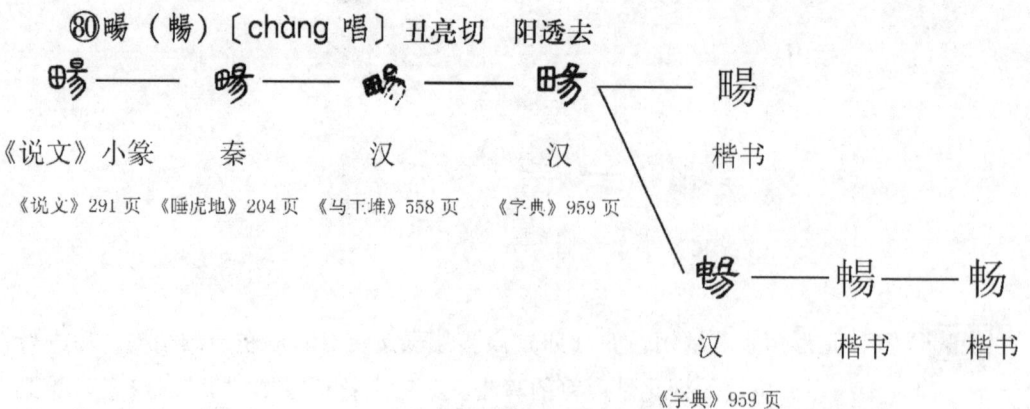

说解 "畼"是个形声字。《说文·田部》："畼，不生也。从田，易声。"隶书"田"旁中画上下延伸变为"申"，遂分化出通畅之"畅"。"易"旁简化为"㐫"，"畼"也类推为"畅"。"畼"的本义是田荒芜不生谷物。《睡虎地秦墓竹简·秦律》："雨为澍，及诱粟，辄以书言澍稼、诱粟及殿田畼毋稼者顷数。"《马王堆帛书·杂疗方》："以田畼豕邋屯衣"，畼讹从易。借为"暢（畅）"。徐铉云："臣铉等曰，借为通畅之畼，今俗别作畅。"段玉裁《说文解字注·田部》："畼，今之畅，盖即此字之隶变。""畅"字的本义是指通达无碍。《易·坤》:"美在其中,而畅于四支。"引申为舒展、充实、旺盛、欢快、尽情等。

㉛畺(疆)〔jiāng 江〕居良切　阳见平

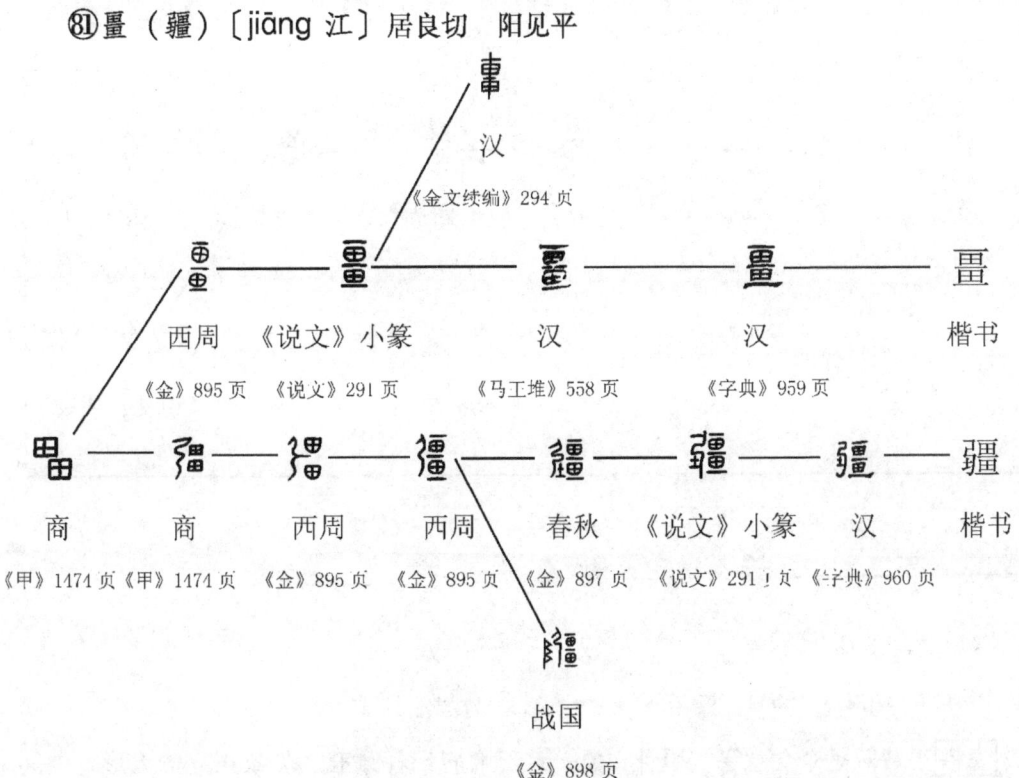

说解　"畺"是个会意字。本作畕,从二田会意。后分两路发展:一路是两个"田"字上中下有三条横线,当为羡画,亦可理解为田界划线,其中有写作事者,当属讹体;另一路是两个"田"的旁边加"弓"为意符,"弓"是丈量田地的用具,表示划定田界需要丈量。这后一种写法也有多种异体,有的在两"田"之间没有羡画,有的则有羡画,或多或少,可多至上中下三画者,与《说文·弓部》训"弓有力"之"彊(强)"字相同,两者为同形字。春秋战国时期,又增加"土"或"阜"为意符,使与土地有关的意涵更加明显。从"阜"者仅偶见,从"土"者则沿用至今。其中"土"符的位置颇不固定,或在"弓"之下,或在"畺"之下,隶变后,"土"符移至"弓"的左下角,才最后定型。"畺(疆)"的本义是田界。《说文·畕部》:"畺,界也。"《周礼·春官·肆师》:"与祝侯禳于畺及郊。"《国语·周语上》:"恪恭于农,修其疆畔,日服其镈,不解于时。"引申而为国界、边界、边际、止境、疆土、疆域等。又通"彊(强)",强盛。《吕氏春秋·长攻》:"凡治乱存亡,安危疆弱,必有其遇,然后可成。"

(82)黄〔huáng 皇〕胡光切 阳匣平

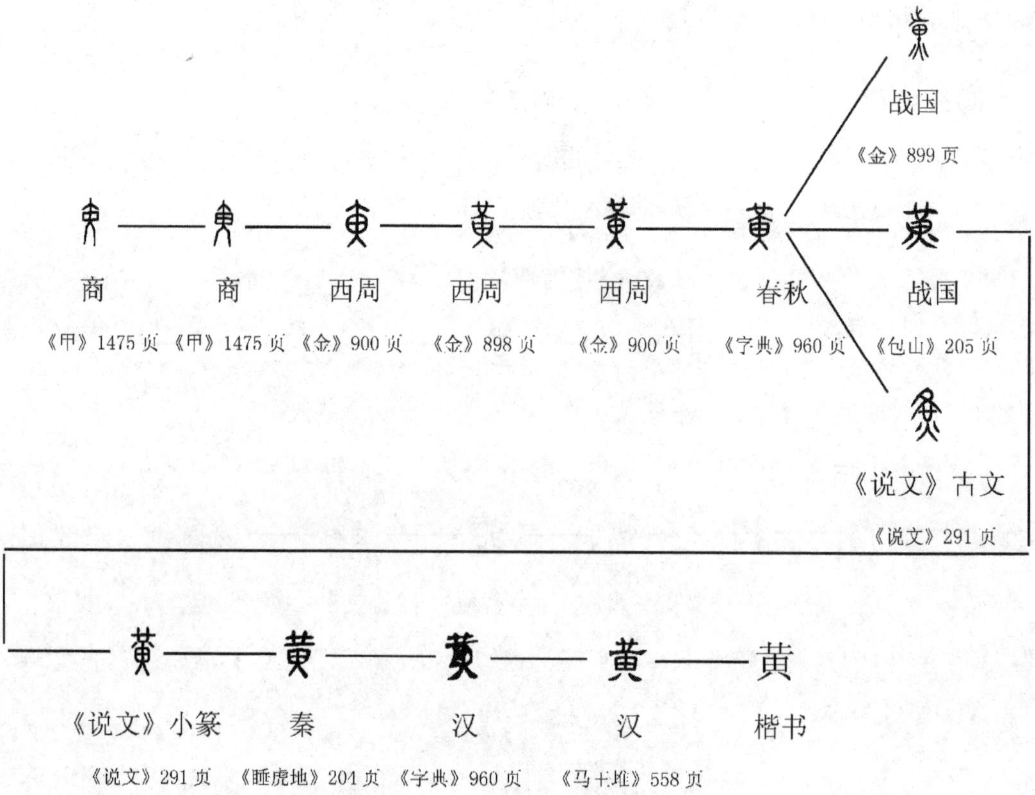

说解 "黄"是个会意字。甲骨文象一人于胸前带着佩玉：大象正立的人形，中间之"口"象玉环形。玉环形或于中间空廓处加饰横划，有时酷肖"寅"字，故甲骨文的"黄"与"寅"有时是同形字。西周继承了商代文字的写法，但也开始发生变化，多在顶部增植"廿"形（疑是"口"形变体），此形直到隶变后与本是表示人形两臂的左右两笔合为一横，才最后形成"黄"字的写法。战国时期文字异形，其中《说文》古文所载形体奇诡，许慎解为从古文"光"声，当是一种声化现象。"黄"的本义是人佩玉环，引申为佩环之称，这个意义后来写作"璜"。其后假借为表颜色之"黄"，本义遂为借义所取代。《说文·黄部》："黄，地之色也。"即假借义。《易·坤》："天玄而地黄。"用作动词，义为变黄，表示草木枯萎或果子成熟。又作为"黄帝"、"黄河"等专名的简称。

(83)男〔nán 南〕那含切 侵泥平

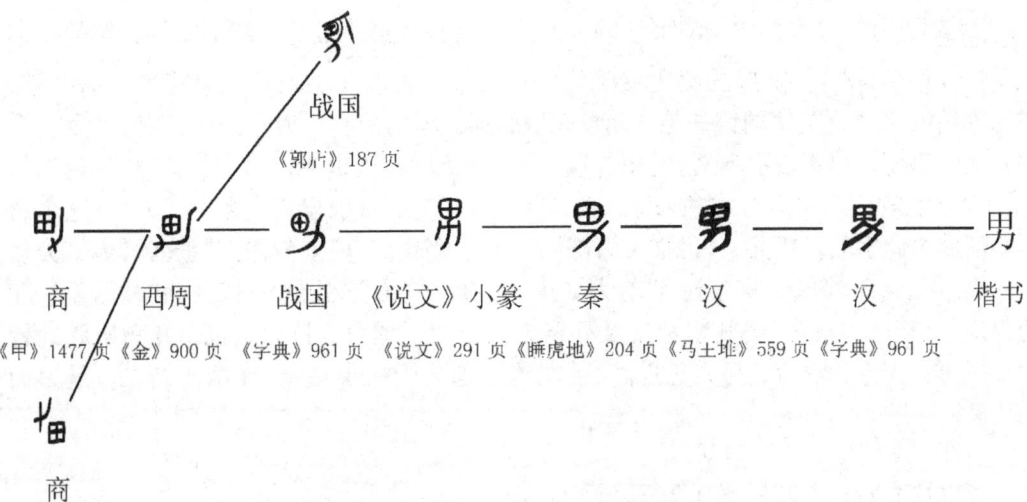

说解 "男"是个会意字。从力,从田。甲骨文为左右结构,且田、力左右不居。西周金文承之,但基本固定为左田右力。战国郭店楚简的"力"旁多一赘笔,可能是写手的特殊写法。小篆以后基本变为上下结构,延续至今。按"力"是古农具"耒"的象形,"从田,从力"表示用耒在田里耕作。从字形判断,"男"最初的词性应是动词,即(以农具)耕田之意。《广雅·释亲》:"男,任也。"《白虎通·嫁娶》:"男者,任也。""任"有负担、担当之意,是"男"字原始意义的引申[①]。耕作是男人的主要职责,故"男"字意义引申为"男人"。《说文·男部》:"男,丈夫也。从田,从力,言男用力于田也。"所解应是引申义。《易·家人》:"女正位乎内,男正位乎外。男女正,天地之大义也。"又指儿子。古代还用来指称一种爵位名,即"公、侯、伯、子、男"五等爵的第五等。

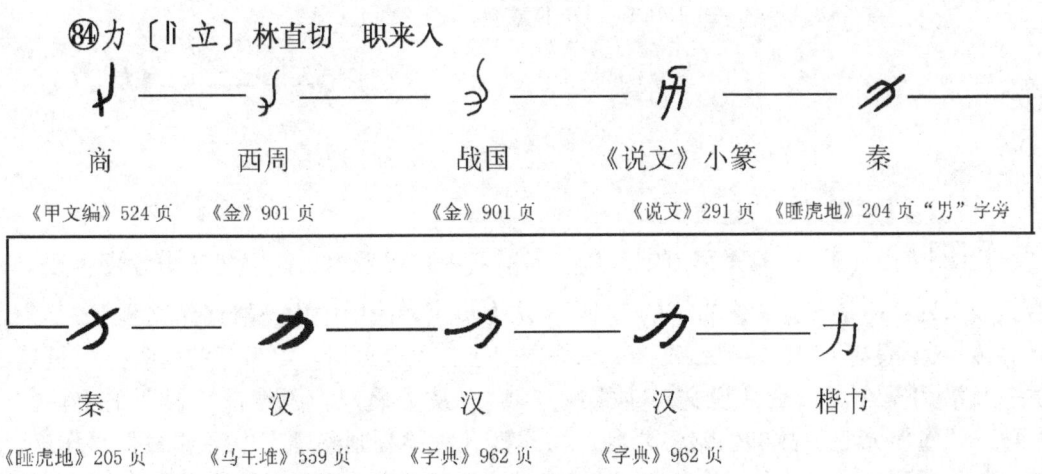

---

① 参陈定方《男农辱及从辱诸字同源考》,收入曾宪通主编《古文字与汉语史论集》,中山大学出版社 2002 年,第 271 页。

说解 "力"是象形字。象耒（一种原始农具）之形，长的一笔象其柄，短的一笔象其铲（即"耜"）。字形的变化主要是象铲的那一曲笔（小篆分三笔写）逐渐上移，成为现代汉字"力"字的第一笔，而象耒柄的那一笔则变成"力"的第二笔。"力"在甲骨文已出现，但不表示本义。《甲骨续存》1.1457："丙寅卜，凸贞：其力？"这里的"力"可能是祭名。"力"本象耒形，而耒耕则须用力，故引申为气力之"力"，这个意涵逐渐成为此字的常用义。《说文·力部》："力，筋也。"段玉裁注："筋者其体，力者其用也。"《诗·邶风·简兮》："有力如虎。"由"气力"引申，可泛指各种力量、能力等。《字汇·力部》："凡精神所及处皆力，心力、耳力、目力是也；凡物所胜处皆力，风力、火力、酒力、弓力是也。"《左传·隐公十一年》："度德而处之，量力而行之。"

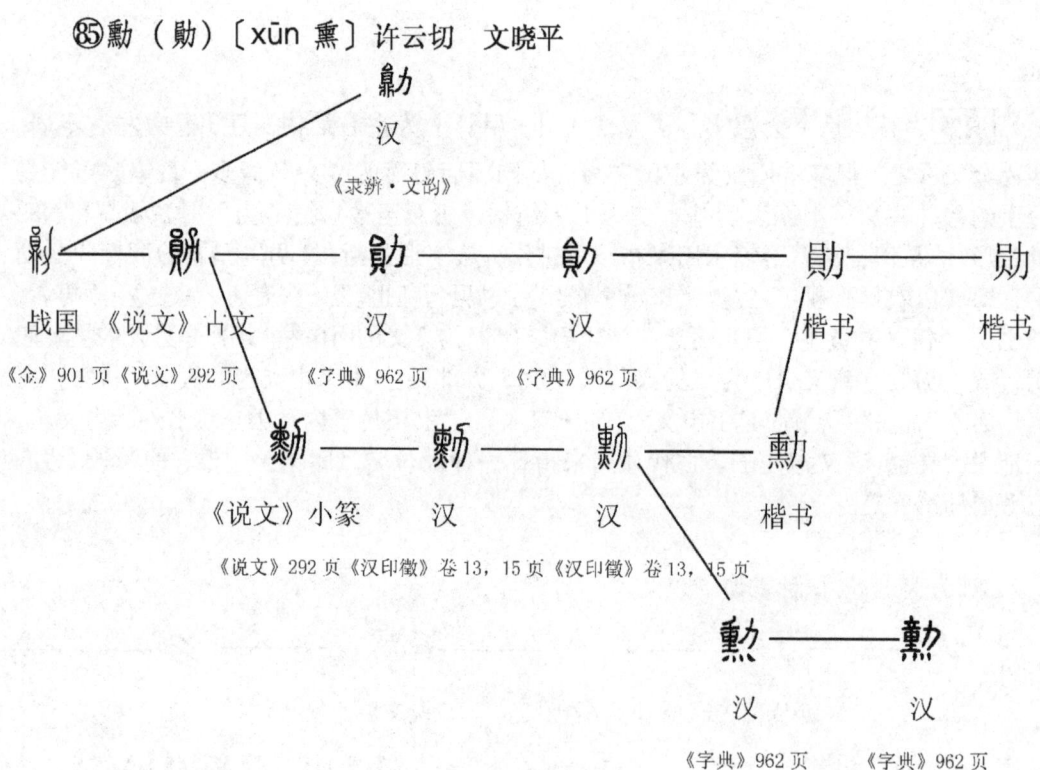

㉞ 勳（勋）〔xūn 熏〕许云切　文晓平

说解 "勳（勋）"是个形声字。从上揭谱系中可以看出，此字的历史发展主要存在两个系列：一是《说文》古文的"勋"，从力员声。战国中山王器铭作""，是它的古体；《袁良碑》作""，直接上承战国文字，十分可贵。之后声符简省为"员"，并一直沿用至今。二是《说文》小篆的"勳"，从力熏声。因声符"熏"的上体与"重"、"童"形近，故韩仁铭将"勳"写作勲，武梁祠画象题字中将"勳"写作勭。在声符的激烈变动中，熏与员虽然形体差异较大，但二字古音相通，故勳与勋应属于不同声符的异体字。与此相反，"熏"的上体虽然与"重"、"童"二形十分相似，但二者古音悬隔，故从重的勲和从童的勭只能看作是"勳"的讹体。由此可见，"勋"字来源有自，构形简单明了，故能取代"勳"而最终成为规范字体。这一现象，说是以简代繁固然可以，说是恢复古体亦未尝不可。"勋"的本义是功勋、功劳。《说文·力部》"勳，能成王功也。"《书·大禹谟》："尔尚一乃心力，其克有勳。"（假如你们同心协力，将能够建立功勋。）《中山王壶》："天子不忘其有勋。"

⑧⑥務〔wù 误〕亡遇切　侯明去
又音〔wǔ 五〕罔甫切　侯明上
又音〔mào 冒〕莫候切　幽明去

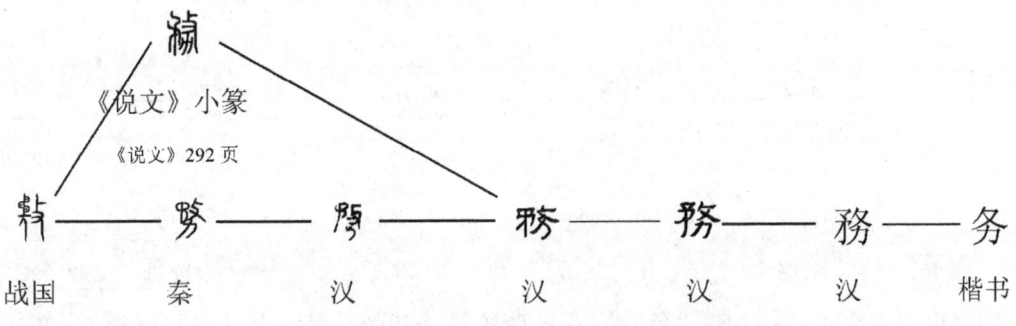

| 战国 | 秦 | 汉 | 汉 | 汉 | 汉 | 楷书 |

《金》901 页　《字典》963 页　《马王堆》561 页　《字典》963 页　《字典》963 页

说解　"務"是个形声字。从力，孜声。从谱系看，字本作"孜"，从攴，矛声。秦代文字累增"力"为偏旁，实与从"攴"同意，于字义无补，却成为后世"務"字之源。在秦汉隶书里，这个字的发展主要表现在偏旁位置的调整：即偏旁"矛"逐渐由字的左上方调整到字的左方，偏旁"力"逐渐由字的下方调整到字的右下方。这样一来，"務"字便变成了左右结构，按照一般左形右声的理解，容易使人误会是个从"矛"取义的字。简化字"务"，取"務"之右旁而舍其左旁，字形虽然简单了，但却破坏了其原有的形声结构，成为一个缺乏理据的简体字。"務"的本义是专力从事、致力追求。《说文·力部》："务，趣也。"徐锴《系传》："言趣赴此事也。"《中山王壶》："夫古之圣王，务在得贤。"致力追求之事乃为紧要之事，故又引申为要事、事业，泛指一般的工作、公务等。作副词用则有必须、一定等意义。又读 wǔ，通"侮"。《诗·小雅·常棣》："兄弟阋于墙，外御其务。"毛传："务，侮也。"读 mào，通"瞀"，昏乱、眩惑。《商君书·靳令》："……则君务于说言，官乱于治邪，邪臣有得志，有功者日退，此谓失。"又通"冃（冒）"，指冠。《荀子·哀公》："古之王者，有务而拘领者矣，其政好生而恶杀焉。"

⑧⑦劲〔jìng 敬〕居正切　耕见去
又音〔jìn 近〕居焮切　耕见去

| 战国 | 战国 | 《说文》小篆 | 汉 | 楷书 | 楷书 |

《玺文》331 页　《包山》205 页　《说文》292 页　《马王堆》560 页

【说解】"劲"是形声字。从力,巠声。战国文字写法比较特殊:或左形右声,与此字通常作右形左声者异;所从之"力"或反书;声符左下竖画中间或加点为饰。繁体之"劲"实承秦汉篆隶的结构,只是笔势上有所变化。因"巠"旁简化作"圣",故"劲"也类推简化为"劲"。"劲"的本义是强健、有力。《说文·力部》:"劲,彊也。"《墨子·节葬下》:"耳目不聪明,手足不劲强。"引申为一切强有力之称,如坚强、刚强、强烈等。"劲"读 jìn,指力气、力量。《韩非子·观行》:"有乌获之劲而不得人之助,不能自举。"又指神态、情趣、模样等。

⑧⑧勉〔miǎn 免〕亡辨切 元明上

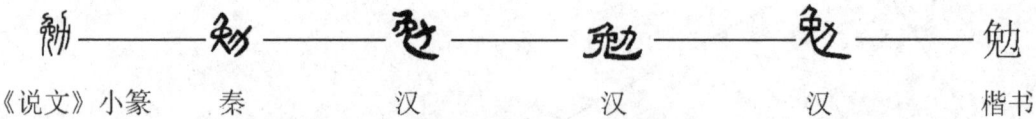

《说文》小篆　　秦　　　汉　　　汉　　　汉　　　楷书

《说文》292 页　《睡虎地》205 页　《马王堆》560 页　《字典》964 页　《字典》964 页

【说解】"勉"是形声字。从力,免声。"勉"字的古今演变主要体现在"免"旁写法的变化上。《说文》小篆"免"字最后两笔是分开的,秦汉隶书有的继承了小篆写法,有的则在起笔处把两笔合并起来。后一种写法为楷书所继承。另外,汉隶以后"免"字的最后一笔拉长成弯钩形,直把"力"旁也包容在内。"勉"的本义是努力、尽力。《说文·力部》:"勉,彊也。"《书·盘庚上》:"各长于厥居,勉出乃力,听予一人之作猷。"引申为鼓励、劝勉。又引申为勉强。"勉"通"娩"。分娩。晋王献之《阮新妇帖》:"阮新妇勉身得雄,甚善。"又通"免"。《国语·晋语八》:"彼若不敢而远逃,乃厚其外交而勉之,以报其德,不亦可乎?"王引之《经义述闻·国语下》:"勉当读如免。古字勉与免通。勉之,谓免其死。"

⑧⑨劝〔quàn 券〕去愿切 元溪去

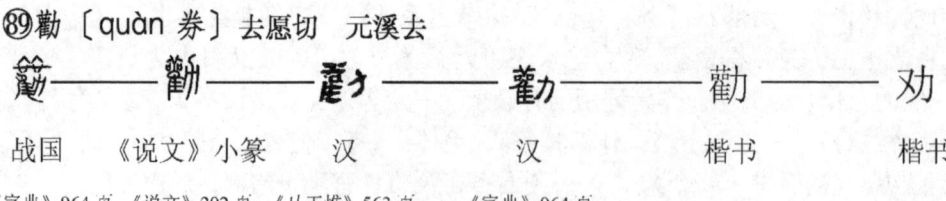

战国　　《说文》小篆　　汉　　　汉　　　楷书　　　楷书

《字典》964 页　《说文》292 页　《马王堆》563 页　《字典》964 页

【说解】"劝"是个形声字。从力,雚声。此字笔划较繁,宋元以来即有作"劝"者,《简化字总表》以之为"劝"的简化字。像这类以"又"作为一个代号来简化的字,往往成了一个半记号字,很难用传统的"六书"来分析其字形结构。如"觀"简化作"观"、"鷄"简化作"鸡"、"鄧"简化作"邓"、"歡"简化作"欢"、"難"简化作"难"、"僅"简化作"仅"等等皆是。"劝"的本义是鼓励、勉励。《说文·力部》:"劝,勉也。"《荀子》首篇之"劝学",即鼓励学习。《国语·越语上》:"国人皆劝,父勉其子,兄勉其弟,妇勉其夫。"又指受到鼓励。《庄子·逍遥游》:"且举世而誉之而不加劝,举世而非之而不加沮,定乎内外之分,辩乎荣辱之境,斯已矣。"由鼓励引申而为劝导、劝说、用道理说服别人，这些意义已成为现代汉语中"劝"字的常用义。

⑨⓪勝〔shèng 盛〕识蒸切　蒸书平

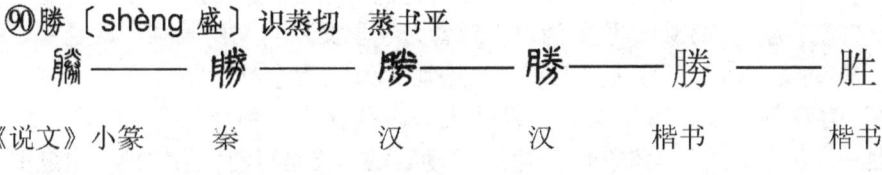

《说文》小篆　　秦　　　汉　　　汉　　　楷书　　楷书

《说文》292 页　《字典》964 页　《马王堆》561 页　《字典》964 页

说解　"勝"是个形声字。从力，朕声。其意符"力"置于声符"朕"的右下角，比较特殊。此字古今字形的变化主要有两点：第一点是其声符"朕"本从"舟"，隶变后逐渐混同于"月"，这与"服"字本从"舟"而后变成从"月"是同样的现象。现代汉字偏旁"月"除了由"舟"演变来的以外，还有的是从"肉"演变来的，如"胡"、"肠"、"膏"等字便是。当然有的字从"月"，本来就是从古"月"字演变而来的，如"期"、"明"、"朗"等字都是。这些本来不同的偏旁，后来混同为一，是隶变楷化造成的结果。第二点是 ——卉——关 的变化，由弯曲线条变为平直线条，由断笔变成连笔。这个也是隶变和楷化的结果。"勝"的简化字作"胜"，但"勝"与"胜"本来是不同的两个字。"胜"是腥臊之"腥"的本字。典籍中常借"腥"（本义指病猪肉中像星或米粒的息肉）为"胜"，"胜"字遂废，因其与"勝"字同音，故用为"勝"的简化字。"勝（胜）"的本义是能承担、禁得起。《说文·力部》："胜，任也。"《诗·商颂·玄鸟》："武丁孙子，武王靡不胜。"作副词，义为"尽"。《孟子·梁惠王上》："斧斤以时入山林，材木不可胜用也。"成语有"不胜枚举"。以上二义旧读 shēng。引申为胜利，与"负"相对。《孙子兵法·虚实》："能因敌变化而取胜者，谓之神。"又引申为超过、胜过。作形容词，形容事物优美。范仲淹《岳阳楼记》："予观巴陵胜状，在洞庭一湖。"成语有"引人入胜"。

⑨①動〔dòng 洞〕杜孔切　东定上

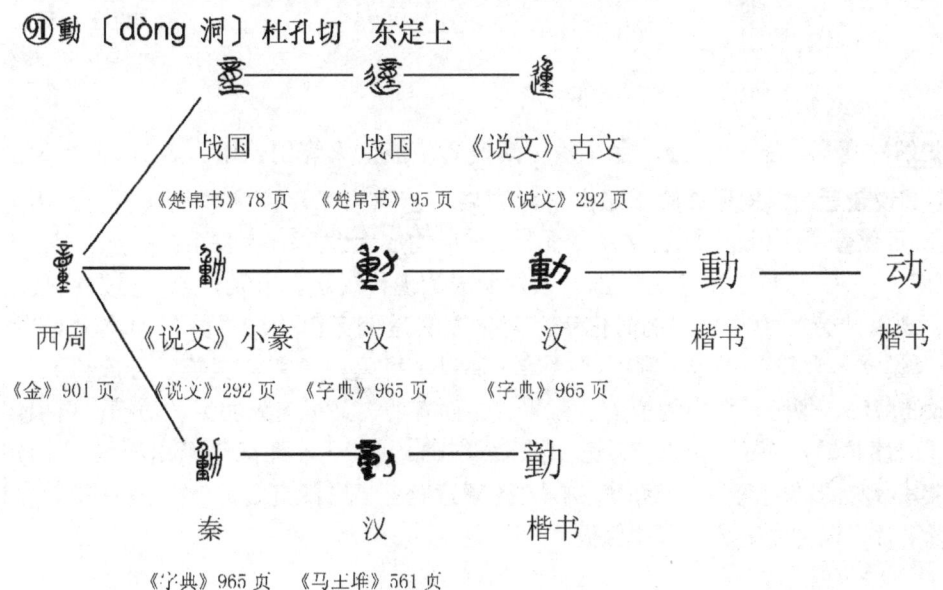

战国　　　战国　　　《说文》古文

《楚帛书》78 页　《楚帛书》95 页　《说文》292 页

西周　　《说文》小篆　　汉　　　汉　　　楷书　　楷书

《金》901 页　《说文》292 页　《字典》965 页　《字典》965 页

秦　　　汉　　　楷书

《字典》965 页　《马王堆》561 页

【说解】"動"是形声字。从力，重声。西周时期以"童"为之（《毛公鼎》），楚帛书"毋童群民"，"童"读为"动"，与《毛公鼎》同。后分三路发展：一路加意符"辵"，以"童"为声，或以"重"为声，后者为《说文》古文所收录。从辵者表示动作之进行，与动义亦切合，与从力无别。一路加"力"为意符，以"童"为声。一路也加"力"为意符，以"重"为声，发展成为现代汉字。简化字作"动"，左边之"云"只是一个记号，用于代替声符"重"。"动"的本义是行动、为实现一定意图而活动。《说文·力部》："动，作也。"《孙膑兵法·见威王》："事备而后动。"（做好战争的准备然后行动）引申为凡动之称，如移动、振动、运动、发动、感动等。作副词用，指往往、常常。《汉书·食货志》："又动欲慕古，不度时宜。"

⑨²劳〔láo 牢〕鲁刀切　宵来平

又音〔lào 烙〕郎到切　宵来去

又音〔liáo 疗〕怜萧切　宵来平

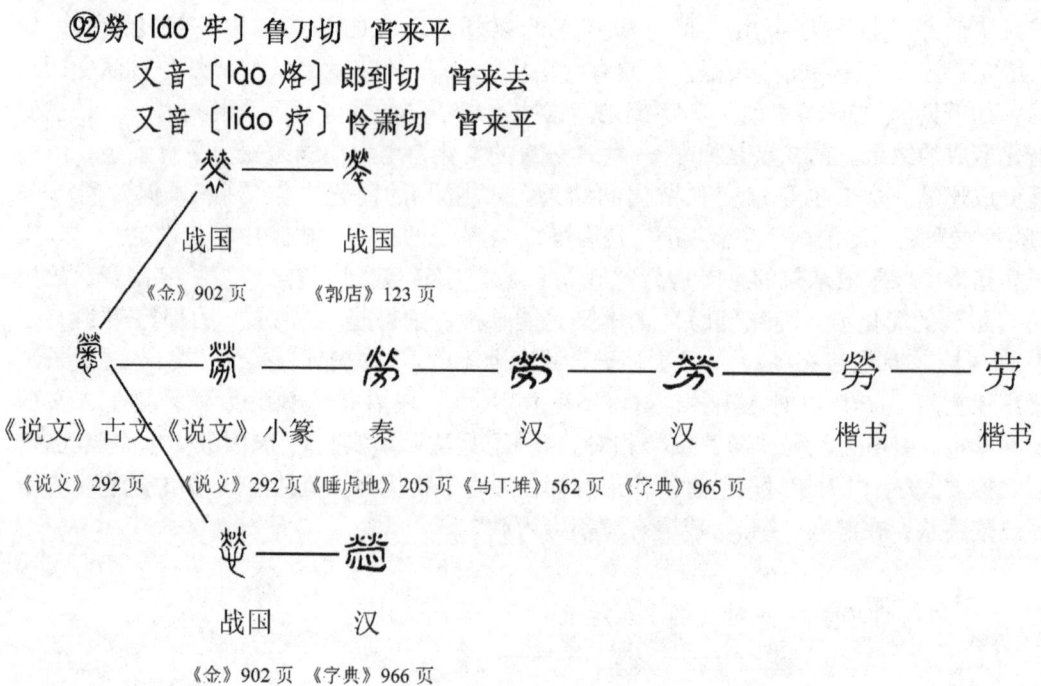

【说解】"勞"，据《说文》，字"从力从熒省，熒，火烧冂，用力者劳"，当为会意字，但其说较迂曲，构形难解。郑樵《六书略·会意第三》以为"从营省，言用力经营也。"可供参考。《说文》古文从"悉"。字形构成大致可分为三系：一从"衣"，一从"心"，一从"力"。从"力"的一系发展成为现代汉字。宋元以来"勞"字俗写作"劳"，现以"劳"为"勞"的简化字，简化方法是偏旁简化。"劳"的本义是费力、劳苦。《说文·力部》："劳，剧也。"《诗·邶风·凯风》："棘心夭夭，母氏劬劳。"泛指一般的劳动、烦劳。引申为疲劳、劳累。劳而有功，又引申为功劳、功绩，再引申为慰劳（旧读 lào）。"劳"读 liáo，通"辽"。广阔。《诗·小雅·渐渐山石》："山川悠远，维其劳矣。"郑玄笺："劳，广阔。"孔颖达疏："广阔辽辽之字，当从辽远之辽，而作劳字者，以古之字少，多相假借。"

⑬倦〔juàn 卷〕渠卷切　元群去

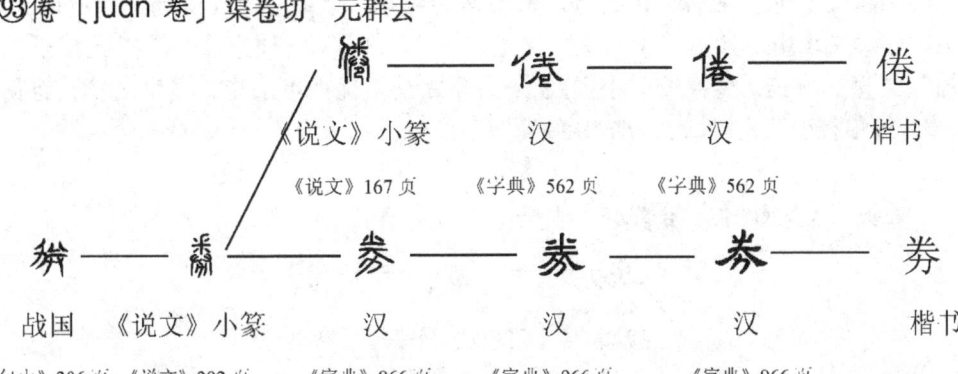

《说文》小篆	汉	汉	楷书
《说文》167 页	《字典》562 页	《字典》562 页	

战国	《说文》小篆	汉	汉	汉	楷书
《包山》206 页	《说文》292 页	《字典》966 页	《字典》966 页	《字典》966 页	

说解　"券"是形声字。从力，卷省声。"券"是"倦"的古字。可能是因"券"字与券契之"券"过于相近，故以"人"旁之"倦"代之。战国文字为左右结构，汉隶以后字形的变化主要体现在 ⿱ ── ⿱ ── 兴 的变化上，由断笔变成连笔。"券（倦）"的本义是疲劳。《说文·力部》："券，劳也。"徐铉按："近俗作倦，义同"《说文·人部》："倦，罢也。"《隶释·汉凉州刺史魏元丕碑》："施舍弗券，求善不厌。"

⑭勤〔qín 秦〕巨斤切　文群平

西周	战国	《说文》小篆	汉	汉	魏	楷书
《金》902 页	《金》902 页	《说文》292 页	《马王堆》562 页	《字典》966 页	《字典》966 页	

说解　"勤"是形声字。从力，堇声。本作"堇"，后加"力"为义符，形成形声结构。"堇"字上部"廿"形不封口，或第一笔横画断开，皆隶书异写。"勤"的本义是辛劳。《说文·力部》："勤，劳也。"《论语·微子》："四体不勤，五谷不分。"引申为劳苦之事，泛指一般工作。又引申为努力、尽心尽力等。再引申为经常、次数多。又指殷勤。通"仅"，少。《穀梁传·庄公二十九年》："民勤于力则功筑罕，民勤于财则贡赋少，民勤于食则百事废矣。"

⑮加〔jiā 家〕古牙切　歌见平

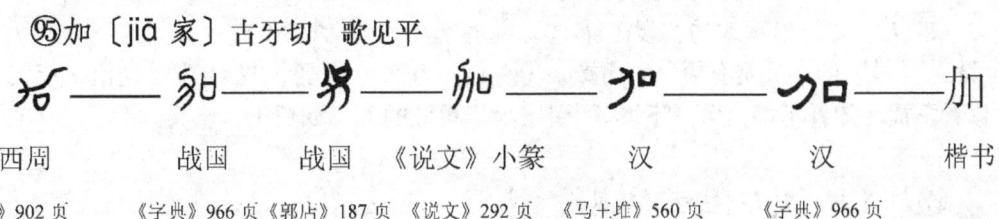

西周	战国	战国	《说文》小篆	汉	汉	楷书
《金》902 页	《字典》966 页	《郭店》187 页	《说文》292 页	《马王堆》560 页	《字典》966 页	

说解　"加"为会意字。从力，从口。西周加爵"加"字"口"在"力"下，楚简"力"旁有饰笔，而"口"旁置右上角，略异。"加"的本义是诬枉、夸大。《说文·力部》："加，语相增加也。"《左传·庄公十年》："牺牲玉帛，弗敢加也，必以信。"

引申为增加、外加、放置、施行等。又引申为超越、欺凌等。作副词，指更加、愈加。"加"字本义少用，常用其引申义。又通"嘉"。《虢季子白盘》："王孔加子白义。""加"、"嘉"字通。《管子·小匡》："力死之功，犹尚可加也；显生之功，将何如？"郭沫若等集校引丁士涵曰："加与嘉通。"

⑯勇〔yǒng 永〕余陇切　东余上

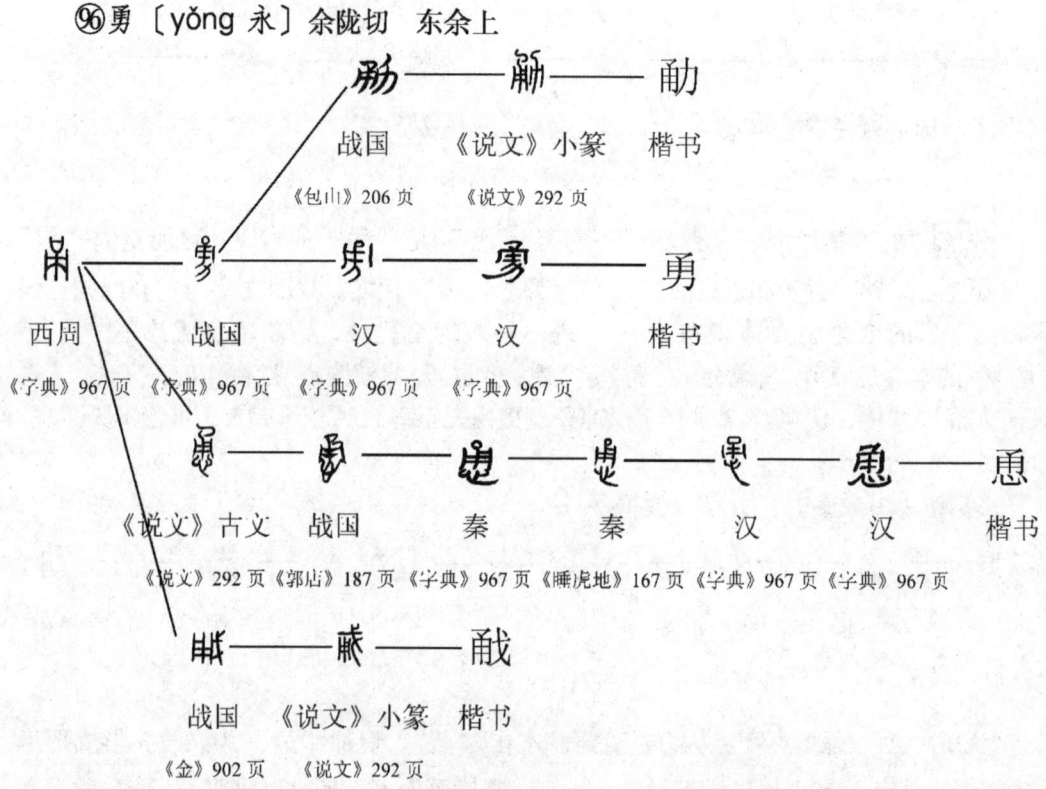

[说解]"勇"是形声字。从力，甬声。本作"甬"，后加意符而成形声字。分三系发展：一以"力"为意符，发展成为现代汉字。此系中包山楚简和《说文》小篆为左右结构，余皆上下结构。一以"心"为意符，与后世怂恿之"恿"同形。一以"戈"为意符。"戈"系中或从"用"得声，与从"甬"得声同（"甬"本从"用"得声）。以"力"、"心"、"戈"为意符，均与"勇"之意义相合。从"心"以示勇气，从"力"或从"戈"以示武勇。段玉裁《说文解字注》："勇者，气也。气之所至，力亦至焉。""勇"的本义是有勇气、勇敢。《说文·力部》："勇，气也。"《论语·宪问》："仁者不忧，知者不惑，勇者不惧。"引申为指勇敢的人，如勇士、士兵。

⑰劫〔jié 结〕居怯切　叶见入

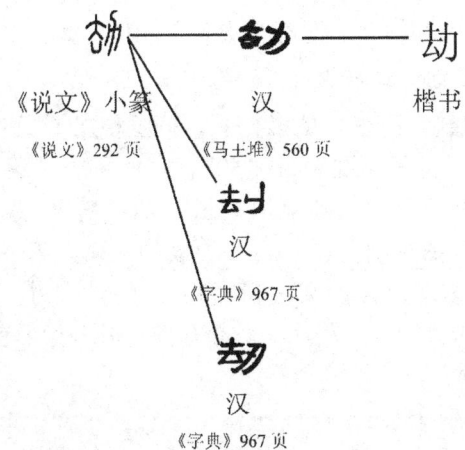

《说文》小篆　　汉　　　楷书

《说文》292 页　《马土堆》560 页

汉

《字典》967 页

汉

《字典》967 页

说解 "劫"从力，从去，旧以为是会意字。裘锡圭认为是形声字。他说："形声字从'去'声而古音属叶部的，如'怯'、'狯'、'庒'等字，旧或以为从'劫'省声，其实都应该从这个'去'字的。就是《说文》认为是会意字的'劫'，也应该是以此为声旁的形声字。这个'去'字的音跟古音属鱼部来去的'去'相去很远，二者不可能是一个字。"① "劫"字后世异体较多，或从刀作"刼"、"刧"，或从刃作"刦"。其来源有两种可能：一是另加意符，因从"刀"从"刃"皆与劫持之义相关。二是因字形相近而误，先由"力"讹为"刀"，再由"刀"讹为"刃"。"劫"的本义是胁迫、威逼。《说文·力部》："劫，人欲去以力胁止曰劫。或曰：以力止去曰劫。"《左传·庄公八年》："遇贼于门，劫而束之。"引申为抢夺、强取。作名词指强盗、劫匪。又用作佛教名词"劫波"（梵文 kalpa 的音译）的省称，意为"远大时节"。后来佛经指天地的形成到毁灭为一劫，也借指天灾人祸。

⑱ 势 〔shì 世〕舒制切　月书去

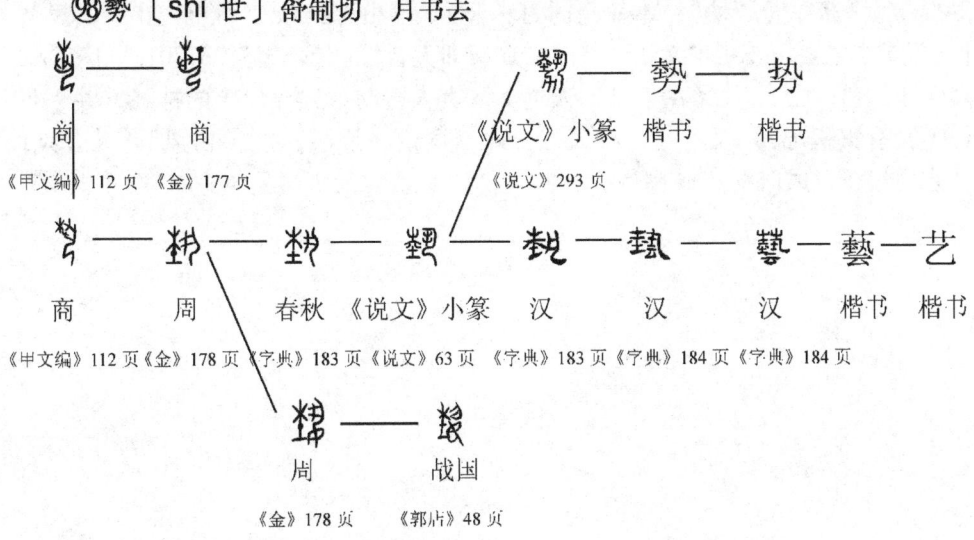

商　　　商

《甲文编》112 页　《金》177 页

《说文》小篆　楷书　楷书

《说文》293 页

商　　周　　春秋　《说文》小篆　汉　　汉　　汉　　楷书　楷书

《甲文编》112 页《金》178 页《字典》183 页《说文》63 页　《字典》183 页《字典》184 页《字典》184 页

周　　战国

《金》178 页　　《郭店》48 页

---

① 裘锡圭《说字小记》，载《古文字论集》第 646 页，中华书局 1992 年。

[说解]"势"是形声字。从力,埶声。《说文》本无,见于《新附》。古"势"字经典多只作"埶"。《论语·季氏》:"如有不由此者,在埶者去,众以为殃。""埶"字甲骨文作从丮持木种植之意。《说文·丮部》:"埶,种也。从坴,丮,持亟种之。"实即"树藝五谷"之"藝"的本字。字所从之"丮",逐渐讹变为"丸";字所从之"坴",乃是"木"下加"土"再增饰笔而成的。后来又在此基础上加"云"加"艸",遂形成"藝"字,简化作"艺"。"势"是在"埶"的基础上加"力"而成的,又因草书楷化为简化字的"势"。"势"的本义是权力、权势。《说文·新附》:"势,盛力,权也。"《书·君陈》:"无依势作威,无以法以削。"引申为力量、威力,又引申为形势、姿势、自然界或物体的形貌以及人的地位、位置等。

⑨劦〔xié 协〕 胡颊切 叶匣入

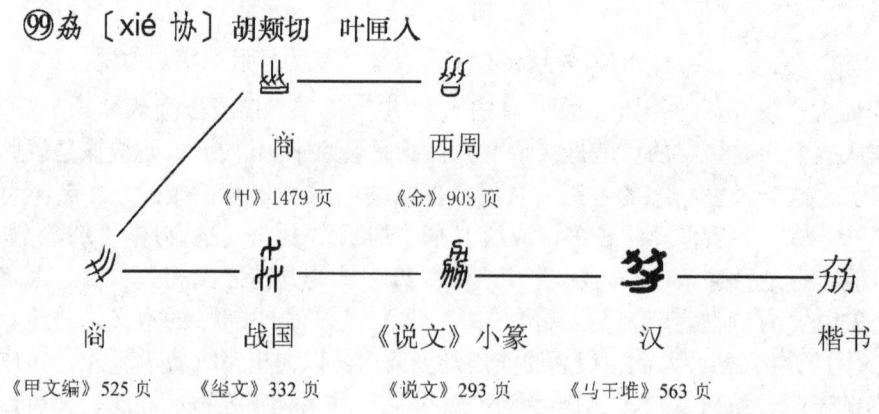

商	西周
《甲》1479 页	《金》903 页

商	战国	《说文》小篆	汉	楷书
《甲文编》525 页	《玺文》332 页	《说文》293 页	《马王堆》563 页	

[说解]"劦"是会意字。从三力。甲骨文"力"原象耒形,三耒表示合力并耕之意。或加"口",为其繁体。卜辞有"王大令众人曰劦田,其受年?十一月。"(《粹》866)"劦"作为偏旁,现代汉字有的简化成"办",如"協"简化作"协"、"脅"简化作"胁"等。"劦"同"协",本义是同力、合力。《山海经》:"惟好之山,其风若劦。"此字甲骨文主要用其引申义,作祭名,劦祭即大合祭。《合集》23120:"丁丑卜,行贞:宾父丁,劦,亡尤?"(在丁丑这天贞卜,贞人行问:迎导父丁的神灵,并进行大合祭,不会有灾祸吧?)又特指一种风名,即《国语·周语》之"协风"。《合集》14294:"东方曰析,风曰劦。"(图版2)

⑩ 协 〔xié 胁〕 胡颊切 叶匣入

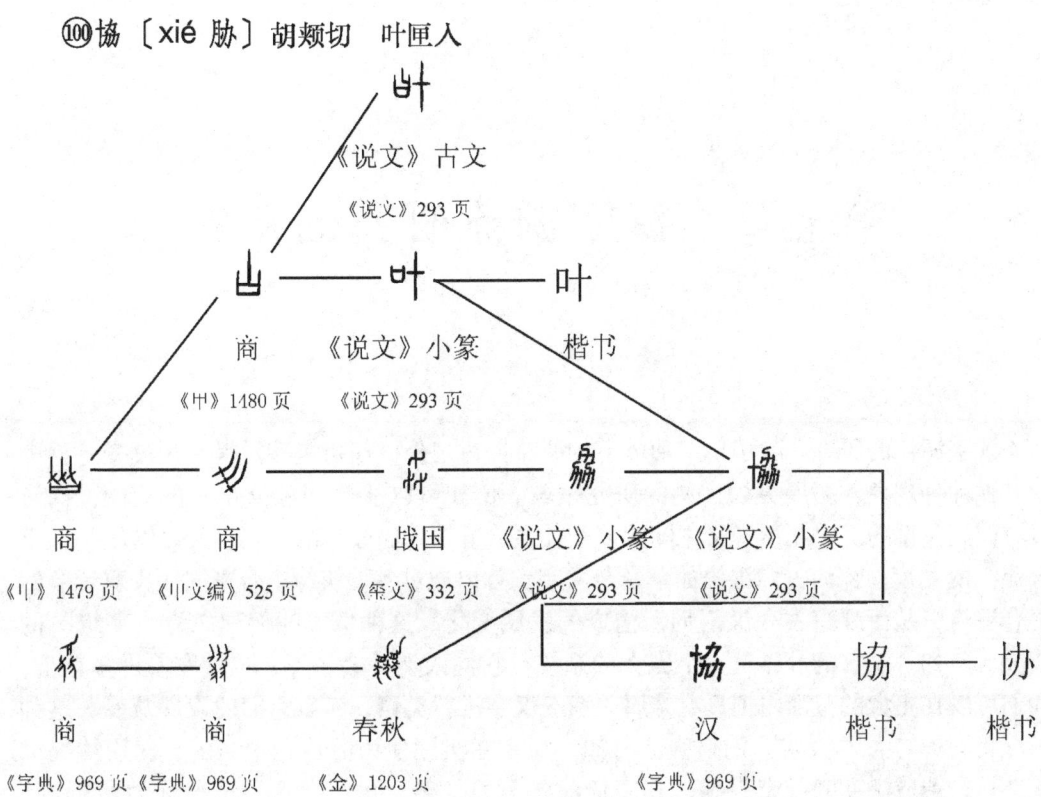

说解 "协"是个会意字。从劦,从十,表示众人合力耕田。此字甲骨文有多种异体。后世大致可分两系发展:一系从三力,本即"劦"字,后孳乳为"協",现简化作"协"。此系中有下从二犬或三犬者,表示多犬合力耕田,亦示协同之意(或以此为古代有"犬耕"的证据)。另一系从十、从口,现作"叶",是为"协"的异体。甲骨文为上下结构,后皆为左右结构。《说文》古文"口"旁又讹为"曰"。"叶"现又为"葉"的简化字。"协"的本义是协同、共同。《说文·劦部》:"协,众之同和也。"《书·盘庚下》:"尔无共怒,协比谗言予一人。"引申为和谐、协调、相合等。需要注意的是,《说文》另有从心之"恊",意为"同心之和",与"协"意义相近,但意符不同,二者写起来容易相混。

第七章　汉字源流研究的拓展

汉字源流的研究，除了单字形体上的源流探讨之外，还可以涉及汉字在流变过程中的其他种种现象，拓展更为广阔的研究领域。比如可以从"同源分化"的角度，探讨具有同源关系的文字在形音义之间的复杂关系，分析它们分化的过程；又可以从"异字合流"的角度，探讨古代汉语的单音节文字，如何通过各种机缘组合凝固而成双音节的复合字组，从而观察古今汉语词汇构成的发展变化，这种情况我们称之为"字组"的研究。又如，汉字的世界是一个庞大的系统，它同人类社会一样，也存在着许多族群，我们可以在更大的范围内把具有亲属关系的汉字进行类聚，考察它们的发展流变，这种情况我们称之为"字族"的研究。再如，汉字在实际使用的过程中，由于使用情况的复杂性，造成汉字的行废兴替，其间情状，至为复杂，我们把这种情况称为"行废"现象的研究。凡此种种，都是汉字源流研究的拓展性问题，涉及面广，内容更加错综而复杂，有的甚至是盘根错节，非经专门的研究，无由洞悉其中的内情。本章就对以上三个方面的问题作一些初步的探讨，作为汉字源流的拓展性研究示例。

第一节　关于字组研究

本节所谓的"字组"，是指具有直接渊源关系的文字分化和不具直接渊源关系的文字组合，前者称为"同源分化"，后者称为"异字合流"。这两者都体现了语言文字内部的离析或聚合的关系。"字组"成员的分化或合流，是一段源流演变的过程，其间关系，错综复杂，需要我们深入研究，才能揭开其中奥秘。以下分"同源分化"和"异字合流"两个方面，各举若干例子，谈谈关于"字组"源流的研究。

一、同源分化之例

由同一语源所派生出来的若干个字，我们称为同源字。具有同源关系而分化为不同文字的现象，我们称之为"同源分化"。比如，在第五章和第六章我们曾经分析过"風"字的形体演变过程，从古文字资料来看，"鳳"乃取象于孔雀，"風"是从"鳳"分化出来的一个字，二者自古以来都是同字同源。大概到了战国时期，才在楚系文字中分化出从虫凡声的"風"字，其所从之"虫"，实际是凤尾珠毛的简省和讹变。这种从一个主要事物的发展中派生出来的分化字还有很多,下面再举"耤与作"、"貂与貘"、"遂与述"、"虘与業"、"農与男"五个"字组"进行分析。

①耤与作

"作"字古作"乍",自古至今都是个常用字,可是其初形所象何物,朔谊所指何事,却是众说纷纭,无法认定。我们从同源分化的角度,把"作"字与"耤"字作一番考察分析,有助于了解"作"字的初形朔谊。按"耤"字甲骨文作 ❇（《乙》1111）、❇（《前》7.15.3）等,象人侧立以足踏耒起土之形（"耤"至金文令鼎作❇,才加注"昔"为声旁）。通过考察甲骨文中为数众多的"耤"字,可以了解"耒"字的流变,其中有一类作 ❇（《乙》4057）、❇（《前》7.15.3）、❇（《存》1013）者,可证金文"乍"字如 ❇（乙亥刻鼎）、❇（父丁斝）、❇（小子母己卣）及 ❇（耒距悖）、❇（乃孙作祖己鼎）等,确是从耒取象的。其上所从的弯笔,则是以耒起土时随庛（耒下前曲接耜者）而起的土块,甲骨文作❇、❇、❇、❇等形乃其变体。由此可见,甲骨文的"耤"和"乍"都是"以耒起土"会意,义为耕作。"乍"加人旁即为"作",古形可追溯至甲骨文的 ❇（《库》1180、1244）字。该字左旁之"弓"乃"人"形的写讹,右上之"×"即"又（手）"形之变体,右下则是"乍"的本形。全字从人从又从乍会意,示人侧立以手操耒起土之意。《说文》将"乍"隶于亡部,说解云:"止也,一曰亡,从亡一,一有所碍也。"乃据小篆为说。然许慎训"作"为"起"则犹存古谊。"作"字古义为耕作,古籍中亦不乏例证,如《易·益卦》:"利用为大作",虞注:"大作谓耕播耒耨之利。"《尚书·尧典》:"寅宾出日,平秩东作",注:"东作之事,以务农也。"《左传·昭公八年》:"作事不时",杨伯峻注"不时"为违农时,则"作事"乃指农事。《逸周书·太子晋》:"土率众时作",注:"作谓农功",意正相同。又《周礼·地官·稻人》:"掌稼下地,以潴畜水,以防止水,……以浍写水,以涉扬其芟,作田。"说的是稻人在洼地耕种,必须以渊池蓄水,以堤坝止水,……以沟浍泻去积水。于是举镰刀芟去新生之草,然后方可耕作种植。郑注"作田"为"治田种稻",用的正是"作"的本义,可与卜辞"作田"印证。此外,保存古代汉语成分较多的粤方言、闽方言,现在仍把起土、犁地、种植等农活称为"作田",正是古语的残留,亦可佐证。

就二字读音来说,作、耤古皆读铎韵入声,作在精纽,耤属从纽,精、从二纽十分接近。从乍、从昔之字,古多相通。如酢、醋古通用,甚至音义互易。《礼记·内则》"鱼曰作之",今本《尔雅·释器》"作"字作"斮"。《淮南子·氾论》:"履天子之籍",高诱注:"籍借为阼。"马王堆帛书《老子》乙本:"万物昔而弗始",傅奕本作"万物作而不为始"。这些都是作、耤古音相近的佳证。

可见,从古文字资料和古文献证据来看,"作"、"耤"二字无论形、音、义的关系都是非常密切的,说明耤、作不但二字同源,而且后者乃由前者所分化。后来由于各有专用,于是分道扬镳,字形距离越来越远,意义的引申和转移亦愈演愈烈,几乎变成彼此毫不相干的两个字了。但是通过溯流追源,便不难发现,"作"和"耤"其实是一对形体相关、音义相属的同源字①。

②貂与繇

古籍中常见的"繇"字，今本《说文》只作为偏旁，不见于正字。但从古文字资料考察，金文懋史鼎、师寰簋、师克盨的"繇"分别作🔲、🔲、🔲等形，分明是个从言象形的奇字，此象形文的初形朔谊尚可从爯伯簋铭文中窥见。按爯伯簋铭文有关于"归（馈）爯伯🔲裘"和"锡汝🔲裘"的记载，"裘"上一字义当为兽类，所从象形文亦象兽形，与上揭诸器所从的象形文大致相同，当是个从象形刀声（或召省声）的字，实即"貂"的古文。《说文》："貂，鼠属，大而黑，从豸召声。"即今人所谓貂鼠，其状头尖尾粗，毛皮珍贵，故以貂裘为赐品，字或作"鼬"。《广雅·释兽》"鼠狼鼬"，王念孙曰："今俗通呼黄鼠狼。"

齐陶文中有🔲字，习见辞例作"🔲乡某里某"，印范与刻文兼具。🔲字或加邑旁，异文或作"陶"字；"里"之前是里名，"里"之后是陶工名，可见"🔲乡"是个制陶中心。🔲字旧释为"绍"，但细审字的左旁并不从刀，右旁亦非从糸，其作🔲者未见有析书之例，总是连成一体，且有独立成文之例（见《铁》53 下）。它与金文的"繇"若"貂（鼬）"的象形文极其相似，符合头尖尾粗的特征，当是鼬鼠的象形文。因此，🔲字当释为从口从🔲，古文从口与从言同意，故此字当是"繇"之异体。又《季木藏陶》（69 上）有范文"🔲"二字，我们根据上举字形材料可以判断，"右"字左边之"🔲"字，就是鼬鼠的象形文加上声符"缶"所组成的"繇"字。这就是从象形文"貂（鼬）"到形声字"繇"的发展过程，也是先秦已有"繇"字的明证。准此，《说文》中宜补入"从🔲缶声"的"繇"字。上述陶文中的"繇"和"繇"均读为"陶"。《尚书》"皋陶"，《离骚》、《尚书大传》、《说文·言部》引《虞书》均作"咎繇"，亦"繇"、"陶"相通之证。

那么，象形文🔲的首尾何时裂变为偏旁部件呢？从子弹库楚帛书作🔲和楚简作🔲来考察，战国时期的象形文仍以身首相连为主，偶有若接若离的写法，但象形文与"言"旁仍保持相对的独立性，而睡虎地秦简作🔲（法律答问7），已经形成比较明显的左右结构，象形文的首与言组成"言"旁，身及尾则讹变为"系"旁，因此🔲形的首尾裂变分离当发生在秦汉之际。许慎根据讹变后的小篆立说，便把"繇"分析为从系言声了。

综上所述，"貂（鼬）"与"繇（繇）"也是一组同源分化字。"貂（鼬）"是🔲的后起形声字；"繇（繇）"是在"貂（鼬）"的象形文的基础上加"缶（言）"旁形成的，其左旁由"缶（言）"和兽首组成，右旁则由兽身、兽足及兽尾讹变而成。这一组同源字的语音古亦相通，上引《尚书》之"咎繇"，《左传·定公四年》又作"皋鼬"

---

① 参见曾宪通《"作"字探源》，《古文字研究》第 19 辑，中华书局 1992 年；又收入《古文字与出土文献丛考》，中山大学出版社 2005 年。

可证①。

③遂与述

"遂"字在先秦典籍中十分常见，可是在出土文献中却出现甚迟。就目前所见的先秦古文字字书中，"遂"字头下所收大多是"述"字，或者是"逐"字、"璲"字的讹体，尚未发现《说文》所载从辵㒸声的遂字，其古文作䢦者，段玉裁表示"不得其所从"；而传世典籍中的"遂"字，出土文献中通常假"述"字为之。究竟"遂"与"述"两者关系如何？值得探究。

考"述"字金文作 ☒（盂鼎）、☒（史述鼎），其声符从"又"之四周布满谷物状，朱芳圃以为"象穄黏手之形"，堪称卓识。朱氏指出："《说文·禾部》'秫，稷之黏者，从禾，朮象形。朮，秫或省。'考朮为初形，秫为后起字，金文作☒，象穄之黏手者。"②朱氏此说，纠正《说文》以朮为秫的省体，而是秫的初文，从而廓清了金文之☒乃是"述"字而非"遂"字的疑惑，也为正确解释"遂"之古文奠定了基础。古人造字，或以形象物，或以物状性，此形以颗粒黏手为其特征，则秫为稷之黏者的特性自明。由于古文字中"以颗粒黏手"的表示手法有所不同，故"述"字也随之派生出多种不同的别体，如《汗简》误述作"迷"，敦煌本古文《尚书》也有由述省变为"速"（应是迹的籀文），或繁变为"遹"的，上文提到《说文》遂的古文作䢦者，其实就是"述"字古文的讹体，由此足以证明遂、述二字关系之密切。又"述"与"术"也音同义属，每每互作。《诗·日月》："报我不述"，《释文》："述，本亦作术，"不术，言不循礼道之谓也。《说文》训述为循，意谓循道而行，即此义之引申。《广雅·释诂》："术，道也"，《释宫》："遂，道也"，可见遂、术同训。再从语音来说，"遂"与"述（术）"古音同属入声物部，声纽上古同为齿音，例相通假。《老子》九章："功遂身退"，郭店竹书本与马王堆帛书本"遂"皆作"述"。诅楚文："述取吾边城"，中山王壶："述定君臣之䀠（位）"，二"述"字皆读为"遂"，文从字顺。可见"遂"与"述"确是一对形相因，义相属，声相谐的同源字③。

④虡与業

古籍中虡、業二字常相提并举，如《诗·大雅·灵台》："虡業维枞，贲鼓维镛"，又《周颂·有瞽》："设業设虡，崇牙树羽"。传谓：植者曰虡，横者曰栒。業，大版也；枞，崇牙也；贲，大鼓也；镛，大钟也。笺云："虡者，栒也，所以悬大鼓也。设大版于上，刻画以为饰。"孔疏曰："使人设植者之虡，横者之栒，上加大版而捷業然，又有崇牙其饰维枞然。于此虡業之上，悬贲之大鼓及维镛之大钟。"据此，知虡、業实为古代钟架的主要构件，或用以悬鼓磬，其竖者曰虡，横者曰栒，栒上加大版曰業，上

---

① 参见曾宪通《说繇》，《古文字研究》第10辑，中华书局1983年；又收入《古文字与出土文献丛考》，中山大学出版社2005年。
② 朱芳圃《殷周文字释丛》卷下第131页释"述"，中华书局1962年。
③ 参见曾宪通《敦煌本古文〈尚书〉"三郊三遂"辨正》，收入《于省吾教授百年诞辰纪念文集》，吉林大学出版社1996年；又收入《古文字与出土文献丛考》，中山大学出版社2005年。

有参差不齐的崇牙，以为悬挂钟鼓之用。经典举虡、业二事以代表钟架，故"设业设虡"是奏乐的前提。其实物可见于湖北擂鼓墩曾侯乙墓出土的编钟钟架（见图一、二、三）。

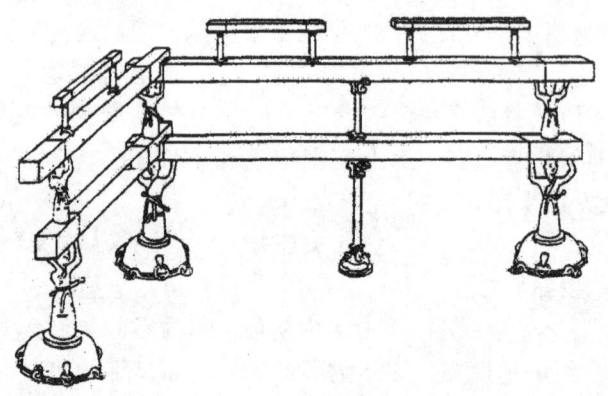

图一　曾侯乙编钟钟架

图二　曾侯乙编钟中层钟虡铜人　　　图三　曾侯乙编钟下层钟虡铜人

从实物考察，出土的编钟架座为三层铜木结构，编钟的"竖虡"是六个正立的铜人，每层三个，分别以头和双手承托钟架的横筍，其擎举之状，与族氏文字的" "（《金文编》附录006）显然是同一形象，于省吾先生考定这类族氏文字就是后世的"举"字。可见"虡"字的上体为声符，下体乃擎举人形的变体，犹存古谊。《释名》云："虡，举也，在旁举筍也。"证之于钟架两旁铜人举筍的造型，刘氏训虡为举可谓确诂。

至于"业"字，《说文》古文作" "，象两人并举（虡）之形，金文或作 （晋公 ），人形之上分别益以"业"形，表明所举者乃栒上捷业如锯齿之大版。小篆之"业"，乃省去重复部分，上体是形如锯齿的大版，下体是人形的省变，仍是虡上著版之象。《说文》："业，大版也。所以饰悬钟鼓，捷业如锯齿。"《尔雅·释诂》："大版谓之业。"《释名·释乐器》："筍上之版为业，刻为牙，捷业如锯齿也。"因知"业"

字的古训与形义完全密合。

要之，虞、業二字皆取象于古代钟架，同出一源，这是从出土古物及文献资料中可以得到证明的①。

⑤男与農

"男"字从田，从力，从古到今没有变化。按"力"是古农具"耒"的象形，从"男"之字形判断，其最初的词性应是动词，即（以农具）耕田之意。耕作是男人的主要职责，故"男"字的意义引申而为"男人"。《说文·男部》："男，丈夫也。从田，从力，言男用力于田也。"所解应是引申义。

"农"字小篆作𦦵，全形作𦦵，象手持辰（蜃）在田间除草之形，字亦作蕽、莀，从艸或从林，亦与田野有关。其中之"辰"，甲骨文作𠨍、金文作𠨍，正像蜃之形，乃"蜃"之初文。"蜃"在古代作为耕器，《淮南子》："古时剡耜而耕，摩蜃而耨"可证。从"农"字原始字形看，它本来也是动词。《说文》："农，耕也。"所解甚确。《左传·襄公九年》："其庶人力于农穑"，杜注云："种曰农，收曰穑。"用的也是动词之义。后来作名词用的"农"，是从动词"农"引申而来的。

由上可见，"男"和"农"字的构形都源于耕作，原先的意思也都指耕田，"男"、"农"的读音在上古都属泥纽侵部，说明男、农二字同出一源。只是到了后来，由于形体有别，音义各殊，才慢慢分化了②。

二、异字合流之例

如前所述，不具备直接渊源关系的文字组合，称为"异字合流"。指的是这种字组里的甲字和乙字，经过不断地发展和演化，最后组合凝固而成为一个复合字组。由于这种复合字组存在种种不同的组合方式，如并列式，偏正式，动宾式，主谓式等，这种灵活多样的复合字组已逐渐成为记录汉语复音词汇的主流形式。下面只举并列式的若干复合字组为例，如禽与兽组成"禽兽"，牺与牲组成"牺牲"，社与稷组成"社稷"，国与家组成"国家"，道与德组成"道德"，以及文与字组成"文字"，等等。这些复合字组中的每个单字原本都有自身的涵义（包括本义、引申义和假借义），在历史发展的过程中，由于甲字和乙字在意义发展方向上具有共同的趋势，使得甲乙两字经常连用，最终凝固合成一个新的字组，用来表示新的意义。这种合流，从语言学的角度看，正好体现了古今汉语词汇构成的变化，即从单音节词向双音节词发展的趋势。下面略加申说。

①禽与兽

"禽"字甲骨文作𢍪，象带柄的捕鸟之网，亦作动词，表"擒获"之义；"兽"字本作"獸"，甲骨文作𢼭、𢼭，其中之"干（單）"为猎具，"犬"为猎犬，故会"狩

---

① 参见曾宪通《从曾侯乙编钟之钟虡铜人说"虞"与"業"》，收入《曾侯乙编钟研究》，湖北人民出版社1992年；又收入《古文字与出土文献丛考》，中山大学出版社2005年。
② 参见陈定方《男农辱及从辱诸字同源考》，收入曾宪通主编《古文字与汉语史论集》，中山大学出版社2002年。

猎"之意。"禽"、"兽"二字的动词义，后另造"擒"与"狩"以当之，而其本身，则引申为专表"猎获物"的名词义，即分别指称有羽的飞禽与有毛的走兽，又将禽与兽组合成"禽兽"作为飞禽走兽的总称，进而表示抽象的概念，以比喻行为卑鄙恶劣的人和失去人性的行为。

②牺与牲

《说文》："牺，宗庙之牲也。"即指供宗庙祭祀用的毛色纯一的牲畜。《说文》："牲，牛完全。"《字汇》云："祭天地宗庙之牛完全曰牲。"可见"牺"之与"牲"，析言有异，浑言则同，故可将牺与牲结合为"牺牲"，指供宗庙祭祀用的毛羽完具的牲体。因为牺牲作为祭品必经宰杀，而祭祀敬神乃为神圣之事，故引而申之，举凡为正义而舍弃生命的行为皆可称为牺牲，又引申为放弃或损害一方的利益。

③社与稷

古代"社"本是地主，引申为土地之神；"稷"本是五谷之长，引申为五谷之神。国君有民方有天下，民以食为天，食则从土地而来，故土地和粮食是一个国家百姓赖以生存的首要条件。因此古代封土建国，除了要立宗庙祭祀祖先之外，第一要务就是要建社稷之坛。但社神与稷神不是分别设坛，而是合二而一，统称为"社稷"，其制是在封土之上树以木棍（棒），后来以树代之。《礼记·祭义》云："建国之神位，左社稷，右宗庙。"故社稷与宗庙就作为国家的象征。《论语·季氏》："是社稷之臣也，何以伐为？"银雀山汉简《孙膑兵法·见威王》："战不胜，则所以削地而危社稷也。"其中的"社稷"，皆指称"国家"。

④国与家

"国"字初文作"或"，后分别加"土"、"邑"、"囗"旁为繁形。《说文》："或，邦也。从口，从戈以守一，一，地也。""从口"其实应"从○"，金文有𢈺字（见保卣），○代表城垣之形，四周短划表示城界，从戈以示守城之意。古文字的"或"有邦国、疆域之义。《孝经·争谏》："诸侯有争臣五人，虽无道，不失其国。"《史记·高祖本纪》："四月，兵败戏下，诸侯各就国。"因知古代的"国"是指诸侯王的封地。

"家"字的解释历来颇有争议，《说文》："家，居也。从宀豭省声。"段玉裁以为"省声"之说不可据。然甲骨文的"家"字于"宀"下所从之"豕"有带生殖器者（如《合集》3522正"家"字作𠁅），分明是牡豕之象形，即"豭"之初文。可见许慎"省声"之说，犹存古谊。历史上最早的"家"当指母系、父系的大家族，到封建时代才称卿大夫的封地采邑为家。因而，卿大夫封地的"家"便常常与诸侯王领地的"国"相提并论，如《易·师》："开国承家，小人勿用。"孔颖达疏："若其功大，使之开国为诸侯；若其功小，使之承家为卿大夫。"《周礼·春官·罪隶》："凡封国若家。"孙诒让注："即采邑"。《论语·季氏》："丘也闻有国有家者，不患寡而患不均，不患贫而患不安。"进而将二者结合起来而成为"国家"，《大戴礼记·文王官人》："使是治国家而长百姓"，卢辩注："国家，即采邑。"《孟子·离娄上》："人有恒言，皆曰天下国家，天下之本在国，国之本在家，家之本在身。"赵岐注："国谓诸侯之国，家谓卿大夫也。"也作为一般意义的"国"的通称。如《易·系辞下》："君子安而不忘危，存而不忘亡，治而不忘乱，是以身安而国家可保也。"需要注意的是，过去分封制的"国家"与现代作为阶级统治工具的"国家"，其意义内涵有所不同，不可混为一谈。

⑤道与德

"道"的古文作⿻、⿻，从行，从首或人；"德"字甲骨文或作⿻，亦从行。"行"的本义就是道路。古文的"道"字从人或首在"行"中，表示人正在走路，引申为途径和方法，进而抽象化为道义之道。"德"字从行从直，表示人的行为操守必须正道直行。后更于直下加心为悳以足义，进一步强化向修养操守方面发展的趋势。于是道与德遂结合而为"道德"，其意义升华为指人的行为操守必须符合共同遵守的规范和准则。

三、谈"文"说"字"话源流

最后详细谈谈与本书密切相关的"文"和"字"以及"文字"这一字组的由来。

什么叫文字？用现代科学的符号观来考察，文字应是记录有声语言的书面符号体系。由于语言传播的最小单位是词，而词又是语音和意义的结合体，所以，符号记录语言的实质，就是通过一定的形体，将语言里的词变成书面的符号：人们通过一系列的形体，按照词的顺序，将有声语言排列成线性的符号，有条不紊地记录下来。这样，口头上稍纵即逝的语音，就可以借助文字符号的记录而突破时间和空间的限制，使之能够传诸异地、留诸异时。这就是我们现在所称的文字。

然而，文字这个名称并不是一开始就有的，先秦时代管文字或称为"文"，如《左传》："夫文止戈为武"，"故文反正为乏"；或称为"名"，如《仪礼·士聘礼》："百名以上书于策，不足百名书于方"；或称为"书"，如《韩非子·五蠹篇》："古者仓颉之作书也"，等等。这里的文、名、书，皆指文字。《说文》云："文，错画也，象交文。"许慎根据小篆的形体，把"文"解释为纹饰，即色彩交叉错杂的意思。但"文"更古的字形是像人胸前刺有花纹，甲骨文和金文分别作⿻、⿻，正像在人体上画图的"纹身"之形。《墨子·公孟篇》云："越王勾践剪发文身，以治其国。"可见古代确有"文身"的习俗，而古"文"字正像纹身之形，当是"纹"字的初文。由此可知，称文是就文字的形体而言的。《说文》又云："名，自命也。从口从夕，从夕者冥也，冥不相见，故以口自名。"意思是，古人夜间互相看不见，只靠声音来辨别自己的名字。可见把文字叫做"名"，是就字的读音而言的。《说文》中有两处提到"书"：一在"聿"部，云"书，箸也，从聿者声。"一在《叙》中，云"书者，如也。"段玉裁注："谓如其事物之状也。聿部'书者箸也'，谓昭明其事。此云'如也'，谓每一字皆如其状。"今按，许慎训为"箸也"的书，当指著作，"箸于竹帛谓之书"，信阳楚简和郭店楚简凡"书"字皆写作"箸"，可以为证。而许慎训作"如也"的书则指书写，犹今之言"依样画葫芦"是也，实与绘画无异。甲骨文有⿻字，论者或以为是古"画"字（王国维），或以为是古"规"字（郭沫若），或以为"肆"之初文，字正像人执笔习画之形，故又读为画（丁山）。各家所论具体是哪个字虽有不同，但此字与绘画密切相关则毫无异议。中国书画自古同源，依样画葫芦的书，与执笔习画的 ᾧ（肄），形既相近，义亦相属，古为一字是很有可能的。值得注意的是，古代书、箸同字，而箸字《说文》训作"饭欹也"，《通俗文》云："以箸取物曰欹"，今谓之筷子。今闽南话仍沿袭古称，叫筷子为"箸"。著名书法家启功先生曾经指出，古人作画运笔与吃饭用筷子密切相关，所以，使用筷子和使用毛笔有着相同的文化背景和历史渊源。由此可见，先秦称文字为书者，当是就执笔书写而言的。总而言之，称"文"称"名"或称"书"，三者之间的侧重点虽有不同，但都从不同的角度说明文字是形、音、义的结合物，这也就是文字符号最本质的特征。

那么，什么时候才开始用"字"这个词来指称作为语言的书面符号呢？从出土资料来看，甲骨文未见"字"字，金文"字"字或用作子，如梁其簋"百字千孙"即"百子千孙"；或读为慈，如余义钟"字父"即"慈父"。金文常见表示月相的"既生霸"，吴王光鉴作"既字白"，"字"义同生。睡虎地秦简有"人字"篇，是根据人生子的时辰以占吉凶，"字"的意义为生育，同于《说文》（详下文），均未赋予书写符号的涵义。再从传世文献方面来考察，顾炎武《日知录》上说："春秋以上言文不言字"，只是到了战国晚期，才有专指书写符号的"字"字出现。江永《群书补义》指出："其称书名为字者，盖始于秦，吕不韦著《吕氏春秋》，悬之咸阳市曰：'有能增减一字者，予千金。'"从江永的话来看，吕不韦时的"字"既可用于布告，说明它并不是在小范围内的专门场合使用，已是能为一般民众所理解和接受的普通用语了。及至东汉郑玄为《周礼》、《仪礼》和《论语》作注，凡遇到有关"名"的说解时，都一律指出："古者曰名，今世曰字。"可见，用"字"来指称书写符号，到秦汉时期已普遍流行了。

可是，人们为什么会把记录语言的书写符号称为"字"呢？《说文·子部》云："字，乳也。从子在宀下，子亦声。"按照《说文》的义例，凡亦声字的声符往往兼义，说明以"子"为声符的"字"字，其实际意义必然与子密切相关。段玉裁注解说："人及鸟生子曰乳，兽曰产，引申之为抚字，亦引申之为文字，《叙》云'言孳乳而浸多也。'"可见，"字"的构形为子在宀下，本义是指在家里生儿育女的意思，《山海经·中山经》有"女子服之不字"句，郭璞注："字，生也。"《广雅·释诂》亦云："字，生也。"王充《论衡·气寿篇》："妇人疏字者子活，数乳者子死。""疏字"与"数乳"对文，意思是说，妇人生小孩如果间隔的时间长的话，所生的孩子成活率就高；如果妇人频密地生小孩，所生的孩子就容易死掉。可证"字"的古训乃指生育之生。上面提到的秦简《日书》甲种有"人字"占一篇，是由五支竹简组成的两个 ᾧ 形，分别于两个人形之首、颈、奎、腋、手、足、外等部位，标以春、夏、秋、冬及子、丑、寅、卯等十二支字样，释文云："人字其日"云云，可知十二支是指出生的时辰。占文云："人字其日在首，富难胜也，"是说人生子，其出生的日辰（即十二支之一）在人形的头部，这孩子将会成为富豪。余仿此。如云"在手者巧盗"，"在颈者贵"，"在足者贱"，等等。其中有一"在外者奔亡"颇为费解，刘乐贤君根据友人陈新的提示，释外为间字古文之省而读为肩，就文从字顺了。简879下段有"女子以巳字，不复字"的占验术文，意思是说，女子如果在"巳"日生小孩，终身就不再生小孩了。秦简《日书》据同墓出土的《大事记》所记载，其年代当在秦始皇三十年（前217年）。《日书》是一种继承性很强的传统择日通书，其流行的年代当在此墓以前，有可能早至战国晚期之际，约与吕不韦的年代相当。由此可见，"字"作为"生子"义与作为"书写符号"义在战国晚期至秦汉时期两者是并行不悖的。

然则"生子"义的字与"书写符号"义的字二者有什么关系呢？让我们看看许慎对文和字的解释便可明白。许慎在《说文·叙》中说："仓颉之初作书也，盖依类象形，故谓之文；其后形声相益，即谓之字。字者，言孳乳而浸多也。"按照许慎的说法，依类象形之"文"是仓颉造的，而形声相益的"字"则是由"文"所孳乳衍生出来的。由独体之"文"孳生出合体的"字"，犹如人类生儿育女那样，不断孳生繁殖而来的。宋代郑樵在《六书略》中说得更加明白。郑氏指出：象形、指事为独体之文，文有子母，母主义，子主声，二母（即义＋义）为会意，一子一母（即声＋义）为谐声。郑樵这里所说的，是指形与形相益的会意和形与声相益的谐声，也就是许慎所谓的"形声相益谓之字"了。无论从出土材料还是传世文献看，战国秦汉是汉字大量增加的时期，而新增加的字，几乎都是会意形声一类的合体字，尤其是形声字所占的比例更大。字的本义既然是生儿育女的意思，那么，由独体的文产生出大量合体的字，就像人类繁衍后代一样，是通过不断孳乳的办法来完成的。在这个特殊的历史背景下，人们用本义是生育繁衍的"字"来指称孳乳出来的新符号是再恰当不过的了。这样一来，作为生儿育女的"字"，同作为新增符号的"字"便重合起来了。随着时间的推移，字原有生儿育女的意义便慢慢地淡化，并最终为书写符号这一意义所取代了。所以，把书写符号称之为字，一定是在新的合体字大量涌现的历史条件下产生的，这才是战国秦汉时期把书写符号称之为字的真正原因。

至于文和字什么时候才连用成复合词的文字呢？就目前的资料所见，"文字"一词最早见于秦始皇的琅邪刻石"同书文字"。按照许慎和郑樵的说法，文和字分开来说是有区别的，即所谓独体为文，合体为字。然而在实际应用中，其实并没有严格的区分，如《左传·昭公元年》："于文皿虫为蛊"，《闵公二年》：成季生"有文在其手曰'友'"，蛊和友都是合体的会意字，而称文不称字，可以为证。从汉语词汇发展的历史来看，文和字连称为文字显然与词汇的复音化有关，随着汉语词汇复音化的趋势越来越加强，文多用于文章、文辞、文采等场合，由文和字组成的复合词文字，用来取代单音词的文或字就更加自然而且越来越普遍了。文字之称既行，过去的各种称法也就退居第二位，甚至弃而不用了。像名、字、文、书等单独称法，除了在《名原》、《字说》、《文始》和《殷墟书契》一类书名中仍可见到之外，文字一词已成为泛指语言书面符号的通称了。

以上我们根据传世文献和出土材料探讨了"文字"一词的源流，从中可以看到它在历史上演进的轨迹。文字学是关于文字产生、发展和演进的学问，我们在进行文字学教学的过程中，要尽可能联系汉字的源流，讲清文字学的原理，厘清汉字发展的历史和现状，这将有助于启发学生学习的兴趣，使学生改变"囫囵吞枣"的学习方式，养成"咬文嚼字"的习惯，使其不但知其然，而且知其所以然。汉字的历史源远而流长。汉字源流实际上包含着两个层面：一个是汉字作为整个符号体系的层面，有着自身的源和流，包括汉字的起源，汉字造字法的形成和演进，汉字形体从古文字发展到今文字等，通过源流的例证阐明形、音、义相互制约的条件和相互推动的规律;另一个是作为个体文字符号的层面,在汉字的世界里,几乎每个字都有自身发生和演进的历史,我们必须利用古汉语和古文字的材料把它理清。例如上面提到的"文"和"字"这两个符号,它们作为古汉语里的两个词,原来都各有所指,随着语词的发展,它们先后都同记录语言的书面符号挂上了钩,并最终共同组成一个并列复合词,成为代表语言书面符号的通称。像这样的例子,在汉字发展的历史长河中几乎是俯拾即是的。我们有幸生于21世纪的新时代,考古的发现和古籍的整理为我们提供了大量汉字发展的历史资料,是我们进行文字教学取之不竭的源泉。我们要充分利用这些资料,把汉字历史积淀的丰富的文化内涵揭示出来,使文字学获得新的生机。这应成为我们语言文字工作者从事文字教学应有的共识。

第二节　关于字族研究

汉字符号体系是一个历史的沉积。由数千年积淀起来的、数以万计的古今汉字世界,也如同人类社会一样,存在着许许多多的族群。这些汉字族群有着自己的核心成员和基本群众,他们按照汉字社会的共同规则,和谐地相处,协调地发展,尽自己的职责为全社会服务。每个族群都按照自身的需要实现新陈代谢,但往往纳新而不吐故,因而形成为今天庞大的汉字体系。然而,在这个历史悠长而数目繁多的汉字世界体系中,有一批资格老,历史长,繁殖能力强,至今仍有旺盛生命力的基本汉字,几乎在每个历史时期都发挥着关键的作用,并由他们组成每个汉字族群的中坚。比如"子"和"孑"字族群,就是其中有代表性的一个。下面以"子"和"孑"字族群为例,谈谈字族研究的设想。

一、"子"字族群的核心成员

(一)"子"字别体及其蕃衍与裂变

"子"字早在甲骨文和金文的时代就已经出现了。卜辞地支十二辰中有两个"子"字:十二辰之首"子丑"之子作兇、𠙻等形;十二辰的第六位"辰巳"之巳及人称"子某"之子概作𢀇、𢀈及𢀉。前者象幼儿首(有发)足之形及其省变,为《说文》籀文之所本,后世更讹变为"㞑"字,《方言》卷十:"㞑,子也。"后者象幼儿在襁褓中,作并足形(李阳冰语),上双手作舞动状,同于《说文》的篆文。《说文》古文于"子"上益三曲笔象发形,其立意与《说文》籀文子、首相同,殆"子"字别体。

"子"字除上述三个别体之外,还通过不断蕃衍和裂变创造新字。蕃衍是在"子"的基础上重叠和增益,如二子为孖(孪生子),三子为孨(聚也),甚至还有三子并列作上下重叠的𡤶(音笈,见《篇韵》)。裂变则是割裂"子"字的形体分别成字,如子无臂为"了",子无右臂为"孑",子无左臂为"孒",具见《说文》。《广雅》:"孑孒,蜎也。"郭璞注："井中小蛣蟩赤虫也。"则以"蛣蟩"为孑孓的后起本字。

（二）"巳"字及其变体的派生

"巳"字在甲骨文中常用作祭祀之"祀"和已然之"巳"。巳字用于十二辰殆在西周中期之后，由"巳"代替第六位的"子"，而子上升为十二辰的首位，代替原来的"兊"字，可见巳与子的关系是非常密切的。巳字卜辞作 Ᵽ，金文作 Ᵽ，均象爬虫形。许慎以巳为蛇，象形，乃据十二辰配十二兽说之，当属后起的观念。然许书于"包"字下说解云："象人怀妊，巳在中，象子未成形也。"巳在包中象子未成形，却道出了巳字的真相。

张亚初在他的著作《殷周金文集成引得·后记》中有一段很精彩的话，他说：

> 它、毁二字旧以为不识，我以为是"字"字和"毁（幼）"字。"巳"和"子"本来就是音义相通的两个字。干支中"辰巳"之"巳"，在早期古文字中，都以"子"字为之。子子孙孙之子，金文有时也书作"巳"。可见二者关系之密切。只要对"巳"字的造字本义弄清之后，这个谜自然会被揭穿。妇女怀胎之始，胚胎呈蝌蚪形，"巳"字就是这种形状的写照。①

巳和子二字音义相通，在使用上可以互易，不但在单字上如此，在偏旁的组合中也同样存在。这是张氏通过它、毁二字的释读所揭示的另一事实，是很有意义的。循此思路，我们可以把包和孕看作是一对形义相涵的同源字。许书训包为"怀妊"，训孕为"怀子"，勹和乃都是人形的讹变。包挚乳为胞，《说文》："儿生裹也"，今谓胎衣。

然而，"巳"字作为"未成形之子"的本义在文献中毕竟极少出现，经常见到的是表示已然、已止的"已"，如《说文》以"祭无已"解释"祀"字，长沙仰天湖遣策简于每简记载器物之末，往往书一"巳"字作为已经验收的标记，此字亦当读为"已"。《韵补》云："古'巳午'之巳亦读如'已矣'之已。"《广雅·释诂》："已，讫也。""巳"字自甲骨文以来一直都借用为已然、已止之义，本义为借义所掩，不易被人觉察。隶变后，借义在字形上以不封口为区别，反成为常用之义了。

"巳"和"以"也是一对音义互通的字，古书上常见通用。"以"字古作 㠯，《说文》以"反巳"为㠯说之，则字形上也有关联。春秋之前用㠯为以，晚周常益口为衍符，用台为以。胎、始二字均由台挚乳而成，蒋礼鸿先生说"巳与以同源，即胎始之本字。"② 十分正确。怀子之包、孕，裹子之胞、胎，初始之义昭然。

（三）"㐬"字的由来及其流变

《说文》以倒子为𠫓（音突），倒子之古文为㐬，说解云："不顺忽出也。"并引《易》"突如其来如"说之。旧注或以"忽"为训，或以"突"为训。今按许引《周

---

① 张亚初编著《殷周金文集成引得》第1580页，中华书局2001年。
② 转引自李孝定《金文诂林读后记》第499页，台北，中央研究院历史语言研究所，1982年。

易》见于《离卦》九四爻辞，传本作"突如，其来如，焚如，死如，弃如。"其中"突如"阜阳汉简作"其出如"。疑此处"出如"乃指因伤孕而致小产，睡虎地秦简《封诊式》有一篇审理因斗殴而致流产的案例，标题为《出子》，整理小组注此题名为"流产"：由此可见，《说文》之𠫓若充当以许注之"忽出"为训。"忽出"者，突然"出子"之谓也。据此，则《周易·离卦》九四爻辞中的五"如"，讲的正是处理妇女小产的经过。秦简《出子》对于我们正确理解这篇爻辞是很有裨益的①。

其实，甲骨文和金文的"毓"字，就是一幅关于妇女正常生育的逼真图像，字分别作 𣫸（《前》2.24.7）、𣫸（毓且丁卣）和 𣫸（吕中爵），小篆作𣫸，《说文》以为育的或体。王国维云："此字变体甚多，从女从𠫓（倒子形，即《说文》之𠫓字），或从母从𠫓，象产子之形，其从'、'、'、'者，则象产子时之有水液也。从人与从母从女同意，以字言之，即《说文》育字之或体毓字，毓字从每（即母字），从𠫓（即倒子），与此正同。"②"充"字究竟是《说文》的倒子形，还是毓字的省体，王氏在这里显得模棱两可，但有一点王氏是明确的，即倒子周围的点是产子时的水液而不是头发，从这点而言，则与《说文》倒子的古文有别。因此，我们可以根据甲骨文和金文的毓字判断"充"是毓的省体，甲骨文中毓或省作 𠫓（《合集》41）、𠫓（《甲》876）可为佐证。何琳仪更从声韵的角度加以论证。他说：

> 充，见毓字所从。甲骨文作 𠫓（前2.25.3），象妇人生产倒子之形，商代金文作 𣫸（毓且丁卣），倒子形上下五点为羊水。西周金文作 𣫸（班簋），省二点。毓，从女（或母，演变为每），从充，会妇人生育之意，充亦声（毓、充均属幽部）。或以充为毓之省。《说文》"育，养子使作善也。从𠫓肉声。《虞书》曰：教育子。（余六切）𣫸，育或从每。"（十四下十三）"𠫓，不顺忽出也。从到子。《易》曰，突如其来如。不孝子突出，不容于内也。（他骨切）𠫓，或从到古文子，即《易》突字。"（十四下十三）许慎释𠫓或充，牵强附会。充音突（他骨切）乃音变，充与毓（育）一字分化，喻纽四等，古读定纽；突，透纽，定、透均属舌音。充又音变为"力求切"（《集韵》），来纽，仍属舌音，且与流从充声尤为切合。③

何氏指出"充"的来源有二：一是作为毓的意符兼声符，另一是作为毓的省体。笔者上文根据甲骨文中的毓省作充而赞成充为毓之省体，其形从毓字分化而来，其音则从肉声（古育字同）音变为突（他骨切），再音变为"力求切"，成为流、硫、疏、梳等字的声符。

近年发现的楚简文字，可以看到充字的构形发生了剧烈的讹变。郭店楚简流字作 𣫸（7∶17），又作 𣫸（9∶11），上海博物馆藏简作 𣫸（3∶19），这些流字，如果没有传世

---

① 参曾宪通《〈周易·离〉卦卦辞及九四爻辞新诠》，收入《第四届国际中国古文字学研讨会论文集》，香港中文大学，2003年；又收入《古文字与出土文献丛考》，中山大学出版社2005年。
② 王国维《戬寿堂所藏殷墟文字考释》第7—8页，《艺术丛编》本，1920年。
③ 何琳仪《战国古文字典》第222页，中华书局1998年。

文献以资比照，几乎是无法认识的，但只要联系中山王圆壶的流字作 ![img]，其间嬗变之迹便脉脉可寻。请看下面偏旁"㐬"的流变：

㐬────㐬────㐬────㐬────㐬────㐬────㐬

合四　　班簋　　毓且丁卣　中山王壶　郭店楚简　上博藏简　郭店楚简

构成"㐬"字的基本部件是倒子和羊水，甲骨文二者兼备，金文班簋文所从为小篆所本，而毓且丁卣的 ![img] 字则开始讹变，到中山王器文之 ![img]，便成为楚简变为二"虫"一"口"的中间环节了，其间递嬗演变的轨迹是十分清楚的。

（四）"字"字涵义的变迁

"字"的本义为生育之生，《说文·子部》云："字，乳也，从子在宀下，子亦声。"段注云："人及鸟生子曰乳，兽曰产，引申之为抚字，亦引申之为文字。字者，言孳乳而浸多也。"见诸文献的材料，《山海经·中山经》有"苦山有木，服之不字"，郭璞注："字，生也。"《广雅·释诂》："字，生也。"王充《论衡·气寿篇》："妇人疏字者子活，数乳者子死"。这里"疏字"与"数乳"为对，"数乳"又与秦简《出子》："令隶妾数字者"之"数字"义同，均指多次生育的妇女，可为段注的佐证。

古文字资料中的"字"字大体上有三种情况：一是作为"子"字的繁体，如梁其鼎"百子千孙"，梁其簋作"百字千孙"，此处"字"字于子上加宀，宀为衍符，古文字中习见；二是用于同音假借，如僟儿钟的"字父"即读为"慈父"。三是用其本义为生，如吴王光鉴铭文开头的"既字白"，就是金文中常见的"既生魄（霸）"。"既生魄"是金文月相的专名，"既"义为已然，"魄"即霸指月球的光面。"既生霸"是指新月初见到满月这段时间。"既字白"的"字"在此意义与"生"同。新发现的秦汉简帛，也有不少可以说明"字"之本义为"生"的材料，如睡虎地秦简《日书》有"人字"篇，是根据人的生辰时日以占吉凶的，其中"字"字也是生育之意。马王堆帛书《周易》有"[女]子贞不字"，《胎产书》有"凡治字者"云云，二"字"字也均指生育而言。由此观之，自先秦至秦汉时期社会上使用的"字"字是以其本义"生育"为主的。

然则生育之义何时引申为书写符号的"文字"呢？在这个问题上，郭店楚简有些现象值得注意：一是《六德》篇的"袒字"，裘锡圭先生据《礼记·大传》作"袒免"而疑此处之"字"为免之误写。从上博收藏的楚简得知，这个"字"本当作 ![img]，因形近而写讹，应当读为"生子免身"的"挽（娩）"字，也与生育有关。从楚简这个误字也透露出一点消息，当时的"字"字意义仍是生育。另一处是简本《老子》："未知其名，挙之曰道"的"挙"字。"挙"是个从兹从才的双声符字，与从兹从子的"孳"字义实相涵。简文此处是一个由"名"派生出来的名称，应当是"字"的借字。而在马王堆帛书本和传世王弼本中正作"字"字。这个挙生出来的"字"字，已同名、文、书一样具有代表书写符号的意义了，但郭店简上并没有写作"字"而写作 ![img]，这似乎也可以说明，当时的"字"字虽然尚未赋予书写符号的涵义，但却可看作是由"名"向"字"的过渡。

江永《群书补义》认为，作为书写符号的"字"始于秦吕不韦。他说："其称书、名为字者，盖始于秦，吕不韦著《吕氏春秋》，悬之咸阳市曰：有能增减一字者予千金。"但吕不韦时的"字"既可见诸布告，说明它已是能为一般民众所理解和接受的普通名词了。由此我们可以推测，由"生子"意义的字到"书写符号"的字，在战国晚期至秦汉之际大概有一段并行不悖的时期。至秦始皇琅邪台刻石称"同书文字"，东汉郑玄注礼书，凡遇到"名"时均注为："古者为名，今世为字"，书写符号的名称就由"字"所代替了。当今大抵指个别的书写符号为"字"，而总体的书写符号则称之为"文字"。战国晚期至秦汉时期正是汉字大量增加的时期，而新增加的字几乎都是会意和形声结构的合体字，尤其是形声字所占的比例更大。可以想象，字的本义既然是生儿育女，当时书写符号的大量涌现，犹如人类繁殖后代一样，是通过孳乳的办法而增多的。由此观之，把书写符号称之为字，一定是在合体字大量涌现的历史条件下产生的，许慎《说文·叙》指出："字者，言孳乳而浸多也。"这既是对当时这种现象的生动描述，也是对"字"字涵义最权威的说明。

二、"子"字族群的历史考察

"子"字形体除早期出现一些别体和变体之外，其音义自古至今都相对地比较稳定。随着时代的进步和语词的发展，"子"字记录语言的功能也相应得到有效的发挥，具体表现在以子为意符和以子为音符的字大量增加，几乎每个时代都有大批的新成员涌现，使"子"字族群的队伍不断壮大起来。

根据岛邦男《殷墟卜辞综类》（1977 年），中国科学院考古研究所《甲骨文编》（1982 年），徐中舒《甲骨文字典》（1988 年），松丸道雄、高岛谦一《甲骨文字字释综览》（1993 年）和于省吾《甲骨文字诂林》（1996 年）以及容庚先生第四版《金文编》（1985 年）中所收单字的粗略统计，各书所收有关子、巳、㠯、㐬的单字还不足 30 个。这大体上代表了春秋以前"子"字族群在出土文献中的情况。

到了战国时期，根据何琳仪《战国古文字典》，计子、巳，㠯、㐬以及从子、巳、㠯、㐬的字已超过 50 个，还不包括近期发现的郭店楚简和上海博物馆藏的战国楚竹书，而且这也仅仅是地下出土的材料而已，实际情况当会大大超过这个数字。

秦汉时期以许慎的《说文解字》为代表，根据王国维补高邮王氏的《说文谐声谱》，计从子之字（含本字及别体，下同）10 个，从巳之字 10 个，从㠯之字 9 个，从㐬之字 24 个，从矣之字 13 个，从枭、从治、从怠之字各一个，共 69 个。加上从孚之字 15 个，从保之字 8 个，从充及育之字 7 个，从㐲之字 4 个，从包之字 23 个，以及以子为意符的孝、教、学等字，字数已超过 60 个，以上两项相加总计在 129 个以上。

唐宋时期以《广韵》为代表，根据沈兼士的《广韵声系》，计从子之字 40 个，从包之字 52 个，从保之字 12 个，从孚之字 45 个，从孛之字 31 个，从孟之字 8 个，从孤之字 3 个，从孱之字 17 个，从㐬之字 9 个，从孝之字 11 个，从厶（以）之字 15 个。尤以厶为声符的字特别多，达 164 个。这一时期，与"子"族相关之字增至 400 多个。

由徐中舒主编，集中全国学术力量于 1990 年编成并出版的《汉语大字典》，是集古今文字之大成的大型字书。该书"子"部共收从子之字 128 个，加上散见于其他各部与已（巳）、以、㠯等相从（多作声符）的字，估计达到500个以上。它们中的大多数都是"子"字族群的基本成员。

以上的数字只是一个大概的约数，但从中可以看出汉字体系确是一个历史的积淀，从甲骨文到现代通行的文字，中间经过多种字体的演进，但形、音、义的互动和变化是有脉络可寻的。

一是形体的孳乳、分化和更新最为明显。从"子"字族群数百个形体来看，基本上都是从最古老的几个基本汉字孳生而来的，如"保"字商代金文作❦（保鼎），象大人以手臂抱持小儿之形，是抱字的初文，甲骨文省手臂作❦（乙7781），西周金文作❦（保卣），尚存一手在右，抱持之状仍在，至春秋金文作❦（陈侯錞）更添一笔在左，取对称形，为篆文所本。《说文》古文将手移上作❦形，即孚字，故保、抱、俘、孚皆同源。秦简《出子》"即诊婴儿男女、生发及保之状"，保读为胞，即胞衣，又称胎衣，是保与胞及胎亦有渊源。当然也有一些例外，如能字之厶、冶字之台、享字之子，都是讹变和隶变的结果，与字源无关。在这个大家族中，义近字和异体字占着很大的比重。

二是多音字和多义字大量涌现，有些字的义项激增。《广韵》的"弄"字有尼立切、旨兖切、庄眷切三个读音，其义分别为聚与谨。从学省声的"礐"字亦有四读：胡谷切义为石声，胡沃切义为石礐，苦角切指山多大石，力摘切为水石声，音义微别而互有关联。"孩"字《说文》作为咳的或体，义为"小儿笑貌"。今则形体分化，音义各殊。《汉语大字典》中多音字和多义字比比皆是，有的字义项多达十几个，如孚有10个、学有11个、季有15个、字有18个、子字除读轻声外，读zǐ一音的义项即有37个之多。

三是谐声结构特别发达，出现二级谐声、三级谐声，甚至有四级谐声的结构。很多被谐字本身又是主谐字，数代同堂，犹如人口繁殖一样，具有几何级数的特征，如《广韵》中以"厶（以）"为主谐字者有15个，以从厶的"台"为主谐字者有43个，以从台的"怠"为主谐字者有5个，这是三级谐声的情况。再如以从厶之"允"为主谐字者有14个，以从允之"夋"为主谐字者有43个，以从夋之"俊"为主谐字者有4个，这是四级谐声的情况。汉字中这种具有多级谐声结构的字符繁殖能力特强，它是汉字族群得以迅速扩展的主要动力。

三、关于字族的研究

"子"字族群的研究是字族研究的初步尝试，目的是通过语源与字源的联系揭示字与字之间的亲缘关系，为字族研究打下基础。

汉字在历史发展的过程中，形成了许许多多音义皆近、音近义同或义近音同的同源字。"同源字在原始的时候本是一个词，后来分化为两个以上的读音，产生意义上的微别。"[①] 所以，原始同源字是由若干意义相关的概念创造出来的、在形体上互有关联的单字，其后随着语词的发展，字形也起了变化，其亲缘关系不易为人所察觉。族群研究就是把这些看来互不相干的字，通过音义的系联揭示它们彼此之间的内在联系，并进而

---

① 王力《同源字典》第3页，商务印书馆1982年。

说明它们的亲缘关系，这是汉语史和汉字史研究的一项基础工作。朱骏声《说文通训定声》在"巳"字条中按云："巳，似也，象子在包中形，包字从之。孺子为儿，襁褓为子，方生顺出为充，未生在腹为巳，厸者指事，巳者象形。《淮南·天文》：'巳则生已定也'，《广雅·释言》：'子，巳似也'。"根据朱氏所言，即指由"生子"这一中心概念所产生的相关系列字词，实具有字族的性质。循此思路，我们试把"子"字族群中形音义相关的字族表示如次：

　　巳——包——胞
　　㠯——台——胎
　　厶——以——似
　　子——孕——字
　　厸——充——育（毓）
　　崽——仔——囝
　　呆——保——抱
　　孚——俘——乳
　　……

从以上这几组字的形、音、义而言，都与怀胎、生育和幼儿等概念有关。这些彼此相关的概念都是由"子"这个中心词衍生出来的。就字形而言，它们都来源于古老的甲骨文和金文，既是"子"字族群的核心成员，也是字族研究的主要对象。由此可见，汉字在发展过程中，积累了若干形体上有一定联系，读音和意义存在各自同源或亲属关系的字群，这些字群就是我们所称的字族。字族研究的任务，就是要对这些基本成员的来龙去脉作追源溯流的研究和阐发，这是汉语史和汉字史研究的一项基础工作。本节只做一点初步的尝试，正式的工作，还有赖于广大语言文字工作者的共同努力。

第三节　关于汉字的行废现象

汉字历史上有古文有今字，有正体有俗字，古今正俗之分，大抵根据时代标准及行用实际。从行用角度看，一般而言，新生者通行，古旧者废弃，规范者通行，别异者废弃，常用者通行，罕用者废弃；或行或废，或由行而废，或由废而行，其间情状，至为纷繁。以此观之，汉字之流变，亦行废之过程[①]，自殷商迄于现代，可论者多。本节略述数端，作为汉字行废现象研究的示例。

---

① 这里的"行废"，当然是指汉字体系内部新旧特征、新旧要素或新旧成员的"行废"，是汉字体系内部的调整和优化过程，与作为汉语之记录符号的整个汉字体系的行废无关。本节关于行废字的概念，主要着眼于文字符号的行用与废弃，行废字之间，既包括音义相关的古今字，也包括音义不同的同形字，比如文中所举的"她"、"胜"、"找"、"仅"、"搞"等等，都属于历时同形字。这是需要特别说明的。行废之"废"，只是就其现实的使用功能而言，并非无价值。

一、宏观行废与微观行废

根据现有材料，成体系的汉字从殷商时期开始，历经西周春秋进入战国秦汉，从古文字隶变成为今文字；又经过楷化定型，繁简变换，汉字走进现代社会。从这个过程看，汉字的演变，是经历了多种多样的变化，总的情况是旧的消亡和新的产生，推动了汉字的不断发展。消亡即废弃，产生即通行，在这个意义上的行废，可以有不同层面的内涵，既有宏观的行废问题，也有微观的行废现象，在汉字史的研究中，两个层面的研究都需要。

宏观的行废问题有不同的角度：因不同书写材质而形成的不同风格的汉字有行废的问题，比如甲骨文和金文在商代晚期和西周早期是并行同用的，它们主要的区别是书写材质的不同，当然也带来文字风格的差异，但不存在孰行孰废的问题。从西周中期开始，甲骨文退出历史舞台，金文却大行其道，这就产生了行废的问题。从发现的古文字材料看，春秋战国开始，汉字的书写材质变得更加丰富了，铜器、玉石、陶器、竹简、木牍、缣帛等都是汉字的书写载体，各呈风采，但随着纸张的发明和使用，它们作为书写材料也逐渐不再行用，"书于竹帛"也就成为历史话语，铜器铭文、玉石文字、简牍文字等也变成历史汉字研究的范畴。战国时期"文字异形"，各区各系各有特色，秦始皇统一中国，李斯上奏，"罢其不与秦文合者"，也造成了许多地域性行废之例。从汉字字体的发展角度看，不同书写体式的汉字也有行废的问题，比如先秦古文字多以屈曲笔画来书写汉字，战国中晚期开始出现隶变，其时正体之篆书和简率之隶体，大概只是使用场合的不同或不同地区的差异，也不存在行废的问题，经过一段时间的发展，到汉代隶变成熟形成新的书体——隶书，则篆书废而隶书行矣。后来的隶书楷化和繁简变换，大致也是如此——虽然从书法和学科分立的角度看，以前各种旧体汉字仍然有其表现的需要和存在的领域。因此也可以说，行废的问题不是一刀切的非行即废，行废问题的复杂性也表现在这里，宏观的问题也需要细致分析、辩证看待。

相对于宏观的行废问题，微观的行废现象更需要做扎实的工作。据研究，每个时代的常用字基本上都差不多，约在三五千之数，但汉字经过历代积累，其总数已不下十万，从行废的角度说，大量汉字属于废字。这就需要我们深入研究具体汉字的行废问题。微观的研究也有很多角度，比如某个新字的产生和某个旧字的消亡是一个行废的问题，某个新义的产生和某个旧义的消亡也是一个行废的问题，甲字取代乙字、甲义取代乙义也是一个行废的问题。等等。由于汉字的使用，领域众多，层次有别，再加上行废汉字间的字际关系相当复杂，确定行废的标准也因字而异、因时而异、因人而异，因此对于具体汉字的行废的判断，是一个十分复杂的问题。比如在特殊领域专用的行字，在大众视野中可能被视为废字，在特殊著作中使用的行字，在常见文本中可能被视为废字，因此对于具体汉字的行废的判断，也应该如宏观行废问题一样，只能就大体情况而言，不宜作简单绝对的断定。以下论及具体汉字的行废问题，也应作如是观。

二、对应行废与连环行废

如上所述，具体汉字的行废现象中的字际关系相当复杂，就表面对应情况而言，常见的有两两相对的一行一废,比较特殊的有三个字的连环行废。

两两相对一行一废的情况,是汉字行废的典型现象。对这种现象,古人在注释实践和字典编纂过程中已有所说明。古书注解及历代韵书字书中常见"某字古作某"、"某字今为某"、"某字经典通用作某"等注释条例,实际上都揭示了两两相对的汉字在某种程度上一行一废的情况,如:

桼,《玉篇·桼部》:"桼,今为漆。"《广韵·质韵》:"桼,经典通用漆。"

啚,《集韵·旨韵》:"啚,通作鄙。"

上,《正字通·一部》:"上,古文作二。"

𠂇,《说文通训定声》:"经传皆以左为之。"

但是把这类现象归结为"行废现象"的,似乎到了段玉裁才明确起来。段氏在《说文解字注》中用"某字行某字废"的程式性句式对这类文字现象进行解说,使得汉字行废现象凸显,行废关系明确,这是他的一个重要贡献。上举"桼"、"啚"二例,《段注》就明确标明"今字作漆而桼废矣","鄙行而啚废矣。"又比如:

《说文·麤部》:"麤,行超远也。"《段注》:"鹿善惊惧,故从三鹿。引申之,为卤莽之称……不精也、大也、疏也,皆今义也……今人概用粗,粗行而麤废矣。"

《说文·鱼部》:"鱻,新鱼精也。从三鱼,不变鱼。"《段注》:"释从三鱼之意,谓不变其生新也……死而生新自若,故曰不变。"又云:"凡鲜明、鲜新字,皆当作鱻。自汉人始以鲜代鱻,如《周礼》经作'鱻',注作'鲜',是其证……今则鲜行而鱻废矣。"

对《段注》所揭示的这种行废现象,近年来颇引起一些学者的注意,涉猎所及,已有三篇硕士学位论文专论此题,即杨怀源《〈段注〉行、废字研究——试探古汉语单音节词书写形式的更替》[①]、亓瑶《〈说文解字注〉行废字研究》[②] 和张娟《〈段注〉"通行字"与"废弃字"研究》[③]。由于方法和角度有所不同,各家统计《段注》行废字的字组数量也有所不同,杨文统计为 228 组,亓文统计为 278 组,张文统计为 257 组,其范围在二百到三百之间。但从汉字行废的实际情况看,行废字的数量当不止此数,《段注》显然没有穷尽举出行废现象。比如上举"上"之与"二","左"之与"𠂇",《段注》并没有明言其行废关系。因此对于汉字行废现象的梳理和挖掘,还需要我们做更多的工作。下面再举一个比较典型的例子:

"缁衣"之"缁",就目前所发现的古文字材料而言,郭店简作"兹",用的是借字,上博简作"紸",当是专造的形声字,《礼记》作"缁",则为后起形声字。就专用字而言,后世"缁"行而"紸"废,是一对明确的行废字组。上述三篇论文都没有把"紸"、"缁"当作行废字来考察。《段注》"缁"条下也未明言"缁"行而"紸"废,需要具体分析他的注释语言,才能确定。段注云:"《玉藻》'大夫佩水苍玉而纯组绶'注:'纯,当为缁,古文缁字或作糸旁才。'又《周礼·媒氏》'纯帛'注:'纯,实缁

[①] 广西师范大学硕士学位论文,2003 年。
[②] 浙江大学硕士学位论文,2007 年。
[③] 福建师范大学硕士学位论文,2009 年。

字也，古缁以才为声，《祭统》'王后蚕于北郊，以供纯服'注：'纯以见缯色。'《论语》'今也纯'，郑读为缁。郑意今之'紎'字俗讹为'纯'耳，然则许书当为紎篆，解云'古文缁，从糸才声'，而缺者，岂从今书不从故书之例与？"其中引《礼记·玉藻》注和《周礼·媒氏》注，实际上已经透露出"紎"、"缁"为一古一今一行一废的关系。

其他字书中关于此字的记载，也需要具体分析。今本《玉篇·糸部》："缁，黑色也。紎，同缁。"根据这条材料，缁、紎似乎是平行的关系，其行废关系并不明显。但《原本玉篇残卷》云："《周礼》：'入币纯帛'，郑玄曰：'实缁字也，古缁以才为声。'"[①]则可推导出缁、紎二字的古今关系，一行一废。这也是原本《玉篇》胜于今本的一个例证。现今上博简"缁衣"之"缁"，正作紎，证明原本《玉篇》所引郑注完全正确，今本《玉篇》没有正确反映缁、紎的字际关系。

对应行废除了上述一行一废之外，《段注》中还揭示了一行对多废，或一废对多行的现象，如《段注》云："调声曰龢，调味曰盉，今则和行而龢、盉皆废矣。"又如《段注》认为晐为晐备正字，"今字则该、赅行而晐废矣。《庄子》、《淮南》作赅，今多作该。"[②] 此不备述。

与一行一废相关的比较特殊的行废现象，值得一提的是甲字取代乙字、丙字又取代甲字而形成的连环行废现象。这种现象中的甲字，处于行与废之间，需要具体分析。下面举一些这方面的例子：

"忧愁"之"忧"本作慐，从页从心会意，徐锴曰："慐形于颜面，故从页。"而"憂"字，据《说文》，其义为"和之行也"，当指走路从容不迫[③]。至于"忧"字，《说文·心部》云："心动也。"[④] 从行废的角度看，把简化字也算在内，后世"憂"行而"慐"废，"忧"行而"憂"废[⑤]。其中"憂"字，相对于"慐"而言，是行字；相对于"忧"而言，又是废字。

"冰"本是"凝"字，后世以"冰"代"仌"，又以"凝"代"冰"。就"冰"字来说，相对于"仌"字，它是行字；相当于"凝"字，它又是废字。

"渴"本是"竭"字，口渴之"渴"本作"㵣"，段玉裁云："今则用'竭'为'水渴'字，用'渴'为'饥㵣'字，而'㵣'字废矣。"就"渴"字而言，相对于"竭"字，它是废字；相对于"㵣"字，它又是行字。

《说文·竹部》："笨，竹里也。"《广韵·混韵》："体，麤皃（貌），又劣也。"后世以"笨"代"体"，以"体"代"體"。相对于笨拙之"笨"，"体"是废字；相对于身體之"體"，它又是行字。

---

① 原文作"实缁字字也，古作缁，以才为声。"（南朝梁·顾野王《原本玉篇残卷》第145页，中华书局1985年）根据上引《周礼》注文，抄本此处前衍一"字"字，后衍一"作"字。当然也可能作"实缁字也，古紎，以才为声。"
② 亓瑶《〈说文解字注〉行废字研究》第一章第二节"'段注'行废字的说解形式和对应状况"对这些情况作了归纳总结，可以参看。
③ 清·徐灝《说文解字注笺》："许云'和之行'者，以字从夂也。凡言优游者，此字之本义。"
④ 据《段注》本。大徐本《说文》作"不动也。"段玉裁据《玉篇》等改。见《段注》该字条下。
⑤ 当然繁体字仍有特定的使用领域，在适用领域，不算废字，下同。

《说文·肉部》:"胜,犬膏臭也。从肉生声。一曰不孰也。""腥,星见食豕,令肉中生小息肉也。"段注:"今经典膏胜、胜肉字通用腥为之,而胜废矣,而腥之本义废矣。"现行简化字又以"胜"代"勝"。相对于腥臊之"腥","胜"是废字;相对于勝利之"勝",它又是行字。

《说文·隶部》:"隶,及也。从又从尾省。又持尾者,从后及之也。"段注:"此与辵部逮音义皆同,逮专行而隶废矣。"又《说文·隶部》:"隸,附箸也。从隶柰声。"相对于逮捕之"逮","隶"是废字,相对于隸属之"隸"①,"隶"又是行字。

这些行废字之间的字际关系比较复杂,需要一一具体分析。它们之间,有的是同词异字,有的是借字借义。但就行废关系来说,不管是今字行而古字废,还是借字行而本字废,或借义行而本义废,都是行与废的对应交替。

三、由行而废与由废而行

汉字由行而废的情况,只要把历史汉字与现行汉字作一对比,情况就十分清楚。从汉字产生到现在,大量汉字贮存于字典辞书之中,或出现在出土文献之中,成为历史汉字,它们具有丰富的研究价值,但不作为现实行用的文字符号。从行废的角度说,它们曾经是行字,但随着时间的推移,这些汉字在某种意义上都变成废字。也就是说,这些汉字是由"行"而变成"废"。与这种情况相反,个别汉字则由"废"而变成"行",颇有理趣,值得探寻。下面谈谈"她"的问题。

现代汉字第三人称女性的"她"字的流行,与"五四"时期的白话文运动以及刘半农的提倡有密切的关系。在早年的白话文中,"他"的使用范围比较广,男性、女性及事物之称均用"他"。后来用"伊"称女性,分流了"他"字的一部分职能,但似乎没有流行开来。1920年,刘半农写了《"她"字问题》,发表在上海《时事新报·学灯》栏。他在文章中说:"一,中国文字中,要不要有一个第三位阴性代词? 二,如其要的,我们能不能就用'她'字?"②刘氏还用"她"字写了一首情诗,即著名的《叫我如何不想她》,对"她"字的流行起了推动作用。但是刘氏对"她"字的由来并没有深入探究,他说:"要是这个符号是从前没有的,就算我们造的;要是以前有的,现在却不甚习用,变做废字了,就算我们借的。"③从汉字历史来看,刘半农的后半句是说对了。由于刘氏对"她"字的提倡,使得"她"这个字符实际上从废字变成为行字了。因为在《玉篇》、《集韵》、《字汇》等字书中,都记载有"她"字。摘录如下:

《玉篇·女部》:"她",同"姐",古文亦作"毑"④。《集韵·支韵》:"她,女

---

① 从文字学的角度说,"隸"字本身还有一个行废的问题。从有关文字材料看,"隸"字之右旁本是从"又"从"米",作𨽻,无有从"隶"者。殆因古字"米"符竖笔延伸而与"又"符交叉,如高奴权作"𨽻",秦简作"𨽻",其右旁遂与"隶"形相近,后遂讹从"隶"。此讹变之体,经典相承,竟至"隸"行而"𨽻"废矣。参见林志强《汉碑隶体古文述略》,《古文字研究》第26辑,中华书局2006年。
② 《中国现代文学作品选·刘半农》第102页,河南大学出版社2005年。
③ 《中国现代文学作品选·刘半农》第104页,河南大学出版社2005年。
④ 《大广益会玉篇》第18页,中华书局1987年。

字。"①《集韵·马韵》:"姐、馳、她、媎:之野切。《说文》:'蜀谓母曰姐,淮南谓之社。'古作馳,或作她、媎。"②《字汇》:"她,兹野切,音姐,长女。又臧可切,音左,《博雅》:嫜母也。"③

《康熙字典》除了综合了《玉篇》、《集韵》等字书的材料,还引用了《六书故》。《康熙字典·女部》云:"她,《玉篇》:古文姐字。《说文》:'蜀谓母曰姐,淮南谓之社。'亦作她,或作媎。又子我切。音左。《博雅》:'嫜母也。'又陈支切。音馳。女字。《六书故》:姐,古文或从也声,作她。或从者声,作媎。"④

可见古有"她"字,主要是作为"姐"字的异体存在。由于"姐"字已流行,"她"其实只是一个存于字典中的死字。但因为刘半农的提倡,"她"被用来记录女性第三人称,与"他"、"它"一起构成现代汉语第三称代词的完整体系,成为一个使用率极高的汉字。此为由"废"而"行"的一个典型例子。

"搞"字也是一个比较典型的例子。《集韵·爻韵》:"敲,《说文》:'横擿也。'或作搞。"可知"搞"原来只是"敲"的或体⑤。王乾荣在《钱学森造新词》⑥ 一文中说:

> 夏衍在《懒寻旧梦录》中说:"不久前胡愈之问我,你是不是在桂林'造'了一个'搞'字?我承认,这是我根据实际需要而试用的,但不久,这个一般字典上没有的新字,就被其他报刊接受了。"其实《康熙字典》即收有"搞"字,只是读音和词义跟夏衍的"搞"不一样。夏是剧作家、报人,将"搞"现代化,有创意。上世纪40年代以后,广为应用,凡"做"均可替代为"搞",也是功绩。

按《康熙字典》:"搞,《集韵》、《韵会》并丘交切。同敲。横擿也。或作挈。又《集韵》口到切。音犒。相违也。与靠同。"这样看来,古字典中确有"搞"字,本来也只是一个废字,由于夏衍的提倡,成了一个行字了。在现代汉语里,"搞"的使用率非常高,表示"做"、"干"、"弄"等意思,基本上什么都可以"搞"了。

像"她"和"搞"这样由废而行的例子,在汉字中绝并非个别现象。比如"仅"字曾作为"奴"字和"付"字的异体而存于字书之中⑦,实为废字,后因作为"僅"字简体而流行,成为行字。"找"字在字书中只是"划"字的异体⑧,属废字,后又成

---

① 《集韵》第30页,上海古籍出版社1985年。此音陈知切,音 chí。
② 《集韵》第409页,上海古籍出版社1985年。"姐、她、媎"是声母不同的异体字。"馳"字从母,从女从母古文可通用。
③ 《字汇 字汇补》第101页,上海辞书出版社1991年。
④ 《康熙字典》第191页,世纪出版集团、汉语大词典出版社2002年。
⑤ 《集韵·号韵》又云:"搞"同"挈"。
⑥ 王乾荣《钱学森造新词》,载《群言》2010年1期。
⑦ 《篆隶万象名义》:"仅,乃都反,奴,耻累。"(中华书局1995年,第20页)《类篇》:"仅,农都切,奴婢,皆古之罪人。奴古从人,或作仅。"按《汉语大字典·人部》以"仅"为"奴"字异体,是,但引《说文·女部》"奴"字古文为证,曰"仅,古文奴,从人。"非。《说文》"奴"字古文乃从人从女,非从人从又。《正字通》:"仅,同付。"《六书故》:"仅,从又。授物于人,仅之义也。"按金文"付"字或作𠇒,正从又。
⑧ 《字汇》:"找,户瓜切,音骅,与划同,拨进船也。俗音爪,如找寻、找还等语。"(《字汇 字汇补》,上海辞书出版社1991年,第172页)。

为寻找之"找",成为行字,例多不赘举。

随着电子网络的发展,某些用字现象也体现了汉字的行废变化。由废而行的例子,"囧"字就比较典型。据《说文》,"囧"字本是一个象形字,取象于窗棂,义为明亮,历来就颇为罕用,据说起码90%的中国人不知道怎么读。但这个字形比较形象奇特,可以把外框视为人的头部,把内"八"看成眉毛,把下"口"看作嘴巴,整个字看起来像一张富有表情的人脸,其音同"窘",所以被用来表达"窘迫尴尬"一类意思,还引申出各种用法,正用反用都有。从"窘迫尴尬"这一主要用法来说,其形、音、义也颇为契合。从现有情况看,此字不仅在网络上流行,在平面媒体上也使用,就其"窘迫尴尬"这一意义来说,因为具备形音义相契合的条件,它从废字变为行字的可能性不是没有的,甚至"囧"行而"窘"废的可能性也存在①。

四、行废现象的产生原因

汉字行废现象的产生,从道理上说,应该都是有理由的。本文开头即已说明,汉字的流变过程,也是汉字的行废过程,因此汉字行废现象产生的原因,亦与汉字流变规律相关联。从宏观角度看,时代之演进,语言之发展,材质之变化,字体之革新,都是促使汉字行废变化的主要因素。汉字在发展过程中,简化与繁化、音化与意化、分化与同化、变异与规范等相互之间的矛盾和斗争,也是汉字或行或废的主要根据。大致而言,形声字较表意字易流行,形义关系清晰的字较形义关系模糊的字易流行,字形简单的字较字形复杂的字易流行,区别度高的字较区别度低的字易流行,适应社会需求的字较古旧过时的字易流行,等等,都是汉字主要演变规律的体现。也有一些行字较之其对应的废字,在构形理据和字用功能上未必都有优势,其之所以成为行字,大概只能归结为约定俗成的力量使然。汉字作为记录汉语的符号,社会约定的作用大于构形理据的力量,这是毋庸置疑的。具体探究汉字行废的原因,有助于我们了解汉字演变的具体规律和社会用字心理,为汉字的健康发展提供历史依据。本节所涉及的行废字例,也能体现上述某一方面的原因,下面略举数例:

上引《周礼·媒氏》"入币纯帛"注:"纯,实缁字也。"又《礼记·玉藻》"大夫佩水苍玉而纯组绶"注:"纯,当为缁。"这说明古文"缁"字在传写过程中误为"纯"。"缁"字之所以误为"纯",其实是与"缁"字的对应废字"紟"有关。因为"紟"字古文字作"𫄧"②,其右边写法正同"屯",所以在转写过程中发生了错误③。后来以"缁"取代"紟",很可能是为了避免这样的相混而造了一个区别度比较高的后起字。"紟"比"缁"简单而遭废弃,当然是趋简律所不能解释的,"缁"行而"紟"

---

① 百度百科上有"囧文化"一条目,对"囧"字作了比较全面的分析,其中有一段话颇有意思,不妨引在这里:"第一个把"囧"和人脸联系起来的人已经不可考,他发明了一个新玩法,然后为大家所接受。也许一段时间之后,《新华字典》里会增加一条新的解释。而我们的后人在一千年后翻出这个字,他们能感受到我们现在的感受。想到那么久以后汉语(引按,当作"汉字")还依然存在,让人觉得很宽慰。想到自己早已不在,让人觉得非常之囧。"参看 http://baike.baidu.com/view/1537126.htm。
② 见《上海博物馆藏战国楚竹书(一)·缁衣》,上海古籍出版社2001年。
③ 南朝梁·顾野王《原本玉篇残卷·系部》"纯"字下云:"郑玄注《礼记》,古文缁字或作丝旁才,所以书家多误以缁为纯字。"说得非常正确。见《原本玉篇残卷》第124页,中华书局1985年。

废的原因，只能归之于避混。"上""下"两字古文作"二""二"，以长横为标准线，短横表示位置在上或在下，但与数目字"二"易混，春秋战国之际异化为"上"、"下"，结果"上""下"行而"二""二"废，也是避混的结果①。

在连环行废现象一节中，其行废字产生的原因，有的可能是因为声符的易读易认，比如"憂"从"惪"声，不如"忧"从"尤"声易读，"勝"从"朕"声，不如"胜"从"生"声易认。有的可能是因为字体简单而又表意明晰，比如"体"字以"人"、"本"表麤劣，不如以"人""本"表身體更为明白易晓，故以"体"代"體"而废其本义。

某些汉字由废而行，比如"她"字，其主要原因大概是出于使用的需要，当然也跟适时的提倡和积极的推动有关。至于"囧"字，除了表达的需要外，还与网民之爱新求异的取向有关。

总而言之，凡所造字，皆为使用。但在汉字流变过程中，所造非所用，所用非所造，某字行，某字废，某字由行而废，某字由废而行，有必然有偶然，其中种种因由理趣，有一目了然者，亦有非深思不能得者，更有虽深思而不可解者，有待我们不断的探索。

---

① 二、二为了避混，可能先异化为丄、丅，在此基础上加饰笔形成上、下。《玺汇》4207"上"字或作"丄"，为这种假设提供了证据［参见何琳仪《战国文字通论》（订补）第56—57页，江苏教育出版社2003年］。二、二为殷周古文，丄、丅和上、下都是战国古文，最后上、下行而二、二与丄、丅皆废。

附　图
（目次和说明）

附图1：甲骨文"六十甲子"表拓片——第38、82页

附图2：卜辞"四方风名"拓片——第38页

附图3：大字甲骨"有出虹自北饮于河"拓片——第38、155页

附图4：殷墟花园庄东地之龟甲刻辞拓片——第39页

附图5：商周青铜器上之族氏文字（拓片选辑）——第18页

附图6：癲钟铭文拓片——第40页

附图7：德鼎铭文拓片——第40页

附图8：颂簋盖铭文拓片——第40页

附图9：史墙盘铭文拓片——第40页

附图10：毛公鼎铭文拓片（部分）——第40页

附图11：中山王壶铭文拓片（部分）——第42页

附图12：侯马盟书照片（部分）——第42页

附图13：石鼓文照片及拓片——第42页

附图14：楚帛书图像摹本及天象篇照片（局部）——第42页

附图15：上博藏战国竹书《孔子诗论》照片（部分）——第43页

附图16：秦骃玉版照片及摹本——第42、44页

附图17：秦杜虎符及新郪虎符拓片——第44页

附图18：秦青川木牍照片及摹本——第42、45页

附图19：睡虎地秦简《为吏之道》照片（部分）——第42页

附图20：马王堆汉墓帛书《战国纵横家书》（部分）——第45页

附图21：汉熹平石经《尚书》拓片——第46页

附图22：魏三体石经《春秋》拓片——第46页

附图23：《张迁碑》拓片——第46页

附图24：《西乡侯碑》（一说为《汉池阳令张君碑》）拓片——第46页

附图25：《急就章》（部分）——第47页

附图26：王羲之草书《十七帖》（局部）——第47页

附图27：唐朱仁表墓志铭拓片——第48页

附图 28：柳公权书《金刚经》（局部）——第 48 页
附图 29：《爨宝子碑》拓片——第 48 页
附图 30：欧阳询《九成宫醴泉铭》（局部）——第 48 页
附图 31：怀素《自叙帖》（局部）——第 48 页
附图 32：王羲之《丧乱帖》（局部）——第 48 页
附图 33：颜真卿《祭姪文稿》（局部）——第 48 页

参考文献：
《甲骨文合集》（1—13），郭沫若主编，中华书局 1978—1982 年
《殷墟花园庄东地甲骨》（1—6），中国社会科学院考古研究所编著，云南人民出版社 2003 年
《殷周金文集成》（1—18），中国社会科学院考古研究所编，中华书局 1984—1994 年
《山东金文集成》（上下），山东省博物馆编，齐鲁书社 2007 年
《侯马盟书》，山西省文物工作委员会编辑，文物出版社 1976 年
《上海博物馆藏战国楚竹书》（1），马承源主编，上海古籍出版社 2001 年
《石鼓文研究 诅楚文考释》，郭沫若著，科学出版社 1982 年
《秦文字集证》，王辉、程学华撰，台北，艺文印书馆 1999 年
《晋国奇珍——山西晋侯墓出土文物精品》，上海博物馆编，上海人民美术出版社 2002 年
《睡虎地秦墓竹简》，睡虎地秦墓竹简整理小组编，文物出版社 1990 年
《中国法书全集》（1—15），中国古代书画鉴定组编，文物出版社 2009 年
《北京图书馆藏中国历代石刻拓本汇编》（1—35），北京图书馆金石组编，中州古籍出版社 1989 年
《马王堆帛书艺术》，陈松长编著，上海书店出版社 1996 年
《文物》1964 年第 9 期
《楚地出土文献三种研究》，饶宗颐、曾宪通著，中华书局 1993 年
《中国法帖全集》（1—17），启功、王靖宪主编，湖北美术出版社 2002 年
《故宫珍藏历代名家墨迹》，故宫博物院编，紫禁城出版社 2008 年
《中山大学图书馆藏历代石刻拓片》，中山大学图书馆编，中山大学出版社 2011 年

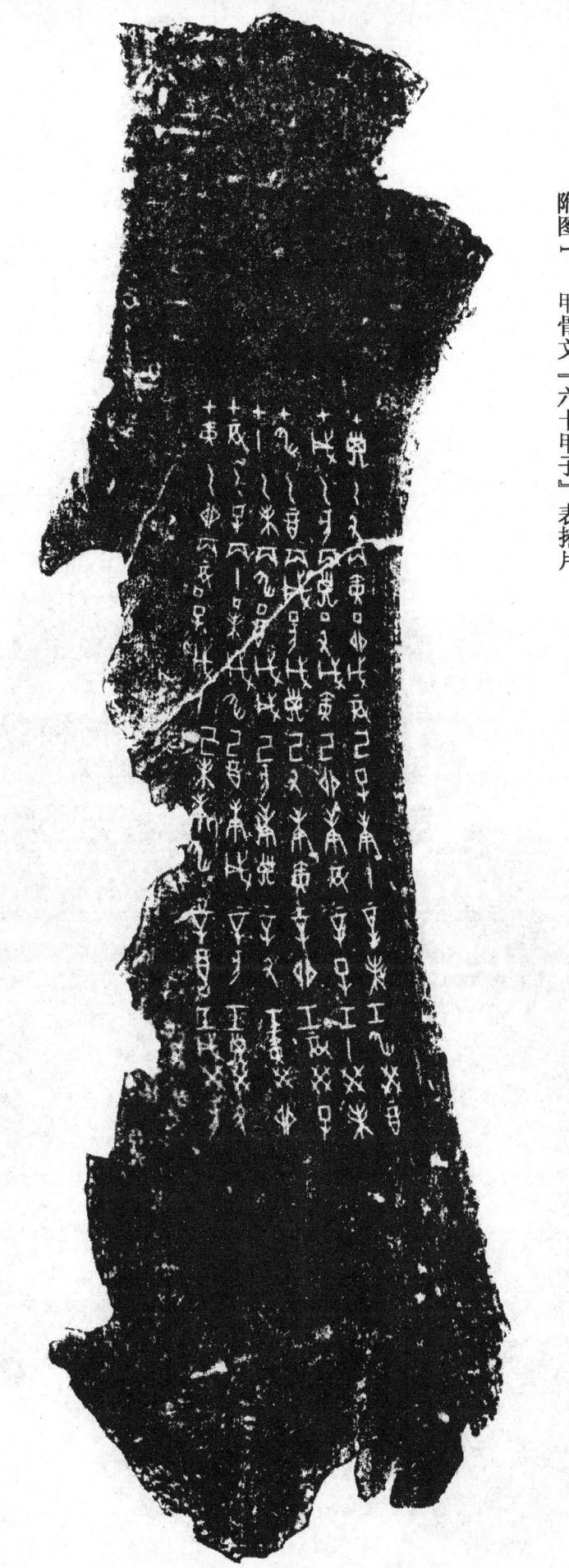

附图1 甲骨文「六十甲子」表拓片

附图 2　卜辞"四方风名"拓片

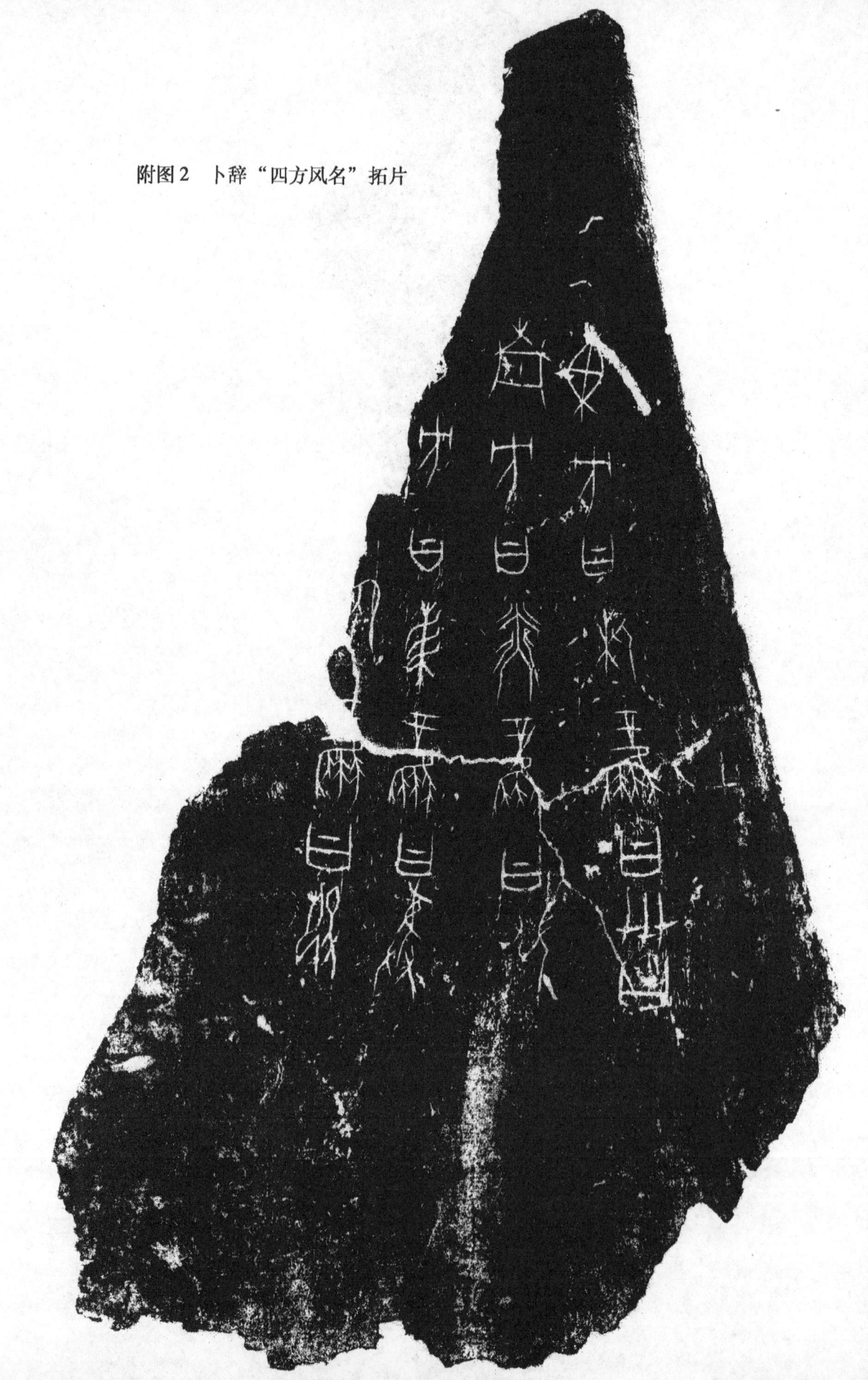

附图3 大字甲骨『有出虹自北饮于河』拓片

附图4　殷墟花园庄东地之龟甲刻辞拓片

附图5　商周青铜器上之族氏文字（拓片选辑）

附图 6　癲钟铭文拓片

附图7 德鼎铭文拓片

附图 8　颂簋盖铭文拓片

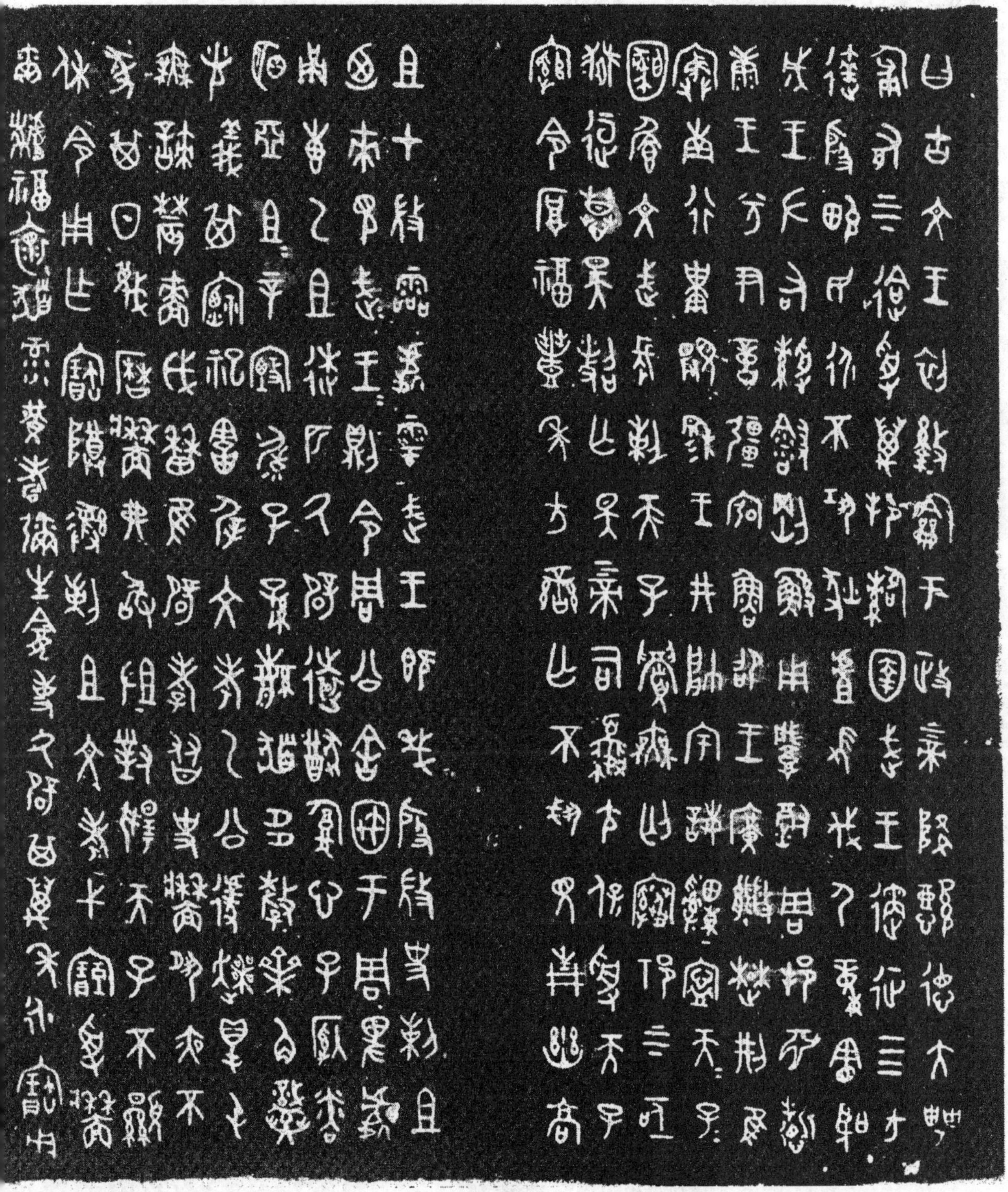

附图9　史墙盘铭文拓片

附图 10　毛公鼎铭文拓片（部分）

附图11 中山王壶铭文拓片（部分）

附图12 侯马盟书照片（部分）

石鼓《猎碣·田车》照片

石鼓《猎碣·作原》拓片

附图13　石鼓文照片及拓片

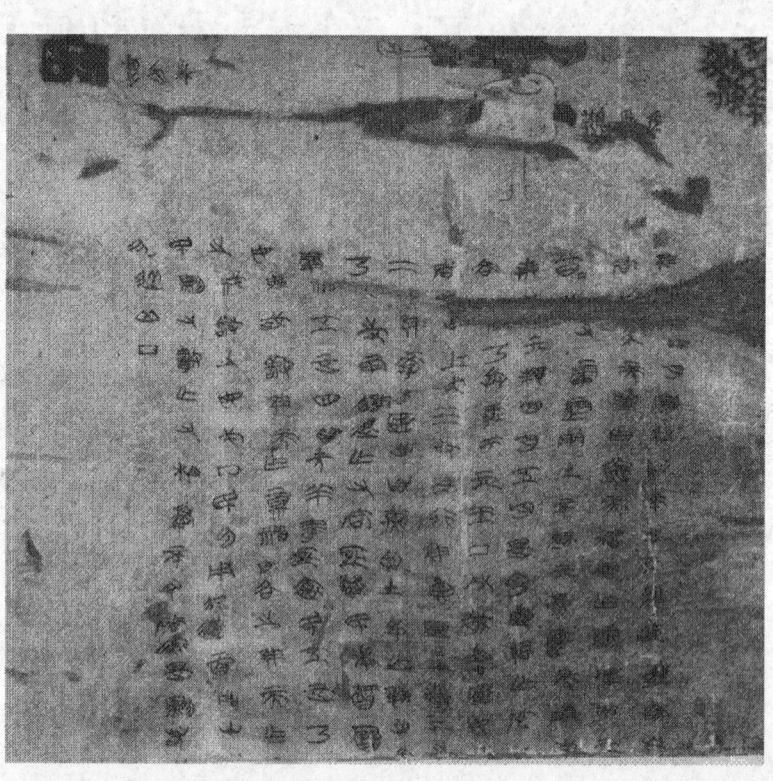

附图 14 楚帛书图像摹本及天象篇照片（局部）

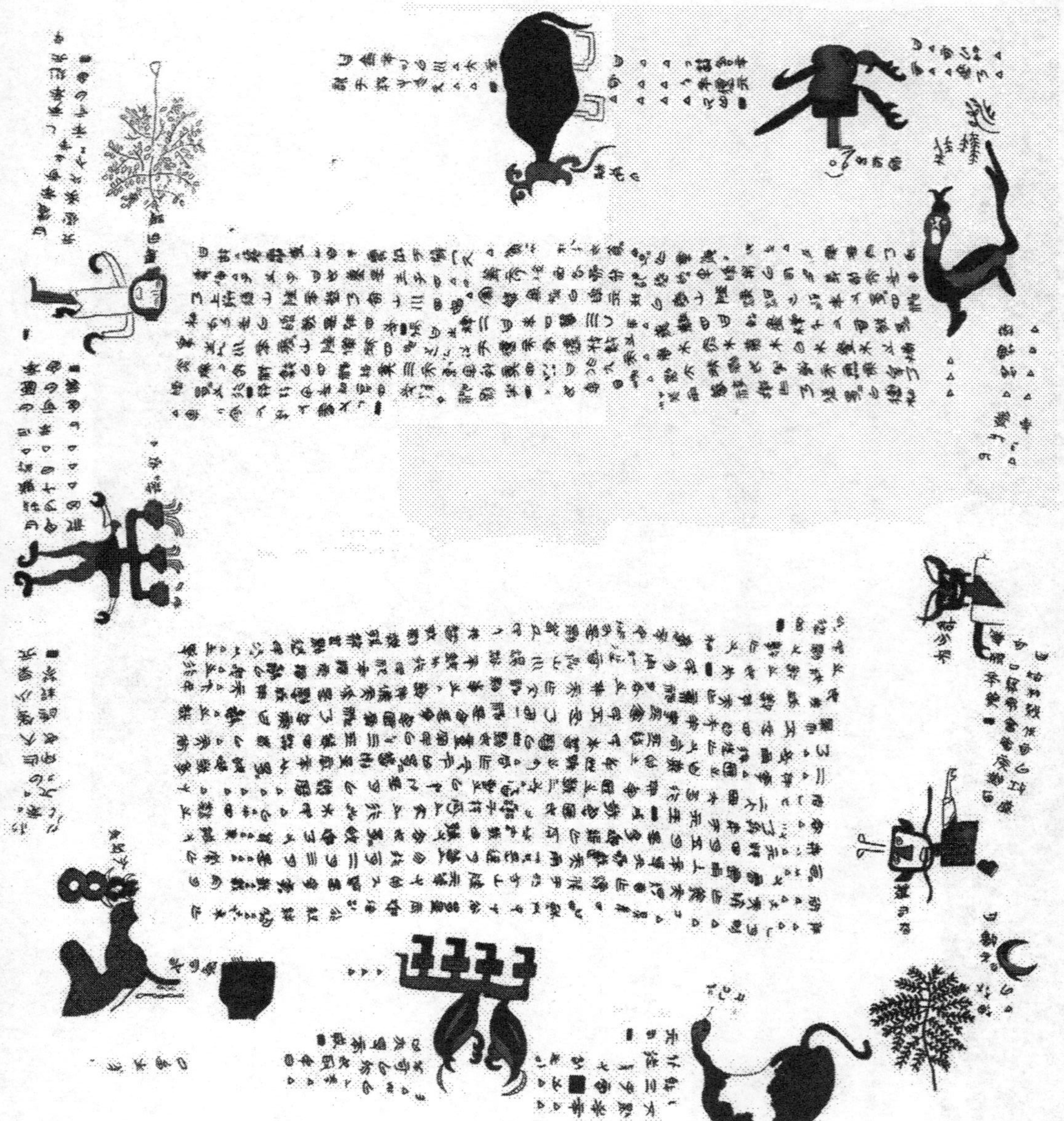

附图15 上博藏战国竹书《孔子诗论》照片(部分)

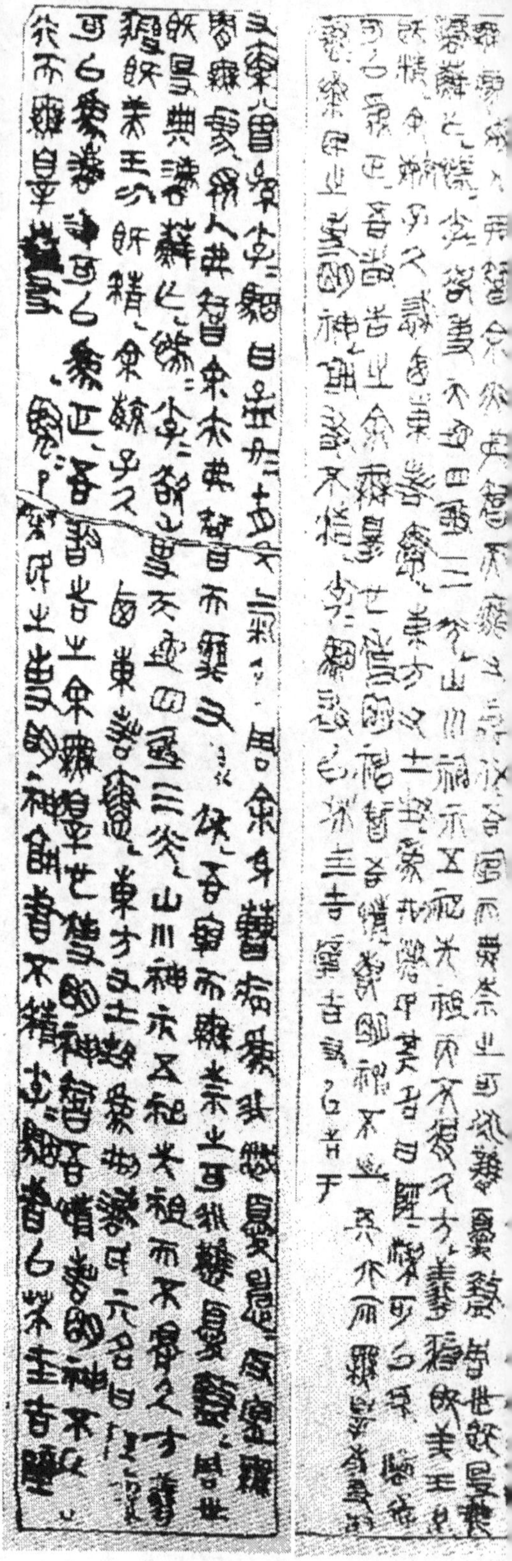

附图16　秦骃玉版照片及摹本

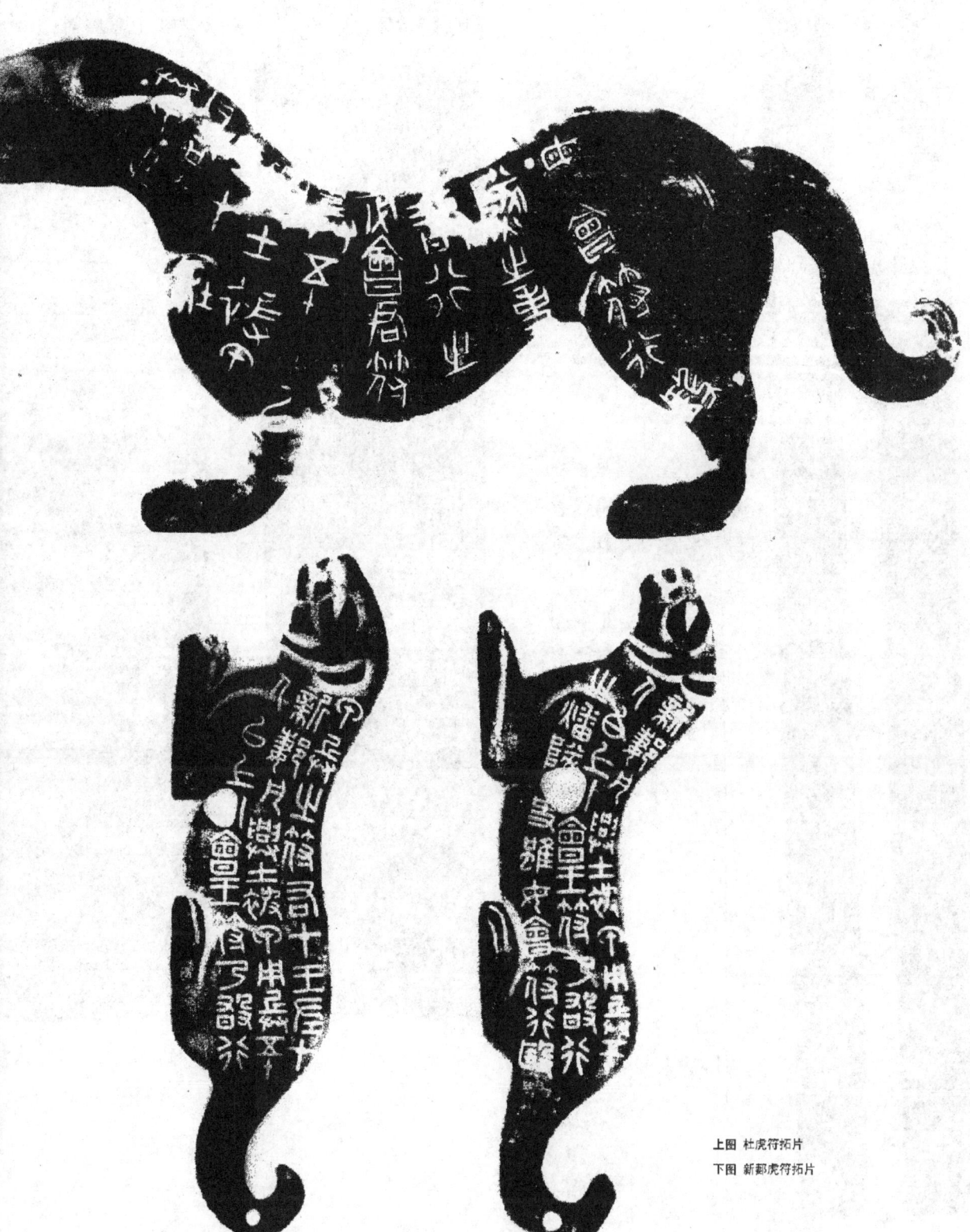

上图 杜虎符拓片
下图 新郪虎符拓片

附图 17　秦杜虎符及新郪虎符拓片

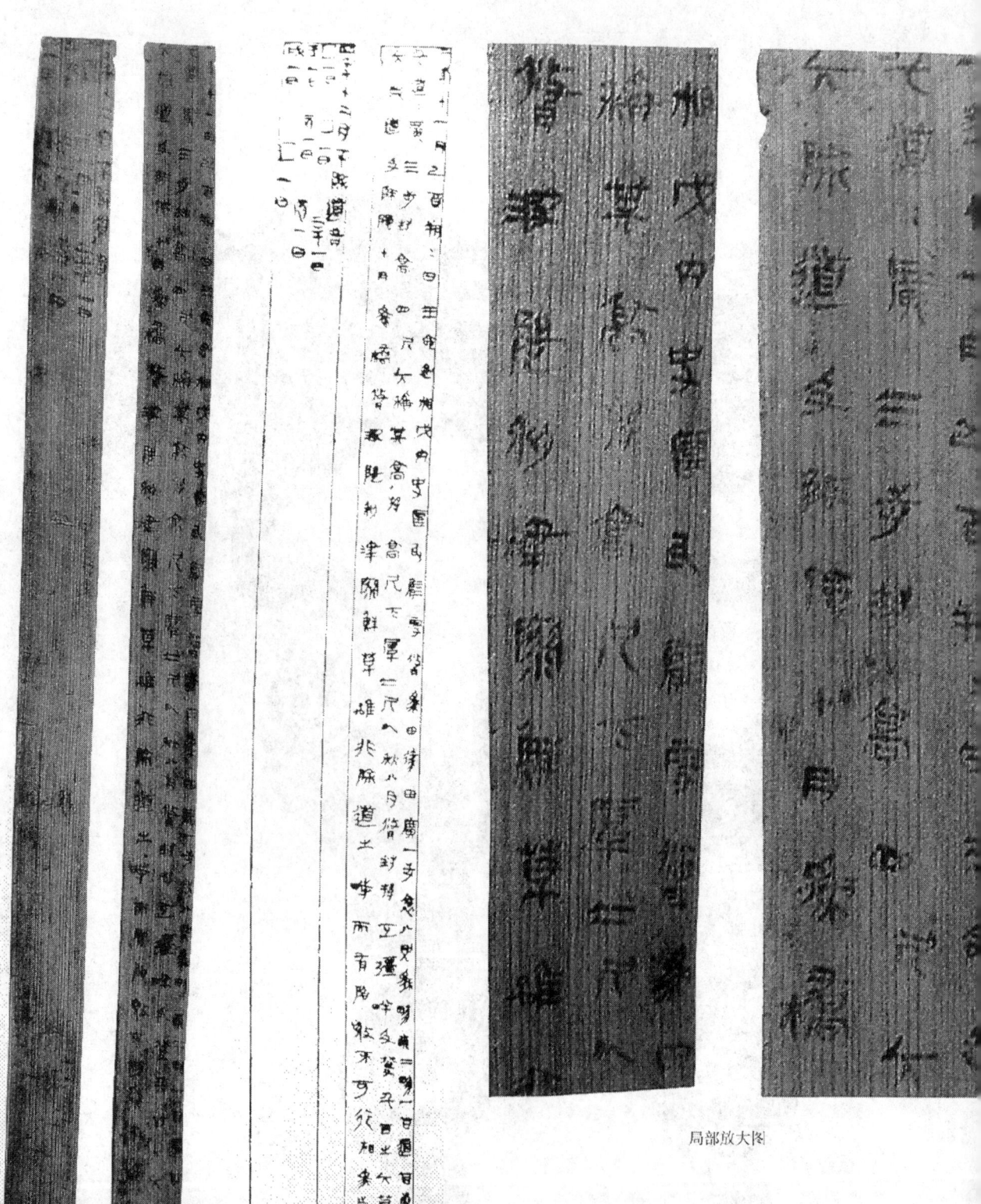

附图18 秦青川木牍照片及摹本

附图19　睡虎地秦简《为吏之道》照片（部分）

附图20　马王堆汉墓帛书《战国纵横家书》(部分)

附图21 汉熹平石经《尚书》拓片

附图22 魏三体石经《春秋》拓片

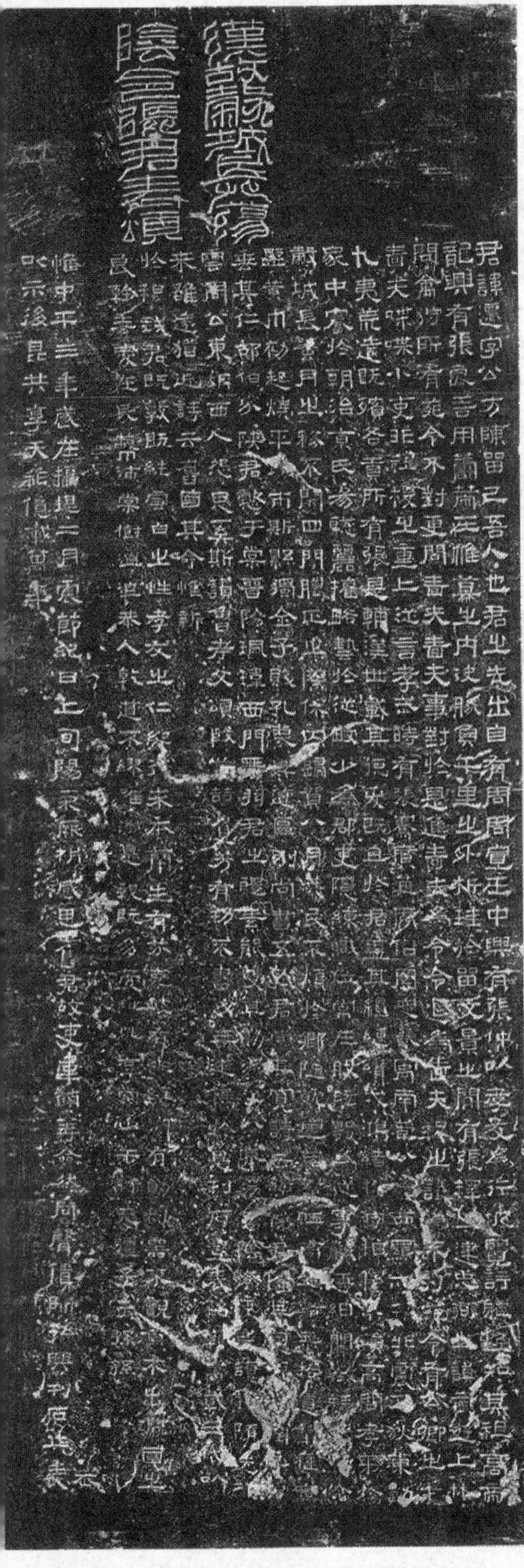

附图23 《张迁碑》拓片
（右图为局部放大图）

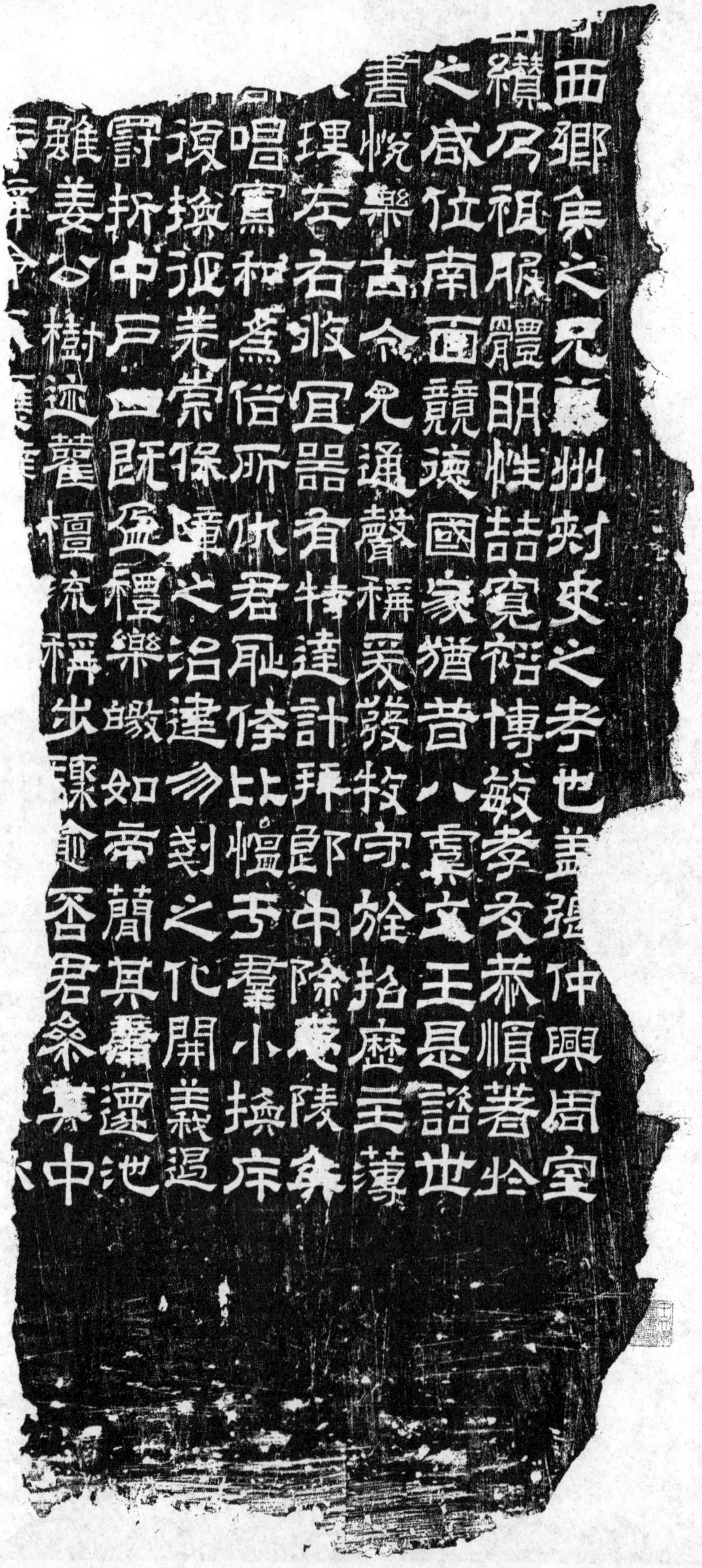

附图24 《西乡侯碑》（一说为《汉池阳令张君碑》）拓片

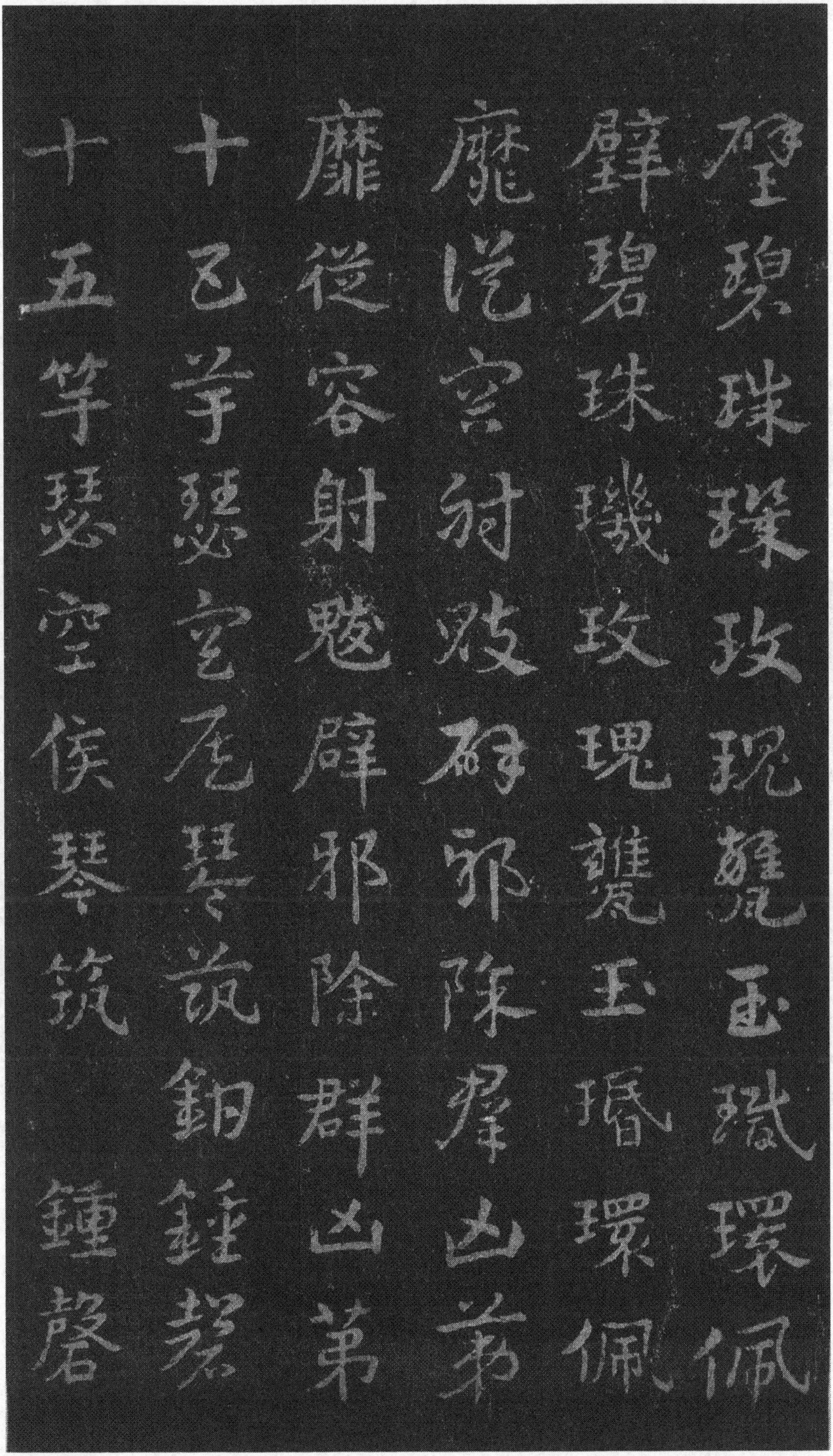

附图 25 《急就章》(部分)

璧琅玕珠玫瑰甕玉㻬環佩
璧碧珠璣玫瑰甕玉㻬環佩
靡汜宮射敗研邪陳牙凶弟
靡從容射魅璧邪除鈕群
十己芋瑟宮尾琴筑錘磬
十五竽瑟空侯琴筑鍾磬

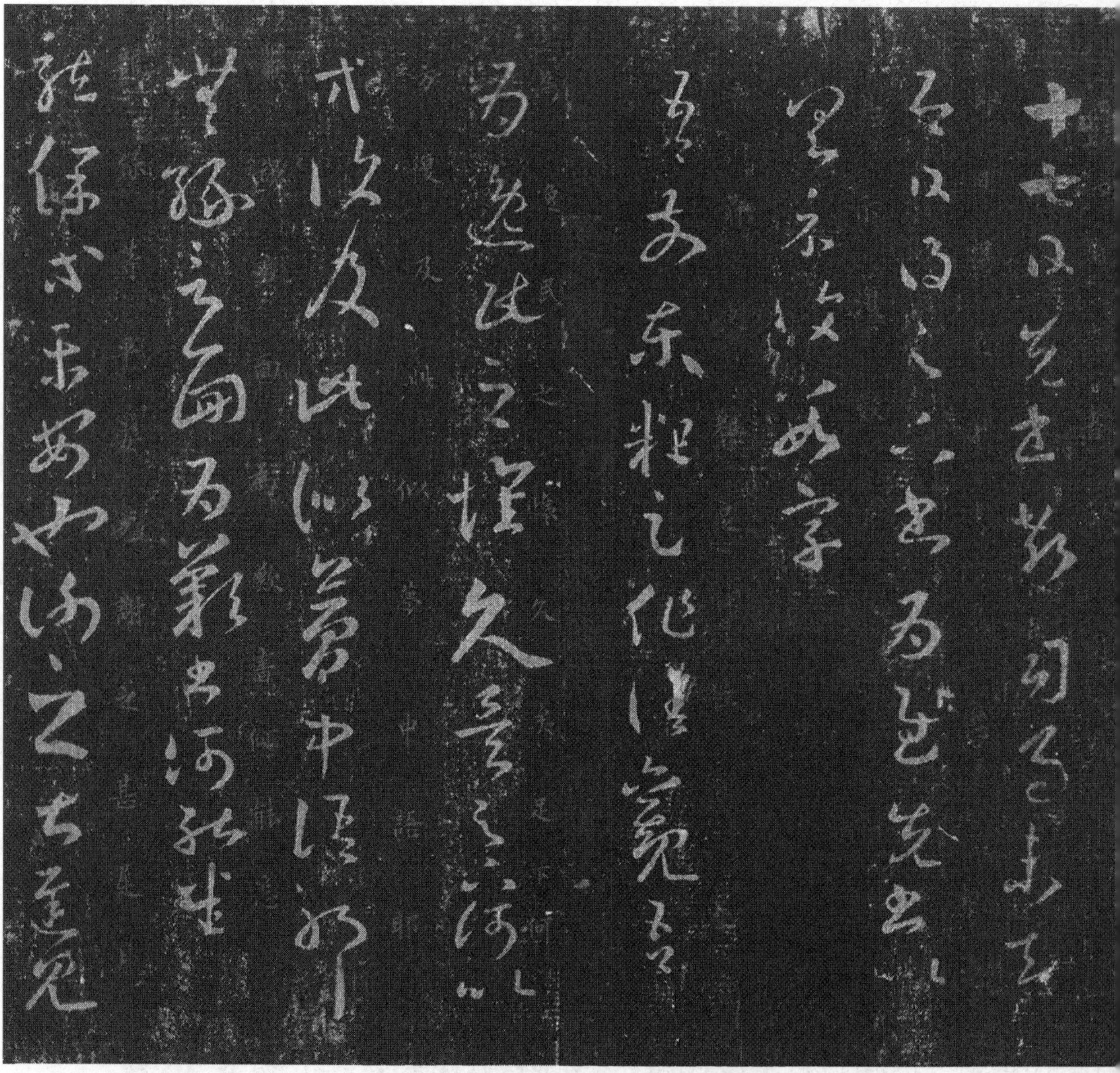

附图26　王羲之草书《十七帖》（局部）

附图27 唐朱仁表墓志铭拓片

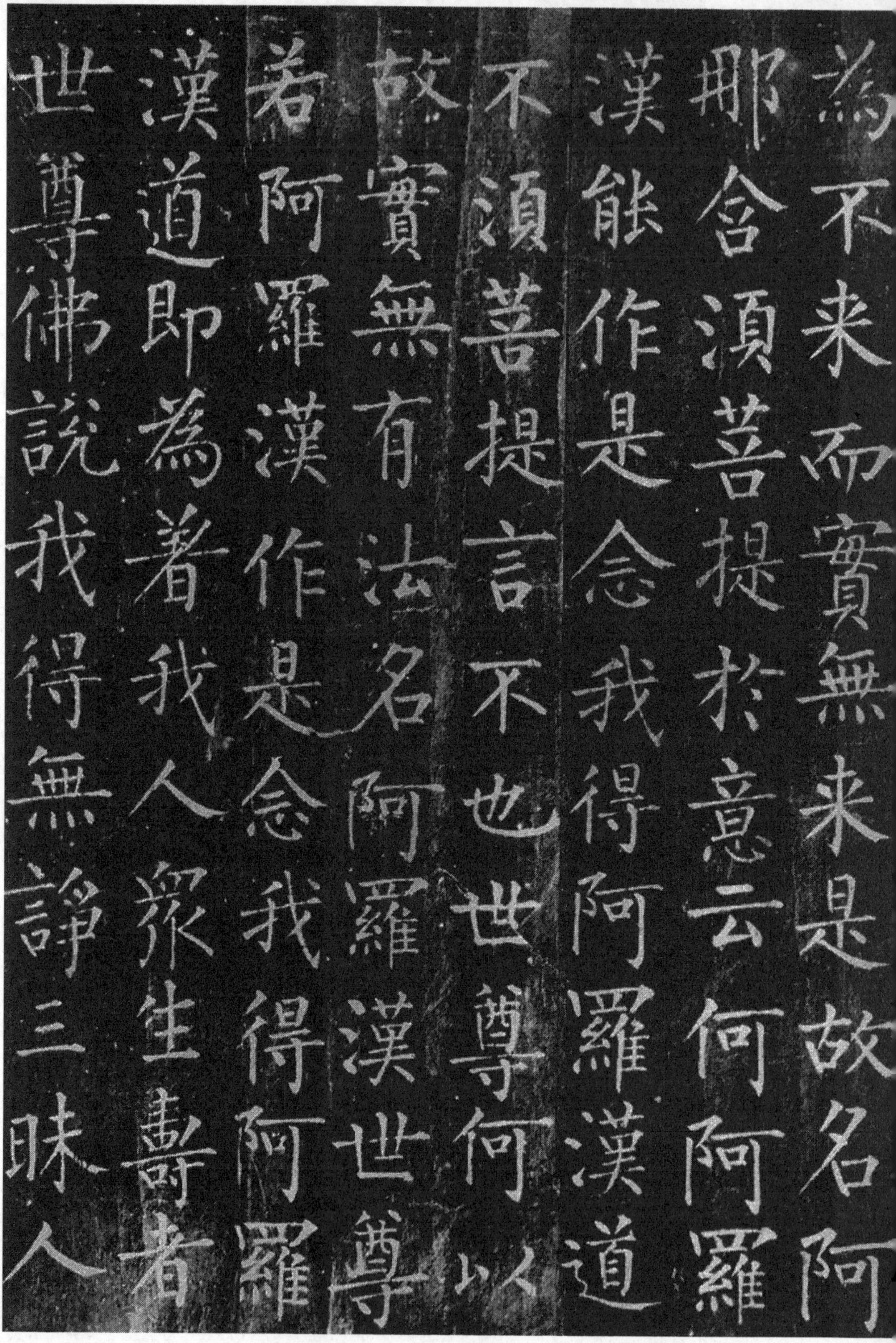

附图 28　柳公权书《金刚经》（局部）

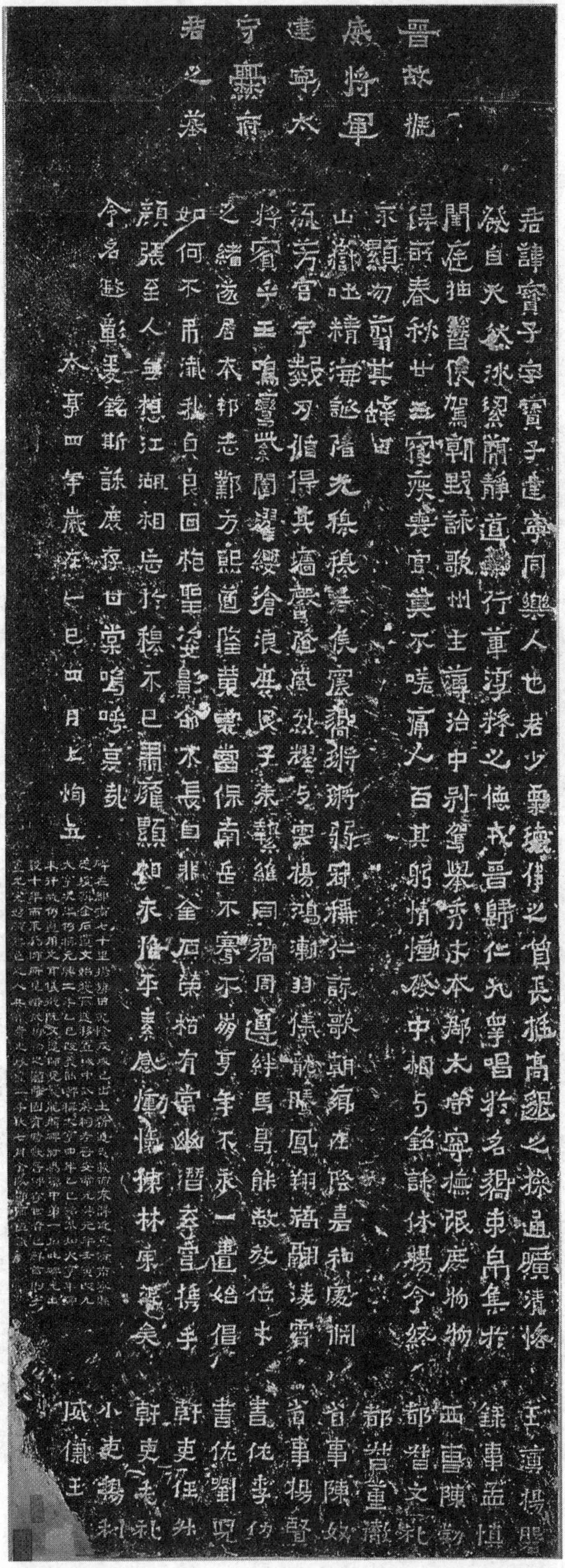

附图29 《爨宝子碑》拓片

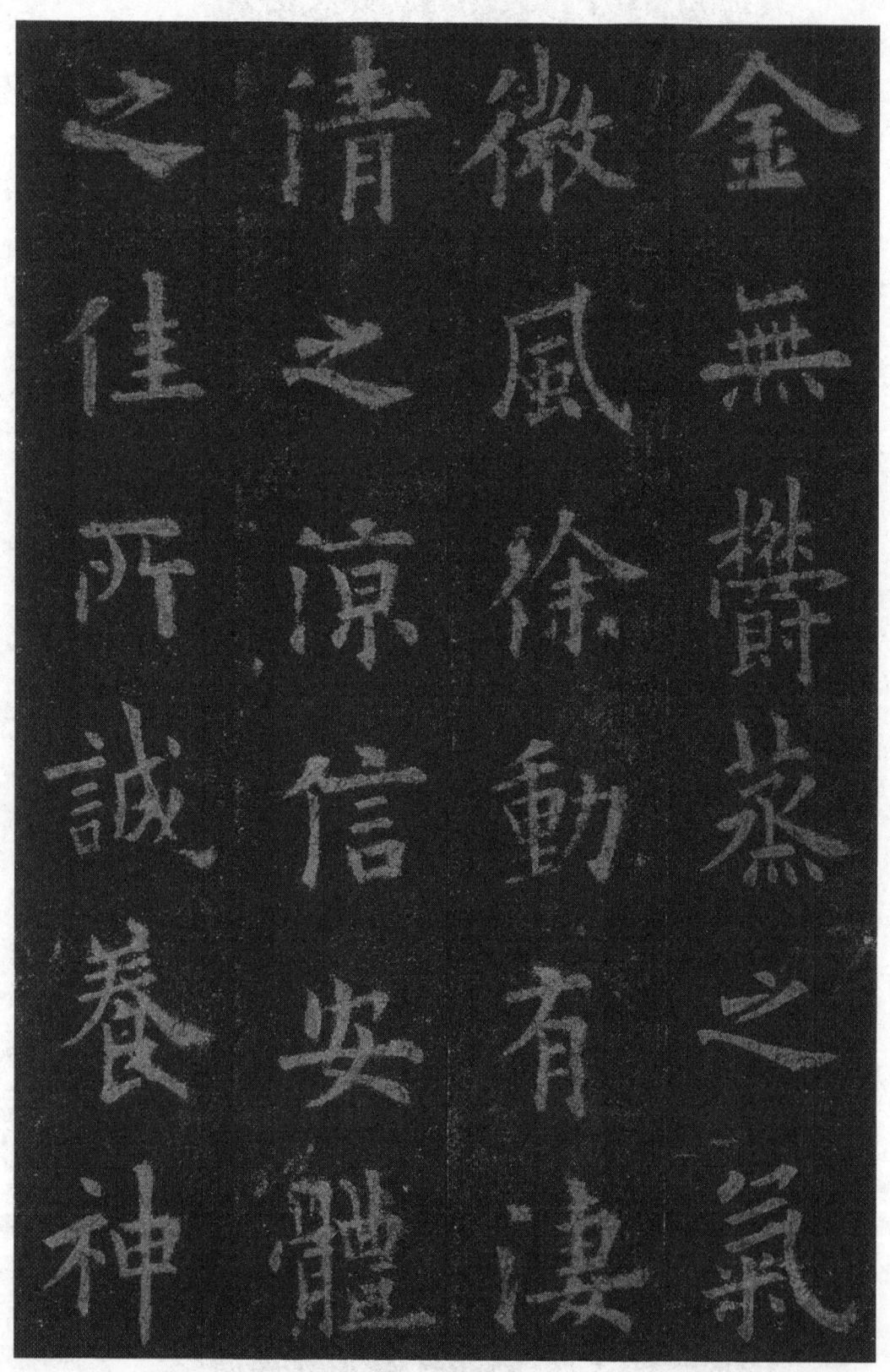

附图30 欧阳询《九成宫醴泉铭》（局部）

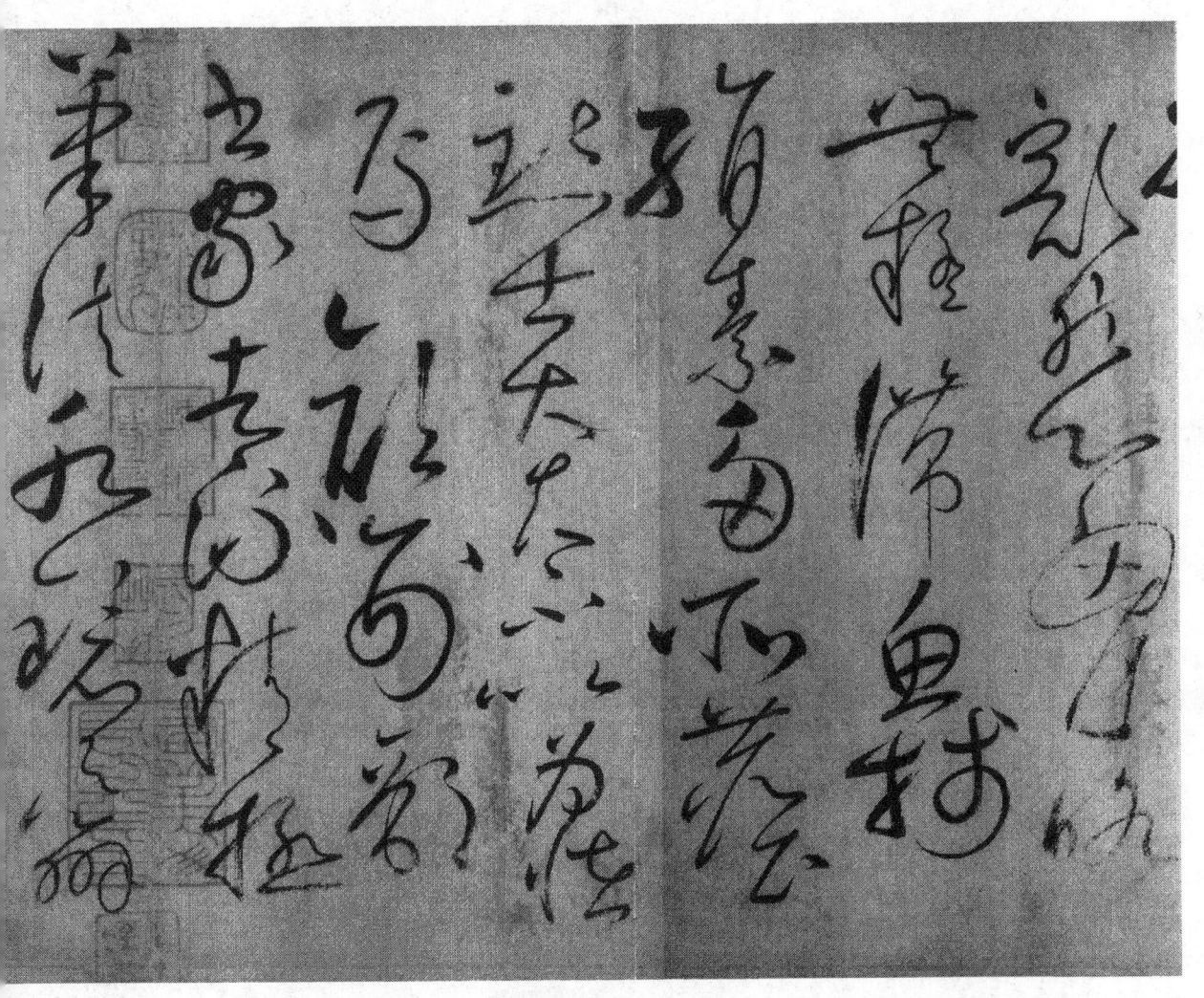

附图31　怀素《自叙帖》（局部）

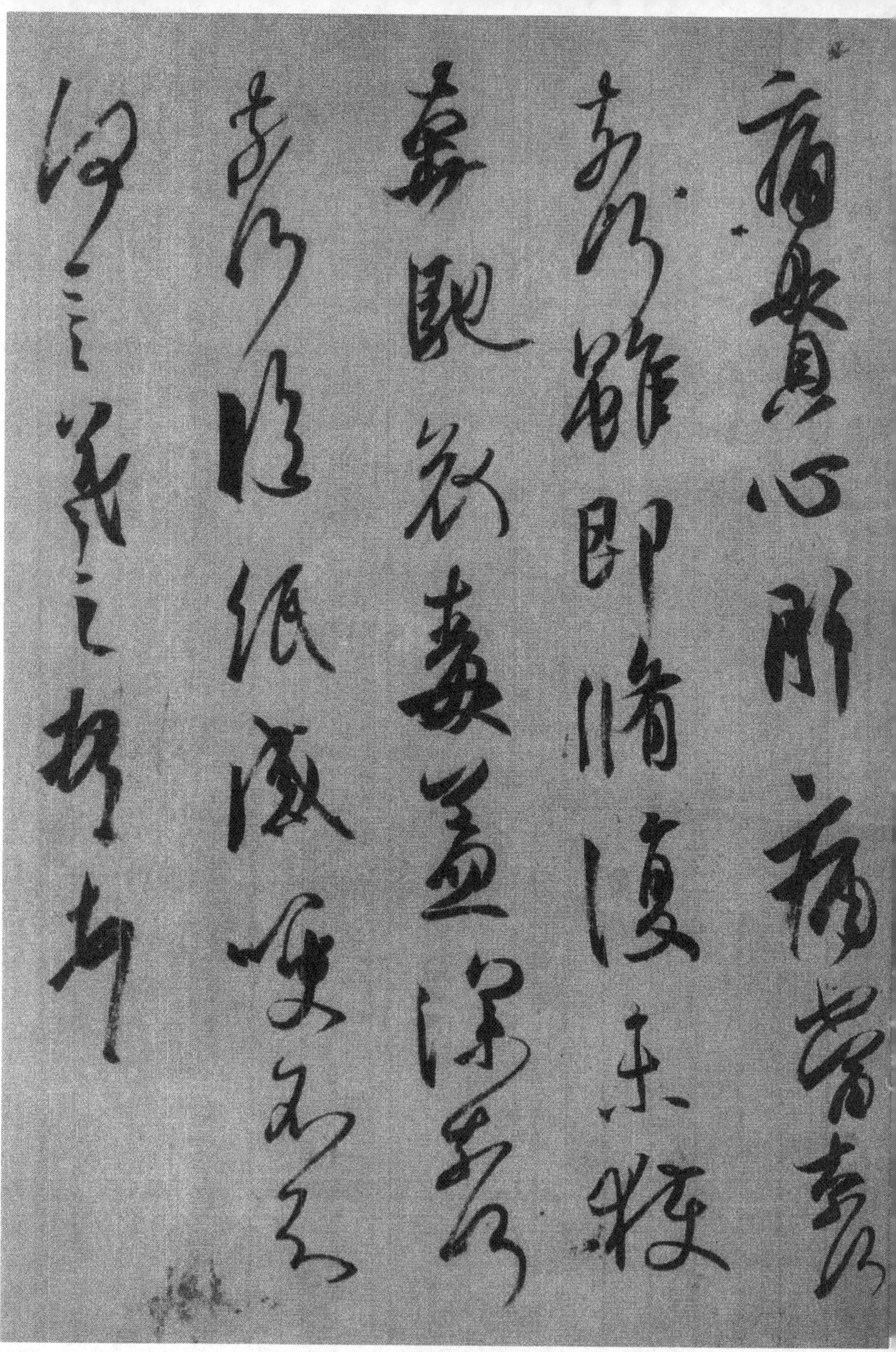

附图32 王羲之《丧乱帖》(局部)

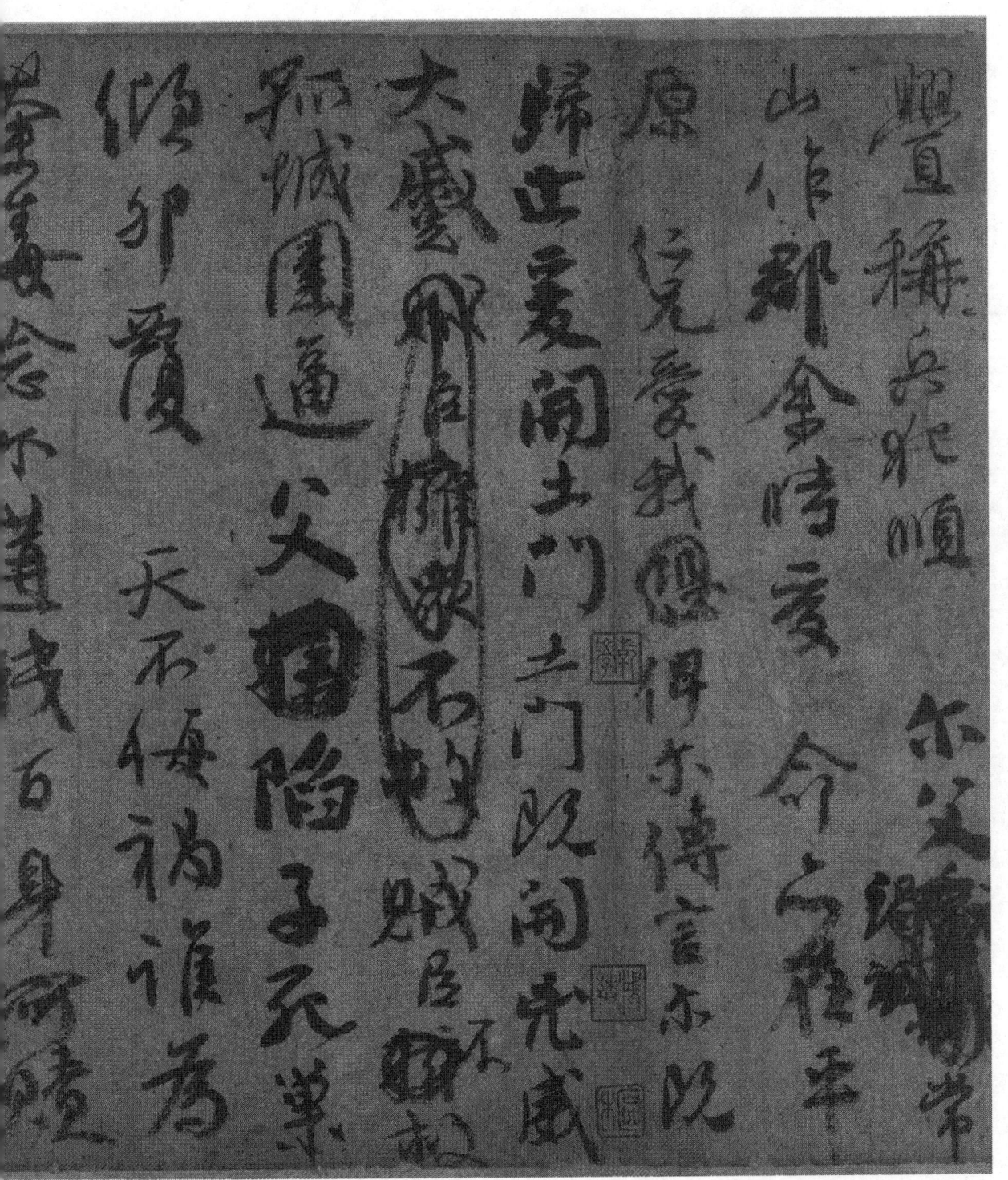

附图33　颜真卿《祭侄文稿》(局部)

字例索引

说明：
1. 本索引只列本书着重讲解的文字，以便读者查找。行文过程中一般提及的字例以及有关的人名、书名、术语等，均不做索引。
2. 字例按音序排列，常见的多音字在不同音序下互见，字例之后的数字为本书页码。

A

敖（121）

B

百（80）
華（70）
宝（31）
保（118）
北（50）
狈（33）
背（31）
笨（229）
匕（50）
比（50）
毕（68）
婢（123）
避（32）
辨（131）
表（119）
殳（57）

仌〔冰〕（62、229）
丙（82）
秉（102）
并（50）
布（131）

C

叉（56）
才（65）
蚕（155）
仓（72）
册（77）
曾（76）
蛋（152）
蝉（154）
场（185）
鬯（76）
赐〔畅〕（196）
鞝（147）
中（65）
辰（69、84）

晨（70）
城（181）
乘（119）
齿（31）
虫〔蟲〕（62、150、158）
畴（69、191）
丑（56、84）
出（58）
畜（196）
川（61）
窗（72）
垂（66、186）
春（107）
从（50）
存（132）

D
大（52）
隶〔逮〕（118、230）
戴（135）
丹（69）
单（68）
当（194）
刀（74、96）
岛（129）
道（217）
德（217）
地（169）
电（60）
甸（193）
貂（212）
銩（116）
丁（82）
鼎（75）
动（203）
斗（76）
豆（76）
读（131）

堵（176）
耑〔端〕（66）
盾（78）

E
歺（59）
而（37、56）
儿（100）
耳（55）

F
发〔發〕（135）
伐（97）
罚（121）
凡（168）
方（70）
蜚（159）
诽（123）
粪（70）
坟（184）
封（179）
风（160）
蜂（157）
凤（31）
奉（107）
夫（53）
敷（137）
肤（128）
市（73）
甫（69）
釜（130）
父（103）
付（97）
负（99）
阜（61）
复（71）

字例索引 273

G

干（78）
高（71）
搞（231）
戈（78）
鬲（75）
各（58）
庚（83）
工（74）
弓（79）
宫（72）
厷〔肱〕（56）
又（56、95）
共（57）
谷（61）
谷〔穀〕（135）
鼓（123）
蛊（160）
冎（59）
雚（63）
光（100）
圭（185）
龟（63、163）
归（137）
鬼（52）
癸（83）
郭（71）
国（72、216）

H

亥（86）
函（120）
寒（106、119）
禾（66）
合（76）
何（33、37）

恒（166）
虹（31、154）
侯〔矦〕（99、121）
壶（76）
虎（64）
坏〔壞〕（183）
缓（148）
黄（131、198）
徽（128）
虫〔虺〕（62、150、158）
蝝（151）
毁（183）
彗（60）
会（76）
婚（123）
火（68、96）

J

基（174）
及（99）
亟（165）
急（133）
耤（70、211）
己（82）
乩（57）
稷（216）
加（205）
家（126、216）
甲（82）
监（98）
艰（189）
见（100）
畕〔畺、疆〕（69、124、197）
酱（138）
交（53）
丩（51、95、110）
劫（206）
截（133）

解（118）
介（97）
界（194）
巾（73）
斤（74）
堇（188）
劲（201）
京（71）
荆（134）
井（69）
囧（232）
臼（75）
咎（98）
臼〔掬〕（57）
矩（74）
举（130）
具（117）
虡（213）
屦（127）
倦（205）
均（172）
麇（128）
峻（195）

K

渴（229）
口（55）
块（173）
坤（170）

L

来（67）
劳（204）
雷（61）
耒（70）
垒（182）
类（135）

黎（129）
厘（190）
礼（123）
力（70、199）
立（52）
隶（118、230）
鬲（75）
良（33、71）
辆（124）
临（98、141）
亩〔廪〕（72）
㐬（112、221）
留（195）
龙（65）
隆（129）
录（69）
鹿（64）
卵（165）
吕（59）
率（149）
略（194）

M

马（64）
麦（67）
矛（78）
卯（84）
寐（140）
门（72）
虻（158）
寢（140）
米（67）
糸（72）
勉（202）
面（53）
皿（75）
黾（63）
嗨（192）

木（66）
目（55）
墓（184）
暮（31）

N

那（131）
男（198、215）
南（78）
难（126）
能（64）
你（36）
屰〔逆〕（52）
鸟（63）
涅（139）
佞（137）
牛（64）
农（69、215）
女（51）

P

畔（193）
辔（149）
罴（129）
匹（73）
坪（171）
攴（95）
坡（170）

Q

齐（67）
耆（127）
旗（140）
企（96）
气（60）
弃（70）
亟（165）

器（75）
千（80）
欠（97）
强（137、152）
秦（107、117）
堇（188）
禽（68、215）
勤（205）
庆（117）
磬（78）
丘（61）
鸠（136）
裘（73）
区（75）
取（101）
娶（31、122）
泉（62）
犬（64）
劝（202）
塙〔确〕（172）

R

人（50、96）
壬（83）
仁（97）
日（60）
融（128）
燦（122）
肉（59、96）

S

扫（177）
色（99）
山（61）
社（216）
射（118）
申（85）

身（51）
生（65）
牲（216）
胜〔腥、勝〕（203、230）
圣（133）
剩（136）
尸（50）
失（131）
石（61）
食（76）
史（102）
矢（79）
豕（64）
事（102）
弑（126）
势（207）
饰（99）
匙（136）
手（56、95）
首（53）
受（101）
兽（68、215）
殳（79）
叔（100）
书（132）
黍（67）
蜀（63、153）
鼠（65）
属（130）
尢〔秋〕（66）
述（213）
率（149）
水（61、96）
丝（73、148）
巳（85、113、221）
送（116）
夙（122）
素（146）

虽（134、151）
遂（213）

T

他（36）
它（162）
她（230）
泰（107）
坛（184）
堂（176）
题（136）
天（53）
田（69）
听（138）
亭（127）
充（112、221）
徒（138）
土（61、169）
兔（64）
屯（65）
橐（127）

W

万（62、81）
尢〔尫〕（53）
王（75）
网（31、68）
危（99）
韦（58）
尾（51）
未（66、85）
胃（58）
文（217）
蚊（157）
我（36）
卧（98）
無（53）

午（85）
戊（82、113）
务（136、201）

X

牺（216）
袭（128）
徙（139）
玺（180）
系（73）
先（100）
香（118）
享（71）
向（72）
象（64）
孝（116）
劦（208）
协（209）
懈（31、123）
心（58）
辛（83）
新（138）
釁（126）
星（31、60、127）
型（181）
凶（59）
休（97）
修（136）
䚢（123）
戌（86、113）
须（56）
虚（130）
旭（136）
穴（71）
雪（60）
勋（200）

Y

牙（55）
猷（121）
燕（63）
央（53）
羊（64）
夭（53）
肴（132）
尧（187）
繇（212）
要（120）
野（191）
夜（129）
业（213）
衣（73）
匜（颐）（55、111）
疑（33）
乙（82）
亿（81）
亦（53）
邑（72）
易（37）
溢（31）
寅（84）
饮（33、119）
盈（121）
颖（134）
塎（71、181）
永（62）
甬（77）
勇（206）
尤（56）
忧（229）
友（57、101）
有（101）
酉（76、85）
又（56）

右（101）
囿（69）
鱼（63）
舁（57）
雨（60）
禹（62）
聿（77、102）
渊（62）
垣（175）
原（62）
月（60）
越（139）
乐（77）
龠（78）
云（60）

Z
杂（133）
在（177）
蚤（156）
矢（53）
仄（97）
贼（132）
斋（129）
长（51）
丈（102）
折（120）
蛰（154）
贞（31）
畛（194）
正（58）

蜘（164）
执（119）
夂（58）
止（58、96）
㳄（74）
豸（63）
众（50）
州（61）
周（69）
胄（33、78）
昼（117）
骤（87）
蛛（164）
尣（66）
竹（66）
竺（167）
豆（77）
爪（56）
耑〔专〕（66）
叕（53）
缀（73）
坠（187）
屯（65）
緇（228、232）
子（51、83、220）
自（37、55）
字（218、223）
奏（107）
足（57）
作（211）
坐（178）

后 记

2006年上半年，我的老师曾宪通先生托人从广州带来他的一本厚厚的《汉字源流》讲义复印件，并电告我该书已列入教育部普通高等教育"十一五"国家级规划教材，邀我参加修订工作。把这么重要的工作交由我来做，是老师对我的信任和栽培，我十分感动，决心要全力以赴，不能辜负老师的期望。

近年来我给本科生和研究生开设了《汉字学》和《汉字源流》的课，正好可以结合教学实践来修订教材。我一边按照曾师的讲义整理内容，输入电脑，同时结合上课情况随时补充。由于曾师原来的讲义在章节框架上已经搭建得十分完善，内容又非常丰富精彩，我的修订工作虽然断断续续，但做起来一般都很顺利，不知不觉中一章又一章相继完成，大约在2008年末便整理和输入了全部初稿。随后我因承担了在2009年8月举办中国文字学会第五届年会的任务，本教材的进一步修订工作只好暂时搁置。从2009年9月开始，我便集中精力逐节逐章修改，每修改完一章，便通过邮件寄呈曾师审定，老师改后传回，我再核对，有些章节还往返数次，才最后定稿。其间我们电邮电话交流频繁，就连今年春节期间，也不间断。目前全书告成，深感欣慰。

在教材修订的过程中，曾师总是鼓励我对原稿要大胆修改，不要客气；对我有所改动的章节，他也总是赞赏有加，给我信心；而对他自己的意见，先生总是谦虚地说："请斟酌去取吧。"我知道，这些都是先生对我的鼓励，他奖掖后进，令我感动；但我也深知，自己学识所限，所做的工作一定存在很多缺陷，或理解之不够深透，或辨析之不够精微，或取材之不够恰当，或叙述之不够清晰，凡此种种，皆因本人才学疏浅所致，希望读者多多批评指正。

教材最后的审定，耗费了先生大量时间。我每呈上一章，先生总是反复阅看，仔细修改，避免了修订稿中的不少错误。我知先生严谨认真，字斟句酌，每每于细微之处见其精彩，故经他审定之稿，我一定要与原稿一一核对，看改了哪些地方，认真琢磨学习，真是获益匪浅。

在与先生沟通交流的过程中，我还被先生与时俱进的精神所感动。他于学术研究，可谓退而不休，耕耘不辍，常有新作；他关注学界动态，经常提醒我注意吸收新成果来充实教材；他以逾古稀之高龄，熟练操作电脑，通过邮件讨论问题，修改文稿，缩短了时间，提高了效率。

我于1988年师从陈炜湛教授学习古文字，曾先生为授课老师之一；2000年复从曾师攻读博士学位，亲聆先生教诲三年；现又因本教材修订之缘，我再一次当了一回学生，继续深受教益，我生之幸，其何如之！记得伟武师兄曾经说过，在师兄弟中间，他为老师帮忙最多，收获也最多。我深信其言。《汉字源流》之修订，我蒙曾师厚爱，得以参与其事，虽然做的工作很少，但得到很多，收获很大。这是我的最深感受。

日前曾老师写完《前言》，对《汉字源流》的编纂"源流"作了清楚的梳理和交代，可以看出，这部教材，是曾师多年教学经验的总结，很值得我们学习。他写完《前言》后，命我撰写《后记》，我就把接受任务的情况、修订的过程以及个人的感受概述如上。

林志强

2010 年 3 月 28 日

后记之后记

本书得以编辑出版，裴大泉贡献良多。又陈伟武及陈斯鹏、禤健聪两位也为书稿提了宝贵意见，付出不少辛劳，谨在此一并志谢！

曾宪通

2010 年 11 月 10 日